·14·

亚洲研究丛书

打造亚太美好未来
亚洲开发银行50年史
（第二版）

Banking on the Future of Asia and the Pacific
50 Years of the Asian Development Bank
(second edition)

〔澳〕彼得·麦考利 /著
（Peter McCawley）

刘天佑　吴　艳　张　帆 /译
姚先斌　阚　磊　荣　璇 /校订

社会科学文献出版社
SOCIAL SCIENCES ACADEMIC PRESS (CHINA)

本书为英文出版物 Banking on the Future of Asia and the Pacific: 50 Years of the Asian Development Bank (second edition) 的授权中文译本，书名为《打造亚太美好未来：亚洲开发银行 50 年史》（第二版）© 亚行（2017）。版权所有。本出版物的英文原版是唯一官方和权威版本。亚行不保证翻译的准确性，也不对翻译可能存在的相对原版的任何偏差承担任何责任。中文译本的质量及其与原版的一致性由社会科学文献出版社（中国）全权负责。

注：本书中，"＄"指美元；亚行出版物的勘误表可访问 http://www. adb. org/publications/corrigenda 查阅。

本书所涉亚行成员体的官方称谓以亚行官方网站 https://www. adb. org/about/members 所示为准。但因历史准确性之故，本书中可能会有一些相关别称。

目录
CONTENTS

序　言 ·· i

前　言 ·· v

撰稿者简介 ··· ix

缩略语 ·· x

亚行本地区成员体与非本地区成员体 ······························· xiii

亚行大事年表 ··· xiv

第一章　引言 ·· 1

　一个多边机构 ·· 2

　开发机构 ·· 3

　一个融资机构 ·· 5

　历任行长 ·· 9

　发展的挑战 ·· 12

创立之初（1966 年以前）

第二章　20 世纪 60 年代的亚洲：动荡与转型 ······················· 15

　日本与"雁行模式" ·· 16

　"四小龙" ·· 16

　不稳定的东南亚 ··· 18

停滞的南亚 19

与外隔绝的中华人民共和国 20

太平洋岛国延迟的独立 21

其他经济挑战 21

区域合作 23

国际趋势 24

第三章　组建亚行 26

早期建议 26

渡边武和"东京研究小组" 28

联合国亚洲和远东经济委员会的支持 29

达成合意 32

成员体范围 33

日本和美国 34

认真筹备 35

起草章程 36

亚行总部 40

首任行长 42

第一个十年（1967－1976 年）

第四章　亚洲：建设的势头和面临的震荡 47

加强农业 48

工业化运动 50

应对经济冲击 52

第五章　亚行的特点 62

银行愿景 63

谨慎的开端 65

调研活动 67

其他主要研究 68

首批技术援助和贷款 69

早期的业务重点 ··· 71

贷款的趋势 ··· 72

资金来源 ··· 73

资本增加 ··· 74

亚行债券 ··· 75

特别基金 ··· 77

行长换届 ··· 78

井上四郎 ··· 80

应对危机的业务 ··· 81

第二次普遍增资和设立亚洲开发基金 ····························· 83

资本市场借贷、联合融资及利用"石油货币" ····················· 86

业务总结 ··· 87

成立十年 ··· 90

第二个十年（1977－1986 年）

第六章 亚洲：区域经济的转型 ································· 95

滞胀的影响 ··· 96

人类基本需求和结构调整 ··· 97

"大雁"变"小龙" ··· 98

东南亚：财富的变动 ··· 100

南 亚 ··· 101

太平洋岛国 ··· 102

中华人民共和国 ··· 103

增长持续 ··· 104

第七章 亚行：努力成为一个业务更广泛的开发银行 ············· 106

吉田太郎一 ··· 107

拓宽业务范围 ··· 108

创立新贷款 ··· 110

调查和审查 ··· 113

筹资压力 ··· 115

藤冈真佐夫 ··· 115

20 世纪 80 年代的业务重点 ··· 117

增加放贷和首批私营部门业务 ··· 119

工作人员和第一个驻外代表处 ··· 121

商定国别战略和灵活的放贷安排 ····································· 122

困难时期的筹资 ·· 123

一个区域开发机构 ··· 124

中华人民共和国加入亚行 ·· 125

作为借款方的印度 ··· 127

业务总结 ··· 127

进入第三个十年 ·· 130

第三个十年（1987–1996 年）

第八章 亚洲：本地区的重新崛起 ································· 139

资本流动的变化 ·· 140

新贸易安排 ·· 141

扩展的国际开发议程 ·· 142

政府和市场 ·· 143

全球化的影响 ·· 144

新兴工业化经济体 ··· 146

中华人民共和国 ·· 146

东南亚 ·· 148

南 亚 ·· 149

中亚共和国 ·· 150

太平洋岛国 ·· 151

亚洲实力不断增强 ··· 151

第九章 亚行：新成员和新区域 ···································· 153

处理成员体优先事项 ·· 154

垂水公正 ··· 159

新资源 ·· 161

战略规划 ································· 162

来自欧洲的影响 ······················· 163

转型经济体 ···························· 164

亚洲的大型经济体 ····················· 165

佐藤光夫 ····························· 167

用尽放贷空间 ························· 168

资源调动 ····························· 169

新的工作方法 ························· 170

新的放款方法和奖学金项目 ············· 172

新的海外办事处和亚行研究院 ··········· 173

业务总结 ····························· 176

暴风雨前的平静 ······················· 179

第四个十年 （1997－2006 年）

第十章　亚洲金融危机 ················· 185

泰国：危机爆发 ······················· 186

韩国：快速应对 ······················· 188

印度尼西亚：政治动乱 ················· 189

其他亚洲邻国 ························· 190

亚行的反应 ···························· 190

在泰国的方案 ························· 193

在韩国的方案 ························· 193

在印度尼西亚的方案 ··················· 194

对亚行的影响 ························· 196

新兴工业化经济体的毕业 ··············· 198

政策改革、研究和倡导 ················· 199

亚洲的混乱：问题何在？ ··············· 200

基础薄弱或投资者恐慌 ················· 202

对国际救援行动的批评 ················· 203

区域倡议 ····························· 204

金融危机后的亚洲和亚行 ··············· 207

第十一章 亚洲：新世纪的曙光 …………………………… 208

　　亚洲的复苏与提升 …………………………………… 209

　　区域内贸易和资本流动的增长 ……………………… 211

　　让全球化发挥作用 …………………………………… 212

　　更广阔的发展视野与千年发展目标 ………………… 214

　　不断变化的金融结构 ………………………………… 217

　　亚行第四个十年 ……………………………………… 218

第十二章 亚行：不断拓展的开发议程 …………………… 223

　　千野忠男 ……………………………………………… 224

　　亚行长期战略 ………………………………………… 225

　　组织变革 ……………………………………………… 227

　　援助脆弱国家 ………………………………………… 229

　　重视可持续发展和治理 ……………………………… 231

　　更负责任和更有效的援助 …………………………… 233

　　亚洲开发基金的三次补充资金 ……………………… 236

　　普通资金业务与多方面资金动员 …………………… 238

　　黑田东彦 ……………………………………………… 240

　　承前启后 ……………………………………………… 241

　　振兴区域合作 ………………………………………… 244

　　新的机构方向 ………………………………………… 247

　　业务总结 ……………………………………………… 249

　　具有挑战性和发生巨变的十年 ……………………… 253

第五个十年（2007－2016 年）

第十三章 亚洲：多变时期的增长 ………………………… 257

　　在变化中前进，增长势头不断加大 ………………… 257

　　全球金融危机和亚洲复原力 ………………………… 259

"再平衡"中求增长、保发展 ···················· 261

不平等和环境压力 ························· 263

应对气候变化的行动 ························· 265

"可持续发展目标" ························· 267

新的发展资金来源 ························· 269

全球化问题 ··························· 269

亚洲的稳健增长 ························· 270

亚行第五个十年 ························· 271

第十四章 亚行：更强、更好、更快 ··············· 273

新的长期战略框架 ························· 274

全球金融危机和应对 ························· 278

普遍增资 ··························· 280

第九次和第十次亚洲开发基金补充资金 ·············· 283

东盟基础设施基金与信贷担保和投资基金 ············· 284

改进绩效和问责 ························· 284

人力资源 ··························· 285

中尾武彦 ··························· 287

《2020 战略》中期评估 ······················ 288

努力建设一个"更强、更好、更快"的亚行 ··········· 289

金融创新：亚洲开发基金放款业务与普通资金合并 ········· 295

第十一次亚洲开发基金补充资金 ················· 299

多年来的联合融资与信托基金 ················· 302

与新的多边开发银行合作 ··················· 305

业务总结 ··························· 306

未来展望 ··························· 308

第十五章 尾声：展望未来 50 年 ················· 318

参考文献 ··························· 320

附 录

1. 亚洲区域概况 ……………………………………………… 339

2. 亚行机构、业务和财务概要 ……………………………… 371

3. 亚行"亚洲开发基金"与"普通资金"合并的影响
   及亚行的财务报表 ……………………………………… 416

4. 20 世纪 50 年代至 2016 年亚行大事年表 ……………… 421

索 引 ……………………………………………………………… 435

图表目录

图目录

图 1.1 1900 - 2010 年中国、印度、印度尼西亚和日本的人均
国内生产总值 ·· 4

图 1.2 1968 - 2015 年亚行业务占亚洲发展中国家（不包括中国）
总国内生产总值的份额 ·································· 8

图 5.1 1968 - 1976 年按资金类型划分的业务批准 ············· 82

图 5.2 1968 - 1976 年按行业划分的业务批准 ················· 87

图 5.3 1968 - 1976 年按地区划分的业务批准 ················· 88

图 7.1 1977 - 1986 年按资金类型划分的业务批准 ············· 119

图 7.2 1977 - 1986 年按行业划分的业务批准 ················· 128

图 7.3 1977 - 1986 年按地区划分的业务批准 ················· 129

图 9.1 设立驻外办事处 ······································· 175

图 9.2 1987 - 1996 年按资金类型划分的业务批准 ············· 176

图 9.3 1987 - 1996 年按地区划分的业务批准 ················· 177

图 9.4 1987 - 1996 年按行业划分的业务批准 ················· 178

图 10.1 1992 - 2002 年韩国、印度尼西亚、马来西亚、菲律宾和
泰国的部分指标 ·· 202

图 12.1 1997 - 2006 年按基金类型划分的业务批准 ············ 247

图 12.2 1997 - 2006 年按地区划分的业务批准 ················ 250

图 12.3 1997 - 2006 年按行业划分的业务批准 ················ 250

图 13.1　千年发展目标与可持续发展目标的对比 ……………………… 268

图 14.1　2007 – 2016 年按资金类型划分的业务批准 ………………… 299

图 14.2　2007 – 2016 年按地区划分的业务批准 ……………………… 307

图 14.3　2007 – 2016 年按行业划分的业务批准 ……………………… 308

表目录

表 2.1　1953 – 1980 年亚洲"四小龙"与日本的国内生产总值和
　　　　出口增长率 ……………………………………………………… 17

表 2.2　二战后部分国家的粮食供应 ……………………………………… 22

表 2.3　联合国亚太地区经济社会调查 …………………………………… 23

表 3.1　亚行成立——正式会议编年录 …………………………………… 30

表 3.2　《协定条款》的第一批签署国家或地区 ………………………… 41

表 3.3　董事会和投票组（1966 年） …………………………………… 43

表 4.1　1960 – 1985 年部分经济体的生产结构
　　　　（占 GDP 的百分比） ……………………………………………… 50

表 5.1　1966 – 1976 年部分业务、机构和财务信息 …………………… 89

表 6.1　1978 – 1986 年中国主要改革措施 ……………………………… 103

表 7.1　1967 – 1986 年部分业务、机构和财务信息 …………………… 130

表 9.1　1977 – 1996 年部分业务、机构和财务信息 …………………… 180

表 10.1　亚洲金融危机期间货币稳定援助方案 ………………………… 187

表 10.2　1997 – 1999 年与亚洲金融危机相关的主要贷款和技术援助 …… 191

表 11.1　增进发展效果的主要国际步骤 ………………………………… 216

表 12.1　1987 – 2006 年部分业务、机构和财务信息 ………………… 251

表 14.1　普遍增资和资本构成（核定股本） ………………………… 282

表 14.2　1967 – 2016 年的联合融资 …………………………………… 302

表 14.3　1997 – 2016 年部分业务、机构和财务信息 ………………… 310

表 A1.1　总人口 ………………………………………………………… 339

表 A1.2　国内生产总值 ………………………………………………… 341

表 A1.3　人均国内生产总值 …………………………………………… 343

表 A1.4a　农业增加值 ………………………………………………… 345

表 A1.4b　工业增加值 ……………………………………………… 348

表 A1.4c　服务业增加值 …………………………………………… 351

表 A1.5　商品和服务出口 …………………………………………… 354

表 A1.6　商品和服务进口 …………………………………………… 357

表 A1.7　贫困和不平等 ……………………………………………… 360

表 A1.8　出生时预期寿命 …………………………………………… 363

表 A1.9　5 岁及以下儿童死亡率 …………………………………… 365

表 A1.10　调整后的男女儿童小学净入学率 ……………………… 368

表 A2.1　本地区成员体和非本地区成员体获得成员资格的年份 ……… 371

表 A2.2　认缴资本份额和投票权份额 ……………………………… 373

表 A2.3　历年董事会选区 …………………………………………… 375

表 A2.4　董事及其所代表成员 ……………………………………… 376

表 A2.5　历任行长 …………………………………………………… 377

表 A2.6　历届年会时间和地点 ……………………………………… 378

表 A2.7　工作人员 …………………………………………………… 380

表 A2.8　历年工作人员数量（截至当年年底）和内部行政管理
　　　　　费用预算 ………………………………………………… 381

表 A2.9　设立驻外办事处 …………………………………………… 383

表 A2.10　2012 - 2016 年部分财务亮点 ………………………… 384

表 A2.11　1967 - 2016 年按成员体和按十年段划分的业务批准 ……… 386

表 A2.12　1967 - 2016 年按资金来源和类型划分的业务批准 ……… 388

表 A2.13　贷款和赠款支付与未偿还贷款额 ……………………… 390

表 A2.14　普遍增资和资本构成 …………………………………… 392

表 A2.15　成员体给亚洲开发基金补充资金的捐款 ……………… 394

表 A2.16　亚洲开发基金补充资金与资金来源 …………………… 396

表 A2.17　亚洲开发基金补充资金历程 …………………………… 397

表 A2.18a　1967 - 2016 年来自双边合作伙伴的官方联合融资 ……… 400

表 A2.18b　1967 - 2016 年来自多边机构的官方联合融资 ……… 402

表 A2.18c　1967 - 2016 年来自私人基金会的官方联合融资 ……… 404

表 A2.19　在用和封停的信托基金和特别基金一览 ……………… 405

表 A2.20　历年新借款 ……………………………………………… 409

表 A2. 21 第一个组织结构（1966 年）·················· 411

表 A2. 22 2016 年的组织结构 ························· 412

表 A2. 23 亚行行业小组和专题小组 ···················· 414

表 A3. 1 亚洲开发银行普通资金接收来自亚洲
开发基金的资产转移的影响汇总 ············ 417

表 A3. 2 亚洲开发银行亚洲开发基金向普通资金
进行资产转移的影响汇总 ················ 419

表 A3. 3 转移到普通资金的亚洲开发基金资产的
资金来源比例份额 ···················· 420

专栏目录

专栏 3.1 亚洲开发银行协定（章程）·················· 38

专栏 5.1 亚行作为亚洲发展中国家的家庭医生 ············ 64

专栏 5.2 亚行首笔贷款 ·························· 70

专栏 5.3 亚洲开发基金的设立 ····················· 84

专栏 7.1 亚行医疗卫生项目 ······················ 111

专栏 7.2 项目贷款、规划贷款、多项目贷款和行业贷款 ······ 112

专栏 7.3 第一笔规划贷款 ························· 113

专栏 7.4 第一笔没有政府担保的贷款 ················· 121

专栏 9.1 上海的两座大桥 ························· 156

专栏 9.2 亚行的教育行业项目 ····················· 158

专栏 9.3 1987 - 1996 年部分政策文件 ················· 170

专栏 12.1 与利益相关方合作：以老挝南屯 2 号
（Nam Theun 2）水力发电项目为例 ·········· 235

专栏 12.2 创新和效率倡议下的重要工具 ··············· 242

专栏 12.3 亚行次区域合作计划 ···················· 245

专栏 14.1 亚行对土库曼斯坦—阿富汗—巴基斯坦—
印度（TAPI）天然气管道项目的支持 ·········· 277

专栏 14.2 亚行的城市项目 ······················ 290

专栏 14.3 亚行对 2013 年台风"海燕"的应对 ············ 292

专栏 14.4 亚行与缅甸的重新接触 ··················· 300

序 言

————◦◦◦————

1966 年亚洲开发银行（亚行）成立时，亚太地区被界定为贫困地区。当时亚太地区的人均年收入仅为约 100 美元（不到拉丁美洲的 1/4，且低于撒哈拉以南非洲），是世界上最贫穷的地区。该地区面临的最重要的挑战之一是如何通过提高农业生产率来养活数量庞大且不断增长的人口。亚行在成立后的最初几年，一直从业务上为此提供支持。

半个世纪后，亚洲成为全球活力的中心。如今，亚洲占全球 GDP 的 1/3，对全球经济增长贡献了一半以上。亚洲过去几十年的惊人发展提高了本地区的生活水平。自 1990 年以来，本地区超过 10 亿人摆脱了极端贫困。

亚行在亚洲巨变中发挥了重要作用。50 年前，亚行在本地区内外有关国家的共同意愿和合作努力之下成立。通过这本讲述亚行 50 年历史的书，我们可以说，亚行是本地区全体人民真诚愿望的结晶，亚行的成立体现了区域合作精神。

下面我介绍几个彼得·麦考利（Peter McCawley）编著的这本书中讲述的亚行早年的有趣事件。

从 1963 年 3 月开始，在曼谷、马尼拉、惠灵顿和其他亚洲城市先后召开多次关于成立亚行的筹备会议。许多人为亚行的成立做出了巨大贡献。联合国亚洲和远东经济委员会执行秘书即来自缅甸的吴纽（U Nyun）主持了初期的讨论。菲律宾律师佛伦蒂诺·菲利西亚诺（Florentino Feliciano）通过吸收各国意见、借鉴其他多边开发银行的经验，起草并修订了《亚行章程》条文。前世界银行行长、投资银行家尤金·布莱克（Eugene Black）鼓励亚行从资本市场调动资源。当时，来自日本的年轻官员藤冈真佐夫和千野忠男（亦即后来亚行第四任行长和第七任行长），也参与了筹建工作。

前日本大藏省高级官员渡边武（Takeshi watanabe）具有丰富的国际经

验，在亚行筹建中发挥了核心作用，并出任首任亚行行长。渡边武得到印度专家克里希纳·莫里尼（C. S. Krishna Moorthi）和锡兰专家道格拉斯·古奈塞克拉（Douglas Gunesekera）的大力支持，后来两人分别担任亚行首任副行长和秘书长。渡边行长提出的当亚洲国家的"家庭医生"和"先学后教"的亚行理念一直是亚行传统的重要内容。

马尼拉、德黑兰、东京和其他几个城市都曾竞选亚行总部驻地。1965年底在马尼拉举行的一次会议上，18 个亚行未来成员通过投票决定了总部驻地。在第一轮投票中，东京 8 票，德黑兰 4 票，马尼拉 3 票。在第三轮即最后一轮投票中，马尼拉以 9 比 8 的得票率（1 票弃权）的微弱优势淘汰了东京。尽管德黑兰是候选城市，但是伊朗后来决定不申请亚行成员资格。结果证明马尼拉是一个正确选择。亚行总部驻在马尼拉使其更接近发展中成员体，同时亚行也受益于菲律宾人民的热情和强大的英语专业人士队伍。

1966 年 12 月 19 日亚行在马尼拉举行了简单的成立仪式。亚行最初共有 31 个成员体（19 个本地区成员体和 12 个非本地区成员体），而如今成员体有 67 个（48 个本地区成员体和 19 个非本地区成员体）。成立之初，亚行有 20 名董事会成员（10 名董事和 10 名副董事），但仅有 40 名工作人员。办公空间很小，分布在马卡迪的几栋写字楼中。而今天，亚行在 31 个国家设有办事处，其中包括菲律宾。

本书以独特的区域视角回顾亚行 50 年来如何应对亚洲面临的挑战。本书主要包含三方面的历史叙述：亚洲的经济发展；国际开发议程的演进；亚行自身的故事。本书有助于人们了解亚行在成员、业务、知识工作、资金、组织、人员、战略和领导继任等方面是如何发展的。同时，本书的独特性还在于从发展的角度，以亚行和各成员之间互动的丰富经验为基础，回顾亚洲经济发展的历史。

最近《经济学人》杂志的一名记者问我："在过去 50 年，我们取得了哪些成就？"在我看来，亚行的成就可以概括为三个主要方面。一是通过基础设施和社会领域的主权和非主权项目向发展中成员提供资金与知识相结合的支持。二是通过高层对话、技术援助、能力建设和政策性放款（对改革的预算支持）促进良好政策。在成员遭遇危机时，亚行还提供了紧急预算支持。三是促进区域合作和友好。我们支持中亚、南亚、东南亚、太平洋和大湄公河等地区的次区域倡议。

今天，有许多关于动用私人资源为亚洲庞大发展需求提供资金的讨论。

应当指出的是，亚行本身就是作为金融中介机构成立的，通过发行债券和利用股东的纳税人资金从全球资本市场输送私人资金。亚行既是一个开发机构，也是一个银行。

亚行成立时，亚洲极度缺乏资本。日本在 1964 年加入经合组织，但直到 20 世纪 60 年代中期仍然经常出现账目赤字。发达国家在亚行的非本地区成员资格对提高亚行作为借款方的信誉至关重要。渡边行长长期坚持稳健的银行业务原则，在亚行批准第一笔贷款之前花了一年多的时间。的确，"经济考虑"的重要性被写入亚行章程，对具体项目的经济价值分析从一开始就成为亚行业务基本的一环。1969 年，亚行成功在德国发行亚行债券，1970 年在奥地利和日本发行亚行债券，1971 年在美国发行亚行债券（AAA评级）。

1986 年，亚行为庆祝成立 20 周年，委托撰写了一本题为《半个世界的银行》（*A Bank for Half the World*）的亚行历史书（1987 年出版）。我认为我们应该再出一本书来庆祝亚行成立 50 周年。1986 年以来，亚洲发生了许多变化，亚行亦然。特别是经过在 1997 - 1998 年亚洲金融危机之后，由于市场导向的措施、开放的贸易和投资机制、对基础设施和人力资本的投入以及更多稳健的宏观经济政策，亚洲地区积聚了增长势头，进一步实现减贫。亚洲在本地区许多地方发生冲突后，总体上变得更加稳定。

但是我们不能满足于现状。亚洲仍然面临挑战，而且还有新的挑战。约有 3.3 亿人仍处于每日生活费不足 1.90 美元的极度贫困之中。巨大的基础设施缺口限制了经济发展和人民福祉。落实 2015 年世界各国领导人在联合国通过的可持续发展目标和第 21 次《联合国气候变化框架公约》缔约方会议（COP21）商定的气候变化行动，已经成为亚洲国家及地区共同的当务之急。性别平等应该得到加强。亚洲还面临着城市化、老龄化和不平等扩大等挑战。私营部门应得到进一步增强。亚洲应该动员更多的私人资源来满足其发展需求。

亚行应继续在应对这些挑战中发挥重要作用。为此，亚行将利用过去 50 年来与本地区内外有关方面——包括成员、多边和双边开发机构、民间社会组织、私营部门和学术界——建立起来的伙伴关系。

澳大利亚国立大学学者彼得·麦考利受委托撰写本书。他曾担任亚行研究院的执行主任和院长，从内部熟谙亚行。在他的全情投入下，本书得以问世。亚行就这项工作成立了一个部门间秘书处，协助他撰写本书。同时，许多其他人员，包括以前的亚行员工，也对本书提出了意见和建议。在此，我谨向彼得·麦考利、秘书处及所有其他合作者表示感谢。

我相信，任何一个机构，特别是公共机构，都有责任对其历史进行正确的、客观的和全面的记录，并且最好以书的形式记录，将其写成一本读起来引人入胜的书。我希望本书能够起到这种作用，帮助人们了解亚行的重要特征和文化，并为我们思考亚行未来如何更好地服务本地区提供真知灼见。

Takehiko Nakao

中尾武彦

（Takehiko Nakao）

亚洲开发银行行长兼董事会主席

前　言

------ ✦ ◈ ✦ ------

本书的写作初衷是纪念亚行成立 50 周年。1966 年 11 月 24 日，亚行成立大会在日本东京召开。2016 年 11 月 24 日是亚行成立 50 周年纪念日。另一个重要的活动是 2017 年 5 月在日本横滨举行了亚行第 50 届年会。亚行前 20 年的历程在此前出版的《半个世界的银行》① 一书中已有翔实记载。随着亚行成立 50 周年纪念日的到来，似乎该再次审视一下该组织过去 50 年发生了怎样的变化，又是怎样参与了亚洲巨变。

对亚行这一国际组织的故事可能有多种撰写方式，叙述的风格取决于写作的方法。一种方法是侧重于亚行所取得的成就，而对机构本身只进行简单记述。另一种方法是突出行成员的活动，重点叙述著名人物的故事。现任亚行行长中尾武彦表示，他希望这本书具有信息性和记叙性，同时又是一部历史档案。这无疑是一个挑战。

为此，本书首先将写作重点聚焦在亚行本身，着重介绍亚行数十年来的发展的历程。自成立以来，亚行已经从一个新兴金融机构发展为成熟完备的多边开发银行。本书是对亚洲一个国际机构变化和发展的记述，也是对本地区经济外交的记述，因为所有身为亚行成员的国家都对该组织的工作感兴趣。但是，在写作过程中，我们越来越清楚地认识到，亚行的领导人一直是影响该机构发展的关键因素。因此，在贯穿亚行发展历程的叙述中，我们也需要对历任 9 位行长的作用进行介绍。

同时，本书对本地区经济社会变化和发展思考的国际趋势进行阐述，目的是展示亚行的发展和变化是如何受多种因素（既有该组织内部的因素也

---

① Wilson, 1987, *A Bank for Half the World*.

有亚洲地区的因素）和国际事件影响的。

金融业务、开发活动和对地区发展的支持是贯穿本书写作的三个主题。亚行是一个银行，所以金融活动是组织业务的核心。但是，亚行不仅仅是一家银行，它的业务和活动范围始终在稳健地不断扩大，越来越强调对借款国提供知识和信息的重要性。在支持地区发展方面，亚行充分发挥作为多边组织的优势，鼓励亚太地区合作。

亚行行长中尾武彦个人对探讨亚行历史兴致很高，同时也希望亚行能够吸取历史的经验。2014年至2017年期间，本书写作小组与中尾武彦行长举行了多次会议，详细讨论了许多问题。他对50年来亚行的发展历程以及亚洲发展历史方面的撰写提出了宝贵的建议。他利用周末时间仔细通读本书初稿多遍并提出许多有益的具体建议。他期望本书不仅反映亚行的历史，还要反映亚洲国家如何克服各种困难实现增长和发展，以及国际环境如何影响亚洲。

本书由一支精干而敬业的写作团队合力完成。2014年，战略与政策局的计划和政策专家埃蒂娜·派克（Edeena Pike）加入写作团队，着手对本书进行初步的背景研究。在文稿起草、审校和编辑阶段，她在项目协调和评审等诸多环节发挥了关键作用。杰德·托伦蒂诺（Jade Tolentino）是一位能力出众、积极乐观的项目研究员，除了对第二至第四章进行修订之外，她还为本书提供了重要的书面研究成果，制作了全书的图表和专栏。太平洋局首席经济学家阿纳尼娅·巴苏（Ananya Basu）在本书写作正紧张的时候加入写作团队。她是一位思维敏捷、专业水平突出的合作者，为本书第十一至第十四章的撰写做了大量工作。战略与政策局战略、政策和业务处主任瓦莱丽·希尔（Valerie Hill）在写作开始那年是写作小组的成员之一。她在本书的撰写过程中发挥了不可或缺的作用，尤其在本书的成形阶段，她带领秘书处对全书的注释和修改作出了重要的贡献。

对工作的投入和对亚洲和亚行历史的浓厚兴趣把同事们凝聚在一起。在撰写背景资料和开展项目调研过程中，写作小组还同步编写出了一部五卷本亚行50年编年史，其中详细记载了亚行的机构、业务和财务等信息。该编年史业已出版，书名为《走过数个年代的亚行》（*ADB through the Decades*）①。写作小组还在资金局的配合下开展了一次全面的亚行财务管理调研，出版了

---

① ADB，2016，*ADB through the Decades*，Volumes 1 – 5.

《亚洲开发银行财务管理史》（*A History of Financial Management at the Asian Development Bank*）一书①。这些出版物详细记载了亚行的历史，为本书的写作提供了宝贵的背景资料。

太平洋局局长姚先斌是写作小组组长，指导了这项工作。2014 年以来，他抽出大量时间，包括周末休息时间，阅读各章书稿。他对国际开发文献和亚行在亚洲的工作都十分了解。这项研究深刻反映了姚先斌对过去 50 年亚洲开发情况的深厚了解。

除了以上直接参与到本书写作的核心成员，本书还得到亚行许多前任和现任成员、管理层和董事会成员的大力支持。由于人员众多，无法一一列举。然而，在此我还是要点出几位特殊贡献者。

三浦酒井（Kazu Sakai）在 2015 年退休前担任战略与政策局局长，是本书筹备工作的关键支持者。他为本书提供了许多缜密的意见，并在定稿过程中多次与写作小组面谈。

我们在两次亚行年会（2015 年巴库年会和 2016 年法兰克福年会）期间和在东京和马尼拉进行了近 50 次访谈，包括对亚行前行长藤冈真佐夫（第四任行长，1981 – 1989 年在任）和黑田东彦（第八任行长，2005 – 2013 年在任）的访谈。此外，历任亚行行长都留下了各种在亚行工作期间的记录，这些记录都是本书筹备和起草阶段的重要资料。亚行首任行长渡边武曾出版题为《努力建设新亚洲》（*Towards a New Asia*）②的回忆录，其他行长也先后在各种演讲中发表了他们在亚行工作期间的各种感受。第四任行长藤冈真佐夫整理了一本亚行工作日记，其中提供了许多反映 20 世纪 80 年代亚行在亚太地区所发挥作用的史料。③

除正式访谈外，许多现任和历任的亚行同事也向我们提供了宝贵的意见和颇具价值的资料。前亚行管理总干事拉杰·纳格（Rajat M. Nag）多次与写作小组会面，对本书的早期文稿发表看法。基础设施、能源和金融局前局长保罗·迪基（Paul Dickie）、东南亚局前金融和治理顾问罗伯特·邦夫里（Robert Boumphrey）和东南亚局前局长哈贾·穆因丁（Khaja Moinuddin）对本书第十章提出了详细修改意见，对我们帮助很大。战略与政策局前副局

---

① Erquiaga, 2016, *A History of Financial Management at the Asian Development Bank.*

② Watanabe, 1977, *Towards a New Asia.*

③ Fujioka, 1986, *ADB President's Diary.*

长克里斯托弗·麦克马克（Christopher MacCormac）对本书第一稿提出修改意见，并与东亚局前局长罗伯特·维托尔（Robert Wihtol）一起参与了许多关于亚行在亚洲作用的讨论。

一个高级人员工作组审查了本书的一些文稿，其成员包括：对外关系局高级主任萨鼎德·宾德拉（Satinder Bindra），战略、政策和审查局局长因杜·布尚（Indu Bhushan），秘书长严友钟（Woochong Um），副首席经济学家兼经济研究和区域合作局副局长庄巨忠（Juzhong Zhuang）。本书稿还经过数轮部门间审查，从各部门和办事处及专题小组和行业小组获得宝贵意见。行长办公室人员宋磊磊（Leilei Song）在本书稿连续几轮起草中给予了大力支持。战略、政策和审查局，资金局，主计局，预算、人事和管理系统局，经济研究和区域合作局，以及联合融资业务办公室等部门的人员在核查本书数据上提供了技术支持。档案室、图书馆和秘书办公室同仁在寻找历史文档上提供了及时有效的帮助。

这项工作获得了有力的行政支持，特别是罗威娜·阿古利巴（Rowena Agripa）和洛雷娜·卡特普（Lorena Catap）提供的支持。彼得·斯托克（Peter Stalker）完成了两轮编辑校稿，帮助润色表达和改进内容。对外关系局监督了本书的整体出版工作，尤其是在罗伯特·戴维斯（Robert Davis）、爱普莉·嘉莉贾（April Gallega）和隆美尔·玛丽拉（Rommel Marilla）等人的支持下。

撰写这样一本书，常常需要在准确性和可读性之间进行权衡。可能很少有读者愿意在书中反复读到"亚洲和太平洋"这样的表达。为增强可读性，主要使用"亚洲"一词，但希望读者能够清楚其内容一般是指整个亚洲和太平洋地区。同样，尽量对一系列技术和业务事项的表述进行了简化，如亚行普通资金（OCR）、亚洲开发基金（ADF）、规划放贷（program lending）、贷款担保安排等，并在适当情况下均在文中加了简明解释。想了解更多信息的读者可在亚行网站上（www. adb. org）查阅全面的信息资源。

最后，我需要声明的是，本书阐述的观点是我个人的观点，并非亚行的官方立场。帮助撰写这本书的专门小组在工作中全情投入，尽心竭力。亚行许多其他同事以诸多方式提供了协助。然而，对于读者在书中可能发现的判断错误和失误，文责在我。

彼得·麦考利

（Peter McCawley）

撰稿者简介

阿纳尼娅·巴苏　亚行太平洋局首席经济学家。曾在战略与政策局从事债务可持续性工作和业务协调，并在行长办公室工作过。具有逾 14 年世界银行工作经历，主要负责南亚地区项目的实施。持有哈佛大学经济学博士学位。

埃蒂娜·派克　亚行战略与政策局计划和政策专家。过去 8 年来一直参与制定和审查亚行的战略和政策。2004 年加入亚行之前，从事联合国开发计划署在菲律宾开发项目的管理。具有经济学专业背景，持有澳大利亚国立大学开发管理硕士学位。

杰德·托伦蒂诺　亚行史书项目研究员。曾是一名银行业金融专业人员，2011 年加入发展和计量经济分析研究所（IDEA）担任工业研究主任，而后 2013 年任该研究所执行主任。IDEA 是一个设于菲律宾大学经济学院的非营利性研究机构。目前杰德·托伦蒂诺正在该学院攻读发展经济学硕士学位。持有菲律宾大学经济学学士和金融学硕士学位。

姚先斌　亚行太平洋局局长，负责亚行在太平洋地区 14 个小岛发展中成员体的业务。此前曾担任区域和可持续发展局局长和中西亚局副局长。1991 年通过"青年专才项目"加入亚行。持有密歇根州立大学农业经济学博士学位。

缩略语

英文缩写	英文全称	中文译名
ADB	Asian Development Bank	亚行
ADBI	Asian Development Bank Institute	亚行研究院
ADF	Asian Development Fund	亚洲开发基金
AFIC	Asian Finance and Investment Corporation	亚洲金融和投资公司
AIIB	Asian Infrastructure Investment Bank	亚洲基础设施投资银行
AIF	ASEAN Infrastructure Fund	东盟基础设施基金
AITF	Afghanistan Infrastructure Trust Fund	阿富汗基础设施信托基金
AMF	Asian Monetary Fund	亚洲货币基金组织
ARIC	Asia Regional Integration Center (formerly Asia Recovery Information Center)	亚洲区域一体化中心（前为亚洲复苏信息中心）
ASEAN	Association of Southeast Asian Nations	东南亚国家联盟
ASF	Agricultural Special Fund	农业特别基金
BIMSTEC	Bay of Bengal Initiative for Multi – Sectoral Technical and Economic Cooperation	孟加拉湾多领域经济技术合作倡议
CAREC	Central Asia Regional Economic Cooperation	中亚区域经济合作
CAR	Central Asian Republic	中亚共和国
CMI	Chiang Mai Initiative	清迈倡议
CMIM	Chiang Mai Initiative Multilateralization	清迈倡议多边化协议
COP	Conference of the Parties	缔约国大会
CSF	Countercyclical Support Facility	反周期支持基金
DFI	Development Finance Institution	开发金融机构
DMC	Developing Member Country	发展中成员体
ECAFE	Economic Commission for Asia and the Far East	亚洲和远东经济委员会
FDI	Foreign Direct Investment	外国直接投资
GCI	General Capital Increase	普遍增资

接下页

续表

英文缩写	英文全称	中文译名
GDP	Gross Domestic Product	国内生产总值
GMS	Greater Mekong Subregion	大湄公河次区域
HIPC	Heavily Indebted Poor Countries	重债穷国计划
IAE	internal administrative expenses	内部管理费用
ICT	information and communication technology	信息通信技术
IFCT	Industrial Finance Corporation of Thailand	泰国工业金融公司
IMF	International Monetary Fund	国际货币基金组织
IMT – GT	Indonesia-Malaysia-Thailand Growth Triangle	印度尼西亚—马来西亚—泰国增长三角
IsDB	Islamic Development Bank	伊斯兰开发银行
ISI	import substitution industrialization	进口替代工业化
JFPR	Japan Fund for Poverty Reduction	日本扶贫基金
Lao PDR	Lao People's Democratic Republic	老挝人民民主共和国
LIBOR	London interbank offered rate	伦敦银行同业拆借利率
LCL	local currency lending	当地货币放款
LTSF	Long – Term Strategic Framework	长期战略框架
MDG	Millennium Development Goal	千年发展目标
MfDR	Managing for Development Results	发展成果管理
MFF	multitranche financing facility	多批次融资机制
MPSF	Multi – Purpose Special Fund	多用途特别基金
MTR	Midterm Review of Strategy 2020	《2020 战略》中期评估
MTS	medium-term strategy	中期战略
NDB	New Development Bank	新开发银行
NGO	nongovernment organization	非政府组织
NIE	newly industrialized economy	新兴工业化经济体
OCR	ordinary capital resources	普通资金
OECD	Organization for Economic Co-operation and Development	经济合作与发展组织
OPEC	Organization of the Petroleum Exporting Countries	石油输出国组织（"欧佩克"）
PPP	public-private partnership	公共私营部门合作伙伴关系（公私合作）
PRC	People's Republic of China	中华人民共和国
PRS	Poverty Reduction Strategy	减贫战略

接下页

续表

英文缩写	英文全称	中文译名
REMU	Regional Economic Monitoring Unit	区域经济监测组
SARS	severe acute respiratory syndrome	严重急性呼吸系统综合征（"非典"）
SASEC	South Asia Subregional Economic Cooperation	南亚次区域经济合作
SDG	Sustainable Development Goal	可持续发展目标
SMEs	small and medium-sized enterprises	中小企业
TFP	Trade Finance Program	贸易融资计划
UK	United Kingdom	英国
UN	United Nations	联合国
UNFCCC	United Nations Framework Convention on Climate Change	联合国气候变化框架公约
US	United States	美国
WTO	World Trade Organization	世界贸易组织

亚行本地区成员体与非本地区成员体

本地区成员体			非本地区成员体
中亚和西亚	**东南亚**		奥地利
阿富汗	**文莱**		比利时
亚美尼亚	柬埔寨		加拿大
阿塞拜疆	印度尼西亚		丹麦
格鲁吉亚	老挝		芬兰
哈萨克斯坦	马来西亚		法国
吉尔吉斯斯坦	缅甸		德国
巴基斯坦	菲律宾		爱尔兰
塔吉克斯坦	泰国		意大利
土库曼斯坦	越南		卢森堡
乌兹别克斯坦	**新加坡**		荷兰
太平洋地区	**东亚**		挪威
库克群岛		中华人民共和国	葡萄牙
斐济		**中国香港**＊	西班牙
基里巴斯		**韩国**＊	瑞典
马绍尔群岛	所罗门群岛	**日本**＊	瑞士
密克罗尼西亚	东帝汶	蒙古国	土耳其
瑙鲁	汤加	**中国台北**＊	英国
帕劳	图瓦卢	**南亚**	美国
巴布亚新几内亚	瓦努阿图	不丹	
萨摩亚	**澳大利亚**＊	孟加拉国	
	新西兰＊	印度	
		马尔代夫	
		尼泊尔	
		斯里兰卡	

注：表中字体加粗且标"＊"号的国家及地区为发达经济体或已毕业的发展中成员。

亚行大事年表

20世纪60年代： 亚洲绿色革命	20世纪70年代： 亚洲"四小龙"崛起		20世纪80年代："亚洲奇迹"获得充分认可	
	石油危机 （1973年）	越战结束 （1975年）	石油危机 （1979年）	亚太经济合作组织成立 （1989年）

1970年	1980年	1

机构要情

渡边武 （1966~1972年）	井上四郎 （1972~1976年）	吉田太郎一 （1976~1981年）	藤冈真佐夫 （1981~1989年）
亚行成立 （1966年）	首个亚行总部启用 （1972年）	首个驻外办事处在达卡成立 （1982年）	中国加入亚行 （1986年）

31个成员经济体 (1966年)
40名员工（1966年底）
10位执行董事，10位候补执行董事（1966年）
10亿美元法定股本（1966年）

业务要情

第一笔贷款：泰国 （1968年）	借款数额达到 10亿美元 （1978年）	第一笔股本投资：韩国 （1983年）	第一笔非主 贷款：巴基 （1986

给孟加拉国的第一笔贷款
（1978年）

财务要情

第一次发行债券 （德国，1969年）	在美国第一次发行债券 （1971年）

在亚洲（日本） 第一次发行债券 （1970年）	在中东（科威特）第一次发行债券 （1974年）

GCI I（1971年）	GCI II（1976年）	GCI III（1983年）

ADF I （1973-1975年）	ADF I 设立 （1974年）	ADF II （1976-1978年）	ADF III （1979-1982年）	ADF IV （1983-1986年）	ADF V （1987-1990年）	ADF V （1992-199

[a] 2015 年批准；2017 年 1 月生效。
ADF= 亚洲开发基金，GCI= 普遍增资，OCR= 普通资金。

资料来源：ADB Annual Reports; ADB, 2016, ADB Through the Decades, Volumes 1-3

90年代：   21世纪头十年：   21世纪10年代：
束   印度兴起和中国力量上升   亚洲成为世界经济增长的引擎

亚洲金融危机   全球金融危机
（1997-1998年）   （2008-2009年）

2000年   2010年

水公正   佐藤光夫   千野忠男   黑田东彦   中尾武彦
-1993年）   （1993-1999年）   （1999-2005年）   （2005-2013年）   （2013年至今）

和国加入亚行   减贫成为总目标   2020战略   《2020战略》中期评估
纪90年代）   （1999年）   （2008年）   （2014年）

67个成员经济体（2016年）
3,092名员工（2016年底）
12位执行董事，12位候补执行董事（2016年）
1,430亿美元法定股本（2016年）

对应对亚洲金融危机的   第一个多批次贷款融资模式   对缅甸的支持
支持：78亿美元   项目：巴基斯坦   （2012年）
（1997-1999年）   （2005年）

恢复在阿富汗的业务   亚洲海啸基金   第一笔结果导向型
（2002年）   （2005年）   贷款：斯里兰卡
公河次   反周期支持基金   （2013年）
域项目   （2009年）
992年）

IV（1994年）   GCI V（2009年）   OCR与ADF合并
（2015年）ᵃ

DF VII   ADF VIII   ADF IX   ADF X   ADF XI   ADF 12
7-2000年）   （2001-2004年）   （2005-2008年）   （2009-2012年）   （2013-2016年）   （2017-2020年）

osite（www.adb.org）。

第一章

引 言

　　亚行的宗旨是促进亚洲和远东地区（以下称为"本地区"）的经济　　1
增长和合作，并协助本地区的发展中成员集体和单独地加快经济发展的
进程。

——《亚行章程》第一条，1966 年

　　亚洲开发银行成立于 50 年前。1966 年 11 月 24 日，在日本东京芝公园东
京王子大饭店举行了亚行成立大会。从此，11 月 24 日被定为亚行的成立纪念
日。为了庆祝亚行成立 50 周年，这部关于打造亚太美好未来的著作讲述了亚
行作为亚洲地区一个多边开发银行的发展历史，以及它与各国政府和其他国
际合作伙伴共同促进亚洲地区发展的历程。

　　20 世纪 60 年代中期，亚洲国家领导人认为以国际金融资源为补充的地区
合作能够促进亚洲的发展，这是建立亚行的初衷。此外，亚行的成立基于三
个主要理念：首先，亚洲国家必须联合起来才能推动进步；其次，只有动员
"来自本地区内和本地区外的"（如《亚行章程》所述）的额外资源才能促进
发展；最后，一个强大而可信的地区银行能够成为实现这些目标的有效组织。

　　亚行的发展与亚太地区的发展密不可分。因此，亚行的历史不仅反映出
过去 50 年亚洲经济和社会的发展历程，也展现了国际发展思想的变化轨迹。
关于亚行在过去 50 年每个十年的工作讨论聚焦于几个主要问题：亚行需要
应对的亚洲发展过程的显著特点是什么？亚行是如何在这些不断变化的环境
中成长和发展的？

2

一个多边机构

本书侧重于突出亚行作为一个多边开发银行的特色。这些特色——多边、开发及作为银行的作用——对亚行的工作来说都是事关重要的。后面的章节详细记述了亚行在过去 50 年每个十年的活动，这也充分反映出亚行如何在这三大特色下稳步拓展其业务范围。

亚行的多边性首先体现在其成员体不仅来自亚太地区，也来自非亚太地区。在 20 世纪 60 年代早期讨论亚行组建时，有人建议将成员体范围限制在亚洲地区。但是，后来更为现实且被普遍认同的观点是将成员体扩大到北美和欧洲，有助于亚行获得更多的国际承认和资助。1966 年亚行成立之初，共有 31 个成员体：19 个来自亚太地区，12 个来自其他地区。到 2016 年，亚行成员体增至 67 个，其中 48 个来自亚太地区，19 个来自其他地区，它们在亚行内部享有同等法律地位。但是，为了确保亚洲成员体在亚行内的关键决策影响力，《亚行章程》规定，亚洲地区成员体占股本总额的比例不得低于 60%。因此，非亚洲地区成员体持股不能超过额定股本的 40%。

亚行的多边性还体现在它拥有众多的国际合作伙伴。正如《亚行章程》所述，亚行是"以亚洲为基本特色的"。但是它的业务国际化特色鲜明，并拥有不同类型的合作者。亚行最重要的合作者是各成员体的官方代表。其次是各种重要的机构和公司，包括公共和私营机构，以及对亚行项目进行直接投资的社会组织。最后是与亚行共同参与发展事务的亚洲和全球范围内的众多合作者。

多年来，亚行潜在合作伙伴的数量显著增加。到 2006 年，在全世界有 225 个双边组织和 242 个多边组织，其中 40 个是联合国机构，24 个是开发

3 银行。[①] 此外，还有数千个来自工业国家和发展中国家的非政府组织和其他社团组织，以及无数私营顾问公司和承包公司。所有这些机构，包括组织、公司和团体，都竞相与亚行建立合作关系以提升知名度和影响力。

亚行与这些众多机构开展各种活动：大多数情况下，亚行与包括借款国、双边和多边机构在内的各方一起推动项目实施。此外，还与合作的大学和智库共同举办战略研讨会以增进对亚洲地区发展政策的了解。亚行工作人员会

---

① OCED 2011 年所做的估计，*The OECD at 50*, 35。

与捐赠方或国际金融界会面以为在借款国的赠款项目和贷款项目筹集资金。这些活动要求亚行工作人员必须花费大量的时间进行联络和协调。尽管有时会涉及敏感和富有争议的问题，但合作伙伴在大多数合作领域都能够达成一致。

开发机构

《亚行章程》中规定亚行的宗旨之一就是"促进亚太地区经济增长"。该宗旨意味着期望亚行既要促进变化又要适应变化。在一个过去 50 年经历了巨大变化的地区，这尤为不易。在 20 世纪 50 年代和 60 年代早期，亚太地区发展中国家的前景并不乐观。事实上，从 1900 年到 1950 年，三个人口最多的国家（中国、印度和印度尼西亚）的平均生活水平几乎没有提高。1966 年亚行成立时，亚太地区还是一个贫困、不安全和不稳定的地区。

但是在此后半个世纪中，情况发生了巨变。在 20 世纪 70 年代和 80 年代，在"绿色革命"和出口导向型工业化推动下，许多国家经济迅速增长，生活水平不断提高。这一发展归功于经济改革的成效，例如中国在 20 世纪 70 年代后期开始的改革开放和后来印度的经济改革。尽管遭遇了 1997 - 1998 年亚洲金融危机和 2008 年全球金融危机，但这种增长势头一直保持到 20 世纪 90 年代至 21 世纪头十年（如图 1.1 所示）。

人民的生活质量也得到显著提高。1966 年，发展中亚洲国家人的平均预期寿命为 50 岁左右。然而，从 1966 年到 2014 年，预期寿命明显延长。例如，在不丹，从 35 岁延长至 69 岁；在中国香港，从 70 岁延长到 84 岁；在东帝汶，从 37 岁延长到 68 岁。到 2014 年底，亚太地区预期寿命最短的国家为阿富汗（60 岁）。该地区平均预期寿命已经延长至 71 岁。

接下来的章节将聚焦这些变化趋势所反映的亚洲地区发展的三大主题。5 第一个主题是转型。在过去 50 年间亚洲地区的转型是举世瞩目的。亚洲现代化发展的序幕始于 1868 年日本的明治维新。但是直到 20 世纪 50 年代，该地区的其他大部分地区还没有步入现代化进程。然后，在整个 60 年代和接下来的几十年中，推动改革的决心在发展中的亚洲兴起。2016 年发展中亚洲充满活力的景象与 20 世纪 60 年代中期的低沉景象截然不同。

第二个发展的主题是恢复力的重要性。在过去的 50 年中，各种各样的冲击给发展中的亚洲带来了困惑和挑战。尽管如此，亚洲国家在经历了这些冲击之后都显现出顽强的恢复力。无论这些冲击来自经济、金融还是社会，

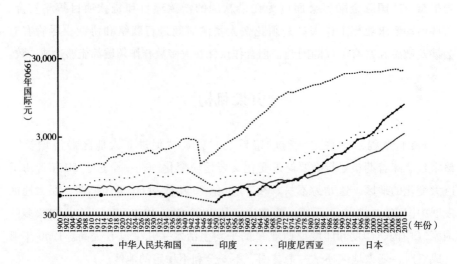

4

图 1.1　1900 – 2010 年中国、印度、印度尼西亚和日本的人均国内生产总值
（计量单位：1990 年国际元）

　　国际元英文为 int. GK$，即 international Geary-khamis dollars，又称吉尔里 – 哈米斯元，指在特定时间与美元有相同购买力的假设通货单位。

　　注：

　　1. 按长期可比价格（1990 年国际元）计算的国内生产总值；

　　2. 1942 – 1948 年印度尼西亚数据未获取；

　　3. 1901 – 1912 年、1914 – 1928 年和 1939 – 1949 年中国的数据未获取。1900 – 1913 年各年数据来自"麦迪逊项目"（Maddison Project）。

　　资料来源：麦迪逊项目，2013 年；新麦迪逊项目数据库，http：//www. ggdc. net/maddison/maddison – project/home. htm（2017 年 2 月 14 日访问）。

　　亚洲国家都能够走出阴霾。因此，在过去的 50 年里，恢复力是该地区的第二大特征。

　　第三个发展的主题是稳定。稳定的一个重要指标是保持谨慎的财政和货币政策。但是，另一个重要指标是维护和平和不断促进合作。在 20 世纪 60 年代中期，亚洲大部分地区不稳定和公开冲突的特征明显。但在接下来的几十年中，各国采取了诸多富有成效的措施来减少冲突、促进区域合作。最后，各国都充分认识到促进相互合作、维护地区稳定对发展的重要性。

　　随后章节概述亚行如何参与亚洲经济、社会变化的历程。早年，亚行的贷款主要用于农业发展、道路修建、工业建设和金融机构等公共部门的项目。后来，亚行将项目扩大到其他领域，引入新的贷款形式和其他经济援助项目。如今，亚行向发展中成员体提供各种贷款、赠款、股本投资和银行担保。

这些支持能够充分满足不同经济发展水平国家的需要，既包括规模巨大且充满活力的经济体，也包括规模较小、仍然面临困难的太平洋岛屿国家。《亚行章程》规定，亚行应当"特别考虑本地区规模较小的或欠发达的成员体的需求"。即便现在亚行成员体数量增加，多样化特征明显，亚行的工作仍以这一原则为指导。这需要涉及政策对话和技术援助。对每个国家的项目，亚行都与利益相关方就整体经济管理进行讨论，并且就行业问题和其他形式的援助提供专家意见。

为指导这项工作，亚行建立了一个强大的知识和信息数据库。20 世纪80 年代初，第四任亚行行长藤冈真佐夫计划将亚行建设成为"亚太发展资源中心"。亚行的出版物包括定期出版的区域经济发展趋势调查和主要经济领域报告。这些国际公益物品影响和促成对区域政策和全球政策的亚洲视角。

亚行的另一个目标是促进区域经济合作。为实现这一目标，亚行在最初的几年进行了一系列的战略研究，包括亚洲农业调查、亚洲交通运输调查和亚洲能源调查，进而确定了地区国家合作的领域和机会。在 20 世纪 90 年代，亚行工作的重点在于推动次区域合作项目。到了 21 世纪，亚行为区域合作制定了一个四支柱战略，即支持基础设施互联互通、扩大区域贸易和投资、协调财政和货币政策，以及提供区域公益物品。

一个融资机构

亚行创始人的初衷在于通过创建一家银行来调动更多资源来为亚洲地区巨大发展需求提供资金。过去的亚洲地区经济贫困，发展资金极其短缺。亚行要成为一个通过在全球资本市场（包括美国和欧洲）发行债券来利用股东的资金（由纳税人提供）的机构。非本地区发达经济体的参与很重要，因为这样有助于在国际市场上拥有良好的借贷信誉。

在最广泛层面上，亚行的主要职能是作为一家金融中介机构整合资金以支持借款成员体的发展项目和计划。传统上，亚行主要为公共部门（特别是主权国家）提供贷款和其他援助。但是近年来，亚行与非主权伙伴（包括私营部门）的合作不断扩大。

亚行的金融业务遵循严格的金融准则。亚行第一任行长渡边武非常强调谨慎考察贷款项目的重要性，亚行第一笔贷款历时一年多才最终获得批准。

《亚行章程》明确指出要注重贷款项目的经济和效益。最初对项目进行经济分析的职责 1966 年由业务部承担。后来，在 1969 年，新成立的项目部接管了这项工作。如今，项目经济分析工作由各区域局与经济研究和区域合作局共同实施。作为一家开发银行，亚行不仅关注财务收益，而且关注更广泛的经济效益和项目的发展影响。

为筹集资金，亚行在资本市场推出了一套完备的借款计划。与此同时，亚行还通过其他方式筹措资金，例如通过联合融资和与相关机构开展双边捐助活动。在使用这些资金时，亚行重点负责设计高质量的项目和计划，以维持其在国际市场上的 AAA 评级，并确保在资产负债表上体现出稳健的资产和可靠的声誉。[1]

从 1968 年第一笔贷款获得批准以来，亚行向亚洲借款国家既提供非优惠贷款［资金来自普通资金（OCR）］，又提供高优惠软贷款（资金起初来自特别基金，后来来自亚洲开发基金，另外 2005 年亚洲开发基金还增加了赠款业务）。普通资金业务由来自股东的核定资本支持，通过发行亚行 AAA 债券实施杠杆运营。核定资本包括实缴资本和待缴资本，这样确保了亚行在资本市场上作为借款方的信誉。《亚行章程》规定，贷款（以及股本投资和担保）的未偿还额不得超过核定资本加储备金（累计收入）的总额。更近以来，股本（实收资本加来自普通资金收入的储备金）与未偿还贷款的比例（至少设为 25%）构成普通资金借款 AAA 等级的基础。另外，亚洲开发基金低息长期贷款和赠款的资金主要来自捐助国和亚行总业务的净收入。

1966 年亚行成立时，初始核定资本为 10 亿美元。到 1967 年底，成员体已认缴 9.7 亿美元，其中只有 50% 为实际缴付，另一半为待缴股本[2][3]。与亚洲发展中国家投资需要的资金相比，这个数额并不高。随着机构的扩大，亚行需要的资金数额也在递增。后来，随着捐赠资本的增加，认缴资本的数量也在增加，这才使得亚行能够扩大贷款业务。到 2009 年，在成员体的同意下亚行已经进行了五次普遍增资（GCI）。截至 2016 年底，亚行总核定资本为 1,430 亿美元，认购资本为 1,427 亿美元，其中只有 72 亿

---

① Erquiaga, 2016, *A History of Financial Management at the Asian Development Bank*.

② 在亚行遇到紧急财务问题情况下方由成员体缴付的款项。

③ 1966 年 1 月 31 日亚行的原始核定资本为 10 亿美元，其中 5 亿美元为实缴资本，另外 5 亿美元为待缴资本。1966 年 11 月，理事会批准增加 1 亿美元的核定资本。截至 1967 年 12 月 31 日，认缴资本为 9.7 亿美元，其中 4.85 亿美元为实缴资本，其余为待缴部分。

美元为实际缴付。① 此外，亚洲开发基金经过十二轮补充资金，通过 34 个捐助方募集到 350 亿美元的捐款（附录表 A2. 15）。

早年，亚行每年的放款额约为 1 亿美元，到 2005 年，年审批放款额达到 63 亿美元（其中普通资金贷款 47 亿美元，亚洲开发基金贷款 14 亿美元，亚洲开发基金赠款 2.47 亿美元）。到 2016 年，亚行放款数额达到 175 亿美元（其中普通资金贷款 144 亿美元，亚洲开发基金贷款 26 亿美元，亚洲开发基金赠款 5.18 亿美元）②。

将这些业务置于亚洲发展的大环境之中会发现，亚行在亚洲经济发展过程中在提供资金方面（包括国际社会所提供的其他官方援助在内）做出的贡献是有限的。事实上，亚洲发展中国家的大部分投资都来自这些国家本身。然而，为了在知识和资本方面支持这些国家的国内投资，《亚行章程》将调动更多亚洲以外的金融资源设为亚行的目标之一。从长期来看，近年来，对除中国以外的借款国，亚行的金融业务（贷款和赠款的年度审批）占借款国国内生产总值的 0.5% - 0.8%（图 1.2）。因此，对于亚行对借款国给予知识支持以提升投资质量的举措和亚行向借款国提供的资金数量，必须给予同等重视。

这一措施在具体实践中得到落实，亚行的银行业务不仅旨在向成员提供资金，还旨在提升投资项目的质量和效益。亚行一直强调谨慎。渡边武经常谈到保持健全银行业务准则的重要性。这些准则包括对借款国项目进行仔细审核。为此，亚行工作人员会花费大量时间在借款国进行调研，仔细聆听和观察，以便制订高质量的贷款计划。

为了满足借款方不断变化的需求，亚行对其财务和贷款计划进行了诸多改革。在过去的 50 年中，亚行金融产品的种类不断更新。早期贷款项目以外汇形式为主，用于资助具体的主权国项目活动。不久以后，引入了不针对具体项目提供资金的规划贷款（program loans），然后根据借款国的要求修改规划放贷的目标。规划贷款在 1978 年首次获得批准，以外汇形式用于资助农业投入品的进口。1987 - 1996 年，规划贷款模式则用于支持许多行业的政策改革。1999 年，规划贷款还被特别批准用于应对大范围的经济危机。而在 2011 年，规划贷款则用于中期规划预算支持。

10

---

① 鉴于亚行资本以特别提款权（SDR）计价，所报告的美元资本存量水平不断波动，反映了美元与特别提款权汇率的变化。

② 这里的"贷款"包括贷款、股本投资和担保等的批准总额。

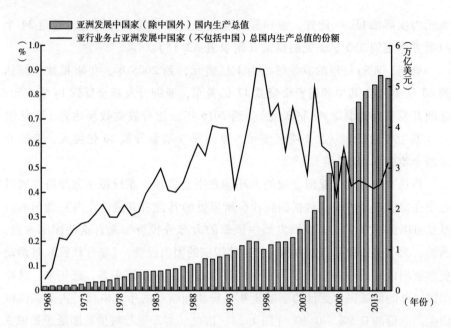

9　图 1. 2　1968－2015 年亚行业务占亚洲发展中国家（不包括中国）总国内生产总值的份额

资料来源：编自：ADB，2016，*Corporate Evaluation Study*：*The Asian Development Bank's Engagement with Middle – Income Countries*，Manila，p. 30.

　　起初，亚行在第一个十年中只提供主权贷款，但是进入 20 世纪 80 年代以后亚行业务范围逐渐扩大到非主权业务。1983 年，亚行向韩国一家公司提供了贷款，这是首次用于私营部门的直接股本投资。1986 年，亚行开始在没有政府担保的情况下直接向私营企业提供贷款，巴基斯坦国家开发租赁公司获得了第一笔贷款。

　　主权优惠贷款也同时得到加强。2005 年，在捐助国的支持下，亚行通过亚洲开发基金提供了第一笔赠款。

　　亚行的贷款和金融项目也有许多变化。例如，2005 年，基于在亚洲金融危机中吸取的经验教训，亚行为主权借款方引入了当地货币贷款，以解决外币借款与本币收入间潜在的"双重错配"问题。2006 年，亚行开始向独立于主权或中央政府的公共部门借款人（如国有企业或市政）提供无主权担保的贷款。

　　同时，亚行与其他多边和双边机构以及私营部门的联合融资也有所增加。2016 年，尽管受到全球资本的限制，亚行还是以 175 亿美元的自有资金，得到联合融资（包括信托基金）141 亿美元，比 2015 年增加 31%。

　　亚行常常被认为是一家保守的金融机构。但是在 2013 年亚行决定启动 11
一系列讨论，对其资产负债表进行重大改革。这项革命性的计划起初遭到一
些成员体的质疑，但在 2015 年获得一致通过，并于 2017 年 1 月 1 日生效。
这次重组对提升亚行的金融影响力和日后不断扩大其业务具有深远的意义。
这次改革将亚行优惠的亚洲开发基金与非优惠的普通资金融为一体。通过这
一重大金融举措，股本从 172 亿美元提高到 480 亿美元以上，使得亚行能够
有充足的资金响应借款国日益增长的需求。

　　亚行还有必要提高成本效益和工作效率。在成立之初，渡边武就对过度
的官僚主义提出了警告。他谈道："一个组织即便是以最简单的方式开始，
也往往会变得非常复杂……我希望看到亚行能够一直保持它的简洁高效。"①
所有后继的行长都对亚行的行政部门和开支保持着严格的管理，从而使得亚
行成为最高效的多边开发银行之一。但是，随着放款业务和其他活动的增加，
亚行招募了更多的员工。1966 年，亚行在马尼拉有来自 6 个成员国的 40 名雇员；
2016 年，亚行有来自 60 个国家的近 3,100 名雇员。同时，亚行的内部预算
从不到 300 万美元增加到约 6.36 亿美元。

历任行长

　　接下来的章节重点讲述亚行不断发展的历程。本书以时间为序按年代编
排，讲述亚太地区发展的历程和亚行在其中的作用和贡献。

　　历届行长的影响力是一个重点强调的内容。从 1966 年亚行成立以
来，先后有 9 位行长。每位行长都给亚行在不同方面带来兼具传承和创
新的改变。传承体现在每位行长对《亚行章程》理念和思想的继承和发
扬。每位行长都非常重视发展亚行的多边性，花费大量的时间访问本地
区发展中国家，与政策制定者会面，亲自考察亚行项目。同样，每位新 12
行长都将上一任行长的优先事项放在重要的位置。同时，在鼓励改革方
面，每位行长总是亲力亲为。由于亚行是一个多边组织，因此有必要与
多个利益相关方，包括董事会、理事会有时甚至是成员体政府，直接进
行改革谈判。

①　Watanabe, 1977, *Towards a New Asia*, 27.

在传承亚行理念的同时，每位行长也给亚行带来重要的改变。每位行长都有自己的风格，有些对协议非常重视，颇为谨慎，有些则倾向于非正式的活动。在过去的50年中，亚行在亚洲面临的挑战已经发生了本质的变化，因此也相应地需要调整相关措施。此外，随着自身改革的深入和国际开发议程的演进，亚行也变得更加复杂。随着时间的推移，亚行行长需要承担更多的职责才能引导亚行适应亚太地区快速发展和全球化进程的需要。

渡边武（1966－1972年担任亚行行长）被称为"亚行之父"。这一特殊的称谓反映出渡边武为创立亚行做出的突出贡献。20世纪60年代初，渡边武在东京出席了建立亚行有关构想的讨论会（第三章）。1963年至1965年间，他参与了亚行的筹建工作。后来，他担任了亚行第一任行长，为塑造亚行职能和特征发挥了决定性作用。

第二任行长井上四郎（1972－1976年担任亚行行长）曾是日本央行的一位银行家。他上任时越南和平曙光初现（第五章）。但不久，1973－1974年第一次石油危机便盖过了他对印度支那和平的关注。井上认为他需要带领亚行渡过该银行遭遇的第一次区域性经济危机。

在亚行第二个十年期间，吉田太郎一（1976－1981年担任亚行行长）采取了一系列措施扩大亚行的作用。1976年，在他担任亚行行长时，亚洲发展中国家仍然在应对第一次石油危机带来的挑战。然而，亚行也面临机构扩大带来的压力。1979年，第二次石油危机再一次改变了亚洲经济发展的前景。为了应对这些挑战，吉田先生委托编写了一份关于《亚洲开发银行20世纪80年代业务重点和计划研究》的重要报告。

藤冈真佐夫（1981－1989年担任亚行行长）采用了上述业务重点研究中阐明的计划。事实上，这些建议后来成为20世纪80年代亚行体制改革的"藤冈议程"（第七章）。藤冈特别希望能够看到亚行在聚焦银行业务的同时不断扩大业务活动范围，发挥更广泛的开发机构的作用。此外，中国和印度这两个亚洲大国也在藤冈任职期间成为亚行借款成员。藤冈认为这一变化对整个亚行的发展具有非常重要的意义，因此他密切关注并亲自参与了各方为完成这一进程所需要的漫长谈判。

1987年，为鼓励对进一步改革进行讨论，藤冈邀请五位国际专家组成了专家小组，为亚行今后的工作作研究咨询。专家组最终完成了一份文件，题为《亚行在20世纪90年代作用的报告》，为下一任行长提供了改革议程。

垂水公正（1989－1993 年担任亚行行长）在 1989 年 11 月 24 日亚行创立纪念日当天到任。当时正值柏林墙倒塌不久，整个国际环境发生了巨大的变化，垂水公正迫切需要带领亚行适应新的开发议程。1992 年，垂水公正决定在亚行内部实施战略规划流程，为整个 90 年代持续的体制改革设立了框架。

第六任行长佐藤光夫（1993－1999 年担任亚行行长）上任时，亚行已经没有更多的放款空间（即在无违反法定允许贷款上限或不失去 AAA 信用评级的情况下仍可批准的放款数量）。虽然普遍增资能够提供更多的放款空间，但是相关协议在一段时间以来一直处于讨论中而被延迟。佐藤上任以后立即将主要工作放在普遍增资的协议上，并于 1994 年 5 月通过相关协议（第九章）。在履职的五年中，佐藤行长第二项重要的工作就是加强亚行的多元职能，"全能型开发机构"是他喜欢的一个习惯用语。

但是，也许对于佐藤来说最具挑战性的一项工作就是带领亚行度过 1997 年亚洲金融危机（第十章和第十一章）。佐藤非常关注金融危机带来的影响。他领导亚行对受到金融危机影响的国家做出反应，支持在亚行范围内扩大一系列旨在加强亚洲金融体系的新计划，以此防范未来发生类似的事件。 14

千野忠男（1999－2005 年担任亚行行长）以其低调谦逊的风格备受欢迎。他上任不久就开始对亚行各项工作进行全面审查，进而推出了一项新的减贫战略（第十二章）。减贫成为亚行的"首要目标"。后来，一系列新的机构战略，包括一个 15 年的长期战略框架和一个 5 年的中期战略框架，都用于支持减贫战略。千野的另一项持久贡献在于他对脆弱和冲突国家的关注。他还采取许多措施提高女性在亚行高级和专业职位中的比例，并于 2003 年任命了亚行首位女性副行长。

千野的工作为亚行增资奠定了基础。黑田东彦（2005－2013 年担任亚行行长）在日本和国际组织中都具有丰富的工作经验，在经济领域颇有建树，与全球金融界保持着良好的关系。在他履职的头几年，他积极扩大亚行的区域活动，对亚行贷款每年保持在 50 亿－60 亿美元的"停滞"现象给予了重视。黑田表示，他任职期间将优先考虑扩大并优化亚行贷款的金额数量和项目质量。

然而，在 2007 年至 2008 年期间，一场全球金融危机开始在工业国家蔓延。正如当年佐藤行长带领亚行渡过 1997－1998 年金融危机一样，黑田在任职期间的重要工作就是再次带领亚行度过意想不到的全球金融危机。在金融危机的紧急情况下，普遍增资的各项协议很快获得批准。2008 年黑田还带领亚行制订了一个新的机构计划，即亚行的《2020 战略》。

15　　　2013 年 2 月，日本首相安倍晋三提名黑田东彦担任日本银行行长。黑田接受任命之后，中尾武彦被提名为亚行的第九任行长（第十四章）。

中尾武彦（2013 年至今担任亚行行长）同样具有长期而丰富的国际金融组织工作经验，他上任后明确表示将致力于亚洲发展事务。他的工作风格以直接和务实闻名。中尾武彦认为亚行需要进行更多的改革，并敦促亚行朝着"更强、更好、更快"的方向发展。他通过中期评估再次修订了亚行《2020 战略》，并着手筹划《2030 战略》。2013 年 8 月，他创造性地发起了亚洲开发基金与普通资金合并的改革，以改善亚行的财务状况，目标是在几年内使亚行的贷款和赠款额度大幅增加 50%，达到每年约 200 亿美元的水平。他还强调行业小组和专题小组应作为"一个亚行"分享经验，并宣布在 2015 年末联合国气候变化大会之前实现亚行气候融资翻一番的目标。

发展的挑战

发展是一个持续的过程，一个转型的过程。亚洲新兴国家目前正在经历这一过程。以此来看发展，对理解整个亚洲地区正在发生的变化至关重要。

在这个过程中有许多因素都会在未来几十年继续发挥其影响力，新的因素也会不断涌现。整体而言，亚洲国家在这一发展进程中表现出出色的管控能力。然而没有任何统一的模式，由于不同国家面临的情况不同，应对症实施。

作为一个多边开发银行，亚行也在此过程中表现出勇于改革的能力并履行承诺——对发展中成员体不断提出的优先诉求进行预测和回应。

在此，我们诚邀读者与我们一起回顾亚行走过的 50 年历史，以此重温亚太地区 50 年的发展历程。

创立之初

（1966年以前）

第二章

20世纪60年代的亚洲：动荡与转型

亚洲正在经历着二战结束后一段非常艰难的时期……在这种背景
下，令人欣慰的是，亚行在亚洲国家的共同倡议和合作基础上得以创
立，并得到世界其他地区国家的密切支持。

——亚行成立大会1966年11月24日

在东京举行时，时任联合国秘书长吴丹给大会的贺信

二战后的时代是动荡的。殖民时期即将结束。亚洲国家相继获得独
立，例如，1945年印度尼西亚独立，1947年印度独立，1948年缅甸和锡
兰（即后来的斯里兰卡）独立。1949年中华人民共和国宣告成立。多年的
战争已经使亚洲各个发展中国家的希望与诉求发生了变化。多年来，国家
建设的愿望被抑制了，因此，在获得独立之后，每个国家都开始了深刻的
变革。亚洲各国对光明的前景充满了希望，但不久之后，它们对经济发展
和进步的严峻形势有了更为清醒的认识。

大约一个世纪以前，在明治维新时期，日本领导人已经致力于国家
现代化的发展建设。但是在亚洲的其他地方，殖民主义、战争和政治动
荡阻碍了工业化进程。在20世纪50年代末60年代初，尽管有前进的动
力，但大多数亚洲发展中国家持续进步的前景并不乐观。本章的主要内
容是关于亚洲现代化进程的希望，以及1966年促成亚行成立的区域合作
动力。

18

日本与"雁行模式"

几个世纪以来，亚洲市场与欧洲市场都有着千丝万缕的联系。在16－17 世纪，欧洲列强通过与中国、印度和其他地区的贸易强化了亚洲与欧洲的商贸联系。然而，这对促进亚洲经济发展几乎没有起到什么作用。18 世纪和 19世纪全球贸易大发展并没有使亚洲民众从中获益，殖民化阻碍了本地区的本土发展。但这个时期的日本是一个例外。在 1868 年明治维新以后，日本经历了一段快速发展期，这向世人表明对亚洲国家而言，持续的经济发展和独立于欧洲殖民国家的目标是可以实现的。

到了 20 世纪 60 年代，日本发展道路的成功为亚洲其他国家起到积极的示范作用。其中最著名的发展模式之一就是"雁行模式"。日本经济学家赤松要①详细阐述了一个理论，"处于工业化发展初期的国家跟随工业化水平较高的国家形成'雁行编队'"②。这些紧跟其后的国家的优势在于较低的生产成本，但随着成本的提高，它们会将这类商品化的产品转移至其他工业化水平相对落后的国家。在亚洲，日本由于第一个成功实现工业化，因此成为这个"雁行模式"的领导国家。日本是亚洲地区最先出现劳动力成本上升的国家，随后是其他新兴工业化经济体——中国香港、韩国、新加坡和中国台北，然后是东盟成员国——印度尼西亚、马来西亚、泰国等。后来其他经济学家对"雁行模式"理论进行了改进，使之与实际的经济形势更为吻合。

"四小龙"

20 世纪 60 年代，亚洲大部分地区的发展形势非常严峻。但是有些国家的情况则比较积极。最初几乎没有人注意到，早在 20 世纪 50 年代中期，四
19 个最具经济活力的经济体即将腾飞。经济的快速增长使这四个经济体被冠以"四小龙"之称。但是在亚行成立以前，它们尚未成熟，因此这些经济体经济发展已不再局限于生存，而是希望更快地成长和迅速地繁荣。③

---

① Akamatsu, 1962, *Historical Pattern of Economic Growth*.
② 关于对"雁行模式"的评论，详见 Kasahara, 2004, *Flying Geese Paradigm*。
③ Hughes, 1995, *Why Have East Asian Countries Led Economic Development?*, 88－104.

新加坡追求发展的动力来源于1965年与马来西亚合并失败而获得的政治独立。韩国的发展动力来源于20世纪50年代朝鲜战争以后重建国家的愿望，以及1961年新政府关于促进出口驱动型增长的政策。这些发展都为快速实现工业化铺平了道路。20世纪60年代，中国台北也实施了类似的经济政策，集中发展制造业并随着出口的扩大实现经济增长。韩国和中国台北还进行了大量的土地改革，并把教育和技术开发放到了重要位置。

"四小龙"的经济发展路径在许多方面具有相似之处。它们都先后进行了经济重构，实现了高储蓄和投资率，并对世界经济保持开放的态度。但是，在有些方面，它们的策略大相径庭，尤其体现在国家与市场的关系上。例如，在中国香港，政府对市场的影响很大。但是在其他三个经济体中，政府或当局的目标是通过全面的发展战略和有力的市场引导促进经济增长。

转型是令人印象深刻的。1953年，韩国还是亚洲最贫穷的国家之一。但是，经过50年代后期的政策改革，韩国实现了经济的快速增长。截至1980年的20年中，韩国保持着年平均增长率8%的速度（表2.1）。关于该经济体的成功有很多争论，但是普遍认为有两个关键性的因素：国家充满动力和与全球经济紧密联系。新加坡也采取了类似的发展路径。

中国台北遵循出口导向型的发展道路。对外出口每年增长20%以上（表2.1）。中国台北的出口贸易公司相比制造业公司往往规模较小，而在韩国恰恰相反，经济增长的动力常常来源于工业企业财团的贡献。

表 2.1 1953-1980年亚洲"四小龙"与日本的国内生产总值和出口增长率   20

单位：%

经济体	1953-1962年	1963-1972年	1973-1980年
中国香港			
国内生产总值	12.8	11.7	10.1
出口	6.9	14.0	9.8
韩国			
国内生产总值	3.8	9.1	8.3
出口	16.1	30.3	17.6
新加坡			
国内生产总值	...	10.3	8.1

接下页

续表

经济体	1953 –1962 年	1963 –1972 年	1973 –1980 年
出口	0.3	6.0	29.1
中国台北			
国内生产总值	7.3	10.9	8.4
出口	18.0	27.6	22.6
日本			
国内生产总值	8.3	9.4	4.1
出口	16.3	15.8	6.2

资料来源：编自 A. O. Krueger, 1995, East Asian Experience and Endogenous Growth Theory, in T. Ito and A. O. Krueger, eds. Growth Theories in Light of the East Asian Experience, Chicago：University of Chicago Press。

与"雁行模式"相对应，印尼、马来西亚和泰国都根据各自的国情，在借鉴"四小龙"发展经验的基础上选择了不同的发展道路，它们发展的成效在后来的几十年凸显出来。尽管如此，在亚洲的其他地区，20 世纪 60 年代初期的发展前景并不乐观。[①] 例如，印度虽然充满活力，但经济发展长期受困于混乱的民主政治；中国作为世界上最大的社会主义国家，在政治和经济上与世界其他地方的联系并不紧密。同时，东南亚的一些国家兴起独立运动，国内环境动荡不安，公开冲突不断。

21

不稳定的东南亚

第二次世界大战之后，东南亚的发展前景看起来不乐观。该地区深受国际权力斗争的影响。法国和英国这两个前殖民宗主国不愿意接受在该地区影响力被削弱的局面。1954 年奠边府战役失败以后，法国才同意从印度支那撤军。整个 20 世纪 50 年代，英国和英联邦军队在马来西亚进行了长期的反叛乱运动。1957 年马来西亚独立运动胜利，但尖锐的政治分歧导致新加坡退出，建立马来西亚联邦的尝试在 1965 年失败了。印尼总统苏加诺强烈反对成立马来西亚联邦，认为这是试图继续保持殖民主义影响力的做法，这一分歧导致了印尼和马来西亚的尖锐矛盾。

---

① 联合国亚洲及太平洋经济社会委员会在官网发布了自 1947 年以来的各项经济和社会调查资料，这是关于 20 世纪 40 年代后期和 50 年代该地区发展情况的有益参考。网址：http://www.unescap.org/publications/survey/#70s（2017 年 1 月 17 日访问）。

　　正当殖民宗主国逐渐退出时，东南亚地区越来越引起美国的重视。美国和其他西方国家的外交政策战略决策者担心受到该地区共产主义的威胁以及越南、柬埔寨和老挝共产主义国家成立产生的多米诺骨牌效应，认为必须采取强硬的手段。在 20 世纪 60 年代早期，美国政府做出了重要决定，对东南亚地区增加军事支持，接着进行直接干预。到 1969 年，美国在南越部署了50 万人的兵力。越南战争具有重大的政治和经济影响，包括对亚行。美国决策者认为成立亚行有利于东南亚地区实现和平和稳定，因此对成立亚行的建议做出了积极的回应。

　　印度尼西亚也出现了动荡。尽管前殖民国荷兰一直不愿离开，1945 年印尼民族运动最终还是取得了胜利，印尼宣布独立。但是，到了 20 世纪 60 年代，印尼共产党日益增长的影响力引起了西方国家的注意。1965 年 9 月印尼发生动乱，在可怕的动乱和冲突中，约有 50 万印尼人丧生。① 印尼国内的动乱导致其内政外交政策发生很大变革，但是新政府对加入亚行态度积极，印尼遂于 1966 年成为亚行创始成员体。②

　　与此同时，在 20 世纪 50 年代和 60 年代早期，菲律宾利用战后繁荣的契机成为亚洲发展最快的经济体之一，人均收入一度高于中国台北或韩国。③ 菲律宾在亚行成立过程中发挥了重要作用，尤其是当它决定竞争总部永久托管权以后。然而，由于受专制和保护主义政权统治，而且 20 世纪 70 年代和 80 年代早期受裙带资本主义和外债攀升困扰，菲律宾最终落后于邻国，在雁行排序中落到了末尾。

停滞的南亚

　　当时南亚地区的前景也不乐观。印度经历了漫长的停滞期。在至 1947 年独立时的 30 年间，印度国民收入每年仅增长 1%，完全不能适应人口的快速增长，人均收入几乎没有增加。④ 印度独立后实施了一系列五年计划，使本

① Wanandi, 2012, *Shades of Grey*.

② Watanabe, 1977, *Towards a New Asia*, 19.

③ Maddison, 2013, *Maddison - Project*, http：//www.ggdc.net/maddison/maddison - project/ data. htm.

④ Sivasubramonian, 2001, *Twentieth Century Economic Performance*, 103；Manish, 2011, *Central Economic Planning*, 199.

国经济有所发展，到 20 世纪 60 年代，印度经济每年增长率约为 4%[①]。但是，这些计划主要针对基础工业和重工业，对食品和纺织品等消费品的生产不够重视，因此并没有给普通大众提供即时利益。

当时的观察家对印度经济的发展表示失望。1954 年，著名印度经济学家拉奥（V. K. R. V. Rao）说印度是一个"静止的经济体"[②]。1968 年，瑞典经济学家冈纳·缪尔达尔（Gunnar Myrdal）在他的重要研究《亚洲剧情：国家贫困调查》（*Asian Drama: An Inquiry into the Poverty of Nations*）中指出："所有南亚新兴国家如今都誓言通过计划和协调的政府管理来促进经济发展。然而，只有几个国家在这方面有所成就。即使是印度，无论是现在还是经济发展的早期阶段，都无法赶上西方国家的发展速度。"的确，在整个 20 世纪 60 年代和 70 年代，印度经济发展的速度非常缓慢。

米达尔把印度经济的停滞归结为南亚大部分国家普遍存在"社会涣散"问题，主要反映在腐败、立法缺失和执法不力等方面。他将这些国家称为"软弱之国"，认为这些国家无法制定和执行有效的经济发展政策。[③]

在南亚其他地区，前景喜忧参半。巴基斯坦在 20 世纪 50 年代一度实现经济增长，但 20 世纪 60 年代后期，由于国内政治局势紧张，1971 年孟加拉国独立，巴经济增长受阻。锡兰（即后来的斯里兰卡）在 20 世纪 50 年代经济发展迅速，被视为"具有示范作用的发展中国家，民主政治运转良好，政府机构运行顺利，经济增长平稳"。[④] 在 20 世纪 50 年代初，新加坡总理李光耀访问科伦坡时称赞这个国家有序、清洁、繁荣，还希望新加坡能够达到同样的标准。但是 1956 年以后，锡兰政府开始更加直接地介入经济发展，把经济增长的重心放到国内，从而降低了国际贸易在国内生产总值中的份额。

与外隔绝的中华人民共和国

中国经济的发展也不容乐观。1949 年中华人民共和国宣告成立时，人均收入比印度低 20%[⑤]。在后来的几十年中，这一状况并没有快速改善。由

---

① 有关各知名学者的详细讨论和意见摘要，详见 Manish, 2011, *Central Economic Planning*。
② Higgins, 1959, *Economic Development*, 40.
③ Myrdal, 1968, *Asian Drama: An Inquiry into the Poverty of Nations*.
④ Abeyratne, 2002, *Economic Roots of Political Conflict: The Case of Sri Lanka*.
⑤ 数据来自：Desai, 2003, *India and China: An Essay in Comparative Political Economy*。

于西方国家对中国实施经济封锁，中国只能自力更生以内部驱动发展经济，这也导致当时中国在经济、技术和军事上与国际社会隔离。1958年至1961年，中国施行"大跃进"，盲目地将经济重心从农业转向工业生产，因此给经济发展带来了灾难性后果。[①]

24

1966年中国发起"文化大革命"。"文革"使中国陷入长达十年的社会与政治动荡。这段时间该国领导人着重处理国内事务，因此中国没有参与亚行的筹备，也不是亚行的创始成员体。事实上，直到20世纪70年代末，亚行成立十多年以后，中国才开始实施改革开放，加强与国际社会的联系。

太平洋岛国延迟的独立

在20世纪60年代初，太平洋岛国没能融入战后经济发展的浪潮。这些国家很大程度上仍然依靠外部力量来获得经济和战略上的支持。1962年，西萨摩亚（后来的萨摩亚）成为第一个获得独立的太平洋岛屿国家，后来成为亚行的创始成员体。库克群岛在1965年获得独立以前是新西兰的殖民地，1968年瑙鲁成为世界上最小的独立共和国。其他太平洋岛国1970年以后获得独立。这些国家在获得独立后加入亚行成为新成员体。后来，东帝汶和帕劳分别于2002年和2003年成为亚行成员。至此，亚行共有14个来自太平洋岛国的发展中成员体。

其他经济挑战

"二战"后，亚洲各国都面临着各自的经济问题。但是，普遍存在的是粮食短缺的风险，甚至是饥荒。例如，在20世纪50年代早期的南亚，平均热量摄入通常低于最低需求的10%甚至更多。亚洲其他地区的粮食供应也不稳定，如菲律宾（表2.2）。联合国亚洲和远东经济委员会[②]估计，1957年亚洲地区的人均粮食产量仍低于战前水平的7%。粮食不但供应短缺，而且分配非常不均，相当一部分人获得的粮食远低于平均水平。

---

① de Wilde, Defraigne, and Defraigne, 2012, *China, the European Union and the Restructuring of Global Governance*, 16–18.

② 1974年改称联合国亚洲及太平洋经济社会委员会，简称"联合国亚太经社会"。——译者注

最严重的后果是饥荒。在 1954 年的越南北部，数千人死于饥荒。1959 年至 1961 年，中国也出现了严重的粮食短缺。[①] 印度比哈尔邦和马哈拉施特拉邦先后在 1966 – 1967 年和 1973 年出现严重的饥荒。这些灾难和对粮食供应的普遍关切促使亚行在早期几十年工作中高度重视农业发展。

25

表 2.2　二战后部分国家的粮食供应

国家	年份	每人每天平均热量摄入（卡路里）	不足额百分比（%）
锡兰	1952 – 1953	1,990	13
印度	1949 – 1950	1,630	29
巴基斯坦	1949 – 1950	2,010	9
菲律宾	1952 – 1953	1,790	18

资料来源：联合国数据，引自：G. Myrdal, 1968, *Asian Drama：An Inquiry into the Poverty of Nations*, New York：Pantheon, p. 544。

除了粮食短缺，亚洲地区还面临着其他战后发展问题，联合国亚洲和远东经济委员会编写的年度经济调查报告详细反映了这些问题（表 2.3）。

这些研究突出地反映出亚洲国家国内外资本的匮乏，完全无法满足战后重建和实现经济长期稳定增长的需求。同时，亚洲国家领导人还要应对通货膨胀威胁、初级产品出口市场不稳定、失业和人口压力增大以及农业发展缓慢等问题。

在此期间，亚洲发展中国家的工业化决心被视为一种"自由把握经济命运的表现"[②]。其中许多国家都采取进口替代工业化（ISI）策略。这一策略需要具备四个条件：本地熟练且具备高生产力的劳动力、技术能力、有效市场和资本。满足这些条件都需要大量的资金。进口替代工业化策略要求各国实现本土化生产，增加材料进口和外汇储备。很快，亚洲国家意识到，要推动进口替代工业化策略，在各个领域变得更加强大，就必须相互合作。

---

① Asia Society, 2005, *Amartya Sen：What China Could Teach India, Then and Now?*
② United Nations, 1958, *Economic Survey of Asia and the Far East.*

表 2.3　联合国亚太地区经济社会调查　　　　　　　　　26

调查年	主题
1957 年	战后经济发展问题
1958 年	战后工业化回顾
1959 年	ECAFE 主要出口国的外贸
1960 年	战后时期的公共财政
1961 年	ECAFE 成员的经济增长
1962 年	亚洲与西欧的贸易
1963 年	进口替代和出口多样化
1964 年	经济发展和农业部门的作用
1965 年	经济发展和人力资源
1966 年	财政和发展方面

注：ECAFE ＝联合国亚洲和远东经济委员会。

资料来源：United Nations，1978，*Economic and Social Survey of Asia and the Pacific 1977*，p. ii。

区域合作

当联合国亚洲和远东经济委员会于 20 世纪 40 年代后期成立时，联合国的非亚洲成员国有意把该委员会秘书处的工作限定于调查研究。但是，随着时间的推移，该委员会亚洲成员数量增加和该地区政府信心增强，该委员会开始发挥更多的作用。从 1957 年起，该委员会不仅研究亚洲发展中国家的问题，还鼓励该地区的国家共同应对发展挑战。此外，战后，越来越多的人认为亚洲经济相对落后的国家应当联合欧洲和北美洲经济较发达的国家一起 27 促进经济增长。作为"亚洲的经济议会"，联合国亚洲和远东经济委员会对这些愿望都给予支持。1959 年至 1973 年担任该委员会执行秘书的吴纽是缅甸人，他认为亚洲国家应当协调同步的国家发展计划，以促进区域经济一体化发展。①

在亚行成立之前的几年中，联合国亚洲和远东经济委员会致力于推动亚洲国家及地区领导人讨论共同关切的问题。② 该委员会的成员讨论了技术合

---

① Huang，1975，*The Asian Development Bank：Diplomacy and Development in Asia*，3 – 23.

② 1963 年，亚洲和远东经济委员会的发展中成员包括阿富汗、文莱、缅甸、柬埔寨、斯里兰卡、中国台北、中国香港、印度、印度尼西亚、伊朗、韩国、老挝、马来亚（和新加坡）、巴基斯坦、菲律宾、泰国和越南。

作、运营合作和开发计划。^① 成员们都认为，有没有该委员会的帮助，它们都要不断加强在这些领域的相互合作。

技术合作的渠道包括论坛、区域研讨会和行业使团交流。一批技术和研究机构应运而生，包括泰国的亚洲发展和规划研究所、菲律宾的国际水稻研究所和日本的亚洲生产力组织。联合国亚洲和远东经济委员会成员后来还欢迎在菲律宾成立亚洲管理学院，为大型企业培养管理人才，并欢迎在泰国成立亚洲理工学院，提供特殊生产技术培训。

同时，该委员会还支持推动小国的工业化。为此，该委员会委托专家小组经过论证后，提议设立一个区域开发银行，将投资基金引入工业项目。这个银行的职能可以拓展到亚洲贸易和发展领域，为区域贸易提供资金。这类机构还能够改善协调国家发展计划。此前，由于缺乏协调，亚洲若干国家付出了高昂的代价，例如纺织品生产过剩，钢铁厂和炼油厂产能不足。

28

国际趋势

联合国亚洲和远东经济委员会支持的区域合作项目受到国际环境和战后全球经济援助框架的影响。^② 战后的发展很大程度上依赖国际援助的推动。在有些方面，这些项目都是马歇尔计划的延伸。20 世纪 40 年代后期，美国向欧洲提供了大量资金。^③ 同样，美国和世界银行也向日本提供了经济援助。这些援助项目取得了成功。在这些项目的鼓舞下，工业国领导人认为，亚洲和其他地区的发展中国家将从类似的资金项目中获益。此外，资金捐助国和受援国都越来越认识到确立多边项目的优势。

还有来自本地区内部的援助，特别是日本。1952 年美国结束占领以后，日本的外交政策旨在通过战后的贸易和发展援助与其他亚洲国家重新和平交往。最初，日本的援助采取战后赔偿的形式，例如向菲律宾、印度尼西亚和缅甸等国家提供赔偿，并于 1955 年开始作为科伦坡计划的新成员开展技术援助。该计划于 1951 年发起，旨在促进亚太地区经济合作和社会发展。后

---

① United Nations, 1963, *Economic Survey of Asia and the Far East*, 101 – 118.
② 亚洲区域合作发展的动因和亚行成立的原因包括外资对亚洲经济的支持，亚洲地区主义的兴起，以及联合国亚洲和远东经济委员会不断增加的影响（Huang, 1975, *The Asian Development Bank: Diplomacy and Development in Asia*）。
③ Behrman, 2007, *The Most Noble Adventure*.

来，这项援助发展成为更为全面的官方援助项目。①

　　日本早期的官方发展援助以亚洲为重点，支持有利于经济发展的基础设施建设，提供优惠贷款以保障借贷国的偿还能力②。这些双边项目获得成功以后，日本和其他国家开始考虑建立新机构，吸引更多资本，加强区域合作。

　　以区域内协调安排作为促进合作的手段，这一理念也受到了世界其他地区国家的支持。先后出现了三个主要的区域开发银行：1959 年，美洲开发银行在华盛顿特区成立，为拉丁美洲和加勒比地区提供发展资金；1964 年，非洲开发银行在象牙海岸的阿比让成立；1966 年，亚洲开发银行成立，总部设在马尼拉。

　　在亚行成立前夕，亚洲发展中经济体处于不同的发展阶段，发展状况取决于各国国情和领导人采取的政策。而在 20 世纪 60 年代早期，这些国家面临相同的境况：殖民主义的影响、谋求发展的意愿以及类似的多重经济问题。为此，它们就在亚洲和为亚洲建立一个区域开发银行进行了正式的讨论。

29

---

① Behrman, 2007, *The Most Noble Adventure.*

② Akiyama and Nakao, 2006, *Japanese ODA – Adapting to the Issues and Challenges of the New Aid Environment.*

第三章

组建亚行

　　　　亚洲开发银行的成立是亚洲经济发展史上向前迈出的重要一步……
该银行以快速而令人振奋的速度得以成立，并将一如既往地保持这样的
步伐继续前行。

——联合国亚洲和远东经济委员会执行秘书吴纽

在亚行成立大会上的讲话，1966 年 11 月 24 日，东京

1962 年末，东京一个研究所的知名经济学家大桥薰拜访渡边武。渡边
武当时是东京丸之内地区的私人金融顾问。大桥向渡边武建议成立一个小型
研究小组，专门研究建立一个区域开发银行的可能性。渡边武接受了大桥的
建议，并开始对不久影响形成《亚洲开发银行章程》的一个建议进行仔细
考虑。该章程后来被渡边武称为亚行的"灵魂"。①

早期建议

其实，成立一个亚洲开发银行的想法由来已久。早在 1956 年，日本
大藏大臣一万田尚登就曾向美国国务卿约翰·福斯特·杜勒斯建议，成
立一个新的东南亚金融机构以便推动发展项目的进程②，但当时杜勒斯只
是答应研究此事。

---

① Watanabe, 1977, *Towards a New Asia*, 1 – 2.
② Watanabe, 1977, *Towards a New Asia*, 1 – 2.

1957 年，在亚洲对外访问期间，日本首相岸信介表示日本将资助成立一个区域开发基金，为亚洲发展中国家提供长期低息贷款。资金主要来自日本和其他工业国家，如澳大利亚、加拿大和美国。回到日本以后，岸信介提交了一份详尽的招标说明书给美国驻日大使道格拉斯·麦克阿瑟二世。一家日本报纸认为，"……该计划的基本点是从美国获得大量美金发放到东南亚地区"①。岸信介的计划还提到成立"亚洲商业基金"，通过实施商业银行准则为发展中国家提供进口融资。

但是，美国政府对岸信介的计划和其他日本政策制定者提出的类似建议并不热衷，因此相关提案都没有进展。尽管如此，日本仍然坚持通过金融援助支持亚洲的开发项目新机构。这项宏大的计划成为未来几十年日本经济外交的核心要素。②

除日本外，其他亚洲国家也非常支持成立区域开发银行的想法。1959 年，锡兰（即后来的斯里兰卡）总理所罗门·班达拉奈克建议在科伦坡举行一次国际会议，讨论建立一个区域开发银行的可能性及其他问题。但是，由于班达拉奈克 1959 年 9 月被暗杀，该建议没有得以实施。1962 年，锡兰银行家洛甘纳森（C. Loganathan）准备在一场亚洲银行家研讨会上发表一份题为《亚洲区域经济合作：为联合国亚洲和远东经济委员会国家建立一个开发银行的理据》的论文。但是，由于印巴冲突，原定于新德里举行的研讨会被取消了。

亚洲国家政策制定者考虑建立一个区域银行的原因很多。他们都致力于发展经济。他们认为亚洲人应当掌握自己的命运，而现有的国际经济机构并不适应亚洲发展中国家的需求。行天丰雄是亚行首批工作人员之一。他回顾了作为日本代表参加国际会议的经历。1964 年，日本加入了经济合作与发展组织（OECD），当日本代表团进入位于巴黎的雅致的经合组织会议室时，行天丰雄说："……他们看到我们是唯一的非白人代表团，显得格外不同。"

行天丰雄还记得在巴塞尔国际清算银行（BIS）参加一个国际银行家会议的事。当时，亚洲正在经历一个动荡的时期："文化大革命"正席卷中国，越南战争进入关键阶段。但是，行天丰雄发现，国际清算银行的银行家

32

33

---

① Huang, 1975, *The Asian Development Bank: Diplomacy and Development in Asia*, 17.

② 奥尔（Orr）讨论了日本作为亚洲地区主要援助国与该地区经济发展的关系，并指出对亚洲国家的情感是影响日本外交政策的一个重要因素（Orr, 1990, *The Emergence of Japan's Foreign Aid Power*）。

们对这些事几乎没有兴趣，他不安地认为，"对那些银行家来说，世界似乎很平静，终结在达达尼尔海峡附近某个地方。"①

渡边武和"东京研究小组"

在东京，大桥与银行界和大藏省的朋友会面讨论了创建一家区域银行的想法，他的想法得到各方支持。他与时任大藏省国际金融局副局长渡边诚（与渡边武没有关系）一起开发他的计划。为了提高公信力，他们还邀请渡边武担任小组主席。

渡边武是非常合适的人选。他毕业于东京帝国大学（后改名为东京大学），并加入大藏省，前往英国留学。二战后，他于 1949 年被任命为大藏省负责国际事务的次官，后来在世界银行和国际货币基金组织担任日本执行董事。他为人公正而胸怀宽广。从政府部门退职以后，他担任私人顾问，同时致力于关注海外工作人员子女的教育问题。此外，他的家族有着为政府服务的传统，他的祖父担任过大藏大臣，父亲曾担任法务大臣。

1963 年 2 月 6 日，研究小组首次开会，随后每月开会一次或两次。②他们讨论许多问题，例如：新成立的银行如何适应现有的多边金融机构？它是否会重复国家开发银行的职能？是否会与世界银行对有限的发展中国家的投资形成竞争？此外，银行向欠发达国家提供贷款是否会面临降低贷款标准和支持质量不定项目的压力？这些问题都不出人意料。

为了解释其他组织与开发银行的关系，渡边借鉴了他在世界银行工作的经验。他谈道："我们认为，亚洲发展的需求很大，仅仅依靠世界银行在亚洲（巴基斯坦和印度除外）的业务远远不够。我们认为应当设立一个专门致力于亚洲发展的机构为亚洲人民的福祉提供支持。"③

研究小组考虑了银行运营的各种模式。例如，大桥提出这个机构可以是设在中国香港的私人商业银行。研究小组的其他成员提议可以建立来源于私人资金的区域开发银行，或者通过出售工业国家债券作为资金来源，或者依靠政府支持获得资金，等等。④

---

① Gyohten, 2007, *The Future of Asia*, 49.

② Watanabe, 1977, *Towards a New Asia*, 1.

③ Watanabe, 1977, *Towards a New Asia*, 1.

④ Huang, 1975, *The Asian Development Bank: Diplomacy and Development in Asia*, 21.

到 1963 年 8 月，研究小组达成了充分共识，得以起草一份简要文件——《建立亚洲开发银行的私营计划》。[①] 该银行将通过提供发展基金和技术，以及其他手段与所有有关国家开展合作，为亚洲地区经济发展做出贡献。

这个计划得到了日本政府高级官员的支持。[②] 但是，这一提议最初在世界银行圈子里受到冷遇。渡边 1963 年 9 月在世界银行 - 国际货币基金组织年会期间探询华盛顿特区同事们的意见，但支持者寥寥，令他很失望。东京研究小组的其他成员在听取了他的汇报后认为，他们的想法"似乎相当学术化和不现实"[③]。

联合国亚洲和远东经济委员会的支持

事实上，设立亚洲区域银行的想法在亚洲其他地方也开始萌芽，特别是位于曼谷的联合国亚洲和远东经济委员会。早在 1961 年，联合国亚洲和远东经济委员会就邀请了三位亚洲专家研究此事。但是这三位专家——来自印度的拉尔（K. B. Lall）、来自泰国的銮·泰维·斯塔夫尼卡干（Luang Thavil Setaphanichkarn）和来自日本的大来佐武郎——都不确信设立一个亚洲银行在当时可行。他们倾向于设立一个以巴黎经济合作与发展组织理念为蓝本的亚洲发展组织。

不久以后，在 1963 年 1 月，28 岁的泰国经济学家保罗·西斯阿姆奈取得了更大的成功。他在联合国亚洲和远东经济委员会区域内贸易会议期间提交了一项设立一个亚洲银行的提案。会议的最后决议建议优先考虑设立一家这样的银行。[④] 1963 年 3 月，在联合国亚洲和远东经济委员会第 19 届年会上，这一建议在马尼拉获得了关键性的进展。代表们呼吁加快区域经济合作促进贸易和工业发展，并建议联合国亚洲和远东经济委员会召开该本地区成员国和准成员国代表会议。[⑤] 该委员会执行秘书吴纽立刻对这项议案表示支

---

① 全文参见 Watanabe, 1977, *Towards a New Asia*, 2.

② 建立亚行的想法之所以能够实现，而成立其他机构的计划最终失败，主要原因之一是亚行是一家银行，"打理一种几乎具有普遍吸引力的物品——货币"（Huang, 1975, *The Asian Development Bank: Diplomacy and Development in Asia*, 112）。

③ Huang, 1975, *The Asian Development Bank: Diplomacy and Development in Asia*, 23.

④ Huang, 1975, *The Asian Development Bank: Diplomacy and Development in Asia*, 28. 当年晚些时候，应联合国亚洲和远东经济委员会工作人员的要求，保罗·西斯阿姆奈拟写了一篇论文，题为《为联合国亚洲和远东经济委员会地区建立一个区域银行的理据》，特别提到区域内贸易发展问题（Wilson, 1987, *A Bank for Half the World*, 5）。

⑤ Huang, 1975, *The Asian Development Bank: Diplomacy and Development in Asia*, 29 - 30.

持。他指示下属开始筹备当年晚些时候的高级别会议（表 3.1）。

筹备会议于 1963 年 9 月和 10 月举行。这些会议侧重于区域合作，并详细探讨了贸易、经济计划和工业化问题，建议在世界银行专家组的协助下对创设一个亚洲开发银行的相关事宜进行审核。

1963 年 12 月，亚洲经济合作部长级会议在马尼拉举行。值得注意的是，这次会议也是联合国亚洲和远东经济委员会第一次部长级会议，参加者仅限于亚洲国家政府。① 会议并没有详细讨论建立亚洲区域银行的细节，而是聚焦在更为广泛的区域合作问题上。尽管如此，创设银行的想法还是引起了广泛的关注。正如一位评论员所言："几乎每位代表对于建立区域银行的建议都有话要说"，"几乎每个人都认为这是个好主意！"② 会议支持成立一个专家组来详细讨论这项建议——产生的提案于 1964 年 3 月在德黑兰举行的联合国亚洲和远东经济委员会第 20 届年会上正式通过。

至此，人们普遍认为这样一家银行可以为亚洲地区吸引更多的资金。因为亚洲资本市场尚不发达，而欧洲和北美的主要金融市场很少将亚洲发展中国家视为潜在投资对象。对亚洲国家而言，特别是锡兰（即后来的斯里兰卡）等国家，也存在一种强烈的感觉，即认为欧洲和北美的开发机构往往将重点放在印度和其他亚洲大国上。因此，创设一家新的银行将有助于改变这种局面，并且改善国际市场和机构向亚洲发展中国家提供资金的方式。

36

表 3.1 亚行成立——正式会议编年录

1963 年	
3 月 5 日～18 日 地点：马尼拉	**联合国亚洲和远东经济委员会第 19 届会议** 通过决议，将采取一系列措施推动亚洲区域经济合作。联合国亚洲和远东经济委员会执行秘书吴纽呼吁就此在当年晚些时候举行一次高级别会议。
8 月 15 日～9 月 13 日 地点：曼谷	**区域经济合作专家组会议** 区域合作专家组（由联合国亚洲和远东经济委员会执行秘书召集）提议设立一个亚洲开发银行。
10 月 21 日～26 日 地点：曼谷	**第一次亚洲经济合作部长级会议筹备会** 来自亚洲地区的部长们一起讨论专家组建议。有代表建议专门成立一个专家组讨论银行筹备事宜，并将结果向联合国亚洲和远东经济委员会报告。

接下页

---

① Huang, 1975, *The Asian Development Bank*：*Diplomacy and Development in Asia*, 32；Krishnamurti discusses the conference in some detail. Krishnamurti, 1977, The Seeding Days, 5–11.

② 15 Huang, 1975, *The Asian Development Bank*, 33.

续表

1963 年	
12 月 3 日~6 日 地点:马尼拉	**第一次亚洲经济合作部长级会议** 会议通过两项决议:(1)批准设立一个亚洲区域开发银行;(2)要求联合国亚洲和远东经济委员会执行秘书对此进行必要的调查,并对创设银行所需体制安排提出建议。

1964 年	
3 月 2 日~17 日 地点:德黑兰	**联合国亚洲和远东经济委员会第 20 届会议** 到当年 2 月,联合国亚洲和远东经济委员会国际贸易司司长克里斯那穆提(R. Krishnamurti)组建了一个专家小组。[a] 本次会议批准设立亚洲开发银行,即后来简称的亚行。
10 月 20 日~31 日 地点:曼谷	**关于创设亚行的专家组会议** 联合国亚洲和远东经济委员会专家工作组的 10 位专家首次开会,其中包括渡边武,就亚行的目的和性质、融资、成员资格等问题展开讨论。工作组的讨论结果提交给联合国亚洲和远东经济委员会各成员国政府。

1965 年	
3 月 16 日~29 日 地点:惠灵顿	**联合国亚洲和远东经济委员会第 21 届会议** 通过一项决议,要求联合国亚洲和远东经济委员会执行秘书把亚行项目放在首位,并且召集一个高级别的专家咨询委员会讨论研究相关问题。该委员会决定在即将召开的第二次亚洲经济合作部长级会议上做有关报告。
6 月 23 日~8 月 4 日 地点:曼谷	**关于创设亚行的咨询委员会** 咨询委员会 9 位成员举行了第一次会议。美国和日本稍后宣布将各自出资 2 亿美元。随后,咨询委员会成员在全球范围内说服其他国家加入这个项目。
10 月 21 日~11 月 1 日 地点:曼谷	**关于创设亚行的筹备委员会** 31 个本地区和非本地区国家对亚行的目的和架构进行讨论。《亚行章程》在此次会议上定稿。
11 月 29 日~12 月 1 日 地点:马尼拉	**第二次亚洲经济合作部长级会议** 确定了成员体及其出资份额;经过三轮投票,马尼拉被选为亚行总部所在地。
12 月 2 日~4 日 地点:马尼拉	**亚行全权代表会议** 1965 年 12 月,22 个成员体在马尼拉会议期间签署了《亚行章程》;另外 9 个成员在规定的最后期限 1966 年 1 月前签署了章程(在曼谷会议期间)。一个委员会成立,并受命"启动、策划和着手成立亚行所需要的步骤,包括筹备亚行理事会成立大会"。

1966 年	
1 月 28 日~11 月 21 日 地点:曼谷、马尼拉、东京	**亚行成立筹备工作委员会** 筹备委员会先后举行了五次会议。一份报告于 11 月完成,待向在东京召开的成立大会提交。

37

接下页

续表

1966 年	
11 月 24 日 ～26 日 地点：东京	**亚行理事会成立大会** 渡边武被一致推选为亚行行长；将亚行核定资本从原来的 10 亿美元增加到 11 亿美元；选举 10 名亚行董事会成员，其中 7 名代表亚洲地区成员，3 名代表非亚洲地区成员。
12 月 19 日 地点：马尼拉	**亚行开业典礼** 亚行正式开始运作。亚行 31 个成员体的代表聚集在亚行临时总部出席开业典礼。

ª D. L. Wilks（新西兰）、Kraisri Nimmanahaeminda（泰国）和 Amada Castro（菲律宾）。

资料来源：R. Krishnamurti, 1977, *ADB：The Seeding Days*, Manila：ADB, p. 1；D. T. Yasutomo, 1983, *Japan and the Asian Development Bank*, New York：Praeger, p. 31；P. W. Huang, 1975, *The Asian Development Bank：Diplomacy and Development in Asia*, New York：Vantage Press, pp. 1 - 109；A. Chalkley, 1977, *Asian Development Bank：A Decade of Progress*, Manila：ADB, pp. 50 - 53。

此外，还有许多关于新设立的银行应有哪些工作内容的建议。联合国亚洲和远东经济委员会工作组认为，新银行应强调区域贸易和自由化，并帮助协调经济发展计划。有的成员认为新银行应当提供贸易信贷，而有的成员则并不十分支持，认为贸易融资更适合商业银行。然而，尽管当时还没有健全的工业项目，对工业开发的支持却在原则上达成了一致。同样，尽管缺乏设计成熟的基础设施项目，但是关于基础设施的融资需求也达成了类似的协议，不过强调银行应首先加强投资前项目考察。还有一些人建议，银行应大力扶持农业项目。

达成合意

尽管存在不同的意见，创建新的区域银行的想法还是得到了越来越多的支持。1964 年 3 月，在德黑兰举行的联合国亚洲和远东经济委员会第 20 届会议上，专家们一致认为应当进一步考虑这个想法。联合国亚洲和远东经济委员会国际贸易司司长克里斯那穆提专门负责遴选专家。为了得到日本的支持，他专门写信给联合国亚洲和远东经济委员会的"三大顾问"之一大来佐武郎，研究设立一家区域银行的想法。关于最适合代表日本的人选问题，大来佐武郎推荐了东京研究小组的渡边武。后来事实证明渡边武对亚行的发展做出了关键的贡献。

经过认真遴选，1964 年 10 月，10 位专家在曼谷首次正式会面。当渡边武被邀请成为专家组成员时，他对联合国亚洲和远东经济委员会的关切还没有更多清晰的了解。但是，渡边武很快感受到分别来自联合国亚洲和远东经济委员会和日本的两种考量。渡边来自东北亚，其他专家分别来自亚洲其他地区，包括印度、伊朗、巴基斯坦和菲律宾。当收到邀请时，渡边武说："当时我是从商的独立金融顾问，可以不受政府影响，自由表达自己的观点……我的心情很放松，没有任何需要达成某种协议的压力。"①

在为期两周的会议期间，专家组在联合国亚洲和远东经济委员会总部会面，同时参加会议的还有国际金融公司和美洲开发银行的顾问。会议商定了许多问题，并且提出了一个关于建立亚洲多边开发银行的初步半官方详细建议。② 联合国亚洲和远东经济委员会工作人员受到专家组的激励，建议专家 40 组同时起草一份正式的银行章程。渡边对此表现得非常谨慎，他认为，在确定新的成员体之前，拟定银行章程为时尚早。最后，专家组达成合意，其中吸收了大部分东京研究小组的早期政策建议。③

成员体范围

接下来的工作是邀请可能成为成员体的国家参与银行的组建工作。但是，正如许多国际讨论中常常遇到的情况一样，大家对于应该邀请哪些国家持有不同的意见。有一种观点认为，由于亚行是亚洲地区的机构，因此成员体资格应当限于亚洲国家。另一种观点认为，成员应当包括亚洲地区以外的国家，特别是北美和欧洲的发达国家，渡边武对这种观点持赞同态度。这种广泛的成员体资格范围有利于亚行更快地融入全球资本市场，吸引更多资金流向亚洲。这同时有助于更多的智力和技术资源流向亚洲，同时可以使发达工业国家更好地了解亚洲发展过程中的挑战。

最终，大家一致同意在保持银行具有显著亚洲特色的同时，使其兼具外向型和多边性的特点。④ 因此，组建银行必须达成一种平衡：在股权和治理方面应当强化银行的亚洲特色，但也应当具有充分的包容性以便鼓励非本地

① Watanabe, 1977, *Towards a New Asia*, 5.
② Krishnamurti, 1977, *The Seeding Days*, 11 – 15.
③ Watanabe, 1977, *Towards a New Asia*, 7.
④ Watanabe, 1977, *Towards a New Asia*, 7.

区成员体加入。这种包容性反映出一种对全球经济开放的普遍态度——这也是亚洲地区最成功的国家随后要走的道路。① 的确，这种安排也预示着未来几十年大部分亚太地区经济政策转变的方向，这无疑是令人鼓舞的。

41

日本和美国

1965 年 3 月，专家组的报告在于新西兰惠灵顿召开的联合国亚洲和远东经济委员会第 21 届年会上正式提交，受到各方好评。几乎所有亚洲成员都对这项提议充满热情。② 因此，联合国亚洲和远东经济委员会成立了一个高级别咨询委员会，专门负责对亚太地区潜在成员体政府和本地区外发达经济体的调查。

然而，进一步的进展有赖日本和美国的支持。日本政府已经原则上承诺提供支持。1965 年 2 月 16 日，在位于东京的日本外国记者俱乐部发表的演讲中，日本首相佐藤荣作讲道："我期待这个项目的实施，这将有助于通过发展经济增进亚洲各国的合作。"同时，佐藤荣作表示："日本将不遗余力推动建立一个亚洲开发银行。"③

美国方面对创建亚行的态度在短时期内有了很大转变。在惠灵顿举行的联合国亚洲和远东经济委员会会议上，美国代表对这项提议没有表示明确的反对，但也没有承诺提供支持。④⑤ 前世界银行行长尤金·布莱克形容美国的态度为既非"不"亦非"是"。⑥ 尽管没有承诺提供财政支持，但美国首席代表还是对成立咨询委员会投了赞成票，并表示美国代表团很乐意支持成立亚洲开发银行的决议。⑦ 对其他经济体的代表而言，这也是一种积极的态度。

---

① 世界银行支持的增长与发展委员会在调研了 1960 ~ 2005 年长期高速增长的 13 个国家（其中 9 个在亚洲）之后，得出结论："这 13 个经济体在快速增长的同时，也占据了全球经济增长的大部分比重。这是它们最重要的共同特性和本报告的中心思想。"World Bank，2008，*The Growth Report*，21。

② Huang，1975，*The Asian Development Bank*，48.

③ Krishnamurti，1977，*The Seeding Days*，21.

④ Krishnamurti，1977，*The Seeding Days*，17.

⑤ 联合国亚洲和远东经济委员会在惠灵顿召开会议的同时，美国政府也在华盛顿举行会议讨论是否支持成立亚行。盖耶林（Geyelin）分析了不同部门和约翰逊总统所持的观点。Geyelin，1966，*Lyndon B. Johnson and the World*，276 – 283。

⑥ Huang，1975，*The Asian Development Bank*：*Diplomacy and Development in Asia*，47.

⑦ Huang，1975，*The Asian Development Bank*：*Diplomacy and Development in Asia*，48.

随后，1965 年 4 月，时任美国总统林登·约翰逊采取了一系列重要措施。4 月 7 日，在位于巴尔的摩的约翰·霍普金斯大学的一次重要政策演讲中，他宣布实施一项新的东南亚援助计划。为了平衡对南越政府不断增加的军事支持，约翰逊宣布美国准备为该地区的经济和社会发展提供 10 亿美元的支持。他还承诺加强区域合作，谈道："我们希望北越能够为实现和平尽早开展合作。"①约翰逊随后提名尤金·布莱克担任美国方面的负责人推进相关事宜。

在约翰·霍普金斯大学的演讲中，约翰逊没有提到亚洲开发银行。然而，在接下来的几周里，尤金·布莱克与联合国官员讨论了联合国亚洲和远东经济委员会会议上的提案。布莱克参加了联合国亚洲和远东经济委员会的一次会议，并向约翰逊汇报说建立一个亚洲开发银行将有利于推动他的更广泛的亚洲援助计划。4 月 20 日，约翰逊表示："关于援助东南亚经济发展问题，我与尤金·布莱克先生进行了很好的交谈。他向我提供了一份与联合国秘书长和其他领导人讨论的报告。布莱克先生告诉我，这些讨论与我们的观点一致，这是亚洲领导层的核心问题。我们希望在亚洲人民的合作支持下推动相关事宜。布莱克先生还与我讨论了亚行项目，他认为，经过在纽约和华盛顿的讨论之后，政府内部已经达成一致，认为在适当的条件和良好的管理下，这样一家银行在促进亚洲区域发展方面具有重要价值。我本人赞同这一立场，也相信美国愿意加入其中。"② 随着这个讲话，美国与日本一起宣布支持成立亚行。

认真筹备

对于拟议的咨询委员会的成员来说，这似乎是打破了一个僵局。建立一个亚洲开发银行的想法不再是一个梦想，而是一个真实的提案。一系列筹备工作立即启动。1965 年 6 月底，咨询委员会 9 位成员在曼谷举行了第一次会议，在亚行历史上他们做出了重要的贡献。渡边以日本政府参赞的身份出席了这次会议③。他的陪同人员之一千野忠男在三十多年后（1999 年）成为亚行第七任行长。布莱克作为美国总统特使出席了这次会议。

---

① Huang, 1975, *The Asian Development Bank: Diplomacy and Development in Asia*, 48.

② Johnson, 1965, *Statement by the President*.

③ Watanabe, 1977, *Towards a New Asia*, 8.

菲律宾代表巴尔马塞达（Cornelio Balmaceda）在筹备成立亚行期间担任委员会主席，发挥了核心作用。渡边的另一位助手藤冈真佐夫后来成为亚行的第四任行长，他在日记中写道："很难想象巴尔马塞达先生在亚行设立过程中遇到的困难……不可否认，他为亚行付出了许多。"①。咨询委员会的其他成员还包括后来亚行的重要领导人——来自印度的 C. S. 克里希纳·莫里尼和来自锡兰的道格拉斯·古奈塞克拉，他们后来分别担任亚行的首任副行长和秘书。

会议第二天，渡边宣布日本政府准备认缴 2 亿美元资本。几天后，布莱克也承诺美国将提供强有力的支持，准备认缴 2 亿美元或 20% 的拟定创办资本。此外，布莱克宣布，美国将为银行的优惠贷款特别基金提供 1 亿美金的捐助。然而事情还是发生了变化，美国国会后来批准了拟议的资本认缴，但没有批准优惠基金的赠款。尽管如此，日本和美国的承诺使具体的准备工作获得了良好开端。

咨询委员会随后考量了有关组织机构的各种问题，以便使潜在成员体知道它们需要签署的协议内容。委员会还计划与经济体代表会面。所有这些工作都计划在 1965 年 10 月的高级别筹备会议上完成，而当时只剩 4 个月的时间。这项工作需要配合密集的外交活动，尊重每个经济体的意见，并充分考虑它们的金融利益和经济利益。为此，委员会成员访问了许多亚洲经济体。他们还考虑访问一些本地区外的国家，以及列出其他稍后需要访问的国家。委员会积极邀请诸如苏联和捷克斯洛伐克等社会主义国家加入，并于 1965年 7 月访问了莫斯科。②

未来的成员体询问该银行如何运作。不可避免的是，许多事情需要留到后续会议上讨论解决。在这个阶段，未来的成员体可以表达加入的兴趣，而不必做出承诺。最后，苏联、捷克斯洛伐克和伊朗都没有加入，尽管伊朗在早期筹备阶段表现积极。

起草章程

咨询委员会编写了一份报告，起草了一份明确银行与成员体之间组织关系的章程，拟定有关银行治理和管理的规则。章程的制定得益于千野的开创

---

① Fujioka, 1986, *ADB President's Diary: Return to Manila*.

② Krishnamurti, 1977, *The Seeding Days*, 51 – 53.

性工作及在他之前东京研究小组的投入。菲律宾律师弗洛伦蒂诺·菲利西亚诺（Florentino P. Feliciano）综合了各方的意见，借鉴世界银行等其他机构的经验，起草并反复修改章程的相关规定。①②

联合国亚洲和远东经济委员会秘书处邀请其所有本地区和非本地区成员以及一些不属于联合国亚洲和远东经济委员会成员的发达国家加入高级别筹备委员会。秘书处预先散发章程草案，收集初步回应。

1965 年 10 月，高级别筹备委员会在曼谷举行了为期 10 天的密集商谈。正如一位观察员所言："筹备委员会的会议在某种程度上是亚行设立过程中最关键的会议。在这次会议上，制定了关于亚行的目标和组织架构的规范，最终确定章程的内容。而所有内容还必须经过有关各方艰苦而严苛的审查。"③ 来自伊朗的 K. 法曼法玛尼（K. Farmanfarmaian）以"高效、公正、技能、迅捷和魅力"主持了由 31 个国家的 100 多名代表参加的讨论。④

筹备委员会有三项主要任务。首先，拟定法律文书，即《亚行章程》。其次，确定章程生效所需满足的条件，如资本认缴和准入条件。最后，准备建立一个新机构的计划。

委员会的工作进展顺利。经过几轮讨论，代表们通过协商最终达成了一致。

《亚行章程》规定，与其他多边开发银行一样，代表每个成员体的理事会（通常由财政或发展部长或中央银行行长组成）拥有对亚行治理和事务的最终管理权。理事会应举行年度会议，并在必要时对重大问题进行投票。董事会（开始有 10 名成员，自 1971 年以来有 12 名成员）设在总部，行使《亚行章程》规定的或理事会授予的权力。每个成员体的投票权根据其持有的资本份额进行分配，但为了给予较小经济体更多的投票权，总票数的20% 作为"基本投票权数"在全体成员体中平等分配。

联合国亚洲和远东经济委员会希望与亚行建立一种法律关系。但是，这个想法被拒绝了，因为代表们更希望保持亚行业务的完全独立性。这个新机构确定为开发银行（而不是商业或出口融资银行或援助机构），推进亚洲发展中国家的投资和项目。与此同时，将为更广泛的活动（如区域合作）提供支持。

---

① Wilson, 1987, *A Bank for Half the World*, 16.
② Krishnamurti, 1977, *The Seeding Days*, 29.
③ Huang, 1975, *The Asian Development Bank*: *Diplomacy and Development in Asia*, 82.
④ Krishnamurti, 1977, *The Seeding Days*, 29.

46

专栏 3.1　亚洲开发银行协定
（章程）

第一条　宗旨

亚行的宗旨是促进亚洲和远东地区（以下称为"本地区"）的经济增长和合作，并协助本地区的发展中成员集体和单独地加速经济发展的进程。凡提到"亚洲和远东地区"和"本地区"时，都包括《联合国亚洲和远东经济委员会职权范围》内所包含的亚洲和远东的各种领土。

第二条　任务

为实现其宗旨，亚行应有如下任务：

一　促进为开发目的而在本地区进行的公私资本的投资。

二　利用亚行拥有的资金来源，为本地区的发展中成员的发展提供资金，优先照顾那些最有利于整个地区经济协调发展的本地区的、分区的以及国别的工程项目和计划，并应特别考虑本地区较小的或较不发达的成员的需要。

三　满足本地区成员的要求，帮助它们进行发展政策和计划的协调，以便它们更好地利用自己的资源，更好地在经济上互为补充，并促进它们的对外贸易，特别是本地区内部贸易的逐步发展。

四　为拟订、资助和执行发展项目和计划提供技术援助，包括编制具体项目的建议书。

五　在本章程规定的范围内，以亚行认为适当的方式，同联合国及其机构和附属机构（特别是亚洲和远东经济委员会）以及参与本地区开发基金投资的国际公共组织、其他国际机构和各国公私实体进行合作。并向上述机构和组织展示投资和援助的机会，吸引它们的兴趣。

六　开展能实现亚行宗旨的其他活动和其他服务。

资料来源：摘自 ADB, 1966, *Agreement Establishing the Asian Development Bank*, Manila。

这些目标在《亚行章程》的序言和第一条中有详细说明（专栏 3.1）。《亚行章程》明确指出，亚行应"……考虑本地区较小的或较不

发达的成员的需要"。《亚行章程》第二条中还规定，亚行根据机构的发
展设计更多具有灵活性的项目方案："开展能实现亚行宗旨的其他活动和   47
其他服务"。

　　筹备委员会参考联合国亚洲和远东经济委员会对本地区和非本地区成员
的分类标准，确定成员体资格的划分依据。有人建议将非联合国亚洲和远
东经济委员会成员体纳入其中，如以色列、科威特和沙特阿拉伯都表示过加入
亚行的兴趣。但是部分亚洲国家坚决反对这种泛化的成员体范围，这些国家
希望能够坚持《亚行章程》的规定，保证亚行具备"亚洲的基本特征"。后
来，澳大利亚、英国、美国和中国台北出乎意料地再次提出这个问题，筹备
委员会才同意将成员体资格向"本地区其他国家和非本地区发达国家"开
放[1]。

　　《亚行章程》还旨在确保新银行能够成为一个完备的金融机构，遵循严
格的融资和投资政策。因此，《亚行章程》中规定了亚行的借款程序和贷款
操作原则。例如，《亚行章程》规定将贷款提案提交董事会，是否批准生效
将视贷款国具体情况而定。

　　还有两个较为棘手的问题，即董事会的组成和成员体之间投票权
重分配问题。[2] 较小的亚洲国家希望能够确保亚行不受到少数几个大国
的控制。筹备委员会经过讨论没有达成一致，后来决定对这两个问题
提出初步的解决方案，并安排下阶段进一步讨论，以保证亚行能够如
期成立。这两个问题要在 1966 年 11 月于东京举行成立大会前得以
解决。

　　由于兼顾了问题的复杂性和潜在的巨大差距，筹备委员会取得了显著的
成绩。在短短的 10 天内，讨论并一致通过了《亚行章程》的全部内容。正
如《亚行章程》的其中一位起草者所言，这个过程非常有力地证明了"本
地区和非本地区国家政府对确定《亚行章程》草案的坚定决心"。[3] 会后，
还有筹备第二次部长级会议和特别全权代表会议两项工作。

---

①　Krishnamurti, 1977, *The Seeding Days*, 48.

②　Krishnamurti, 1977, *The Seeding Days*, 64, 75.

③　Krishnamurti, 1977, *The Seeding Days*, 29.

48   **亚行总部**

　　菲律宾政府对建立亚行的相关计划产生了浓厚兴趣，并提出主办第二次部长级会议。会议于 1965 年 11 月在马尼拉举行，菲律宾总统迪奥斯达多·马卡帕加尔出席会议并致辞。

　　会议计划商定剩余的有关成员体资格和资本认缴问题，以及选定亚行总部的驻地。日本希望亚行总部设在东京，但是其他国家也表现出浓厚的兴趣，备选城市有：曼谷、科伦坡、喀布尔、吉隆坡、马尼拉、金边、新加坡和德黑兰。菲律宾政府已经提交了选定马尼拉作为亚行总部所在地的有力理据，于是与会代表开始讨论这个问题，但未最终决定。

　　首先，大会决定由 18 个未来的本地区成员体（不包括尚未签署《亚行章程》的印度尼西亚）决定亚行所在地。联合国亚洲和远东经济委员会执行秘书吴纽建议通过“亚洲式”的协商解决这个问题。① 但是，大家很快就发现很难达成共识，因此必须通过正式投票。此外，菲律宾代表也在为充分发挥此次马尼拉会议的地理优势而不断努力，同样不赞成通过协商方式确定总部所在地。会议一开始，菲律宾代表对每个成员体代表团展开游说。他们热情高涨，还特地制作了显著的地标，向参会代表宣布该地将成为“亚洲开发银行常设驻地”。

　　11 月 30 日，第一轮投票在菲律宾外交部的一个小房间举行，现场气氛紧张。② 由于科伦坡和喀布尔退出了候选名单，金边没有提供所需的背景材料，最终入选的候选城市为 6 个。各方代表团团长在选票上做出选择，依次将选票投放到吴纽手持的帽子里。

　　投票结果出人意料，日本原本希望能够在第一轮投票中获胜，但是只有 8 票，没有达到绝对多数的要求。伊朗 4 票，菲律宾 3 票，泰国、马来西亚和新加坡各 1 票。只获得 1 票的国家退出角逐。吴纽宣布在第二天上午进行第二次投票，以便让马尼拉、德黑兰和东京有机会在当天晚上获得更多支持。随后，代表们在菲律宾总统游艇“S. S. 罗科萨斯”号上度过了一个愉悦放松的夜晚。菲律宾新任总统费迪南德·马科斯为游说支持马尼拉，联系

---

① Huang, 1975, *The Asian Development Bank : Diplomacy and Development in Asia*, 94.
② 更多细节参阅 Huang (1975, 94 - 97) and Wilson (1987, 17 - 20)。

犹豫不决的代表，一直忙碌到凌晨 4 点。[①]

第二天，12 月 1 日临近中午，代表们再次聚集投票。吴纽重新收集选票，但是依然没有国家的票数符合绝对多数的要求。令人惊讶的是，日本仍然只有 8 票，而菲律宾有 6 票，伊朗有 4 票但放弃了竞争。吴纽宣布在当天午餐后进行最后一轮投票。第三轮投票的结果是，日本仍然只有 8 票，而菲律宾获得了 9 票的支持，另有一票弃权。最后，吴纽宣布"马尼拉获胜"。令很多代表感到惊讶的是，亚行总部就这样设在了亚洲地区的一个发展中国家。

日本代表团对此感到不解和失望。渡边武后来说："我感到自己辛苦养育的孩子被带到了遥远的国度。"[②] 但是日本政府还是承诺支持该银行并接受这个决定。几天后，日本代表团团长藤山爱一郎在签署成立亚洲开发银行协议条款时，会场响起了热烈的掌声。与此同时，菲律宾政府迅速着手开展亚行总部的建设工作。12 月 3 日，菲律宾政府举行了亚行总部大楼动工奠基仪式。

后来证明，选择马尼拉为亚行总部所在地具有很多优势。2016 年，在纪念亚行成立 50 周年年终鸡尾酒会上，中尾武彦向董事会成员表示："这是一个很好的决定，马尼拉作为亚行总部所在地能够使亚行更接近发展中成员体。菲律宾人民的热情以及大量的英语专业人才也使亚行获益。"

后来，部长级会议扩大为全权代表会议。代表需要获得全权代表的认可并拥有充分的法定权利才能代表其政府签署文件。1965 年 12 月 4 日，22 个经济体的代表签署了《协定条款》，开放签署时间到下月底。另有 9 个国家将在最后期限前签署（表 3.2）。为了应对 1966 年全年所需的银行组建工作，会议任命了一个筹备工作委员会。

表 3.2 《协定条款》的第一批签署国家或地区

签署日期	成员体
1965 年 12 月 4 日	阿富汗、澳大利亚、柬埔寨、加拿大、锡兰（即后来的斯里兰卡）、西德（即后来的德国）、印度、伊朗、日本、韩国、老挝、马来西亚、尼泊尔、荷兰、新西兰、巴基斯坦、菲律宾、西萨摩亚（即后来的萨摩亚）、中国台北、泰国、英国、美国
1966 年 1 月 28 日	丹麦、芬兰、挪威、越南、新加坡
1966 年 1 月 31 日	奥地利、比利时、意大利、瑞士

资料来源：R. Krishnamurti, 1977, *ADB: The Seeding Day's*, Manila：ADB, p. 32。

① Wilson, 1987, *A Bank for Half the World*, 20.
② Wilson, 1987, *A Bank for Half the World*, 20.

到 1966 年 9 月底，除伊朗外，这些经济体都成为亚行的第一批成员。印度尼西亚在 1966 年 11 月于东京举行的理事会成立大会上成为第 31 位成员。至此，亚行第一批成员体一共包括 19 个亚洲地区成员和 12 个非亚洲地区成员。

伊朗是一个例外。在 1965 年亚行组建之前，伊朗一直对成立亚行保持较为积极的态度和给予大力支持，但是后来确定德黑兰不能成为亚行总部，也无法任命伊朗代表担任亚行行长之后，伊朗政府的热情锐减。伊朗最终放弃了成员体申请计划，也没有出席在东京举行的成立大会。[①]

首任行长

1966 年，一系列亚行开业筹备工作紧锣密鼓地进行。第一任行长的选拔是各项议程中最重要的。渡边武开始不愿意被提名为候选人，但是当他回到东京以后，佐藤首相要求他成为候选人。同时进入候选人名单的还有来自德国、韩国和美国的代表。最后，渡边进入了候选人名单。1966 年晚些时候，渡边访问了美国和墨西哥，出席世界银行和美洲开发银行会议，收集整理这些银行运作的信息。

亚行成立大会计划于 1966 年底在日本举行，渡边在这期间的日程安排和工作任务越来越像一个大型国际组织的负责人，当选首任行长的呼声很高。很多人与他面谈，表示有兴趣在亚行工作。

1966 年 11 月 24 日，亚行成立大会在日本东京王子大饭店举行。日本首相佐藤和其他高级官员——包括日本大藏大臣福田赳夫和联合国亚洲和远东经济委员会执行秘书吴纽——在大会上致辞。在进行亚行行长提名的时候，泰国财政部长提名渡边为候选人，接下来没有其他候选人获得提名。于是，福田宣布："由于没有其他提名，我很高兴宣布渡边武正式当选亚行行长。"[②]

虽然该新建银行的文化特色、与成员体的关系以及运营方式会随着时间推移而不断变化，但是渡边武还是认为有必要在一开始就明确方向。在走向主席台接受任命之际，渡边武向亚行理事会发表就职讲话，阐述了他履职以后的优先事项。他强调招聘合格人才的重要性，并将筹措资金和有效利用资金设定为两个首要目标。

---

① Wilson, 1987, *A Bank for Half the World*, 25.

② 提名演讲载于会议记录摘要中。ADB, 1967, *Inaugural Meeting*, 92.

此外，为了更好地推动渡边的工作，帮助他面对各种挑战，[1] 亚行理事会在渡边履职的第二天选出了 10 位亚行董事会成员（表 3.3）。

渡边在后来几个月中不断充实自己的想法，强调良好的内部管理、认真筹备各类项目以及通过支持区域合作有效为发展中成员体服务的重要性。带着这些理念，亚行完成了从梦想到现实的转变，首任亚行行长渡边武也于 1966 年 12 月中旬前往菲律宾履职。

表 3.3　董事会和投票组（1966 年）

董事	所代表成员
Cornelio Balmaceda	菲律宾、巴基斯坦
Byung Kyu Chun	韩国、中国台北、越南
Masaru Fukuda	日本
J. M. Garland	澳大利亚
Kam – Poh Ng	马来西亚、新西兰、新加坡、泰国、西萨摩亚
P. V. R. Rao	印度
Byanti Kharmawan	印度尼西亚、阿富汗、柬埔寨、锡兰、老挝、尼泊尔
Helmut Abramowski	奥地利、比利时、西德、意大利、荷兰
W. K. Wardroper	加拿大、丹麦、芬兰、挪威、瑞典、英国
Bernard Zagorin	美国

资料来源：ADB, 1967, *Inaugural Meeting of the Board of Governors*, Tokyo, 24 – 26 November 1966, Manila, p.3。

---

[1]　Watanabe, 1977, *Towards a New Asia*, 20.

第一个十年

（**1967 – 1976年**）

第四章

亚洲：建设的势头和面临的震荡

> 我们正在研究在 20 世纪 70 年代对东南亚国家最为重要的问题。所
> 谓的"绿色革命"的影响是什么？……人口压力的影响是什么？……
> 本地区进一步推进工业发展的原因是什么？
>
> ——渡边武
> 亚行年会致辞，1970 年

当亚行于 1966 年底开始运营时，亚洲几个主要经济体已经开始实施二战后的经济结构转型计划。在这些经济体内，产出和就业正在从农业转向工业和服务业。在这之前，日本已经率先完成这个转型，随之而来的还有中国香港、韩国、新加坡和中国台北。经济结构改革有赖于增加内部投资，提高教育水平和技能，推动劳动密集型制成品出口等。到 20 世纪 70 年代中期，印度尼西亚、马来西亚和泰国也进行了类似的转型。

20 世纪 60 年代中期，大多数亚洲国家的一个主要问题就是粮食问题（第二章）。然而，成功经济体的经验表明，结构转型的先决条件往往是发达的农业生产。在亚洲"季风经济体"中，一些国家经济发展的速度明显超过其他国家。[①] 对发达经济体来说，农村发展一直是经济转型的关键环节，因为它有助于推动淡季生产和非农经济活动。这些活动有助于吸收剩余

---

① 季风带覆盖日本和韩国北部、中国和东南亚，跨越印度洋，穿过印度南部和巴基斯坦。由季风带来的雨季通常持续 4~5 个月，然后是旱季。这对亚洲的经济活动产生了深远的影响，并且孕育了数千年来对劳动力需求的季节性特征。

54　劳动力，为其他行业的投资带来盈余，拉动国内需求以支持整体经济增长。正如下一章将阐述的，亚行在运营的第一个十年中把大部分工作重点都放在了农业发展和工业项目融资方面。

　　1967～1976 年，亚洲发展中国家的工业化和发展的动力受到了一系列冲击。有些是政治和本地区的问题，例如湄公河地区不断扩大的冲突；有些是经济和全球性的问题，例如，1971 年战后布雷顿森林国际货币体系开始崩溃，1973 年第一次石油危机波及能源和粮食安全，并引发了工业国家长期经济停滞和通货膨胀。这些事件的发生一方面有助于突出展现亚洲发展中国家在不断变化的全球环境中的复原能力，另一方面也有助于亚行不断评估在其运营的头十年中的战略重点。

加强农业

　　20 世纪 60 年代中期，亚洲发展中经济体继续严重依赖农业生产，农业为一半以上的劳动力提供了就业机会。但是，大多数农业生产不是市场导向型的，而是以村级自给自足的生产为主，很难保证充足的粮食供应和收入。在这个时期，贫困和人口高速增长的情况在亚洲普遍存在，这也常常导致社会和政治局势的紧张。[1] 显然，加强农业生产对确保更大的粮食安全和稳定是非常必要的。1965～1966 年，许多亚洲国家的水稻产量明显下降，国际粮食价格飙升，这就更需要增加粮食生产。因此，在 20 世纪 60 年代后期，一些亚洲国家的政府努力扩大粮食生产，并尽可能地实现自给自足。[2]

　　这时，亚洲迎来了"绿色革命"，一系列提高粮食生产的创新研究和技术转让应运而生。世界银行和美国国际开发署等国际组织联合福特基金会和洛克菲勒基金会，通过 1960 年在菲律宾设立国际水稻研究所向亚洲国家提
55　供了大量支持。国际水稻研究所致力于开发新水稻品种，1966 年在亚行成立前 6 个月推出了"IR8""奇迹米"。

　　"奇迹米"很快获得了成功。在接下来的十年里，许多发展中国家都种植了这种现代稻米，其产量甚至超过发达国家的稻米。[3] 到 70 年代后期，

---

① ADB, 1969, *Asian Agricultural Survey*.

② Wihtol, 1988, *The Asian Development Bank and Rural Development*.

③ Sicat, 2014, *Cesar Virata: Life and Times: Through Four Decades of Philippine Economic History*, 80 – 84.

菲律宾和斯里兰卡高产稻米的种植面积扩大，占到70%以上。巴基斯坦和印度尼西亚半数以上的农村也种植了高产稻米。[①] 印度从国际玉米和小麦改良中心引进了新开发的小麦品种，也取得喜人进展。

实际上，"绿色革命"是一项宏大的实验。这项实验的成功取决于一系列的管理监控，特别是灌溉系统的恢复、扩大，肥料和农药的应用等。[②] 而这些管理监控的成本都非常高昂，必须制订新的农村信贷计划以便为农民和农业生产提供资金。此外，还需要降低与销售有关的基础设施成本，减少粮食在储存、运输和加工中的损失。

经过一段时间的推广，"绿色革命"带来的各种收益更加明显。1970年至1995年间，亚洲谷物产量增加了一倍。尽管在此期间亚洲人口增长了约60%，但人均卡路里消耗量却增加了近25%，更密集的农业生产为无地劳工创造了更多就业机会。对于粮食消费占家庭收入绝大部分比重的贫困家庭来说，更多的粮食供应和低廉的粮食价格使他们获益。[③]

尽管如此，20世纪70年代早期，在"绿色革命"开始起作用之前，粮食短缺仍然是许多发展中国家密切关注的问题。粮食生产常常受到自然灾害、干旱和虫害的侵袭，对农业的扶植和服务不足，导致许多国家很难实现自给自足。1973年，这些不利的局面因石油价格的冲击而更加严峻。[④] 70年代后期，农业政策的重点开始从提高粮食生产、实现粮食自给自足扩大为促进农村就业和发展。这一转变源于国际社会对公平发展理念的重视。[⑤] 农村发展不仅取决于"绿色革命"提供的技术解决方案，还取决于农村基础设施、机构和融资的改善，从而刺激非农产业和经济的发展。农村基础设施的改善包括修建大型灌溉系统和道路，构建通信系统、电力系统，改善健康和教育设施，等等。[⑥]

在此期间，东南亚和南亚"季风经济体"的政策制定者越来越清楚地认识到农业生产、农村收入和农业经济对国家发展的重要性。他们吸取了日本、韩国和中国台北发展的早期经验。由于受到季风的影响，"季风经济体"在一年中有半年时间是雨季，另一半时间降水量相对较少，这就形成

① James, Naya, and Meier, 1987, *Asian Development*, 169.

② Sicat, 2014, *Cesar Virata: Life and Times: Through Four Decades of Philippine Economic History*, 80 – 84.

③ Borlaug, 1996, *The Green Revolution*, 9.

④ James, Naya, and Meier, 1987, *Asian Development*.

⑤ Wihtol, 1988, *The Asian Development Bank and Rural Development*, 58.

⑥ ADB, 1979, *Sector Paper on Agricultural and Rural Development*.

了这些国家劳动高度密集的农业生产方式。

这种生产方式也推动了人口的高速增长，因为只有劳动力数量多的家庭才能生产更多的粮食。这对非农就业产生了影响，由于农户会在雨季返回农场工作，因此雇主在旱季不愿意雇用非技术人员。但是通过提高农业生产力、促进农业主导型工业化改革，日本、韩国和中国台北都成功打破了这种农村贫困周期。在支持技能开发和职业培训的协助下，这一进程为增加农村收入提供了机遇。

工业化运动

从农业向工业和服务业转变最早发生在日本，后来韩国和中国台北效仿此法也发生了类似的变化（表 4.1）（相比之下，新加坡和中国香港的经济并不依赖农业）。韩国和中国台北的经验表明，提高农业生产率要和发展工业齐头并进。高产的农业不仅有助于增加粮食供应，还能为涉农产业出口提供原材料。

57

表 4.1　1960 – 1985 年部分经济体的生产结构
（占 GDP 的百分比）

经济体	农业			工业			服务业		
	1960 年	1970 年	1985 年	1960 年	1970 年	1985 年	1960 年	1970 年	1985 年
日本[a]	13	6	3	45	47	41	43	47	56
亚洲"四小龙"									
中国香港[a]	4	2	1	38	37	30	55	56	68
韩国	37	27	14	20	30	41	43	44	45
新加坡	4	2	1	18	30	38	79	68	61
中国台北	29	16	6	29	41	50	43	45	44
东盟四国									
印度尼西亚	54	47	25	14	18	36	32	35	39
马来西亚	36	31	20	18	25	37	46	44	43
菲律宾	26	28	27	28	30	33	46	43	40
泰国	40	28	17	19	25	30	42	46	53
南亚国家									
孟加拉国	58	55	48	7	9	15	36	37	37
缅甸	33	38	48	12	14	13	55	48	39
印度[a]	47	43	35	19	20	27	28	28	28
尼泊尔[b]	…	68	58	…	11	14	…	21	27
巴基斯坦	44	33	25	15	20	28	36	37	47
斯里兰卡	32	27	24	20	23	27	48	46	50

注：... ＝无数据。

[a] 1985 年的数字来自最近的年份 1984 年。

[b] 1985 年的数字来自最近的年份 1983 年。

资料来源：编自 James, Naya, and Meier, 1987, *Asian Development*, p. 12.

产业转型首先是通过技术创新实现的，先进的种植技术使复种和旱季种植成为可能，从而保障了农村地区充分的就业。一年完整的聘用期使农民可以有更多的收入来购买商品和服务，从而提升工人的劳动生产力。高收入会带动食品消费、储蓄、物质和社会资本投资的增加。

同时，20世纪50年代的出口悲观主义和贸易保护主义政策被日益加强的市场导向政策取代。20世纪60年代，简单制成品的生产大幅增加，成为出口的主要产品。[①] 新兴工业化经济体——中国香港、韩国、新加坡和中国台北——意识到它们的工业发展受到自身有限市场的限制，而且由于自身自然资源较少，它们只能选择通过出口积累资本来购买所需的资源。为了更好地利用资本并在全球范围内提升竞争力，它们不断引进新技术，培养训练有素、高度灵活、成本低廉的劳动力。[②] 在韩国和中国台北，工业部门完全吸收了每年增长的劳动力和其他行业剩余的劳动力。[③]

新兴工业化经济体的成功并不只是因为市场"无形之手"的作用。20世纪60年代，这些经济体的政府常常通过政策干预促进劳动密集型制造业的发展。它们在改善人力资源政策和鼓励企业创新方面发挥了关键的作用。后来，从20世纪70年代中期开始，随着汽车、飞机和电子等资本和技术密集型产业生产的扩大，这些经济体的经济结构也发生了进一步的变化。[④]

相比之下，南亚"季风经济体"和东南亚部分地区的工业转型过程并不顺利。由于对农业的偏见，这些国家很难实现充分的农业就业。在20世纪50年代，许多国家的政策制定者错误地认为"只有制造业才能为经济发展提供独一无二的动力"，并采用重商主义贸易保护政策。[⑤] 例如，菲律宾和泰国严格限制进口，采用贸易壁垒来保护国内产业。[⑥] 长期的进口替代政策降低了企业家提高生产力的积极性和国际竞争力。事实上，这些国家的进口替代范围十分有限，因为制成品的国内市场很小。此外，制造业公司由于缺乏外汇也很难支付它们所需的进口产品。[⑦]

58

---

① ADB, 1971, *Southeast Asia's Economy in the 1970s*, Part One.

② Oshima, 1993, *Strategic Processes in Monsoon Asia's Economic Development*, 1 – 16.

③ James, Naya, and Meier, 1988, *Executive Summary: Asian Development*, 8.

④ James, Naya, and Meier, 1987, *Asian Development*.

⑤ ADB, 1971, *Southeast Asia's Economy in the 1970s*, Part One.

⑥ Sicat, 2014, *Cesar Virata: Life and Times: Through Four Decades of Philippine Economic History*, 126 – 133.

⑦ Myint, 1972, *Southeast Asia's Economy*, 62.

在整个 20 世纪 70 年代，东南亚资源丰富的国家，如印度尼西亚、马来西亚、菲律宾和泰国，出口的主要商品依然以农产品和矿产原料为主。这种对资源的依赖在某种程度上是殖民主义的遗物。然而，到 20 世纪 70 年代，这种严重依赖初级产品的出口结构暴露出越来越明显的缺点。这种出口模式滋生了利益集团的寻租行为，此外，采矿行业能够提供的就业机会也非常有限。依赖自然资源出口的增长模式也降低了政策制定者扩大劳动密集型制成品出口的积极性。[1] 在印度尼西亚、菲律宾和泰国，70 年代制造业的就业年增长率不到 5%。[2]

因此，东南亚的工业部门无法吸纳城市和农村的剩余劳动力。然而，在 20 世纪 70 年代中期，菲律宾和泰国开始向东南亚邻国学习，通过放宽出口管制、取消出口税来扩大制成品出口，同时激励资本密集型工业的发展。马来西亚通过建立自由贸易区在增加工业就业岗位方面取得了巨大成功。到 20 世纪 80 年代，随着新兴工业化经济体工资成本的上涨，这些国家逐渐失去了劳动密集型产业的比较优势，开始转向更先进的制成品出口。[3]

但是，从 20 世纪 50 年代到 70 年代，南亚国家仍然位于"雁群"后面。二十多年来，次大陆许多地区的发展受到闭关自守产业政策的阻碍。在印度，经济战略倾向于大规模的资本和技术投资，这些投资很难解决就业问题。东南亚国家也有类似的政策，但它们的情况更糟，许多大型国有企业经营不善，还仍然享受优惠政策的待遇。不合理的价格和官僚主义的桎梏也严重阻碍经济的发展。这些情况阻碍了外资流入，削弱了国际竞争力。直到 20 世纪 80 年代，一些南亚国家——特别是印度和斯里兰卡——才开始重视以市场为导向的经济增长模式，逐渐对国际社会开放国内市场。[4]

1967 年至 1976 年，亚洲国家继续探索区域合作的机会，希望联合工业项目能使它们实现规模经济，帮助它们在世界市场上成功竞争。[5] 后来，作为东南亚国家联盟（东盟）区域合作项目的一部分，同样的方法得以采用。

应对经济冲击

亚洲国家的发展进程受到它们在二战结束和殖民时期所处的初始条件的

---

① James, Naya, and Meier, 1988, *Executive Summary: Asian Development*, 46 - 47.

② James, Naya, and Meier, 1988, *Executive Summary: Asian Development*, 5 - 29.

③ James, Naya, and Meier, 1988, *Executive Summary: Asian Development*.

④ James, Naya, and Meier, 1988, *Executive Summary: Asian Development*.

⑤ Krishnamurti, 1977, *The Seeding Days*, 3.

限制，但更重要的影响因素是它们选择的政策。对整个亚洲地区来说，成功的一个共同要素就是经济政策。在过去 50 年中表现良好者都是那些灵活适应国际经济状况急剧变化的经济体。

对亚洲战后恢复能力的一个严峻考验发生在工业化计划需要适应全球经济环境重大变化的 20 世纪 70 年代初。首先，1971 年，布雷顿森林国际货币体系开始崩溃。1971 年 8 月美国总统尼克松宣布美国不再支持美元直接兑换黄金以后，全球经济进入不稳定时期。1971 年 12 月，主要发达国家达成史密森学会协议，导致许多亚洲经济体陷入衰退，尤其是那些外汇储备为贬值货币的国家。①

两年后，又一个考验接踵而至，第一次石油危机导致亚洲国家经济陷入更严峻的状态。1973 年晚些时候，中东的政治局势紧张导致世界石油价格大幅上涨。在接下来的几年中，石油价格飙升导致工业界高通胀，经济危机随之到来。工业国家很快采取贸易保护政策，不愿为国际援助提供更多支持，为发展中国家提供的资源和为亚行等多边银行提供的资金支持大幅减少。短短几年间，发达工业国家陷入经济滞胀期，政策的不确定性增强。20 世纪 70 年代后期，亚洲决策者需要竭力应对这种不常见的经济环境。

1973~1974 年的石油危机使亚洲发展中国家分成了两类。石油进口国（如印度和菲律宾）受到严重打击，而石油出口国（如文莱、马来西亚和印度尼西亚）却从中获益。但由于油价总是突变，这两类国家都很难适应。石油进口国不仅受到能源价格上涨的影响，而且受到无机肥料价格上涨的影响，威胁食品安全。与此同时，工业国家经济衰退减少了对亚洲出口的需求，一些国家的国际收支急剧恶化，外债增加，失业率上升。石油进口商也通过暂时削减总体需求来抑制国内石油和其他形式能源的使用。

第一次石油危机的直接影响是将从石油进口国获得的收入重新分配给石油输出国组织（欧佩克）成员。欧佩克国家很快就大幅度增加了出口收入。它们希望扩大在海外的投资。这为亚行等国际金融机构提供了回收石油美元的机会。

新的经济环境对亚洲石油出口国也很严峻。出口收入的增加给它们带来了意想不到的收益，但它们仍需考虑如何有效利用这些资金。总体而言，它们通过增加对农村发展、基础设施和工业发展的支出对石油收入的使用比非

61

---

① Wilson, 1987, *A Bank for Half the World*, 57.

洲和拉丁美洲一些国家富有成效。

在亚洲各地，这些快速的经济变化给贫困地区带来了很大的冲击。这引起了大家对贫困问题的关注。在这十年的后期，国际发展思路开始着眼于满足"人类基本需求"，如食品、衣物和住所。到20世纪70年代中期，亚洲各国政府越来越认识到农村和城市贫困人口和失业者的困境。

亚行成立以后的第一个十年就处于复杂的国际环境中。"绿色革命"给头十年的运营带来了乐观积极的信号。亚行为农业生产、农村发展和工业投资提供贷款，同时需要帮助石油出口国调整经济结构，提高公共支出的质量。此外，还不断探索区域冲突结束之后各国可能的发展机会。

20世纪60年代后期亚洲的发展挑战还对渡边武提出的把亚行建设成为本地区发展中国家的"家庭医生"的愿景（第五章）构成严峻考验。

1964 年 10 月 19 日，联合国亚洲和远东经济委员会召开会议，为亚行成立奠定基础。与会者包括未来的亚行行长千野忠男（左）和该委员会执行秘书吴纽（站立者）。

1965 年 11 月 26 日，亚行成立事宜专家咨询委员会在菲律宾马尼拉举行会议。从左至右：颂迈·洪达军（泰国），安瓦尔·伊克巴尔·库雷希（巴基斯坦），阮高哈（越南），（不明），（不明），吴纽（ECAFE 执行秘书），委员会主席科内利奥·巴尔马塞达（菲律宾），渡边武（委员会副主席和亚行行长），胡达达德·法曼法玛尼（伊朗），（不明），克里希纳·莫里尼（印度，后来的亚行第一位副行长），道格拉斯·古奈塞克拉（斯里兰卡，后来的亚行首任秘书长），（不明）。

63 联合国亚洲和远东经济委员会对设立区域开发银行提供了早期支持。图为1965年3月16~29日该委员会在新西兰惠灵顿举行会议（照片由联合国提供）。

1965年12月3日，菲律宾马尼拉。菲律宾总统迪奥斯达多·马卡帕加尔为第一亚行总部奠基。

1966年11月24日至26日在日本东京的东京王子大饭店举行亚行理事会成立大会。

1967 年，第一个技术援助提供给印度尼西亚用于提高粮食生产（《菲律宾先驱报》1967 年 9 月 1 日报道）。

Asian Bank to Aid Indon Food Projects

The Asian Development Bank has made its first operational commitment by offering technical assistance to Indonesia in the field of food production.

ADB President Takeshi Watanabe said yesterday the first operational effort of the bank was in response to Indonesia's request.

A rapid expansion of food production in 1967 and 1968 is generally considered to be of crucial importance to the success of the stabilization and rehabilitation program recently launched by the Indonesian government.

The ADB's technical assistance mission to Indonesia will concern itself with an identification of the problems of the transitional period, with particular reference to the current production and marketing situation relating to food crops, Watanabe said.

It is hoped, he added, that the mission's work would result in a framework of recommendations that would enable the Indonesian government to overcome identified bottlenecks and step up food production.

The ADB's technical offer to Indonesia is a followup of the study made by the bank's reconnaissance team, headed by Dr. Bong H. Kay, which visited that country in June-July.

The proposed mission to Indonesia will consist of six experts — an agricultural policy specialist, a general economist, an irrigation and water manage-

1968 年 1 月 25 日，亚行首任行长渡边武和泰国工业金融公司总经理盖立·尼曼哈明达签署亚行首笔贷款协议。

1969 年 9 月 10 日，亚行行长渡边武签署在德国法兰克福发行第一只亚行债券的协议。

1969 年 12 月 16 日，萨摩亚首都阿皮亚。亚行向太平洋岛国提供的第一笔贷款用于修建阿皮亚的法莱奥洛机场。

1970 年 6 月 5 日，菲律宾马尼拉。首任亚行副行长克里希纳·莫里尼（中间就座者）签署第一份联合融资协议。与他在一起的人员有印度尼西亚大使库斯诺·乌托莫少将（左首就座者）；亚行副董事隆波烈（右首就座者）。

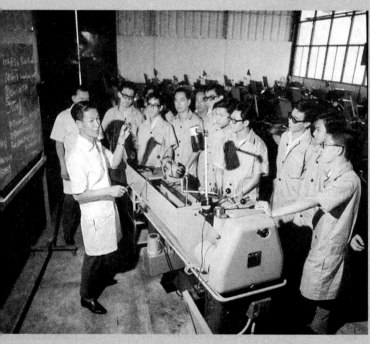

1970 年 12 月 23 日，新加坡。为扩建义安理工学院提供教育贷款。

1972 年，菲律宾马尼拉。亚行董事会在亚行总部与行长渡边武（前排中）、秘书长道格拉斯·古奈塞克拉（前排左）、副行长克里希纳·莫里尼（前排右）和法律总顾问刘易斯·卡罗尔（最右首）。

1970 年 4 月 9 日，韩国总统朴正熙在于韩国汉城举行的亚行年会上致辞。

中国台北杨梅高速公路项目。1970年3月30日摄。

1972年11月18日，菲律宾总统马科斯（右）将象征亚行新总部的钥匙交给亚行行长渡边武。一同出席的还有亚洲经济合作部长级会议主席兼菲律宾工商部长科内利奥·巴尔马塞达。

1972 年 11 月 18 日， **68**
第一亚行总部在菲律
宾马尼拉落成。

1976 年 2 月 12 日，
联合国秘书长库尔
特·瓦尔德海姆与亚
行行长井上四郎（左
二）在亚行总部。一
同出席的还有伊丽莎
白·瓦尔德海姆夫人
及其女儿克丽斯塔·瓦
尔德海姆。

1976 年 10 月，菲律
宾马尼拉。亚行行长
井上四郎（前排左二）
在一次区域银行负责
人会议上。

第五章

亚行的特点

　　不发达国家的发展首先取决于这些国家自身的意愿……亚行本身不可能成为解决亚洲贫困问题的灵丹妙药。我们只是这部历史大剧中众多演员之一。

　　　　　　　　　　　　　　　　——井上四郎所做的题为
　　　　　　　《亚行在亚洲和远东发展中的作用》的演讲，1973 年 6 月 14 日

　　亚行早期的首要任务是在国际社会树立良好的口碑。前两位行长渡边武和井上四郎都有深厚的银行业背景。在亚行发挥更广泛的作用之前，两位行长都希望亚行能够建立良好的声誉。在这方面，他们的贡献很突出。在亚行度过第一个十年时，亚行在国际市场上被认定为一家审慎分配资源的金融机构。

　　亚行在运营的初始阶段，特别强调对借款国家能源、运输、制造业和农业等重要行业的考察。早期，银行最重要的工作就是建立声誉。为此，亚行员工着手准备一系列精心设计的工业和基础设施发展项目贷款。为了满足农业发展的需求，亚行扩大了对灌溉和农村发展的贷款计划。

　　亚行还拓展了在欧洲、日本和北美资本市场筹措资金和贷款的方式。亚行对软贷款优惠资金的管理进行了改革。1973 年，捐助国同意在波恩设立亚洲开发基金（ADF），这是为最贫困的亚行成员体提供的主要软贷款基金。亚洲开发基金很快成为亚行业务的重要组成部分，同时强化了捐助国作为利益相关方的作用和地位。

　　亚行面对的第一个挑战就是 1973 - 1974 年的世界石油危机。为了帮助

亚洲发展中国家应对变化的国际环境，亚行亟需扩大贷款并开发新的项目，以确保相关国家的能源安全。在全球经济面临严峻挑战的时候，亚行深刻地认识到保持灵活性的重要性。

本章重点讲述亚行在第一个十年间凝练自身特色、塑造角色的过程，重点介绍渡边武和井上四郎任期的改革。

银行愿景

亚行成立的早期阶段——头几个月和头几年——是机构发展的关键时期。重要的关系初步建立，工作风格开始形成。即便是在刚刚开始的头几个星期，渡边武也非常重视塑造新机构的风格。

1966 年 12 月 15 日，渡边武抵达马尼拉机场时，受到部分亚行工作人员迎接，并举行了一个新闻发布会。① 随后，渡边武前往亚行官邸。该官邸是由正在休假的来自日本大藏省的年轻亚行工作人员藤冈真佐夫准备的。15 年后，藤冈真佐夫成为亚行的第三任行长。

第二天，渡边武前往位于马卡迪商业区的亚行临时总部，会见工作人员，处理了一些紧急业务，并与新的董事会成员见面。次日，渡边武主持了第一次董事会会议。在之后的几年里，董事会会议的时间通常不超过 3 小时。但是首次会议需要解决很多关键问题，如任命一位副行长，确认银行的部分规章制度。因此，会议一直持续到下午 6 点。

12 月 19 日，亚行开业典礼在临时总部附近举行。任职不到一年的菲律宾总统马科斯及其他来自菲律宾和国际机构的重要嘉宾出席。

作为亚行的首任行长，渡边武进行了第一次公开讲话。为此，渡边武精心准备，阐述了他对该新机构发展战略的认识和见解。渡边武曾在华盛顿担任世界银行董事会成员，并且与东京研究小组的同事花费大量时间思考亚行的角色定位。而且，在前几年，他一直密切参与亚行的筹建工作。

在讲话中，渡边提出了他在后来几年走访其他国家时多次强调的主题。② 其中最重要的两个主题就是区域合作和多边主义。他将亚行描绘成共识的交流中心。同时，指出多边安排的优点："毫无疑问，发展中国家更适

71

① Watanabe, 1977, *Towards a New Asia*, 43.

② Watanabe, 1966, *Pattern for Prosperity*.

宜从多边机构获得基金支持。多边机构不需要刻意宣传其服务，也不会有伴随双边援助的繁重责任和义务。"

他还很实际地指出，多边银行可以实现的目标是有限的。大部分努力都需要来自发展中国家本身。渡边武概述了亚行工作的基本原则。首先，工作人员应当认真听取所有利益相关方的意见，在进行指导之前必须认真学习以响应当地的实际需求，这一点非常重要。他计划尽快亲自走访有关国家及地区，以了解它们的经济问题。为了阐述亚行工作人员与成员体之间的关系，渡边将亚行比喻为"家庭医生"——这后来成为亚行对自身形象的一种描述（专栏 5.1）。

72

专栏 5.1　亚行作为亚洲发展中国家的家庭医生

我强烈希望成员体能够将亚行视为随时提供援助的"家庭医生"。这种定位要求亚行对每一个发展中经济体的经济现状和环境有全面的了解。我相信这种熟悉可以通过使亚行在工作人员方面具有区域特征来养成。

——渡边武在亚行开业典礼上的致辞，摘自亚行，1968 年，《亚行理事会第 1 届年会记录摘要》，第 14 页。

像东方家庭医生一样，亚行是兼收并蓄的，不做纯理论研究，而是非常务实。针对各国面临的问题，亚行寻求提供的不是理论化和合理化的答案，而是积极的和可行的解决方案。尽可能地贴近各国的实际，兼顾复杂性、独特性和各种矛盾。因此，亚行更倾向于经验主义和归纳主义的风格。亚行的分析不是从一般到特殊，而是倾向于从具体的项目开始，在实际经验中增进认知，传播影响力并不断发展。根据具体情况，亚行会适时调整优先事项和目标。

——亚行副执行董事、来自越南的宝欢（Buu Hoan）在欢送渡边武活动上的讲话，1972 年 11 月 23 日。

渡边强调，"家庭医生"理念要求亚行人员与亚洲发展中经济体建立密切关系。他进一步解释道①：

---

① Watanabe, 1977, *Towards a New Asia*, 36.

"有一个这种精神通过行动来体现的实例。在尼泊尔，可供游客住宿的一流酒店很少，只有几个。许多外国代表团只有在确定好酒店安排以后才愿意访问这个国家。但是，当亚行的工作人员抵达尼泊尔以后，不管能够预订到什么级别的酒店，他们都坚持住在当地一家没有电的旅社，在烛光下完成调研报告。如果蜡烛用完了，他们就用汽车前灯照明。我被他们这种精神深深地打动了。"

渡边武还指出需要健全管理，特别是最初几年，亚行应该是一个简单而灵活的组织。他谈道："一个机构从简单到复杂要比从复杂到简单容易得多。"他还强调设计高质量的贷款项目的重要性。"我严格坚持的基本政策只有一个，即确保每笔贷款符合健全的银行业务准则……这是树立亚行良好信誉的唯一途径，只有这样才能保证银行资金的持续流动。"在后来几年中，渡边武一直反复强调这一点。

展望未来，渡边武希望亚行能够成为一个可靠的顾问。"我认为，合理的建议是比现金更受欢迎和更有价值的问题解决方法。"因此，即使在早期，亚行也非常注重发挥更广泛的发展作用。

最后，还涉及资源问题。只有拥有足够的资金，亚行才能够帮助成员体。渡边武谈到有必要建立一个源于捐助国捐款、用于优惠贷款的特别基金。这些基金资源能够很快成为低收入国家的重要资金来源。他还表示，亚行应当在资本市场上发行债券，为普通非优惠贷款筹集资金。

谨慎的开端

亚行开展运营的方式是非常谨慎的。相比今天的 67 个成员体，亚行原有成员体总数为 31 个（19 个本地区成员体和 12 个非本地区成员体）。1966 年底，亚行有 20 名董事会成员（10 名董事和 10 名副董事），但只有 40 位工作人员（1 名行长，1 名副行长，11 名国际人员，27 名国内和行政人员）。截至 2016 年底，亚行有 24 名董事会成员（12 名董事和 12 名副董事）和 3,092 名工作人员（1 名行长，6 名副行长，1,103 名国际人员，1,982 名国内和行政人员）。50 年前，亚行只有 3 个部门和 5 个办公室，而如今有 15 个部门和 12 个办公室（附录表 2.22）。亚行起先位于马卡迪的小型办公楼中，分散在几座大楼里。今天，亚行在包括马尼拉在内的 31 个国家和地区设有办事处。

渡边从任职的第二年开始不断推进他的各项计划。他走访了许多发展中国家和工业国家，并不断加强与亚洲其他多边机构和国际社会的联系。亚行职员很快跟进各项工作，对发展中国家进行调研，帮助分析问题，提出解决方案并启动援助项目。

内部管理对于新成立的银行总部也是很重要的。1966 年 12 月 17 日，新的亚行理事会第一次会议任命 C. S. 克里希纳·莫里尼为副行长。他是亚行发展历史上一位具有决定性作用的关键人物，也是一个行事果敢、雷厉风行的管理者。在加入亚行之前，C. S. 克里希纳·莫里尼曾在位于华盛顿的世界银行担任印度的执行董事，当时渡边也在世界银行董事会任职，所以两人的关系由来已久。在渡边担任亚行行长的 6 年中，C. S. 克里希纳·莫里尼一直担任他的副手。事实上，C. S. 克里希纳·莫里尼在亚行任职 12 年，先后与三位行长一起共事（渡边武、井上四郎和吉田太郎一），在内部管理方面发挥了强大的影响力。

渡边在招募新职员时也非常谨慎。他解释道："一个简单的方法就是请其他机构借调给一些工作人员……采用这种方式可以在人员招募上节省许多时间，同时也可以要求每个成员体推荐一定人数的职员。"[1] 但是，他说这样做只能招聘到与各国高级官员私交较好的人。因此，他决定亲自面试专职人员。这种做法得到了成员体的大力支持。1969 年 4 月，在悉尼举行的亚行第 2 届年会上，美国理事大卫·M·肯尼迪（David M. Kennedy）对亚行的开局工作赞赏有加，尤其是"具有专业能力和广泛地区经验的团队"令人印象深刻。到 1967 年底，亚行工作人员数量增加到 190 名，到 1971 年底增加到 551 名。

在业务开展方面，亚行一直遵循谨慎态度。渡边说："有人敦促我尽快确立一两笔贷款项目以发挥示范作用。但我不赞成这种冲动的决定，因为我认为提供优质的贷款对于树立银行的信誉更重要。"[2] 事实上，亚行第一年没有发放一笔贷款。最初的业务以支持若干咨询和技术援助项目为主，第一个项目于 1967 年 8 月获得批准。

---

① Watanabe, 1977, *Towards a New Asia*, 24.
② Watanabe, 1977, *Towards a New Asia*, 45.

调研活动

工作人员面临的首要问题是信息短缺。在缺乏基本统计数据的情况下，很难设计出合理的援助项目。例如，在印度尼西亚（该国不久成为主要借款国之一），国家统计局由于 20 世纪 60 年代国家政局混乱无法提供有效数据，农业产量和灌溉系统等相关数据非常不可靠。 75

面对这种情况，亚行工作人员开始收集所需的基本数据。农业数据是最关键的，因为农业是亚洲许多经济体的支柱，也是当时正需要资金的产业。1966 年 12 月，在东京举行了东南亚农业发展大会，会议要求亚行"立即开始审议设立一个特别农业基金的各种问题"。渡边建议亚行董事会原则上接受设立特别基金的想法，但同时强调为了吸引足够的支持，需要设计一个令人信服的方案。渡边武说，亚行必须以捐助者的诉求为出发点，制订一个"清晰、连贯、资料完备的行动计划"。

构成行动计划基础的信息来自 1967 年发起的第一次亚洲农业调查。这项调查于 1967 年 5 月获得批准，是亚行的首个技术援助项目。受权调查范围由日本东京一桥大学的大川一司（Kazushi Ohkawa）和芝加哥大学的 T. W. 舒尔茨（T. W. Schultz）共同主持的一个委员会拟定。大川是日本杰出的发展经济学家，舒尔茨后来因对发展中国家的研究成果在 1979 年荣获诺贝尔经济学奖。

这项调查通过一项区域技术援助获得支持，这项区域技术援助旨在支持一些成员体的工作，而不仅仅针对一个成员体。随后，亚行逐渐支持了更多的区域技术援助项目，以此推动亚洲区域合作。

调查小组工作得很快。1968 年初，调查小组就提交了一份报告，其中强调了新型农业技术对促进粮食生产的潜力："水稻技术的突破是这个时代的重要事件，这可以与杂交和合成玉米、杂交高粱和杂交粟米相媲美……高产新品种的开发开启了通往现代化的道路……这些品种也广受农民欢迎。"[1] 亚洲农业调查项目更加促进了亚行早期对农业的关注。

1968 年，亚行在马尼拉举行了第 1 届年会，调查小组的报告受到普遍 76 欢迎。渡边总结道："农业的进步主要归功于过去几年大量革命性技术的运

---

[1] ADB, 1969, *Asian Agricultural Survey*, 39.

用。科学技术开启了亚洲农业生产能力的广阔前景。最令人鼓舞的是大量新的投入，包括新的改良品种，更好的肥料，更有效的农药。如果能够合理地运用，粮食产量将大幅提高，促进多种作物的种植……调查的结果表明，现代技术的快速推广和运用能够对农业增长产生直接影响。"① 调查同时还发现规范的农业市场和良好的基础设施对农业发展的重要性。

1969 年 4 月亚行第 2 届年会在悉尼举行，澳大利亚政府和亚行联合举办了一个有关农业问题的区域研讨会，重点讨论农业调查的结果。与会人员包括发展中国家的农业专家，他们指出，与亚洲地区农民的需求相比亚行的资源非常有限。因此，亚行在甄选资助项目时必须具有选择性，这样才能更好地发挥作用。为了设计出有效的资助项目，亚行还需要加强内部技能培训。在当年晚些时候，研讨会的结果作为早期亚行农业领域的指导方案予以发布。②

另一个重要事项是交通运输。1968 年，为了回应东南亚政府的请求，亚行启动了东南亚区域交通调查。③ 调查报告于 1971 年初完成，其中勾勒了一个雄心勃勃的未来几十年亚洲地区投资方案。渡边表示这是一个具有吸引力的议题，但同时现实地指出："这项计划需要投入大量的人力、物力和政府资源，绝非易事。"④

77　亚行工作中越来越多的信息和技术需求推动亚行不断提升经济分析能力。1969 年，亚行成立经济办公室。这个新部门包括一个由一名首席经济学家领导的经济学家小组。该办公室的主要职责在于开展能够有效指导援助行动的发展问题研究，并对发展中成员体的发展经验进行评估。经济办公室还内设一个统计科，汇编亚行关注的重大经济问题相关数据。在后来的几十年中，亚行越来越重视知识活动对该地区开发工作的重要性。

其他主要研究

亚行支持的另一项重要研究是 20 世纪 70 年代东南亚经济情况调查。这项研究是应 1969 年第四次东南亚经济发展部长级会议的需要而开展的。当

---

① 摘自 1968 年亚行理事会第 1 届年会上渡边武发表的开幕辞。
② 研讨会详细概要见官方报告和会议记录。亚行 1969 年《区域农业研讨会》。
③ ADB, *Annual Report 1970*, 46.
④ 摘自 1972 年亚行理事会第 5 届年会上渡边行长发表的开幕辞。《1972 年第 5 届年会会议记录》，第 18 页。

时，关于东南亚地区经济发展前景的研究数据和信息相对较少。① 这项研究
由一个小组指导进行，小组人员包括来自牛津大学的保罗·斯特里坦（Paul
Streeten）、哈佛大学的艾伯特·赫尔希曼（Albert Hirschman）和日本经济研
究中心的大来佐武郎，以及其他亚洲学者西斯托·K. 罗哈斯（Sixto
K. Roxas）、罗托（Subroto）、苏帕布·约孙达拉（Suparb Yossundara）和经
济与技术援助局主管谢森中（Sam-Chung Hsieh）。该小组由缅甸经济学家拉
敏（Hla Myint）担任负责人。

　　研究小组主要针对"绿色革命"、工业化发展、对外贸易、外国私人投
资、人口增长以及越战结束和英军撤离东南亚的预期影响等 6 个方面展开调
研。1972 年研究小组出版的《20 世纪 70 年代的东南亚经济》一书，很快成
为被广泛引用的数据来源。这项研究标志着对亚洲发展战略的看法发生了重大
转变。拉敏和他的同事们认为，扩大出口能够帮助东南亚国家实现经济增长，
但是政府应当采取更加有效的措施使该地区的自然资源禀赋和日益增长的全球
需求联系起来。② 研究小组鼓励各国采用外向型的经济政策，而不是内向型和保 78
护主义政策。在 20 世纪 70 年代，东南亚的许多政策制定者都采取了这种外向型
的做法。这一发展战略成为以后几十年中影响亚洲地区经济政策的关键。③

首批技术援助和贷款

　　早年，亚行管理层侧重于开拓高质量的贷款渠道。然而，在第一笔贷款
发放之前，亚行支持了几项技术援助活动。第一项技术援助在 1967 年年中
获批，向印度尼西亚政府提交了一份关于改善粮食生产的报告。1966 年印
尼发生事实上的政府更迭后，新政府试图稳定这个群岛国家的粮食供应。
1968 年 1 月，亚行就粮食政策问题撰写了一份报告，后来又为农业政策和
农村信贷体系研究提供了额外技术援助。④

　　1968 年亚行向泰国提供 500 万美元的贷款，主要用于支持工业发展
（专栏 5.2）。这是亚行批准的第一笔项目贷款，是亚行发展历史上的一个里
程碑。同年，先后又批准了 6 个贷款项目，包括韩国高速公路建设工程、马

---

① ADB, *Annual Report* 1970, 47.

② 实用研究总结参见 ADB, *Annual Report* 1970, 47。

③ James, Naya, and Meier, 1987, *Asian Development*, 11.

④ 印度尼西亚技术援助计划的详细情况参见 ADB, *Annual Report* 1967, 21。

来西亚供水改善工程、巴基斯坦小型私营公司资金支持等。1968年的贷款数额都不大，其中最大的一笔贷款是为中国台北的一家工厂提供1,000万美元的资金支持。

起初采取这种谨慎做法的主要原因在于亚行用于普通资金（OCR）贷款的财务资源非常有限，亚行还在努力拓展资金来源。因此，最好从小额贷款开始，从几个成员体开始慢慢开展放款业务。

79

专栏5.2 亚行首笔贷款

泰国工业金融公司 亚行的第一笔贷款对象是由泰国政府担保的一个泰国开发金融机构。这笔贷款由亚行的普通资金提供。

该笔贷款于1968年1月获得批准，贷款金额为500万美元。鉴于泰国工业金融公司（IFCT）有望在泰国工业政策发展方面发挥积极的作用，与泰国商业银行的短期贷款相比，IFCT亟需扩展中长期贷款。亚行的贷款满足了IFCT的需求，能够有效地促进泰国本地工业的发展。这项贷款包括7项子贷款，增加了IFCT的外汇资源。从这个项目开始，亚行支持的开发金融机构网络在此后十年中得到稳步扩大。

印度尼西亚泰竣（Tajum）灌溉项目 1969年6月批准的泰竣灌溉项目贷款是亚行发展史上关键的一步。这是亚行第一笔农业基础设施贷款，第一笔发放给印度尼西亚的贷款，同时也是亚行批准的第一笔特别基金贷款（后来发展成为亚洲开发基金）。当时，印尼爪哇中部地区的灌溉系统相当简陋，农作物生长多依赖雨水。这个项目位于爪哇中部欠发达地区，旨在帮助印度尼西亚改善灌溉系统。该项目能够帮助印尼引进先进的农业技术，鼓励建设高效的水资源管理系统。

资料来源：ADB, 2016, *ADB through the Decades*：*ADB's First Decade* (*1966 – 1976*), pp. 18 – 20, https://www.adb.org/sites/default/files/publication/ 216111/adb – first – decade.pdf（2016年12月20日访问）。

下一年，即1969年，亚行通过特别基金向印度尼西亚提供了第一笔优惠贷款，用于改善农业基础设施。1969年，亚行还开始在南太平洋地区开展业务，向西萨摩亚提供了一笔用于建设服务首都阿皮亚的法莱奥洛国际机场的优惠低息贷款。在亚行成立后的第一个十年，经过前五年的稳健发展，亚行的放款业务在后五年逐渐增加，这反映出亚行各部门信心的增强。

早期的业务重点

从一开始，亚行的贷款组合就非常多元化，主要涉及能源、农业和交通运输。贷款策略还包括向政府担保的开发金融机构（DFIs）提供贷款。

大多数能源贷款用于电力系统。当时，亚洲发展中国家的许多电力系统都存在高功率损耗的问题。亚行的贷款既用于修复现有输电和配电系统，也用于新电厂的投资建设。亚行还大力支持农村电气化发展。在亚洲一些地区，只有不到 10% 的村民能用上电。夜里，他们通常使用蜡烛或煤油灯照明。1973 年第一次石油危机爆发以后，各国开始专注于能源安全，不断发展电力产业，通过发展本土能源来减少对进口石油的依赖。 80

在交通运输方面，主要的投资用于高速公路和农村道路的建设，或者用于改善从农村通往附近市场和其他场所的道路状况，以此推动经济增长。

最初，亚行对农业的支持主要是为了保障粮食安全。然后，转向促进农村就业。其中一个重点关注的领域是灌溉系统——这是对"绿色革命"的一项关键投入，目的是通过扩大种植面积和提高作物密度来提高农业生产力。

亚行还对金融部门提供支持。目的在于加强当地的开发金融机构，使其能够为私人投资提供长期资本，为私营企业提供咨询服务，帮助发展当地证券市场。

亚行对其他开发银行的信贷支持主要用于向纺织、食品加工和工业制造等行业的中小型企业提供次级贷款。这有助于帮助处于工业化早期发展阶段的国家用本国商品代替进口，然后逐渐促进出口。在亚行成立后第一个十年的后期，其他次级贷款主要用于支持生产资本货物和中间产品，特别是在化工和工程领域。这种方式符合亚洲一些国家将制造业生产从消费品转移到资本货物的战略（第四章）。

在亚行成立以前，亚洲领导人就在关于开发金融机构的区域会议上表现出对开发金融机构的支持。在 1966 年 9 月于东京举行的第三届亚洲开发类银行区域会议上，与会者表示新成立的银行能够承担召集这类会议的责任。为了响应这个要求，在 1969 年至 1976 年间，亚行先后资助了第四、第五和第六届开发类银行区域会议。代表们在这些会议上讨论了投资项目实施（第四届会议）、工业发展促进（第五届会议）以及开发金融机构之间区域合作等问题（第六届会议）。 81

但是，尽管有这些支持，由于受到制度缺陷、管理不善、政治压力和经济环境不利等制约，亚洲开发金融机构常常未能实现其目标。随着时间的推移，亚行决定减少与本地区开发金融机构的联系。①

贷款的趋势

几年后，亚行贷款业务的主要趋势开始显现。在头四年，贷款的对象主要是经济相对发达、信誉良好的经济体，比如韩国、新加坡和中国台北。但是，随着贷款计划的扩大，对锡兰、巴基斯坦等南亚国家，以及印度尼西亚、马来西亚、菲律宾和泰国等东南亚国家的贷款数额也逐渐增加。

早期，主要的借款者是比较大的国家，后来亚行官员认识到，亚行应该为较小的国家提供更多支持。《亚行章程》明确指出，亚行应该"特别考虑本地区较小的或较不发达的成员的需要"。这些国家的代表也常常向亚行提出他们的需求。1968 年 4 月，在亚行第 1 届年会上，亚行西萨摩亚理事古斯塔夫·贝瑟姆（Gustav Betham）说："西萨摩亚是亚行最小的成员，也可能是最不发达的成员……在此我想特别提醒各位成员《亚行章程》中关于本地区较小和较不发达国家的规定。我诚挚希望当这些小国提出贷款要求的时候，亚行的有关规定能够被各位铭记。"②

由于缺乏对当地的了解，在较小的成员体内开展业务常常遇到很多困难。在南太平洋岛国，政府机构人员不足，而且时常无法提供亚行能够支持的投资项目类型。其他障碍还有封闭的市场和错综复杂的部落文化，这些都使得项目运行非常困难。

尽管如此，亚行在成立之初就针对较小成员体开展了一些业务。例如，1968 年锡兰茶厂现代化项目，1969 年尼泊尔航空运输基础设施项目（此项目由亚行技术援助资金支持），1970 年亚行对阿富汗的第一笔优惠贷款 510 万美元，用于资助昆都士盆地中部加瓦甘（Gawargan）地区和查达拉（Chardarrah）地区改善灌溉系统。

亚行对一些处于特殊时期的国家也给予支持。孟加拉国于 1971 年独立，并于 1973 年加入亚行。很快，这个国家获得了两项贷款，一项用于改善渔

---

① 2008 年亚行就向私营部门发展和中小企业提供金融中介支持进行了调研。
② ADB, 1968, *Proceedings of First Annual Meeting*, 68.

业生产的市场设施，一项用于为当地企业扩大黄麻生产、棉纺织品生产和其他产品生产而进行融资。在 1973 年底之前，孟加拉国又获得一项电力贷款和一项吉大港项目贷款。在这个国家成立的最初几年，亚行对孟加拉国提供了"尽可能快的、数额不断增加的、条件最为宽松的"金融援助。①

在很多国家一个实际问题就是缺乏"准备就绪"的项目。即使是较大的国家也很难找到准备充分的项目。《亚洲农业调查》援引一位官员的话报告称："我们似乎无法规划和准备达到外国资金援助和支持要求的农业项目"②。为应对这种情况，亚行采取了两步走的方式：第一，提供项目准备技术援助（赠款）；第二，为项目提供资金支持。

这种两步走的方式有助于畅通项目流程。在 1970 年的亚行年会上，亚行西萨摩亚理事托法·西奥斯（Tofa Siaosi）在谈及西萨摩亚机场贷款时说："……贷款是技术援助的结果，充分的调研和评估使得最终的技术调研和设计在很大程度上成为可能。由于我国在进行初步的调查和筹备时缺乏必要的专业技能，因此技术援助显得特别重要，这也是能够成功与亚行达成贷款协议的关键"③。为提高太平洋小岛屿国家利用发展援助的能力，1974 年对亚行在这些国家采用的方法进行了评估。采取的新措施包括：提供技术援助以帮助拟订当地发展计划，强调识别高优先级项目。④

资金来源

为了支撑放款业务和其他活动，亚行需要有稳定可靠的资金来源。因此，渡边武还需要花费大量的时间来筹集资金和与利益相关方建立关系。首先，亚行的各项活动资金由其成员体认缴的创办资本提供。但是，很显然，亚行需要筹措更多的资金。在 1968 年 4 月于马尼拉举行的第 1 届年会上，澳大利亚理事比利·麦克马洪（Billy McMahon）说："我们应该清楚，虽然亚行的首期认缴资本数额很大，但是与需要完成的援助工作相比，其实并不多。"印度理事兼副总理莫拉尔吉·德赛（Morarji Desai）表示："亚行的财政资源……并不足以完全满足亚洲地区对资本的需求。亚行的资源是一种

① Inoue, 1975, *Bangladesh: Statement to Press.*

② ADB, 1969, *Asian Agricultural Survey*, 39.

③ ADB, 1970, *Proceedings of Third Annual Meeting*, 76.

④ ADB, *Annual Report 1974*, 18; ADB, *Annual Report 1975*, 11.

'种子基金'。"

亚行利用普通资金提供非优惠贷款，利用优惠特别基金提供软贷款。渡边与其他高级官员一起不断扩大这两个资金来源。早期，为了扩大普通资金的基金池，亚行能够通过增加成员体认缴资本或在国际资本市场发行债券来实现。为了增加特别基金，亚行需要寻求捐助方的额外支持。在接下来的几年中，亚行员工制订了一系列计划来扩大资金来源。

通过这些渠道筹集资金需要采取不同的方法。随着时间的推移，亚行在这方面的经验越来越丰富。例如，人们认识到要求各成员体增加认缴资本数额会对亚行的所有权产生影响：认缴更多资本的成员体将会拥有更大的投票权重，这个问题在资本增加过程中常常被提及。同时，亚行需要不断扩大在国际债券市场上的业务。为此，亚行工作人员需要提升专业技能以确保亚行在国际债券市场成为受尊重的债方。在通过捐助国提供特别基金的时候也会遇到一些棘手的问题。比如，捐助国经常会附加一些条件，导致各成员体代表团之间需要进行一系列复杂的讨论。

资本增加

就像任何一家公司一样，亚行也是通过所有人提供的权益资本建立起来的。对亚行而言，这就是指各成员体的认缴资本。1966 年成员体拥有亚行总值为 10 亿美元的核定资本。但是核定资本的关键问题在于并非全部核定资本都已经交付完毕。根据《亚行章程》相关规定，核定资本有两种类型：一部分是成员体已经缴付的资本，另一部分为当亚行面临紧急财政问题时才要求成员体缴付的待缴资本。在亚行成立的时候，这两类资本各占认缴资本的一半。这种做法的好处在于，有利于亚行筹集更多的核定资本，同时减少了对成员体的直接要求。成员体被国际货币市场视为值得信赖的对象，因此亚行的待缴资本也被视为与实际缴付资本具有同等价值。①

为了减少潜在成员体——特别是发展中国家成员体——的财政负担，《亚

---

① 以待缴资本而不是实缴资本向亚行提供部分认缴资本的想法，得到了成员体政府的广泛理解和接受。约翰逊总统在建议国会批准美国加入亚行时指出："待缴资本将构成亚行在私人资本市场借款的担保。只有在不太可能发生的银行未能履行承诺的情况下，它们才会被动用。"美国政府，1966 年，《总统公开文件》，第 28 页。

行章程》规定允许成员体以当地货币支付部分款项。因此，成员体可以用可兑换货币（如美元）和本国货币（有时在国际市场上无法兑换）组合缴付。例如，柬埔寨可以使用瑞尔支付一半实缴资本。因此，许多发展中国家选择了这种缴付方式。结果，亚行资金局由于需要处理各种可兑换和不可兑换货币问题而陷入出乎意料的麻烦。但是，后来，亚行逐渐通过各种方式充分利用不可兑换货币，例如使用不可兑换货币支付亚行在当地的活动费用。　85

　　在几年之内核定资本达到 11 亿美元，虽然比 1966 年商定的目标有所增加，但显然还是太少了。1971 年 4 月，在第 4 届亚行年会上，渡边武说："增加亚行资源的重要性怎么说都不为过。"他要求批准董事会探讨增加亚行股本的可能性。这一要求得到批准。后来在 1971 年的剩余时间里，董事会和管理层花费了大量时间考虑第一次普遍增资（GCI Ⅰ）方案。

　　关于第一次普遍增资的讨论是一项非常复杂的经济外交工作，其中的细节非常繁复。在整个商谈过程中，成员体都在关注着其他成员争论的各种问题。例如，亚行对普通资金贷款收取利息的利率逐渐成为借款国家密切关注的问题。到 1971 年 11 月，经过一系列谈判，理事会同意将股本增加 150%（附录表 A2.14）。但是为了减少成员体的即时成本，理事会还决定把实缴资本份额降为 20%。理事会还商定了支付实缴资本的时间表。最后的执行情况是只有美国没有按期缴付。有一段时间，美国的投票权重一度落后于日本、印度和澳大利亚。为未来计，理事会还建议在 1975 年底之前进一步重新评估股本水平。

亚行债券

　　另一个潜在的资金来源是通过发行债券从国际金融市场借款。起初，国际市场的状况并不令人满意，特别是对一个尚未建立起良好口碑的新银行来说。1966 年，渡边武表示，尽管他受到投资银行界的鼓励，然而"……鉴于目前市场状况非常严峻，我认为我们为最近的将来考虑这种资本来源不太可行"。但是，他同时也指出："当国际市场的环境有利的时候，亚行将考虑以优惠条件发行债券。"[1]　86

　　到了 1969 年底，亚行开展借贷业务的时机已经成熟。9 月，亚行在西

---

[1]　渡边武在马尼拉亚行开业典礼上的发言，参见 Watanabe, 1966, *Pattern for Prosperity*；ADB, 1969, *The Doors Are Open*。

德发行了第一只债券，从来自 13 个国家的 69 家银行组成的国际财团获得 6,000 万德国马克（约合 1,600 万美元）的贷款，期限为 15 年。这是亚行首次进入国际市场，因此，法律和行政程序的顺利进行至关重要，事实上也的确如此。随后，亚行发行的德国马克债券先后在法兰克福、杜塞尔多夫和维也纳的证券交易所上市。为了支持在欧洲金融市场进一步开展业务，亚行在瑞士苏黎世任命了一位金融顾问。这个顾问办公室一直运作到 1974 年，彼时这项工作被重新纳入亚行马尼拉总部的资金局。

在欧洲首次发行债券以后，亚行工作人员准备将借款项目扩大到亚洲和北美金融市场。这样可以借助不同市场实现多元化，但也是基于成员体希望亚行作为一个多边机构能够在不同国家和货币体系中推行借款计划的预期。在西德发行债券以后，亚行于 1970 年 4 月在奥地利发行了先令债券，11 月在日本发行了日元债券。发行日元债券的意义重大，这是亚行在亚洲发行的第一只债券，也是外国金融机构在日本首次公开发行日元债券。

日元债券的发行在金融圈引人注意，因为亚行在世界银行前面抢了先机。在日本政府的支持下，亚行在世界银行之前以 60 亿日元（约 1,670 万美元）的交易额进入日本，而世界银行次年才在日本发行第一只债券。亚行在亚洲和其他地区发行债券，不仅是为亚行筹集资金，还希望通过这样的方式在亚洲地区的资本市场确立新的债券发行形式。

在北美地区，这个过程更加复杂。亚行债券与世界银行和美洲开发银行发行的债券一样，必须在不同的州进行具体的立法审批。在 1968 年和 1969 年，美国 12 个州颁布了相关的批准发行规定，1970 年又有 5 个州颁布相关规定。[①] 这些债券资格审查程序为亚行成功进入美国金融市场奠定了基础。1971 年，亚行终于能够发行首笔以美元标价的债券。经过一家美国财团签署认购，并且在纽约证券交易所成功上市后，亚行发行的这些债券获得了 AAA 评级。在欧洲、日本和北美成功发行债券之后，亚行到 1971 年底成为国际市场上声誉良好的债方。

通过在发达国家发行债券来支持亚洲发展中国家项目的做法完全符合亚行创立的初衷。《亚行章程》中曾提到充分调动"本地区以外的"资本的重

---

① 1968 年和 1969 年制定相关法律的 12 个州是加利福尼亚州、科罗拉多州、康涅狄格州、夏威夷州、伊利诺伊州、缅因州、马萨诸塞州、新泽西州、纽约州、俄亥俄州、宾夕法尼亚州和华盛顿州。1970 年立法得到批准的 5 个州是艾奥瓦州、肯塔基州、路易斯安那州、弗吉尼亚州和威斯康星州。参见《亚行 1970 年年度报告》第 54 页。

要性，并且要推动"更多的发展资金进入本地区"。通过在早期向国际金融市场发行债券的做法，亚行才得以尽快地吸引富裕的发达国家的资本流向亚洲相对贫困的发展中国家。

特别基金

特别基金是亚行在早期计划扩大的另一个主要资金来源。这些基金使亚行能够提供偿还期长达 40 年、利率为 1.5% 的软贷款，主要适用于没有即时财务利润但可以实现高社会收益的项目。1966 年，在马尼拉举行的亚行开业典礼上，渡边武曾强调设立特别基金的重要性："……许多国家急于获得软贷款……因此，我们必须依靠设立特别基金，即认缴资本之外的资本资源。因此，我本人将积极为特别基金征集捐款。"①

事实上，从成立以来，亚行一直希望设立特别基金，《亚行章程》第十九条就讨论了设立特别基金事宜。捐助者还一直期望扩充特别基金。1967 年，美国总统约翰逊在向美国国会建议为亚行特别基金捐款时表示，根据世界银行的经验，发展融资不仅需要普通资本，还需要特别基金，"以提供低息长期贷款，为学校、公路等项目提供资金。虽然这些基金不能立即产生经济回报，但是能够为经济增长提供动力"。为此，约翰逊在 1967 年 9 月提议美国在 4 年内为亚行提供 2 亿美元的捐款。②

然而，美国国会当时没有批准约翰逊的提案。1968 年，尼克松当选美国总统以后，新政府重新审查了美国的对外援助项目。直到 1972 年，美国国会才批准了向亚行特别基金提供 1 亿美元捐款的计划。

在头五年中，亚行设立了许多不同的特别基金，其中包括农业特别基金（资产近 4,000 万美元）、多用途特别基金（近 2.8 亿美元）和技术援助特别基金（600 万美元）。首先，于 1968 年设立了农业特别基金，日本捐款 72 亿日元，相当于 2,000 万美元，主要用于资助农业发展的特别项目。亚行还与加拿大签署了一项类似的协议，该国决定向多用途特别基金捐助相当于 2,500 万美元的款项。

在 1969 年举行的第 2 届亚行年会上，渡边重申了设立特别基金的需要。

---

① Watanabe, 1966, *Pattern for Prosperity*; ADB, 1969, *The Doors Are Open*.
② Government of the United States, Senate, 1967, *ADB Special Funds Hearing*, 3.

他指出，一些国家已经为各种基金提供了捐款，但亚行还需要获得更多的支持。在 1970 年亚行的第 3 届年会上，渡边又提出了相同的倡议。[1] 特别基金的资金主要由捐助者提供，但也有部分来自亚行本身。一些普通资金项目在借款方偿还借款时已经开始产生盈余，但亚行并未将这部分资金纳入盈利范畴，而是将其转入特别基金。

这些特别基金成为亚行的有用资源。然而，不久以后，对捐助国、发展中成员体和亚行来说，都面临着如何更好地使用基金的问题。农业特别基金和多用途特别基金的申请常常与向捐助国采购相联系。这些基金的使用条件使得管理基金变得极为复杂。

89 日益复杂的程序表明亚行亟需一个更加精简和灵活的系统，即一个所有捐助者都不附加条件的大型特别基金。在 1972 年的年会上，渡边武说道："我们希望将我们所有优惠贷款资金整合到一个最为灵活的单一基金中，遵照标准条款进行捐款，从而避免处理十几个不同币种的、标准各异的、琐碎麻烦的行政和会计事务。"这项工作在井上行长的支持下得到推进，最终于 1974 年设立了亚洲开发基金（也被归为一种特别基金）。

行长换届

到了 1972 年年中，在亚行工作了近 6 年以后，渡边武决定卸任。作为亚行的创始人之一，渡边在亚行留下了深刻的印记。在担任亚行第一任行长后，渡边在各种场合的演讲中详细阐述了他在担任亚行行长时所坚持的基本原则：关怀、谨慎，时刻关注借贷国的需要，不断完善管理。[2] 事实上，渡边在很多方面塑造了亚行的基本特色。至今，在亚行总部的八楼展厅，还悬挂着渡边武的肖像。一位沉稳、庄重的人，笃定的目光凝视着远方。这是一个圆满完成内心使命的人才有的形象。

日本大藏省推选了一位颇有实力的候选人接替渡边武。这位候选人就是曾经担任日本银行执行董事，并负责国际事务的井上四郎。推选井上的另一个重要原因，还在于他对国际资本和金融市场非常了解。

---

① 渡边武行长在亚行理事会第 3 届年会上的讲话。另见《1970 年亚行第 3 届年会会议记录》第 21 页。
② 更多演讲内容参见 ADB, 1969, *The Doors Are Open.*

　　渡边和井上密切合作，交接工作平稳过渡。1972 年 8 月，他们一起在靠近东京的箱根度假区讨论了亚行的各项重要工作。① 在离任之前，渡边还完成了一件心中最惦念的工作。从 1966 年底亚行成立以来的六年里，亚行的各个部门一直分散在马卡迪商业区的各栋写字楼里。在这期间，作为在 1965 年 11 月投票选定亚行总部驻地时的一项固有承诺，菲律宾政府划定了一片区域作为"亚洲开发银行常设驻地"，并支持修建亚行总部大楼。1972 年末，新的总部大楼竣工。1972 年 11 月 18 日，当渡边武行将完成在亚行为期六年的工作时，菲律宾总统马科斯为位于马尼拉湾前罗哈斯大道的亚行新总部揭牌。

90

　　1972 年 11 月 24 日正值亚行成立第六个纪念日，也是渡边担任亚行行长的最后一天。第二天，井上四郎抵达马尼拉。就在两个月前的 9 月 21 日，菲律宾总统马科斯宣布在菲律宾实施戒严。就这样，井上在亚行工作人员对未来忐忑不安的氛围中开始了工作。

　　在对渡边武的欢送会上，同事们对他的工作表达了诚挚的谢意。来自越南的董事会成员宝欢回忆说，自 1966 年以来有三届董事会（董事会成员每两年选举一次），而且每届董事会都有自己的风格。宝欢幽默地回忆道，作为董事会主席，对于董事会"复杂而各异的观点和情绪"，渡边武凭借非凡的沟通和聆听技巧，发挥了出色的沟通作用，特别是面对董事会"口音各异"的英语表达的时候。就连渡边武自己也承认，他有时会"假装理解董事会成员所表达的意思，甚至在发言者自己也不确定所想表达的意思的时候，或者在发言者所陈述的内容根本不重要的时候"。②

　　渡边武用同样幽默的方式回应了同事们的谢意。他在向副行长 C. S. 克里希纳·莫里尼致谢时说："顺便说一句，我一直没弄明白他名字中的字母 C 和 S 代表什么。说心里话，我本人必须承认，克里希纳·莫里尼非凡的表达能力的确帮我节省了许多力气。"渡边武还谈到在他工作的 6 年间遇到的各种地震、火灾、台风、洪水、骚乱和戒严等情况。他特地回忆道："我永远也不会忘记那个点着蜡烛进行的电力项目签字仪式，以及在'耀凌'（Yoling）台风中召开的董事会会议。"③

---

① 更多细节参见 "The Oil Crisis: The Inoue Years 1972–76"（Chapter 3）in Wilson, 1987, *A Bank for Half the World*。

② Buu, 1972, *Farewell Speech*.

③ 1972 年 11 月 24 日在马尼拉亚洲开发银行会议厅为渡边武行长及夫人举行的欢送会上渡边武的发言。

91

井上四郎

新上任的行长面临许多棘手的问题。虽然井上具备丰富的银行业背景和金融知识，但是他对发展问题缺乏直接经验。井上从未去发展中国家公干过，也从未研究过发达国家与发展中国家之间"南北合作"问题。① 事实上，在担任行长的四年中，他把自己描述为一个"银行家"。但是，抵达马尼拉以后，他立刻全心投入到银行事务和地区发展所面临的问题和挑战中。作为亚行行长，他将实现越南和平列为关键的优先事项，其次是为特别基金筹集更多的资源。第三个和完全没有预料得到的重点事项将在一年内出现，那就是应对 1973 – 1974 年石油危机产生的影响。

1972 年 11 月，井上四郎就任亚行行长，当时和平解决越南问题的可能性日益增大。10 月，美国和"北越"达成了和平协议草案。11 月中旬，在渡边主持的最后一次董事会会议上，他提出亚行能够为受战争影响地区的重建提供支持和帮助。渡边还充满信心地表示他的继任者会实施这些计划。

担任行长后，井上继续认真研究这些计划。他指出，亚行已经向越南提供了技术援助和贷款，"我们感到这个地区对我们的需求非常迫切，我们不能等到实现和平以后才开始援助"。他还提出，希望亚行能够在重建过程中发挥主导作用。为强调他的承诺，井上将担任亚行行长后的第一次国际访问地点定在越南，紧接着与联合国、世界银行和其他国际组织商讨对该地区的国际援助方案。

井上还提出对老挝第二个南俄河水电项目提供国际资助，这个项目当时是老挝历史上规模最大的开发项目。项目竣工后，多余的电力还能出售给泰国，加强印度支那的经济联系，具有深远的地区影响。这个项目得到 9 个捐助国的支

92 持，因此亚行不需要提供额外的资金。② 不过，亚行为 1974 年签订的第二期南俄河开发基金协议提供了行政支持。但是，越南的情况仍然不明朗，因此很难整体为印度支那安排一次捐助者会议。直到 1975 年 4 月，世界银行和亚行才组织了一次对老挝的援助会议。这次会议在马尼拉举行，由亚行的一名高

---

① Wilson, 1987, *A Bank for Half the World*, 66.
② 9 个捐助国是澳大利亚、加拿大、西德、印度、日本、荷兰、新西兰、英国和美国。关于该基金的一套复杂的国际安排细节，参见 UK Foreign Secretary, 1974, *Second Nam Ngum*。

级官员主持会议。^① 直到 1993 年亚行才恢复对越南借款。

从 1966 年开始，亚行就在策划一个雄心勃勃的项目——在湄公河地区启动一项发展计划。但是，直到 20 世纪 90 年代初，亚行确立大湄公河次区域经济合作方案（第九章）时这个计划才得以落实。

由于第一次石油危机造成了未曾预见的影响，井上早期对印度支那援助项目的关注在 1973 年晚些的时候被石油危机取代。全球能源价格迅速上涨。到 1974 年年中，石油危机对国际经济的影响变得愈加严重，井上对此感到十分担忧。1974 年 4 月在吉隆坡举行的亚行年会上，井上表示，廉价易得的石油时代已经结束，当前的石油危机对经济的持续增长已经构成"严重威胁"。

井上用严峻的口吻描述了当时亚洲地区的经济情况："当前增长强劲的国家将会放缓步伐。那些处于早期发展阶段的国家，或者高度依赖能源进口的国家可能会在 1974 年出现经济回落。传统的氮肥出口国可能很难维持其化肥出口量，而全球需求量的增加可能会推动化肥价格上涨为 1972 年价格的几倍……作为最基本的生活必需品，食品将会非常稀缺。"

这是亚行成立以来面对的第一次区域经济危机。在此之前，亚行的资金主要用于为工业和基础设施项目提供支持。但是，忽然之间，亚行被要求提供更多的援助形式，以便应对石油危机的影响。后来，井上大部分的工作时间都用于应对这些突如其来的变化。

亚行的应对基本上是双重的：一方面快速设计满足借款国与危机有关的需求的项目，另一方面为这些项目积极争取更多的外部资源。

应对危机的业务

1973－1974 年的石油危机是一次严峻考验。借款国需要在较短的时间内筹集更多的资金，同时它们也需要得到更多的指导和支持以便适应变化的经济环境。亚洲发展中国家不得不面对全球能源价格急剧上涨的局面，随之而来的是燃料和石油基氮肥进口成本提高，结果造成大规模的通货膨胀。高昂的肥料价格对"绿色革命"构成严重的冲击和威胁。与此同时，很多国家面临国际收支压力，在别无选择的情况下只能增加借债，进而导致国际债务水平高得令人担忧。

事实证明，在后来的几年中，亚行以更加灵活和务实的态度或方式很好

---

① ADB, *Annual Report 1975*, 10.

地应对了借款国在危机时期的需求。此外，此次经验也表明，亚行通过贷款项目设计和资源调动方式不断扩大亚洲地区业务的做法是非常有价值的。在成员体提出许多建议和要求之后，亚行贷款和资源调动变得更加完善。

亚行对石油危机的第一反应就是快速增加贷款。从 1972 到 1976 年的四年间，亚行贷款年增长率达到 25%，从 1972 年的 3.16 亿美元增加到 1976 年的逾 7.70 亿美元（图 5.1）。在这些早期日子里，亚行仍然是一个项目银行，缺少灵活的基于方案的、能够考虑到进行大宗快速支付的贷款安排。这些将稍后到来。尽管如此，亚行工作人员还是尽力调整项目贷款以满足优先项目的需求。

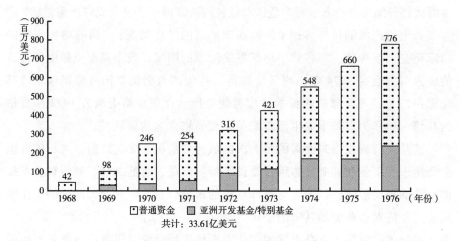

图 5.1　1968 – 1976 年按资金类型划分的业务批准

注：业务批准包括贷款、赠款、股本投资和担保。
资料来源：亚行贷款、技术援助、赠款和股本批准数据库。

贷款批准的行业重心也有变化。为应对石油危机对粮食供应带来的冲击，亚行增加了农业贷款，农业贷款比例从 1973 年的 11% 上升到 1974 年的逾 24%。

由于世界化肥价格陡然上涨，亚行扩大了对国内化肥生产的贷款。例如，1975 年，亚行向孟加拉国一家利用天然气进行化肥生产的工厂提供了一笔优惠贷款。井上专程前往孟加拉国签署贷款协议。在达卡期间，井上指出，孟加拉国是他成为亚行行长以来第一个新加入亚行的成员体，这个国家正面临着严峻的挑战。这个项目和斯里兰卡的其他化肥项目自以及巴基斯坦的化肥项目都是依靠包括欧佩克组织中东成员国在内的其他贷款方进行的联合融资。为了促进食品等基本商品的流通，亚行还大力支持基础设施建设。第一笔铁路项目贷款在 1974 年发放，用于修复孟加拉国达卡—吉大港线路和该国铁路系统的其他相关工程建设。

由于担心石油进口成本螺旋式上升，借款国通过大力发展水电、煤炭、褐煤或天然气项目增加国内电力供应。为了满足借款国的需要，亚行对这些项目也给予了大力支持。例如，1974 年向巴基斯坦一个天然气管道项目提供了贷款。

为了更好地对借款国给予支持，亚行还改变了部分贷款机制。[①] 简化了 95 优惠特别基金贷款的规定，并为各个项目提供更多的本地费用融资支持。这是一个非常重要的变化。此前，亚行仅对项目的外汇费用提供资金支持，所有本地费用都必须由借款国自己承担。第一笔为本地费用提供资金支持的贷款项目是 1974 年 12 月批准的越南湄公河三角洲坦安 （Tan An）综合农业项目。第三个变化是方便借款国使用部分亚行贷款偿还利息成本和其他费用。总之，目的是尽可能地简化贷款程序，使贷款流程更加顺畅灵活。

第二次普遍增资和设立亚洲开发基金

贷款项目的快速扩大给亚行带来了相当大的压力。作为一名经验丰富的银行家，井上知道亚行必须迅速采取行动筹集更多的金融资源。一种选择是筹集更多的资金，由于就在几年前刚刚进行了一次普遍增资，因此在 1971 年成员体不可能同意再进行一次普遍增资。但是由于仍有新的成员体加入亚行，部分原有的成员体还没完成 1971 年普遍增资的份额。因此，井上可以利用这些资源筹集更多适量资金。

井上还是安排了进行第二次普遍增资。这项事务就在他完成行长任期前获得了同意。1976 年 10 月，成员体投票决定将银行的核定资本提高 135%。与第一次增资一样，为方便成员体认缴，提案进行了相应的调整：需要支付的资本份额减少到 10%，并且允许在 4 年内完成支付。因此，对大多数成员体来说，支持第二次普遍增资的直接成本并不高。除了没有按时完成第一次普遍增资认购的美国外，所有成员体都投票赞成第二次普遍增资。

井上致力于为亚行优惠资金筹集更多资源。根据 1972 年渡边在年会上所言，管理不同的特别基金是一场"噩梦"，井上支持建立一个统一的主要优惠基金的提议（专栏 5.3）。经过 1972 年与捐助方的讨论，亚行提出了

---

① ADB, *Annual Report 1974*, 17.

专栏5.3　亚洲开发基金的设立

96

马尼拉，1968 年 12 月	**设立农业特别基金和多用途特别基金[a]** 农业特别基金（ASF）设立于 1968 年，日本捐款（72 亿日元，相当于 2,000 万美元）用于资助农业发展的特别项目。与加拿大签署了一项类似的协议，用于对多用途特别基金（MPSF）的捐款（相当于 2,500 万美元）。这些都是自愿捐款，并且与捐资国采购相关。
华盛顿特区，1972 年 9 月	**发达成员体审查特别基金会议** 召开会议讨论拟议改组亚行特别基金的相关事宜。初步提出设立一个统一的特别基金，后来被称为亚洲开发基金（ADF），这个基金将通过亚行统一规定进行管理。亚洲开发基金将按照商定的多方安排动用资源，并定期补充资金。
华盛顿特区，1972 年 11 月	**任命约翰·查德威克（John Chadwick）为亚行特别基金大使** 任命约翰·查德威克为井上四郎行长的特别顾问，协助调动统一的特别基金资源。11 月 30 日，查德威克动身前往 17 个发达国家，争取它们对亚洲开发基金的支持。
伦敦，1973 年 3 月 15 日	**特别基金会议** 在英国伦敦召集所有潜在捐助者，举行了第一次会议。讨论的主要问题包括筹集资金数额、个人捐款数额和基金管理规定。原则上同意设立一个统一的特别基金。
马尼拉，1973 年 4 月 28 日	**通过设立亚洲开发基金的决议** 在亚行第 6 届年会的最后一天，理事会通过了第 62 号决议，即授权设立亚洲开发基金。
1973 年 5 月 22 日	**终止农业特别基金** 随着向丹麦偿还最后一笔小额原始贷款，农业特别基金正式终止。在这之前，日本和荷兰已经将农业特别基金捐款转入多用途特别基金。
波恩，1973 年 10 月	**关于设立亚洲开发基金的最后会议** 关于亚洲开发基金第一期的相关安排获得 14 个发达成员体的同意。共计 5.25 亿美元的初步资金将分为两个阶段支付：1975 年 6 月 30 日前完成 3.5 亿美元，1976 年 3 月底前完成 1.75 亿美元。区域内捐款国将完成总数额的 40% 左右，其中 80% 以上由日本提供。

97

接下页

续专栏

1974 年 6 月 28 日	**亚洲开发基金正式设立** 启动资金捐款达到 2.6 亿美元,具备了该基金产生法律效力的条件。
马尼拉,1975 年 4 月 26 日	**通过关于审查亚洲开发基金的资源和向亚洲开发基金划转预留资源的决议** 在亚行第 8 届年会的最后一天,理事会通过第 84 号决议,即批准对亚行资金需求的审查(包括早期亚洲开发基金补充资金)和第 85 号决议,即安排将所有预留资源从多用途特别基金转入亚洲开发基金。
华盛顿特区,1975 年 8 月 30 日	**要求减少补充资金** 潜在捐助者被要求考虑修订的补充资金数额 8.3 亿美元(比原有提议 10 亿美元有所减少)。
布鲁塞尔,1975 年 9 月	**关于第一次亚洲开发基金补充资金(ADF Ⅱ)的最后会议** 准备并讨论了一份理事会决议草案。美国份额从 29% 降到 22%,加拿大份额大幅增加。澳大利亚和瑞典成为新的捐助国。
1976 年 6 月	**第一次亚洲开发基金补充资金生效** 经过 18 个月的谈判,第一次亚洲开发基金补充资金生效。

注:从 1968 年 12 月到 1972 年底,亚行收到 9 个其他发达成员体向农业特别基金和多用途特别基金的捐款,共计 1.98 亿美元。1973 年早些时候,农业特别基金开始收缩,其资源转入多用途特别基金。后来多用途特别基金几乎所有的资源最终都转移至亚洲开发基金。

资料来源:ADB, 2016, *ADB Through the Decades:ADB's First Decade* (1966 - 1976),Manila。

98

一个新的亚洲开发基金提议。1973 年初,在伦敦举行的一次会议上讨论通过了大部分细节问题。该提议在 1973 年晚些时候在马尼拉举行的年会上获得通过。1974 年 6 月启动资金捐款生效,亚洲开发基金正式设立。

石油危机爆发后,低收入国家渴望从新设立的亚洲开发基金借款。很快,亚洲开发基金第一轮捐款可能会在 1976 年年底前用完。但对这个问题的发生早有准备。亚洲开发基金刚一设立,大家就开始讨论进行第一次补充资金(ADF Ⅱ)事宜。当谈判陷入困境时,亚行邀请英国前外交官约翰·查德威克担任特别顾问。

与此同时,亚洲开发基金的资金耗用很快。1976 年 4 月在雅加达举行的年会上,井上谈到优惠贷款出现了"令人苦恼的放缓"迹象:"可用的特别基金资源减少到2,300万美元，由于缺乏资源，我们不得不暂缓对某些项目的考虑。这确实是一个朝不保夕的状态。"亚行最初提出补充10亿美元，这

99 一数额允许在1975年批准约2.5亿美元的软贷款，1978年增加到约4亿美元。

但是，捐助者不同意，从而最后确定补充8.3亿美元。亚洲开发基金第一次补充资金在1976年年中生效。继此次补充资金后，捐助者定期对亚洲开发基金提供的补充资金成为优惠软贷款活动的主要资金来源。

资本市场借贷、联合融资及利用"石油货币"

井上依赖的第三个主要资金来源是在国际资本市场上进一步借贷，这主要通过发行债券来实现。1975年，亚行大幅度扩大了借贷业务。在1974年前的6年中，亚行共借入超过2.91亿美元。然而，1975年借入金额上升到超过3.1亿美元，1976年几乎达到5.3亿美元。到1976年底，亚行在12个国家通过11种货币发行了约11亿美元的债券，其中大部分用于支持亚行基础设施投资和其他与危机相关的项目。

另外一个重要的和新的潜在资金来源是中东建立的石油美元库。在石油危机之后，主要石油生产国（主要是欧佩克成员）积聚了大量的财政盈余。在1974年的年会上，井上提议可以利用这些资金向亚洲借款国提供贷款。

然而，在国际金融机构中，亚行是唯一一个没有资本输出欧佩克国家作为成员体的机构。因此，亚行需要时间建立与欧佩克国家的关系。1974年，亚行得以在中东国家发行了第一笔债券，即在科威特发行了相当于约1,700万美元的债券。亚行首位财务主管沃尔夫·普洛斯（Wolf Preuss）说，首次开发欧佩克国家的资本市场是一个冗长的过程。1975年，亚行在沙特阿拉伯发行了5,000万沙特里亚尔（相当于1,460万美元）的债券。此外，亚行还与沙特阿拉伯货币管理局等机构和科威特投资者进行了私人配售。尽管困难重重，亚行还是成功地扩大了在中东资本市场的借贷业务。

100 作为吸引石油美元资本的另一个手段，亚行开始探索项目的联合融资。到20世纪70年代中期，多边和双边联合融资成为亚行自有资源和借款的资金流的一种补充，其中包括与石油出口国的联合融资。1970年，确定了第一份亚行联合融资协议。在日本、美国和世界银行国际开发协会的共同支持下，印度尼西亚一家化肥工厂获得了资金支持。联合融资还资助了孟加拉国、巴基斯坦和斯里兰卡的化肥项目。

为了继续加强与中东有关机构的联系，亚行为 1973 年成立的伊斯兰开发银行提供了技术支持。亚行帮助伊斯兰开发银行开展业务（包括沙特发展基金），并考虑双方开展机构合作，例如在亚行与伊斯兰开发银行运营的国家开展项目联合融资。1975 年 7 月伊斯兰开发银行理事会成立大会在利雅得举行，并上出席了会议，对开发金融机构的壮大表示欢迎。

业务总结

亚行成立后的第一个十年间，为 23 个国家提供了30 多亿美元的贷款。贷款总额达到亚行 1966 年首期认缴的 10 亿美元资本的 3 倍。其中逾 1/4 以优惠贷款的形式提供给最贫困的借款成员体，这是亚行的一项重大成就。

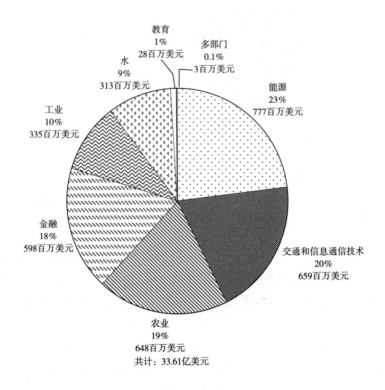

图 5.2　1968 –1976 年按行业划分的业务批准

注：业务批准包括贷款、赠款、股本投资和担保。
资料来源：亚行贷款、技术援助、赠款和股本批准数据库。

在第一个十年里，亚行提供的能源贷款占贷款总额的 23%，交通和信息通信技术项目占 20%，农业项目占 19%，金融项目占 18%，工业项目占 10%，水资源工程占 9%（图 5.2）。其中，亚洲开发基金的贷款有 34% 用于农业，19% 用于能源，15% 用于工业，14% 用于交通与信息通信技术，还有 10% 用于金融，7% 用于水务，1% 用于教育。

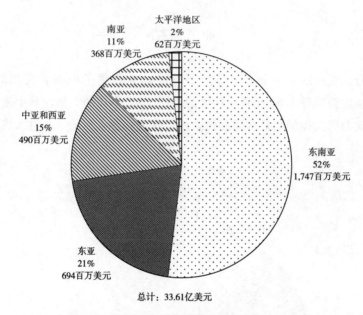

图 5.3　1968 – 1976 年按地区划分的业务批准

102

注：区域细分基于亚行现行国别分组。业务批准包括贷款、赠款、股本投资和担保。
资料来源：亚行贷款、技术援助、赠款和股本批准数据库。

面向东南亚国家的贷款超过一半（52%），东亚 21%，中亚和西亚 15%，南亚 11%，太平洋国家 2%（图 5.3）。排名前五位的受援国分别是韩国（16%）、菲律宾（14%）、巴基斯坦（13%）、印度尼西亚（11%）和泰国（9%）。

十年间亚行的技术援助达到 2,540 万美元。技术援助项目有助于扩大放贷，通常用于项目准备，并在借款国建立制度和发展技能。区域技术援助用于资助主要的区域调查。有近一半的技术援助用于农业，超过 1/6 用于交通和信息通信技术，还有 12% 用于金融项目、9% 用于能源项目、5% 用于水务项目、4% 用于公共部门管理、4% 用于工业和 1% 用于教育项目。获得技术援助最多的前五个国家分别为印度尼西亚（18%）、孟加拉国（12%）、阿富汗（10%）、尼泊尔（9%）和菲律宾（9%）。

与 31 个创始成员不同，有 11 个新成员在第一个十年中加入亚行：瑞士
（1967 年），中国香港（1969 年），斐济和法国（1970 年），巴布亚新几内
亚（1971 年），汤加（1972 年），孟加拉国、缅甸和所罗门群岛（1973
年），基里巴斯（1974 年）和库克群岛（1976 年）。

到 1976 年，亚行成员体增至 42 个（29 个本地区成员体和 13 个非本地
区成员体）。内部行政管理费用预算从 1967 年的 304 万美元增加到 1976 年
的 1,970 万美元（附录表 A2.8）。同时也在继续招募高素质的工作人员。到
第一个十年结束时，亚行拥有来自 33 个成员体的 760 名工作人员，包括
290 名国际人员和管理人员及 470 名支持人员（表 5.1）。

表 5.1　1966 – 1976 年部分业务、机构和财务信息

	1966 – 1967 年 （第一个十年开始）	1976 年 （第一个十年结束）	1967 – 1976 年 （第一个十年总计）
A. 业务亮点（百万美元）			
业务批准总额[a]	—	776	3,361
按资金来源			
普通资金	—	540	2,466
亚洲开发基金	—	236	895
按业务			
主权	—	776	3,361
非主权	—	—	—
技术援助批准[b]（个）	0.2（1967 年）	3	25
技术援助项目	0.1（1967 年）	2	21
区域援助	0.2（1967 年）	1	4
未偿还贷款总额	—	1,079	
普通资金	—	881	
亚洲开发基金	—	198	
贷款和赠款支付总额	—	327	1,159
普通资金	—	263	948
亚洲开发基金	—	63	211
官方联合融资[c]	—	—	29
商业联合融资	—	—	—
B. 机构亮点			
员工信息（年终）			
员工总数	40（1966 年）	760	
国际员工[d]	13（1966 年）	290	
女性员工	14（1966 年）	308	
女性国际员工	1（1966 年）	5	

接下页

续表

	1966 – 1967 年 （第一个十年开始）	1976 年 （第一个十年结束）	1967 – 1976 年 （第一个十年总计）
驻外办事处员工	—	—	—
成员体	31（1966 年）	42	
驻外办事处	—	—	
内部行政管理费用预算（百万美元）	3（1967 年）	20	102
C. 财务亮点（百万美元）			
核定资本ᵉ	1,000（1966）	3,707	
认缴资本	1,000（1966）	3,688	
实缴	500（1966）	1,183	
待缴	500（1966）	2,506	
借款（百万美元）	—	529	1,133

注：— = 无。

ᵃ 数字指贷款、赠款、股本投资和担保批准，除去终止项目（不包括董事会批准但在被视为有效前终止的业务）。第一笔普通资金贷款在 1968 年获得批准。优惠资助业务始于 1969 年。

ᵇ 技术援助业务仅包括技术援助特别基金提供的赠款。第一个技术援助项目在 1967 年获得批准。

ᶜ 包括信托基金和贷款、赠款及技术援助的联合融资。

ᵈ 国际员工数据包括管理人员。

ᵉ 1966 年 1 月 31 日，亚行的原始核定资本为 10 亿美元。1966 年 11 月，理事会批准增加 1 亿美元的核定资本。截至 1967 年 12 月 31 日，认缴资本为 9.7 亿美元，其中 4.85 亿美元为实缴资本，其余为待缴部分。

资料来源：亚行年报，亚行预算、人事和管理系统局，亚行主计局，亚行战略与政策局，亚行贷款、技术援助、赠款和股本批准数据库，亚行联合融资数据库。

成立十年

到 1976 年，亚行成立接近十年。1976 年 4 月在于雅加达举行的年会上，井上宣布他不会在 11 月份任期结束时再次参加亚行行长选举。第三位亚行行长很快会到来。在渡边武和井上的努力下，亚行已经打下了坚实的基础，成为发展良好的开发银行和区域开发机构。亚行制订了很多援助项目的贷款计划用于支持区域合作。

前世界银行行长尤金·布莱克曾预言："……亚行会在未来的五到七年间显现出真正的特色。"[①] 渡边也指出，早年亚行曾花费一些时间寻找自己

[①] 引自渡边武在 1970 年亚行第 3 届年会上的讲话，另见《1970 年亚行第三届年会会议记录》。

的路。他在第 3 届年会上说："由于我们提供的援助项目非常多样化，描述亚行并非一件容易的事。"

　　渡边曾将亚行描述为亚洲国家的"家庭医生"，在健全的银行规定和谨慎的运作之下能够迅速地应对本地区的问题。第一个十年结束的时候，亚行的形象变得愈加清晰。1972 年井上上任时，他接手的是一家"努力让国际社会认可，值得国际金融界信任，值得亚洲发展中国家和人民依靠"的银行。在 1972 年的年会上，井上再次强调亚行的亚洲特色："有意愿寻求新的发展途径，超越先例，建立解决亚洲问题的亚洲方式。"

　　接下来的两位行长吉田太郎一和藤冈真佐夫继续发扬这些特色。在亚行的第二个十年中，亚行面对着更多的挑战和变化。亚行还继续引来新成员体，其中包括世界上最大的（发展中）国家——中华人民共和国。

第二个十年

（1977－1986年）

第六章

亚洲：区域经济的转型

1979 年的经济记录预示着发展中成员国在 20 世纪 80 年代必须做好准备面对各种挑战……其中最艰巨的挑战由世界能源现状造成。……第二大挑战是保证农业生产的稳定提升。……第三大挑战则是提供生产性就业……

——吉田太郎一
亚行年会致辞，1980 年

在亚行第二个十年期间，国际经济和亚洲内部出现了重大变化。在全球层面，工业国家的决策者在如何应对滞胀所带来的全新挑战——经济增长停滞和高通胀的奇异组合——方面，产生了严重的分歧。1979 年末，美国宣布采取新措施后，全球货币政策大幅收紧，导致利率急剧上升，汇率出现颠覆性调整。这些变化引发了拉丁美洲的债务危机，该危机在 20 世纪 80 年代持续很久，导致国际发展经历了"失去的十年"。

虽然这些事件发生在国际上，但重大变化发生在亚洲。与拉丁美洲相比，亚洲正昂首前进。新兴工业化经济体继续强劲增长。但更重要的是，1978 年以后，随着新的支持市场政策的出台，中国开启了翻天覆地的改革开放。这些改革的深远影响，也许在亚行的第三个十年以及 2000 年后才会变得更加清晰。东南亚和南亚的发展前景也继续向好。

滞胀的影响

1973 年底的第一次石油危机扰乱了国家经济和国际市场，但经过几年的艰难岁月，国际形势渐渐好转。到 1977 年，即亚行第二个十年的开端，最不稳定的时期似乎已经过去。

然而，这种稳定只是昙花一现。1979 年，国际市场经历了由伊朗革命和中东其他事件引发的第二次石油危机。油价大幅上涨，从 1978 年的每桶 13 美元左右，飞涨到 1979 年底的 30 多美元。亚洲的石油出口国，如印度尼西亚和马来西亚，获得了更多的意外收益，而亚洲发展中国家中的石油进口国则受到了严重打击。正如下一章将讲到的，亚行需要对变化的局势快速做出反应，推出新项目和贷款产品。

20 世纪 80 年代初，第二次石油危机将急于应对通货膨胀的工业国家拖入又一轮严重的衰退。与此同时，国际商品需求也出现明显的下降，损害了许多资源出口国的贸易条件。1981 年，世界贸易量多年来首次下降。亚洲发展中国家的政府努力应对。频繁的政策变化成为必然。无常的环境也给亚行带来了问题。正当亚行在动荡的国际形势下更加难以在全球金融市场上筹集更多资源时，许多国家却希望通过贷款帮助渡过危机。

尽管经济衰退日益加剧，但美联储新任主席保罗·沃尔克（Paul Volcker）决定优先考虑应对通胀而非刺激经济。1979 年 10 月 6 日，尽管经济开始大幅放缓，但他仍然宣布将会收紧货币政策。这项宣布立刻被称为"沃尔克冲击"（"Volcker Shock"，亦译"沃尔克休克法"）。联邦基金利率——货币政策的一个关键工具——急剧上升，从 1979 年的约 11% 上升到 1981 年的 20% 以上。

美国货币政策的突然收紧迅速波及全球经济。世界各地的利率很快开始上升。在接下来的几年中，美国货币政策的变化和国际市场的不确定性导致美元强劲升值。直到《广场协议》在纽约签署的 1985 年 9 月 22 日，
主要工业国家五国集团（G5）（法国、西德、日本、英国和美国）的财长和央行行长之间才达成一致意见，鼓励美元贬值。广场协议签署之后，美元快速贬值，直到七国集团（G7，新增加拿大和意大利）的财长和央行行长于 1987 年 2 月在巴黎举行会议，签署《卢浮宫协议》，同意协调政策稳定美元价值。

更高的利率也导致了国际债务危机。1982 年墨西哥拖欠债务后，这场危机给拉丁美洲造成了特别严重的影响。非洲经济也陷入了一系列的债务危机，尽管在非洲许多债务并非拖欠私人银行，而是拖欠官方双边和多边贷款人。亚洲发展中国家也发现为国际债务提供服务比较困难，但管理得相对较好，从而减少了过高债务阻碍增长的风险。[①]

人类基本需求和结构调整

在此期间，发展思路也发生了变化。国际社会在快速经济增长是否会"滴流"而惠及穷人的问题上分歧越来越大。例如，1976 年，国际劳工组织世界就业会议强调满足"人类基本需求"的重要性。另一个重要事件是勃兰特委员会 1980 年关于全球不公平和贫困的报告。该报告涉及饥饿与食物、人口、环境、工业化、贸易、能源和国际货币体系等重大全球问题。该报告还探讨了发展中国家的对策以及对更多发展资金的需求，包括外国援助。

正如勃兰特委员会发布的报告一样，全球开发议程正在增加新的议题，特别是拉丁美洲的债务危机和结构调整压力问题。在 20 世纪 80 年代的其他时间，发展政策的重点是债务风险和更加谨慎地监督借款。侧重点从重新分配和满足基本需求转移到如何实现全面增长和发展的传统问题上。美国总统里根和英国首相玛格丽特·撒切尔夫人主张供给侧经济改革。

到 80 年代中期，传统观点是，发展中国家应该更加以市场为导向，进行"结构调整"，以便能够对国际形势变化做出快速反应。另外，各国由于放弃了 60 年代和 70 年代的进口替代工业化政策，因此也开始强调外向型工业化。 110

这些发展思路的变化对亚洲和亚行都有影响，后者在 20 世纪 70 年代后期被迫回应社会和公平问题（第七章）。例如，在 1978 年的亚行年会上，美国代表弗雷德·伯格斯滕（J. Fred Bergsten）说，他很高兴亚行将放贷项目的重点放在"公平增长"上。

另一个影响是拉丁美洲的结构调整开始影响亚洲的政策讨论。世界银行和亚行等国际机构不只是简单地资助开展项目，还更多地与借款国进行政策

---

① James, Naya, and Meier, 1987, *Asian Development.*

对话。特别是考虑到国际经济在发生快速变化，发展中国家也正策划着结构调整方案。

在整个 20 世纪 80 年代直至 90 年代对亚洲政策讨论的第三个影响是里根 – 撒切尔夫人对"市场魔力"的强调。许多亚洲决策者从务实的角度认为鼓励自由市场的政策通常是合适的，但同时也强调政府在这个发展过程中的重要性。

"大雁"变"小龙"

在困难的国际环境中，亚洲地区的发展步伐加快，尽管各国进展不一。其中，增长最快的是四个新兴工业化经济体：中国香港、韩国、新加坡和中国台北。当第一次石油危机发生时，这些跟在日本后面飞行的"大雁"，已经在实施出口导向型工业发展，它们后来被称为亚洲"四小龙"。从广义上讲，它们的政府政策虽然常常是干涉主义的，却是亲市场的——它们避免扭曲的相对价格，并鼓励私营企业适应国内和国际市场。政府还通过投资更好的社会部门和实体基础设施来支持市场。

111　　第一次石油危机后，新兴工业化经济体的经济增长变缓，但很快反弹。从 1976 年开始，随着工业界从衰退中挣脱出来，新兴工业化经济体的出口增长恢复，并且，在 20 世纪 70 年代后期每年增长通常超过 20%[1]。但是很快，显而易见的是，新兴工业化经济体需要调整其工业战略。它们最初是纺织品、服装、鞋类和玩具等低技能、劳动密集型产品的出口者，但随着实际工资的增长，它们发现在世界市场上竞争变得愈发困难。而且，工业化国家对这些产品的保护更加强烈[2]：1979 年，韩国对工业国出口的近半数产品（几乎是 4 年前的两倍）都受到贸易限制的影响。[3]

到 80 年代初，新兴工业化经济体的决策者更加重视技术和资本密集型产品。亚行的一项研究指出："它们都已经着手调整政策，转向技术密集型产业和（或）重工业。大量训练有素的劳动力……表明这些国家在人力资本

---

① Naya, 1983, *Asian and Pacific Developing Countries*, 5.
② "新保护主义"主要以数量限制的形式出现。不过，它还包括其他一系列的措施，如反补贴和反倾销措施，以及援助不景气行业（Commonwealth Secretariat, 1980, *The World Economic Crisis*, 33）。
③ Commonwealth Secretariat, 1980, *The World Economic Crisis*, 33.

相对密集的产品方面，例如更精细的电气和机械工程、造船和部件制造，以及重型工程产品部件，能够获得高度的国际竞争力。"[1]

每个新兴工业化经济体都鼓励结构变革。[2] 韩国在朴正熙总统的强势领导下（1963－1979 年），最初，政府于 20 世纪 60 年代推动轻工业，70 年代推动重工业。与美国的特惠贸易和安全部署以及 1965 年与日本签署邦交正常化条约后来自日本的财政援助（3 亿美元赠款和 2 亿美元优惠贷款）和技术转让也发挥了作用。此外，通过提供政策建议、财政援助和技术支持，西德在支持韩国 20 世纪 60 年代和 70 年代的快速增长方面发挥了关键作用。在 20 世纪 80 年代初及以后，汽车和电子成为政策的重点。

新加坡和中国台北则采取了一个不同的方法：鼓励标准化周期性产品（如收音机和彩色电视机）以及重型工程器材的出口。在 1979－1981 年，新加坡在李光耀总理的领导下，为从非技术型转向技术产业，将法定工资提高了约 80%。起初只取得了部分成功，因为教育程度较低的工人很难转型。然而，政府在 20 世纪 80 年代中期继续推行高薪政策，刺激人力向资本密集型行业流动。尽管如此，当新加坡发现自己的竞争力不如其他新兴工业化经济体时，政府再次改变了方向，使劳动力和其他成本与国际市场上的一致。

112

与其他新兴工业化经济体不同，中国香港并不致力于变革制造业，而是转而发展具有高度竞争力的服务业。1982 年全球经济衰退，出口和经济增长急剧下降，但中国香港利用了中国内地开始实施贸易和服务（包括金融服务）自由化的契机。中国香港的居民很快开始投资新的经济特区。

到亚行第二个十年结束时，作为一个群体，新兴工业化经济体的表现吸引了越来越多的国际关注。1987 年，亚行发表的关于亚洲趋势的重要研究《亚洲发展》指出，这些经济体的增长率几乎是史无前例的。[3] 一系列因素促成了它们的成功。这些经济体得益于健全的管理、完善的制度和很强的创业技能。而且，这四个新兴工业化经济体的政府都支持亲市场政策和出口导向型经济变革。除此之外，它们奉行稳健的国际借贷政策，高效利用外资，避免陷入债务问题。

---

[1]　Naya and James, 1982, *Developing Asia*.

[2]　James, Naya, and Meier, 1987, *Asian Development*, 41 – 43.

[3]　James, Naya, and Meier, 1987, *Asian Development*, 10. 关于亚行的早期研究，参见 Naya and James, 1982, *Developing Asia*。

东南亚：财富的变动

东南亚大多数发展中国家即使适应性不如新兴工业化经济体强，它们在亚行第二个十年期间也能很好地应对困难。其中，印度尼西亚和马来西亚是石油出口国，在第一次和第二次石油危机中受益，但是，它们却很难在 20 世纪 80 年代国际油价快速下跌时调整自身。

20 世纪 70 年代中期，印度尼西亚这一东南亚最大的国家，仍然高度重视农业，后来才更加重视制造业。1973 年第一次石油危机之后，印尼大宗商品出口的收入大幅增加，且政府迅速增加了在农村基础设施（灌溉和地方公路）、医疗卫生和教育等方面的支出。但是，1978 年，国际收支平衡压力造成印尼卢比贬值。始料未及的是，1979 年第二次石油危机再次改变了局势，增加了印尼的收益。20 世纪 80 年代，印尼扩大发展，其中包括雄心勃勃的移民计划，旨在将数百万人从爪哇转移到外岛。与此同时，工业化国家的增长在 20 世纪 80 年代早期急剧放缓，国际油价开始走弱，给国际收支平衡带来了新的压力。印尼决策者频繁调整其经济政策，并在 20 世纪 80 年代引入成套政策来促进结构调整。印度尼西亚在 1983 年和 1986 年再次实施货币贬值。

马来西亚也是石油出口国，经历了类似的财富变动后，在马哈蒂尔总理的领导下，比较好地经受住了经济挑战。第二次石油暴涨后，马来西亚政府在 20 世纪 80 年代初实施扩张性财政政策，在国际市场上大举借贷。然而，经济管理因"沃尔克冲击"的溢出效应而变得复杂，主要表现为国际利率上升和美元升值。相较于印尼，马来西亚的产业政策比较成功，其建立了多个出口加工区，跨国公司——特别是日本的跨国公司——在这里生产纺织品和电子产品等。后来，在 20 世纪 90 年代，马来西亚制造业成为快速增长的、与东亚有着密切联系的增值链网络的一部分。

作为石油进口国，泰国深受石油价格冲击的影响。泰国决策者以务实的态度应对，依靠国内有活力的私营部门及亲市场和出口导向的外资政策。泰国政治形势总体稳定，增强了企业和金融界的信心。因此，20 世纪 70 年代后期至 80 年代的经济增长率约为每年 7%，尽管在 80 年代初全球经济衰退期间经济增长有所放缓。20 世纪 80 年代后期及以后，在强劲的外资流入支持下，由包括汽车和汽车零部件制造在内的工业部门所引领的泰国经济实现快速结构转型。

菲律宾也是石油进口国，在高油价期间经济受挫。然而，与泰国相比，其经济表现令人失望。原因主要在于经济政策不同。从 20 世纪 60 年代后期开始，菲律宾开始实施内向型进口替代政策。到 20 世纪 80 年代早期，制造业的保护渐渐成为经济负担，并阻碍了其国际竞争力的提升。80 年代，由于政治动荡和政府更迭，经济发展也受到阻碍。1984 年和 1985 年，经济收缩约 7%。1986 年，从军事管理体制向新民主政府的转变，为改革带来了希望。尽管如此，1986 年以后，政局动荡、电力短缺和自然灾害（如 1991 年皮纳图博火山大爆发）迟滞进步几乎十年。

东盟四国（印度尼西亚、马来西亚、菲律宾和泰国）高增长和产业转型的重要推力之一是外资的增长，特别是来自日本的外资。日本的外资流是由持续至 1990 年泡沫经济时期的广场协议[①]、工资上涨[②]以及国内外投资热潮后，日元对美元大幅升值引起的。结果是，日本对东盟四国的直接投资从 1980－1984 年的 53 亿美元增加到 1985－1989 年的 69 亿美元，然后在 1990－1994 年增加到 158 亿美元。[③] 在东盟四国中，由于政局动荡，菲律宾无法利用大规模的资金流。

在湄公河国家，国内冲突阻碍了发展。例如，在柬埔寨，红色高棉的残酷统治在 70 年代后期夺走了数百万人的生命。1976 年柬埔寨人均预期寿命为全球最短，只有 21 岁。每四个儿童就有一个在 5 岁前夭折。越南的情况较为乐观。尽管存在冲突，经济在农业和工业自由化之后取得了相当大的进展。在农业方面，政府增加了农民在私人土地上使用土地的空间，并保持生产的增长。其结果是，20 世纪 80 年代早期，稻米产量开始迅速增加。1986 年，越南政府推行进一步的亲市场 Doi Moi（革新开放）改革，这次改革在随后的几十年中，不仅使越南而且使整个湄公河地区的经济前景发生巨变。

115

南 亚

所有南亚国家都是石油进口国，所以两次石油危机和工业国家的经济衰

---

① 在平均汇率方面，日元兑美元的汇率从 1985 年的 238 日元兑 1 美元升至 1988 年的 128 日元兑 1 美元。

② 20 世纪 80 年代后期日本人均 GDP（以美元计）超过美国。

③ 日本贸易振兴机构的贸易和投资统计数据，参见 https：//www. jetro. go. jp/en/reports/statistics。

退都给它们带来了严重后果。在这些农业国家中，石油冲击的影响，因 20
世纪 80 年代初影响广泛的干旱而加剧。南亚经济体的非正规行业数量庞大，
较小的正规行业则由国有企业主导。政府高度重视经济规划、市场调节和特
定行业。在 70 年代的大部分时间里，南亚国家的整体发展常常不及预期。
它们发觉结构变革难以实现。因此，南亚国家与中国、新兴工业化经济体和
东南亚国家之间的发展差距逐渐扩大。

1979 年，联合国在年度《亚太经济社会调查》中总结了阻碍南亚大部
分地区发展的一系列严峻问题[1]："南亚各国增长不足的主要原因各不相同。
但一般而言，主要包括：（a）储蓄率和投资率低；（b）投资生产率低（有
些国家甚至在下降），尤其是公共投资……；（c）农业和工业投入经常性短
缺……；（d）由于未能实施土地改革和其他体制改革，大量的小农场行业
未能充分参与"绿色革命"；（e）人口增长率持续上升；（f）外援占投资比
重下降；（g）进出口比率下降，出口面临越来越大的阻碍；（h）发达国家
的能源危机和滞胀造成这些长期性困难加剧。"此外，其他潜在的重要因素
还包括政策不当及治理不善。

116

在亚行第二个十年即将结束时，有迹象表明，各国都更加坚定地表示要
做出改变。在不同时期，大多数的南亚政府都宣布进行市场化改革——减少
对民企的歧视和改善公共产业部门的管理。[2] 例如，斯里兰卡鼓励生产传统
轻工业产品。20 世纪 80 年代，印度减少干预主义，增长速度加快，但是直
到 1991 年经济危机才对发展政策产生影响深远的变化。

太平洋岛国

在太平洋岛国，决策者面临着国家建设的挑战。例如，该地区最大的国家
巴布亚新几内亚在 1975 年独立。这个新国家的领导人优先加强政府体制。与前
宗主国的联系仍然强烈影响着许多太平洋岛国的经济事务和国际关系。

在亚行第二个十年期间，太平洋岛国面临的独特挑战使其对全球经济变
化的反应变得复杂[3]。南太平洋岛国容易受到国际市场的影响。1980 年至

---

[1]　United Nations, 1980, *Economic and Social Survey of Asia and the Pacific*, 83.

[2]　Naya and James, 1982, *Developing Asia*, 55.

[3]　Naya and James, 1982, *Developing Asia*, 55.

1986 年，南太平洋的一些国家经济增长低迷，甚至负增长，主要表现为贸易和经常账目高赤字以及高通货膨胀率。

中华人民共和国

在亚行第二个十年早期，史上最伟大的经济转型之一正在亚洲进行：中国开始了翻天覆地的改革，这将引领中国成为世界主要经济体之一。

1949 年中华人民共和国成立后，其领导人曾尝试过不同的发展方式，主要策略是自力更生，与国际社会的联系相对较少。但是，这些策略和产业政策并没有带来持续的增长。正如一项分析所指出的那样："1978 年中国开始转型时，它是一个极度贫困的、以农村为主体的农业国家，效率低下的工业部门正转向重工业。"①

1977 年，中国宣布从 1966 年持续到 1976 年的"文革"结束。1978 年晚些时候，中共十一届三中全会制定了谨慎、详细、分阶段的改革方案（表 6.1）。第一阶段包括在农村推行家庭责任制和自由市场，让农民能够从自己的努力中获得更多收益。集体的作用大大降低。

表 6.1　1978 – 1986 年中国主要改革措施

年份	改革
1978	十一届三中全会公报提出为实现"四个现代化"而实施变革
1979	"开放"政策启动,同时开始外贸和投资改革;《中外合资经营企业法》通过
1979	政府有限鼓励农村实行家庭责任制
1979	三个专业银行独立于中国人民银行(中央银行)而成立
1980	首批四个经济特区设立
1980	中央和地方政府间的财政开始实行"分灶吃饭"改革
1984	不超过 8 个雇员的个人企业被正式允许成立
1984	国有企业利润纳税改革
1986	国有企业暂行破产法通过

资料来源：B. Hofman and J. Wu, 2009, Explaining China's Development and Reforms, *Working Paper No. 50*, Washington, DC: World Bank on behalf of the Commission on Growth and Development。

改革极大地激发了创业精神，尤其是在农村地区。虽然后来的变革更多地指向经济国际化，但第一轮的亲市场改革放开了国内市场。随着这些改革

---

① Hofman and Wu, 2009, *Explaining China's Development and Reforms*, 16.

措施的实施，农村发展的步伐开始加快。[1] 农村劳动力收入多元化，从事更多的非农活动，通常是在"乡镇企业"，其中许多是私有企业。[2] 因此，农村收入和产量快速增加。

新战略的另一个重要组成部分是建立经济特区。1980年，政府在四个沿海城市建立了特区。1984年，这些特区的门户开放政策延伸至14个沿海城市。1985年起相继在长江三角洲、珠江三角洲和闽南三角洲建立了特区。[3] 金融业的自由化则是循序渐进的。在改革开始时，只有中央银行即中国人民银行可以开展外汇业务。到1986年，所有国内银行都可以开展这项业务，为外汇业务增添了竞争力。

有了这些重要改革政策和经济开放，来自发达国家的直接投资在后来40年的强劲增长中发挥了至关重要的作用。世行和后来亚行的援助是发展融资的重要来源。经济合作与发展组织成员的双边援助也起到了一定的作用。特别是，在1978年签署《中日和平友好条约》后，日本在1979年至2016年间提供了3.3万亿日元的优惠贷款（日元信贷）、1,570亿日元的赠款支持和1,820亿日元的技术援助。[4]

短短几年内，新战略的效果就体现在经济增长上。全国产出的增长率从1966–1978年的5%左右增长到1979–1988年的近10%。这一变化一度并未引起国外很多注意。国际社会后来才认识到，中国这条龙在亚洲苏醒了。但新政策的重要意义远非如此。在未来的几十年里，这些政策将改变经济，并大大改变中国在亚洲和整个国际社会的经济影响力。

增长持续

在亚行第二个十年期间，亚洲发展模式的三个主要变化变得更加清晰。一是不同区域之间增长速度的差距越来越大。四个新兴工业化经济体比东南亚资源丰富的国家更快地调整策略。中国在初期虽然依旧实行内向型政策，

---

① Du, 2006, *Course of Rural Reform*, 7.

② Huang, 2010, *China Boom*.

③ Hofman and Wu, 2009, *Explaining Development and Reforms*, 27.

④ Government of Japan, Ministry of Foreign Affairs, 2016, *Overview of Official Development Assistance (ODA) to China*, February, http：//www.mofa.go.jp/policy/oda/region/e_ asia/china/（2017年1月12日访问）。

但在 1978 年后实施了改革措施，很快开始快速发展。然而，南亚和太平洋岛国的发展前景仍然黯淡。

二是在改革成功的国家中，改革政策一般是以市场和出口为导向的。而且，该地区各国间相互学习和贸易往来日渐频繁。例如，新兴工业化经济体正在取代日本低端制造产品在美国市场的位置和在日本和欧洲的位置。与此同时，它们大幅增加从发达国家进口资本和半成品。供应链网络开始出现，尤其是在东亚和东南亚国家。印度尼西亚和马来西亚等资源丰富国家的机会也不断增多，劳动力过剩国家发展制造业的前景正在展现。

在亚行第二个十年期间，亚洲发展的第三个也是最重要的特征是，尽管国际环境不利，亚洲的转型仍然进展迅速。国际社会密切关注工业国家的经济挑战和拉丁美洲债务危机，对亚洲发生的巨大变化却只有模糊的认识。与此同时，在东南亚，在新兴工业化经济体，特别是在中国，可持续发展的轮廓越发清晰。整个亚洲的信心都在激增，并将在亚行进入 90 年代的第三个十年得到增强。

第七章

亚行：努力成为一个业务更广泛的开发银行

我在 1981 年后期就职时，亚行自成立起已有 15 年……然而，与任何组织一样，经过 15 年的快速发展，其不可避免地开始出现一些疲弱和劳损。现在是检视亚行的时候了。

——藤冈真佐夫，
《亚行行长日记》，1986 年

在亚行第二个十年期间，从 1977 年开始，亚行的业务开始扩大。第三任行长吉田太郎一提出了扩大亚行作用的措施。后来，第四任行长藤冈真佐夫对这些想法表示赞同，并在整个 20 世纪 80 年代大力推动亚行扮演更积极的发展角色。

吉田太郎一在担任行长的 5 年间，主要面临两大问题。第一，在 1977 年，亚行计划将其议程重点从早期基础设施项目转到更广泛的社会目标上。第二，在 1979 年和 1980 年，亚行需要应对第二次石油危机造成的调整压力。

藤冈真佐夫于 1981 年 11 月继任吉田的位置，成为第四任行长。藤冈对亚行十分熟悉。十多年前（1966 年），他曾担任亚行第一任行政主任。藤冈对亚行的工作方向持有坚定的观点。他的主要成就包括使印度和中国成为借款成员。

吉田太郎一

在 1976 年 4 月于雅加达举行的亚行年会上，井上四郎宣布，当他的五年任期结束时，他不会再次竞选行长。尽管如此，他还是抓住机会勾勒未来 122 的方向。井上设想继续支持食品、肥料和燃料等关键物资的生产。但他也谈到了亚行的新方向。他认为，需要更加关注健康和计划生育等社会问题。他还说，在他担任行长期间，亚行在发展人力资本方面的作用（例如通过支持教育部门）"令我失望"。在谈到这些事情时，井上就是在讲下一任行长很快将要面对的问题。

1976 年，吉田太郎一刚卸任大藏省负责国际事务的次官一职，就被敦促担任亚行行长。尽管最初有些犹豫，他还是选择接受了候选人资格。对吉田而言，其中一个挑战便是，他在日本主要负责国内事务。他的国际事务经验仅限于 20 世纪 50 年代后期被派往华盛顿特区的国际货币基金组织工作，直到 1974 年回国担任大藏省次官。因此，尽管他很快熟悉了亚行的工作，但本地区的很多发展问题对他来说都是全新的。

当吉田在亚行成立纪念日即 1976 年 11 月 24 日成为行长时，亚行正面临着变革的压力。其中一种压力来自亚洲的挑战，另一种则来自国际社会——在 70 年代中期国际社会一直在讨论考虑经济增长之外的问题和拓展发展方式的必要性。

在担任行长的第一年，吉田经常谈到亚洲面临的挑战。他特别指出四个问题领域：食品供应、出口、就业以及对外部资源的需求。就粮食生产而言，他引用亚行资助进行的、当时刚完成不久的亚洲农业调查的结果。该调查显示，到 20 世纪 80 年代中期，本地区可能面临 2,000 万吨的粮食缺口。吉田认为，前景堪忧。在 1977 年的多次演讲中，他详细地谈到这些问题。在 1977 年的亚行年会上，他说道："本地区这种程度的粮食短缺势必影响经济和社会稳定。"[1] 他指出，"绿色革命"在灌溉地区很成功，但需要开展更多的研究以提高旱地和高地农田的产量。

吉田还指出，亚洲的国家需要促进出口。一些国家存在严重的国际收支赤 123

---

[1] 吉田太郎一行长 1977 年 4 月 21 日至 23 日在于马尼拉召开的亚行理事会第 10 届年会上的讲话。另见《1977 年亚行第 10 届年会会议记录》第 36 页。

字——通常部分通过短期国际借贷来解决——所以它们面临着外债上升和高额还本付息的问题。这些国家需要减少非必需品的进口，同时扩大出口基数。

他还为不断增长的农村劳动力是否能找到工作忧虑。他认为，失业和就业不足是对亚行区域内主要资源的浪费。加强农业与工业之间和农村与城市之间的联系非常重要，但首要任务是农村问题。"农业和农村发展，"吉田说，"应该为战略提供基础。"

应对这些问题需要更多的资源。吉田主张提供更多的国际援助："向亚洲地区提供援助不能仅仅以该地区的需求或技术能力为准。该地区占发展中国家人口的57%，而得到的发达国家向发展中国家提供的外来资源不到1/4。"

拓宽业务范围

这些是吉田的个人观点，但他也正在确认亚洲的需求，并回应国际社会正在讨论的观点。这些问题与其他许多问题一样，在 1977 年于马尼拉举行的第 10 届亚行年会上被提出，这是他成为行长后参加的首次年会。这次会议非常重要，因为它列出了亚行在吉田行长任期内实施的大部分议程。

会议同意，亚行应扩大活动范围。成员体希望亚行能发挥更广泛的作用。理事会主席、来自马来西亚的东古拉沙里·哈姆萨（Tengku Razaleigh Hamzah）在开幕词中提出了一个七点行动方案。他敦促亚行更有效地进入社会经济发展项目和规划中更具挑战性和回报更高的领域。他特别指出，对农业和以农业为基础的产业的借贷应该扩大，因为 1976 年只有 26% 的亚行贷款用于这些活动，这是"不足的"。

更多面向社会的规划受到了广泛的支持。在美国，卡特政府在几个月前就职。反映新政府政策的一个关键变化是，美国代表阿诺德·纳赫马诺夫（Arnold Nachmanoff）在 1977 年亚行年会上表示，"美国希望亚行对就业和其他社会目标予以重点关注，特别在农村地区"，以看到对低收入群体给予更多援助。其他代表也做了类似表示。

会议的第二个结论是亚行需要改革业务——通过引入规划贷款（为实施政策改革提供预算支持）、扩大使用当地货币融资和改进货物采购及顾问聘用。此外，借款国注意到（正如它们后来几年所看到的），由于程序复杂，亚行支付资金的速度缓慢。尽管这些都是技术性问题，但借款国认为这些是很关键的问题。

124

事实上，亚行已经在考虑其许多活动的社会影响。1973 年，时任行长井上四郎谈到渔业贷款"旨在提高中小渔民的收入和人们的蛋白质摄入量……"时曾表示，发展需要"直接面向人民"。在 1974 年的国际会议上，井上提醒道，第一次石油危机会对发展中国家产生灾难性的影响。他指出，高油价问题"将会因为化肥和基本食品的供应短缺和价格上涨……以及来自工业化国家的制成品进口成本提高而加剧"。

会议的第三个主要议题是调动资源。会议主席东古拉沙里解除了对亚行的限制，说道："亚行应……为筹集新资源设定新的更高的目标。"作为回应，吉田强调捐助国对亚洲开发基金的强大支持和关于第二次普遍增资的一致意见。此外，吉田承诺，亚行将从欧佩克成员国、欧共体和日本寻求用以支持大型项目的联合融资。

吉田也指出了亚行过去经常忽视的两件事。一是扩大农业产出对环境的影响。"环境条件必须被视为农业发展的重要组成部分。"他强调流域管理和再造林的重要性。这些问题和其他环境问题将成为未来几十年里亚行的主要优先处理事项。

另一件令吉田特别关心的事是传统农村机制需要适应现代农业技术。他说："多年来发展起来的传统机制，通常具有非常深厚的根基。"外来的现代农业系统不容易被同化，"可能适得其反"。吉田在总结他对这些问题的看法时谈到，把农业发展看作农村发展更广泛进程的一部分是很有必要的。 125

在接下来的几年中，吉田的工作就是执行 1977 年年会讨论的策略。传统放款业务持续了一段时间，但不久后做了一些其他改变。后来，对放款业务又进行了评估。

1978 年初，第一任副行长克里希纳·莫里尼退休时，亚行高层发生了重大变化。克里希纳·莫里尼于 1966 年被任命为副行长。他与前两任行长合作密切，包括与渡边武一起筹划建立亚行。在克里希纳·莫里尼出席的最后一次高级职员会议上，吉田说，他为亚行服务的时间"比任何人都长"。[①]

在担任副行长的多年里，克里希纳·莫里尼已成为传奇人物。他对属下要求严格。吉田说："他对事实和数字有透彻把握，关注实质和细节，以及追求完美。"渡边和井上都有赖于他提供强有力的行政指导和对董事会文件准备工作的监督。克里希纳·莫里尼退休后，副行长岗位出现空缺。

---

① 1987 年 3 月 15 日行长在高级职员会议上的讲话。

新任命的两名副行长填补了这一空缺。在吉田的要求下，克里希纳·莫里尼提议了一名副行长继任者班巴瓦里（A. T. Bambawale）。与莫里尼一样，班巴瓦里也曾在印度担任高级公务员。吉田立即接受了这个提议。班巴瓦里是个完全不同的人。不少工作人员都对克里希纳·莫里尼十分敬畏，但班巴瓦里却很有魅力且平易近人。

另一位新任副行长是曾担任美国商务部高级官员的斯坦利·卡茨（S. Stanley Katz）。他拥有丰富的多边事务经验，曾在华盛顿特区的世界银行和巴黎的经济合作与发展组织工作过。由于卡茨熟谙美国政府的运作和美国国会的运作，他担任副行长有助于加强（亚行）高级管理层的多边平衡。班巴瓦里和卡茨将会任职多年，确保高级管理层的连续性。后来，在 1983 年 4 月，亚行任命了第三位副行长——来自西德的冈瑟·舒尔茨（Günther Schulz）。他也任职了相当长的一段时间，先后为三位行长工作过，直到 20 世纪 90 年代。

创立新贷款

在接下来的几年里，亚行贷款继续扩大，在 1978 年首次超过 10 亿美元。贷款的范围也扩大到更多产业。从 1977 年开始，包括林业、城市住房、职业教育和技能培训。1978 年，亚行向中国香港的新界沙田医院综合诊所提供贷款，这是第一笔用于医疗卫生项目的贷款（专栏 7.1）。然而，亚行依然优先考虑农业，特别是对依靠亚行软贷款的低收入国家提供支持。到 1977 年底，近 50% 的亚行贷款都用于农业或涉农产业。

亚行还提供新的贷款类型（专栏 7.2）。在第一个十年的运营中，亚行是一个项目银行，即为各个项目提供贷款。但是渐渐地有些国家需要借款以作他用，例如，为了更好地利用生产能力，需要购买基本设备或原材料。从 1978 年开始，亚行开始提供规划贷款（专栏 7.3）。然而，工作人员在管理规划贷款方面几乎没有经验，所以最初的步伐十分谨慎。预计规划贷款额将低于亚行年度贷款总额的 5%，通常不会超过给任何单一国家每年贷款的 10%。

另一项创新是"多项目"贷款。该项贷款为一组项目提供资金，这些项目单独而言太小，不足以提交给董事会审查。多项目贷款在像南太平洋岛国这样的小国家尤其有用。1979 年，第一笔多项目贷款发放给汤加建设码头和登陆设施。

1980 年，亚行推出了可用于资助特定行业一组子项目的行业贷款。由于整体政策设计得不好，对个别项目经常只能提供有限的利益。行业贷款能够使亚行将重点放在某一行业，就行业政策和地方机构管理必要活动的能力与政府进行政策对话。行业贷款预期会比较大。例如，对交通运输行业来说，行业贷款可能覆盖辅助支线道路网络。

专栏 7.1　亚行医疗卫生项目

　　亚行在支持医疗卫生事业方面有着悠久的历史。早期的项目帮助建立诊所和医院。第一个项目是 1978 年的中国香港沙田医院综合诊所。从那之后，亚行的医疗卫生项目从单一医院支持发展为加强医疗系统，在国家层面实现普遍的全民健康覆盖。亚行还通过次区域倡议支持医疗议题。

　　在孟加拉国，亚行与瑞典国际开发合作署及其他开发机构一起，自 1998 年以来一直支持城市初级医疗保健项目，金额达 1.91 亿美元。它旨在加强城市公共医疗中心提供的初级保健，针对穷人、妇女和儿童的需求。该项目在提供初级医疗服务方面采用了公私合作模式（PPP 模式），并具有创新特征，如社区积极参与治理和使用太阳能电池板可再生能源试点绿色诊所。

　　亚行在医疗卫生领域引人注目的活动包括抗击传染病的次区域计划。在大湄公河次区域，亚行的优惠贷款和赠款，旨在增强柬埔寨、老挝、缅甸和越南等地区防御艾滋病、疟疾和登革热等公共卫生威胁的能力。亚行帮助各国政府加强监测和报告系统、人力资源培训、实验室检测能力以及医院感染防控。一个由澳大利亚和英国提供的、由亚行管理的信托基金为技术援助增加了资源。

　　亚行也正在应对日益严峻的老龄化挑战。2016 年，亚行批准了中华人民共和国在湖北省宜昌市开展的以公私合作模式为基础的养老服务项目。亚行援助通过私营养老服务提供商，提高市政府设计、采购、管理和提供有效服务的能力。这笔 5,000 万美元的以成果为基础的主权贷款是亚行在中国推广公私合作模式的第一笔贷款。公私合作模式的养老服务将为亚洲提供可复制的模式。

　　资料来源：亚行。

128

专栏 7.2　项目贷款、规划贷款、多项目贷款和行业贷款

项目贷款：这种贷款为基础设施和社会部门的特定项目提供资金。20 世纪 70 年代初期提供的项目贷款倾向于资助大型的资本密集型活动，而不是小项目或旨在更好地利用现有资产的活动。

规划贷款：这种快速拨付的贷款最初旨在帮助借款国提高重点行业的生产能力。从 1978 年开始的这种贷款面向缺乏进口重要设备所需外汇的国家，特别是为农业。第一笔规划贷款于 1978 年提供给孟加拉国，用于低压泵维修规划。后来，从 1987 年开始，规划贷款主要用于为执行基于政策矩阵（policy matrices）的政策改革提供预算支持，其中列出了一系列协商好的改革和实施改革所需的行动。与项目贷款相比，规划贷款通常还需要密切监测实施情况和进行广泛评估。

多项目贷款：这种贷款为一组项目提供资金，这些项目单独而言太小，不足以提交给董事会审查。根据新的安排，几个项目归入一个整体贷款协议。多项目贷款于 1979 年引入小岛国家。

行业贷款：这种贷款为特定行业或分行业提供资金，于 1980 年引入。与项目贷款相比，这种贷款有多个优势。它们资金更庞大，可用于制度建设和政策支持，并可迅速发放。行业贷款对农业和农村发展、改水改厕、教育和卫生以及小型工业尤其有用，因为一些小型投资活动可以合并成一次贷款。头两笔行业贷款于 1980 年获得批准，用于印尼的供水和泰国的公路行业。

资料来源：ADB, 1978, *Program Lending*, R10 – 78, Manila; ADB, 1983, *A Review of Program Lending Lending Policies*, R21 – 83, Manila; ADB, 1980, *Sector Lending*, R52 – 80, Manila。

> ### 专栏 7.3 第一笔规划贷款
>
> **孟加拉国低压泵维修**:第一笔规划贷款于 1978 年获得批准,用于孟加拉国的低压泵维修规划。达卡地区的农民没有充分利用低压灌溉泵。这笔 890 万美元的规划贷款(由亚洲开发基金出资)支持水泵维修和护理。这项规划能够使农民在旱季多灌溉 4 万公顷土地。早期的后续规划贷款仍主要针对农业部门的活动,为购买化肥和其他投入提供资金以提高产量。
>
> 资料来源:ADB,2016,*ADB Through Decades*:*ADB's Second Decade*(1966 -1967),p. 21(2016 年 12 月 20 日访问)。https://www. adb. org/sites/default/files/publication/216246/adb。

当亚行在推出这些新型贷款时,其业务也进一步面临着压力。1979 年,随着石油和其他进口产品价格的上涨,第二次石油危机严重影响石油靠进口的发展中国家。与此同时,工业化国家的经济增长正在放缓。由于粮食供应的问题,这些问题变得更加严重:1979 年世界粮食生产下降,导致一些国家粮食严重短缺。不久之后,亚洲发展中国家的决策者们开始担心粮食和能源安全,而这些问题一直到下个世纪都会是世界的主要问题。

关于这些问题,亚行通过扩大农业和能源贷款来应对。还增加了对社会部门项目的支持,例如供水、住房和医疗。1979 年,近 1/3 的亚行贷款用于农业,能源贷款也迅速增加。对社会部门的贷款从 1976 年的约 10% 上升到 1981 年的近 22%。1980 年,大约 9,000 万美元的贷款被批准用于印度尼西亚的灌溉项目,给巴基斯坦和菲律宾的贷款被批准用于电力项目。亚行行长吉田在 1981 年的檀香山年会上发表讲话时说,亚行将继续把农业和农村发展放在首位。亚行对本土能源资源和社会基础设施的贷款占贷款总额的比例仍然很高。对能源行业的贷款从 1980 年的约 3.8 亿美元猛增至 1981 年的 4.8 亿美元。

调查和审查

亚行委托开展了一系列调查和审查,以指导该机构度过这个快速变化的时期。有一些最重要的调查和审查是针对农业的。第一次亚洲农业调查是在 1967 年进行的，第二次亚洲农业调查的结果在 1977 年初发布。[①] 1976 年的调查回顾了最初绿色革命在亚洲创造丰富食物的构想。然而，该调查指出："如果对现有情况普遍认为严峻，那绝不是玩世不恭的说法，也不是幻想破灭的失望。过去十年发生的事迫使我们重新审视早期乐观所依据的假设。第一个就是富足带来的快乐……自 1968 年以来，食物的供应量即使以人均计算也几乎没有改善，而大部分人口的营养状况已经下降。……'绿色革命'并没有为生产提供预期的推动力……显而易见的是，除少数地区外，引进新技术并没有带来总体经济状况的普遍改善。"

这项调查识别出了农村的深层问题。第一，有令人担忧的迹象表明，绿色革命可能正在放缓。第二，新农业技术的优点是使在低海拔地区获得良好灌溉的农场获益，这些农场可以种植高产水稻品种，而高海拔地区或种植其他作物的数百万农民收益甚微。第三，边缘农民和无地劳动者常常受到失业、营养不良和饥饿引发的社会问题的影响。[②] 1978 年，亚行理事会依据这项调查，同意把对农业和农村发展的贷款每年增加 20%，直到 1982 年。

20 世纪 70 年代后期的其他研究包括亚行的财务政策和亚行软贷款标准审查。还有报告关注南太平洋业务的改善，特别是在小岛国家农业方面的工作。

另一个重要的行业报告是关于能源的。为了应对第二次石油危机，1981 年的《区域能源调查》突出了三个主要问题。第一，对进口石油的发展中国家来说，高能源价格造成严重的国际收支问题。第二，许多国家都在努力开发替代进口石油的产品，但受到开发国内能源——如火力发电站和水力发电厂——成本较高的阻碍。第三，面对日益上涨的商业燃料成本，家庭对传统的非商业能源——如薪材和木炭——耗用越来越多。

亚行决定增加能源贷款并使其多样化，用以开发水电、天然气和煤炭等可再生能源和国内能源，以及生物质能和其他非传统能源。亚行还开始促进节能，探索在能源开发上开展区域合作的可能性。

---

① ADB, 1977, *Asian Agricultural Survey 1976：Rural Asia：Challenge and Opportunity*.
② 亚行行长吉田太郎一在第二次亚洲农业调查次区域研讨会上的讲话（马尼拉/洛斯巴诺斯，1978 年 1 月 9 – 13 日）。

筹资压力

像其他行长一样，吉田很重视筹资。1977－1981 年，借款总额从 1.17 亿美元增加到 6.68 亿美元。尽管如此，对吉田和其他工作人员来说，筹集资金是一项永无止境的任务。

第二次普遍增资（GCI Ⅱ）于 1977 年 9 月 30 日生效，将核定资本提高了 135%（附录表 A2.14）。即便如此，面对 1979 年第二次石油危机之后的贷款需求，核定资本的这一上限很快显得很低。不久，再次增资的话题被提起。

对亚洲开发基金资金的需求也在增加。1978 年，捐助者同意对亚洲开发基金进行第二次补充资金（ADF Ⅲ），捐款数额为 21.5 亿美元（附录表 A2.17）。但其中一些捐款到账缓慢，特别是来自美国的捐款。亚洲开发基金资源的主要问题之一——也是未来几年一个反复出现的问题——是，虽然美国政府支持亚洲开发基金计划，但它的参与有时受到美国国会复杂的立法程序的阻碍。这限制了亚行利用亚洲开发基金资源的方式。在沮丧中，吉田断定直言不讳的风险小于银行持续拖延的成本。他在 1980 年的年会上表示[1]：

"……我必须指出……1979 年批准的贷款几乎已经耗尽了亚洲开发基金的资源。……因此，推迟 1980 年前几个月批准的亚行对较贫困发展中成员体一些项目的贷款协议的签署是很有必要的……这种情况是由美国对亚洲开发基金第二次补充资金及其第一期付款延迟造成的。"

尽管如此，美国全面参与亚洲开发基金第二次补充资金继续受阻。结果是软贷款基金的支付推迟了几年。

藤冈真佐夫

亚行内部的变革面临更多的压力。在整个亚洲地区，发展中国家都面临着美元升值和全球利率上涨的挑战。亚行还必须适应发展思路的变化。1980

132

---

① 吉田太郎一行长 1980 年 4 月 30 日至 5 月 2 日在于马尼拉召开的亚行理事会第 13 届年会上的讲话。另见《1980 年亚行第 13 届年会会议记录》第 29 页。

年勃兰特委员会的报告《北南：生存方案》（*North-South：A Programme for Survival*）呼吁为全球发展进行新的努力。更多的人认为，世界银行和区域开发银行等机构应该不仅仅只是提供资金，还要做更多的工作。为启动改革计划，吉田在 1981 年的年会上宣布，亚行将开展第一次重大战略审查。他还表示不会续任，将于 11 月离职。在这些变化中开启了藤冈时代。

在亚行工作的 5 年间，像两位前任行长一样，吉田努力推动亚行内部的变革。1977 年，即在他担任行长的第一年，他响应了亚行应扩大影响并对社会发展问题给予更多关注的呼声。吉田留下的遗产把亚行带入下一个十年。正如渡边行长和井上行长离任时把改革议程交接给下任一样，吉田通过宣布进行战略审查把一项计划交给继任者。

1981 年 11 月 24 日，藤冈真佐夫成为亚行第四任行长。他于 20 世纪 50 年代初就读于芝加哥大学，并拥有丰富的国际金融经验，曾任日本大藏省国际金融局局长和日本进出口银行执行董事。而且，藤冈在亚行已经有很丰富的工作背景。1966 年，他成为第一批工作人员，被任命为行政主任。在他担任行长的 8 年间，他将会带来强有力的管理风格，并监督开展大型组织变革。

甚至在抵达马尼拉之前，藤冈就已表示他将确定自己的优先事项。与前三位行长不同，他没有直接前往马尼拉，而是先对缅甸和泰国进行了短暂正式访问，与高级官员讨论了他们的优先事项，了解了东南亚的经济发展状况。几天后，他前往菲律宾。在途中，他遇到了由地区冲突引发的一些人为问题：他从曼谷出发搭乘的法航班机，因需将 100 多名越南难民送往马尼拉，意外地推迟了一个小时。

藤冈赴任马尼拉成为亚行的一段佳话。藤冈没有先前往寓所放行李，而是计划立即开始工作。他计划在下午 3 点抵达马尼拉机场时举办一场新闻发布会，之后直接前往亚行总部，于下午 3 点 30 分与高级职员和董事会见面。这些计划由于他的航班晚点而受到一些干扰，但他执行计划的意图仍然非常明确。

藤冈只是表明，他将是一个行动力很强的行长，并将坚定地开始对亚行的领导。在第一次与董事会见面时，他重申了吉田列出的三个优先产业部门：农业、替代能源和社会基础设施。他也乐于看到更多的联合融资，特别是私营部门，并广泛地推动私营部门发展。他希望亚行开展更多的经济研究，使亚行被认可为亚洲经济体的信息中心。他还谈到需要改善亚行的形象。他表示，尽管亚行在东京和德国的主要金融市场上很有名，但是，"……在瑞士和其他市场，投资者仍然不知道亚行定位何处，并且错误地认为亚行只向农业领域提供贷款"。

　　除公职外，藤冈在抵达马尼拉之后还想发展一些私人关系。他想联系的一个人是科内利奥·巴尔马塞达。巴尔马塞达 1965 年曾在曼谷和马尼拉任筹划亚行成立工作的筹备委员会主席，后来在菲律宾担任高级部长。那段时间藤冈与巴尔马塞达密切合作，如今希望重新与他联系。藤冈向朋友们询问得知，当时 84 岁的巴尔马塞达和妻子在距离藤冈住处不远的帕塞市安度退休生活。1981 年圣诞节前的一天，他捧着一束鲜花去看望巴尔马塞达。坐在轮椅上的巴尔马塞达夫人到前院迎接他，扶着手杖的巴尔马塞达热情地问候他。三人进入花园，露天而坐，回忆 20 世纪 60 年代中期的交往。

20 世纪 80 年代的业务重点

　　藤冈对亚行的工作有自己的看法。他决定等吉田委托研究的结果出来后再设定战略目标，但也迅速推动迫在眉睫的改革。例如，他曾听说，董事会对 1981 年亚行预算的讨论一直存在争议，且这场讨论持续了两天。正如藤冈所说，他不赞成"过度低效的审议"。作为董事会主席，他裁定 1982 年的预算将以总结形式进行讨论，且很快获得批准。这种方法预示了藤冈担任行长职务时的那种轻快且时而颇具争议的管理风格。①

　　由吉田发起的关于亚行业务的长期战略研究是由亚行特别工作组实施开展的，并由新成立的发展政策办公室协调，由 5 名发展专家组成的咨询小组提供指导。该小组由普林斯顿大学的约翰·P. 刘易斯（John P. Lewis）担任主席，包括来自一桥大学的小岛清等亚洲专家。该小组准备对报告做出自己的评价。

　　该报告于藤冈赴任亚行近一年后的 1982 年 10 月 29 日提交，后来以《亚洲开发银行 20 世纪 80 年代业务重点和计划研究》为题发布。实际上，此标题是有误导性的。该报告提出了一项惊人的宏大变革计划。这份可以被称为"藤冈议程"的报告主张改善国别方案规划，提供更多类型的援助，以及更好地调动资源。报告也直截了当地指出需要改进贷款的经营管理。总的来说，该研究报告建议亚行的工作应扩大为更广泛的发展活动。

　　这项研究令人耳目一新地坦陈了亚行的问题。其中一个问题是短期方法。在 20 世纪 70 年代，亚行通常派遣特派团前往借款国为一系列项目做准

---

① Fujioka, 1986, *ADB President's Diary*, Chapter 1.

备，通常为期 4 年。在此基础上，亚行工作人员将编制国别计划。但是，这种方法鼓励亚行工作人员把重点放在当年，而不是立足长远。这种注重短期的方法往往会加剧年终"扎堆儿"，相当于突然匆忙把项目交给董事会审批，实现年度贷款目标。几年后的 1986 年，随着当年上一季度批准了 77%的贷款承诺，"扎堆儿"对藤冈来说成了一个严重的问题。董事会要求管理层审查这个问题，然而，"扎堆儿"依旧继续。① 另一个问题是经济分析不足。研究报告指出："亚行关于项目目前资助领域的知识基础似乎很薄弱。……因此，亚行就其国别业务计划而言并没有明确的方向。"

针对这些问题，该研究提出了两项主要建议。首先，亚行国别规划应该更加严格。其次，亚行的行动应超越短期年度目标而设定多年期限。该研究还呼吁亚行援助类型应更加灵活，认为尽管大多数贷款仍应用于项目，但如果更多地使用其他类型的贷款（如规划贷款、多项目贷款以及行业贷款），则可以实现更大的灵活性和更好的国别规划。

特别工作组还得出结论，认为亚行应该准备好为更多本地成本提供资金。早年，作为对国际性开发银行作用的当代思想的反映，亚行主要为项目的外汇成本提供资金。但这种做法往往会造成延误。低收入国家通常很难为项目的本地货币部分提供资金。为了减少这种不匹配，报告提出亚行应该倾向于为向本地成本提供资金安排贷款，而国际咨询小组支持这一建议。

该研究的另一个中心思想是亚行需要拓宽其开发活动的范围。藤冈等人已经注意到经济合作与发展组织的工作，该组织的总部设在巴黎，协调工业国之间的政策讨论。在 1982 年的亚行年会上，藤冈以行长身份发表第一次演讲时说道："作为一个促进本地区经济发展的机构，亚行亦应致力于在识别发展中成员体的问题和潜力方面成为公认的技能中心。"

然而，对亚行应该在多大程度上成为一个基础广泛的区域资源中心，众说纷纭。该研究指出："改进亚行作为区域开发机构的作用是一件复杂的事情，因为结果并不一定是明确的，而且通常成本较高。"然而，国际咨询小组强烈支持这一想法。咨询小组在评论整个报告时说："……在亚行的前 15 年里，它一直是一家良好而健全的发展项目银行……所附研究报告提出了一个观点，即认为亚行成为一个更活跃、具有更多功能的发展推动者的时刻到来了。我们完全赞同这一观点。"

---

① ADB, *Annual Report 1986*, 2.

增加放贷和首批私营部门业务

藤冈将在未来十年中用大部分时间实施他的改革议程。在 1984 年的阿姆斯特丹年会上，他汇报了进展情况："1983 年，亚行通过以下措施响应发展中国家的需求：通过一个特别援助方案帮助完成正在进行的项目；进军股本投资业务；对本地成本融资采取更宽松的政策；增加规划贷款；补充用于超支的资金；在项目实施期间进行更系统化的利息融资。"

推动改革议程的一个方法是确保银行贷款继续增长。在亚行第二个十年期间，年度贷款从 1977 年的近 8.9 亿美元增加到 1986 年的超过 20 亿美元，其中约 1/3 是亚洲开发基金的优惠贷款。

放贷规模反映了需求和供给。在需求侧，很大程度上取决于发展中国家借款的意愿和能力。这也因经济、预算条件和执行机构（如农业部门或公共工程部门）有效管理项目的能力差异而有所不同。在亚行供给侧，贷款受到亚行管理贷款能力的影响。为了改善供给侧，亚行在 1983 年放开了一些关于规划贷款和提供本地成本融资的政策。由于这些变化，以及在对一些大型贷款的多年规划和审批上采取更灵活的方法，1984 年的贷款激增至 22 亿美元以上（图 7.1）。

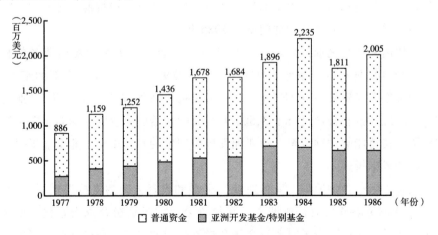

图 7.1　1977－1986 年按资金类型划分的业务批准

注：业务批准包括贷款、赠款、股本投资和担保。

资料来源：亚行贷款、技术援助、赠款和股本批准数据库。

　　亚行的贷款批准在 1985 年和 1986 年略有减少，这反映了世界经济状况总体放缓以及许多借款国的高债务水平和预算限制。由于大多数主要传统借款方的贷款降幅较大，因此普通资金的降幅更大。藤冈在 1986 年解释说，这是因为"发展资金的可得性限制使我们的发展中成员在选择项目时更加精挑细选，并且更加重视投资的效率和生产力。"事实证明这种放缓是暂时的，因为印度和中国很快就开始借贷。藤冈后来说，如果没有这两个国家，亚行仍是一个小银行。

　　改革议程的一个重要方面是努力加强与私营部门的联系。亚行在 20 世纪 70 年代早期的重点一直是支持开发金融机构，以帮助中小企业。藤冈本人非常希望看到亚行扩大与私营部门的合作。事实上，1968 年亚行的第一笔贷款就是给泰国的一家开发金融机构提供贷款，用于向中小企业转贷。1981 年藤冈向董事会发表的第一次讲话中，概述了促进私人投资的步骤。此外，他建议开展股本投资服务，以允许直接投资私营部门的股本。

　　接下来的几年里，董事会考虑了各种各样的选择，并且在 1983 年批准了一项新的政策，使亚行能够投资私营部门机构和公司的股本权益。1983 年，两项股本投资获得批准，其中一项是投资韩国开发投资公司的股本，另一项是投资巴基斯坦的"银行家股本"（Bankers Equity），以促进对中小型工业企业的投资。这是亚行非主权业务的开始。

　　接着，在 1985 年，没有政府担保的向私营部门贷款政策获得了批准。次年，第一笔向私营企业提供的没有政府担保的贷款获得批准（专栏 7.4）。继这些举措之后，亚行私营部门处于 1986 年成立。

　　在快离开亚行之前，藤冈还支持建立一个旨在扩大私营部门业务的机构。1989 年，亚行联合本地区内外的私人金融机构，成立了一个新的组织，即亚洲金融和投资公司（AFIC），该公司获批为新加坡的商业银行。[①] 亚行在亚洲金融和投资公司进行了 3,500 万美元的初始股本投资。预期亚洲金融和投资公司将能够调动资金，为亚洲发展中国家的私营中型工业企业提供长期贷款和股本投资。

　　但是，由于种种原因，亚行对亚洲金融和投资公司的支持遇到了问题。1997 年亚洲金融危机后，亚洲金融和投资公司的投资组合急剧恶化。出现这些问题后，亚行减少了对亚洲金融和投资公司的参与，并最终退出了困难重重的投资。

①　ADB, *Annual Report 1991*, 61.

138

> ### 专栏 7.4　第一笔没有政府担保的贷款
>
> **巴基斯坦切拉特（Cherat）水泥公司和国家开发租赁公司**　没有政府担保的向私营部门贷款政策在 1985 年获得批准。次年，第一笔向私营企业提供的没有政府担保的贷款批给了巴基斯坦的切拉特水泥公司，以协助该公司提高产能。贷款以瑞士法郎发放，数量相当于 500 万美元。第一笔向金融机构提供的没有政府担保的贷款于 1986 年获得批准，也是批给了巴基斯坦。这笔贷款数额为 500 万美元，以瑞士法郎发放，获贷方为巴基斯坦国家开发租赁公司，该贷款用于帮助支付直接进口设备的外汇费用。该设备旨在供应给租赁公司的私营部门客户，主要是制造业的私营部门。
>
> 资料来源：ADB，1987，*ADB 1986 Annual Report*，Manila，p. 1。

工作人员和第一个驻外代表处

改革议程的另一部分是招聘有潜力的年轻员工。在亚行的第一个十年和进入 20 世纪 80 年代，许多专业人员是从政府借调到亚行的公务员。他们的平均年龄在 40 岁或 40 岁以上，可能大多数人拥有 15 年的专业经验，95% 以上是男性。藤冈认为亚行应重视专业技能培训。1984 年，亚行推出"青年专才计划"（Young Professionals Program）。然后，借此从加拿大、法国、日本、斯里兰卡和泰国招聘了 5 名男性工作人员和 1 名女性工作人员，年龄均在 30 岁以下。

当老员工和新的年轻员工学习相互合作时，"青年专才计划"在人员磨合上出现了一些小问题，但该计划很快被证明是成功的。亚行上下对青年专业人才需求极大，因此每年都会进行新批次的招募。随着时间的推移，许多人晋升到高级职位。最早的一批青年专才意味着拥有"被分派实施项目、执行任务和参加培训的绝佳机会"。到 2015 年，招聘了近 170 名青年专才，其中 45% 是女性。[1]

---

[1]　详情参见 Bouvery et. al. 2015，*ADB@50—The Young Professionals Program*（YPP）。

亚行还与借款国建立了更密切的伙伴关系。1982 年，第一个驻外代表处在孟加拉国达卡开设。还计划设立一个南太平洋区域办事处，因为从马尼拉与辽阔太平洋上分散的国家保持密切联系比较困难。但藤冈不太关心地理上的邻近性，而是认为亚行工作人员需要"通过心灵与大脑"了解当地发展问题。他表示，设立区域办事处的一个主要目的是实现与借款国"心理接近"。①

商定国别战略和灵活的放贷安排

业务重点研究还建议亚行加强国别规划。规划文件不应只包括项目规划，还应制定亚行在借款国战略，这种方法需要员工的不同技能组合。亚行在 1984 年制定了第一个国别战略——是为巴基斯坦制定的，随后为斯里兰卡和印度尼西亚制定了国别战略。但直到亚行第三个十年，它才有能力为大多数借款成员体制定国别规划。

亚行在 20 世纪 70 年代末发放第一笔规划贷款。1983 年，亚行对规划贷款政策进行了审查，目的是通过与各国进行更好的对话来改善行业计划，同时通过技术援助增强机构能力。② 1984 年，对行业贷款的审查也建议加强政策对话，同时提升借款国的能力。③

整个十年，亚行也更加重视贷款管理。1978 年，作为机构重组的一部分，亚行成立了中央项目服务办公室。对经常造成延误的采购指南进行了重新考虑。然而，亚行在保持对采购安排的严密控制上仍然面临压力，特别是来自工业国家的压力。

本地成本融资规则也放开了。在一些低收入国家进行试点之后，于 1983 年初推出了特别融资安排，这是针对优先事项的地方资金短缺而推出的。

亚行时刻注意在国际资本市场保持 AAA 评级，且始终保持谨慎态度。藤冈 1983 年在于马尼拉举行的年会上说，"根据这一计划进行的融资，将符合发展中国家与国际货币基金组织和世界银行达成一致的稳定和结构性计划"。该政策在 1983 年晚些时候再次接受审查，当时的范围扩大到大多数发

---

① 藤冈真佐夫行长 1983 年 5 月 4 日至 6 日在于马尼拉召开的亚行理事会第 16 届年会上的讲话。另见《1983 年亚行第 16 届年会会议记录》第 25 页。

② ADB，1983，*Review of Program Lending Policies*.

③ ADB，1984，*Review of Sector Lending Operations*.

展中国家借款方和大多数行业。①

这些贷款安排的变化提供了更大的灵活性。例如，亚行能够对菲律宾的问题快速做出反应。在 1985 年的大部分时间里，菲律宾政府受阻于政治动荡，没有任何贷款获得批准。但在 1986 年初，阿基诺取代马科斯当上总统后，亚行得以迅速行动。批准本地成本融资安排，为 36 个延迟项目提供 1 亿美元的特别项目实施援助贷款。鉴于菲律宾正处在一个特殊困难时期，且国际社会热衷于协助它，半数贷款都是按亚洲开发基金的优惠条件提供的。

印度尼西亚也陷入了困境。石油和大宗商品价格急剧下跌，造成了严重的预算问题，推迟了 6 个教育项目。为加快项目实施，董事会在 1986 年 12 月批准了 3,000 万美元的特别项目实施援助贷款。

困难时期的筹资

在亚行第二个十年的大部分时间里，尤其是在后五年，亚行认为调动资金是一个持续的挑战。1984 年于在阿姆斯特丹举行的年会上，藤冈谈到了"新保护主义"和"20 世纪 30 年代以来最严重的衰退"，这些都限制了援助和私人资本流入亚洲。1980 年 5 月，一项评估建议大幅增加普通资金业务，尽管这需要更多的认缴资本。亚行准备加快普通资金贷款，计划在 1983 – 1987 年发放超过 110 亿美元的此类贷款，但这一规模的贷款需要第三次普遍增资（GCI Ⅲ）。

关于第三次普遍增资的讨论在 1981 年和 1982 年进行。成员体们开始考虑扩大资本，但在同意增加资本之前，它们希望亚行改善贷款管理并加强国别和行业的计划制订。成员体们还希望亚行从其他渠道调动资金，其中包括私人资本。1983 年 4 月，成员体们满意于亚行对这些问题的承诺，批准了第三次普遍增资，使核定资本增加了 105%（附录表 A2.14）。这为亚行拓展国际资本市场的债券业务开辟了道路：1978 年，年度借款为 3.9 亿美元，但到第二个十年结束时超过了 8 亿美元。

但是核定资本的扩充并没有增加软贷款活动的可用资源，这需要进一步补充亚洲开发基金的资金。在亚行第二个十年期间，进行了两轮补充资金谈判——亚洲开发基金第二次补充资金（ADF Ⅲ）和亚洲开发基金第三次补充

142

---

① ADB, 1983, *Review of Lending Foreign Exchange*.

资金（ADF Ⅳ）。然而，在同意额外捐款之前，捐助者希望亚行就一系列政策事项做出保证。经过讨论后，1978 年捐助者同意为亚洲开发基金第二次补充资金提供 21.5 亿美元（用于支持1979－1982 年的放贷）。1982 年，捐助者同意为亚洲开发基金第三次补充资金提供 32.05 亿美元，以支持 1983－1986 年的放贷（附录表 A2.17）。

亚行还扩大了联合融资业务。1981 年，一项评估认为，尽管亚行与官方机构达成了令人满意的联合融资安排，但与商业合作伙伴的合作不太成功。为了解决这个问题，1982 年成立了一个联合融资部门，致力于扩大与官方援助机构和出口信贷机构以及商业资源（如银行）的业务。联合融资还被用于回收来自中东的石油美元，同时亚行还与欧佩克国际发展基金和伊斯兰开发银行等合作。

一个区域开发机构

业务重点研究将亚行设想为开发机构和区域资源中心。为了朝这个方向发展，亚行需要提升分析能力并扩大其范围。实际上，在 1980 年甚至在开展研究之前，亚行已经扩大了经济办公室，由一名新任首席经济学家负责［第一任首席经济学家是来自美国夏威夷大学的纳屋清二（Seiji Naya）教授］，并将经济分析师分配到国别部门。亚行与借款国的政策对话也开始建立。

亚行通过项目融资经验积累了实用知识。现在需要提升其长期研究和分析的能力，并着手对本地区的发展问题进行具体研究。1981 年，亚行推出了"经济参事论文"（Economic Staff Papers）系列。

藤冈在 1982 年向亚行董事会发表的首次主要讲话中，宣布他打算创办《亚洲发展评论》（*Asian Development Review*）杂志，第一期于 1983 年出版。在第一期的序言中，他说："我认为亚行是关于地区经济问题和潜力的一个信息中心。通过这种方式，亚行可以进一步为发展中成员体在评估战略、制定政策和实施有效的发展计划方面做出贡献。《亚洲发展评论》杂志是这一努力的一部分。"

1982 年，又在藤冈的建议下，亚行推出了"名人讲座"（Distinguished Speakers）系列，邀请著名经济学家就社会经济发展问题发表演讲。1983 年起，亚行开始举办"亚行发展圆桌会议"（ADB Development Roundtable）系列活动——一个由重点关注发展问题的高级决策者和专家组成的年度聚会。1983 年，他们商讨了财务政策和外债管理；1984 年，他们研商了工业发展和贸易政策，并举办一场关于通过金融发展动用国内资源的研讨会；1985 年，他们专注于私营部门。在此期间，亚行还加强了与国家机构的联合研究。

成为区域资源中心的举措标志着亚行有了新角色。正如藤冈在 1985 年曼谷年会上所说的，"我们曾是一个始终心系发展中国家最大利益的'家庭医生'。现在我们必须发挥更复杂、更精细的作用，将提供财政援助与提供关于关键发展问题的政策建议结合起来。"其中之一就是环境压力。1980 年，董事会讨论了一份关于亚行业务环境考量的文件，并商定系列措施以确保亚行项目活动考虑环境影响。① 1986 年，亚行评估了项目工作中环境管理方面的安排。研究建议亚行要力争成为环境活动的区域资源中心。②

另一个主要问题是性别问题。1985 年，理事会批准了一项关于妇女在发展中的作用的政策，建议亚行特别考虑妇女在其活动中的作用。③ 从 1986 年起，工作人员按照把性别问题纳入主要领域（如农村发展、教育、供水和卫生设施）项目准备的准则行事。④ 主要发展指标也开始按性别分列数据。1987 年初，亚行招聘了一名项目专家，使其担任亚行促进妇女在发展中作用的联系人。这些事务和其他事务一起有助于扩展亚行期望处理的国际开发议程。

144

中华人民共和国加入亚行

然而，比这些发展更显眼的是亚行与亚洲两个大国——中国和印度——之间关系发生的显著变化。在亚行第二个十年开始时，中国和印度都不是借款国。出于各种原因，印度选择不借款，中国尚未加入亚行。但是，到亚行第二个十年结束前，这两个国家都与亚行达成了借款方案。在亚行第三个十年期间，它们作为主要借款方的参与将有助于促进亚行的多边性质。

---

① ADB, 1979, *Environmental Considerations in Bank Operations*.
② ADB, 1986, *Review of the Bank's Environmental Policies and Procedures*.
③ ADB, 1986, *Role of Women in Development*.
④ ADB, 1986, *Role of Women in Development*.

　　1971 年，联合国恢复了中华人民共和国的合法权利。① 在这之后，20
世纪 70 年代有很多关于中国加入亚行的可能性的猜测。当中国在 1980 年对
与国际货币基金组织和世界银行的关系"承担责任"时，这一猜测愈发增
多。② 然而，关于亚行成员资格的第一次正式讨论直到 1983 年才开始，此
后持续了 3 年。1983 年 2 月，中国联系亚行管理层，表示有意加入亚行，
遵循加入国际货币基金组织和世界银行时的相同方法。③ 但是，这种安排意
味着中国台北在亚行的成员资格将被终止。藤冈认为这是不恰当的，因为亚
行章程没有终止对亚行履行义务的成员体资格的规定。

　　情势一度陷入僵局。但是，中国方面表示，如果能够就中国台北在亚行
145 使用的名称做出令人满意的安排，中国台北可以保持其成员资格。藤冈与中
国继续进行广泛的磋商。

　　经过漫长而详尽的谈判，亚行于 1985 年 11 月与中国达成协议。根据董
事会的建议，理事会于 1986 年 2 月 17 日批准中华人民共和国的成员资格。④
中国台北的称谓将通过行政安排由"中华民国"改为"中国台北"。

　　1986 年 3 月，国内程序完成后，中国成为亚行成员。中国台北没有参
加亚行 1986 年及 1987 年的年会，它于 1988 年恢复派出代表团。在如今的
董事会中，中国台北与其他 6 位成员体（包括韩国）共属一个选区，而中
国单属一个一成员选区。自 1971 年以来，中国香港属于包括澳大利亚等其
他成员在内的选区（附录表 A2.3 和 A2.4）。

　　中国成为亚行成员后，藤冈决定不在亚行总部前悬挂成员体的旗帜，而
只悬挂一面旗帜，即亚行官方旗帜，该旗悬挂在主旗杆上。从那以后，在新
旧总部大楼，这种只升亚行旗帜的做法一直保持到现在。但是，在曼达卢永的
新亚行总部大楼，有一个反映这一历史的特别建筑：除了每天升挂亚行旗帜的
那一个基座外，还有其他五十多个基座，它们等待着在未来某个时间升起其他
旗帜。这些额外基座———一般注意不到——是亚行建筑历史的一部分。

---

① 1971 年 10 月 25 日第 26 届联合国大会第 2758 号决议：《恢复中华人民共和国在联合国的合
　法权利》，http://www.un.org/ga/search/view_doc.asp?symbol=A/RES/2758（XXVI）
　（2017 年 1 月 30 日访问）。
② International Monetary Fund, *At a Glance – China and the IMF*, https://www.imf.org/external/
　country/chn/rr/glance.htm（2017 年 1 月 30 日访问）。
③ Fujioka, 1986, *ADB President's Diary*, Chapter 4.
④ 《亚行章程》规定，对新成员来说，理事会投票人数至少应占理事总人数 2/3 多数，所代
　表的投票权不低于总投票权的 3/4 多数。中国加入时满足了这一要求。

作为借款方的印度

在中国申请成为亚行成员时，印度已经开始采取措施向亚行借款。1981 年 8 月，印度请求启动贷款。这是印度与亚行关系发生的一个重大变化。这将导致对亚行资源的需求显著增加。

印度的决定一改那种非正式理解，即它只向世界银行请求多边财政援助。亚行成立时，亚洲和太平洋地区的小型发展中国家认为，世界银行已经向印度提供了大量支持，因此亚行应该更多地关注亚洲其他国家，特别是比较小的借款国。

美国始终以为这种非正式安排是世界银行和亚行之间的有益分工，对拟议的变化感到不太满意。在 1984 年于阿姆斯特丹举行的亚行年会上，美国代表大卫·C. 马尔福德（David C. Mulford）说："世界银行拥有较长的历史、更多的资源和更专业的机构，故最适合协助本地区较大国家的发展……效率决定这两个组织应该合作，并专注于各自更具优势的领域。"

印度的请求给藤冈带来了意想不到的问题。令他惊讶的是，美国似乎对印度比对中国担忧。[①] 他多次与印度和美国官员会面。他发现，在这个问题上达成协议比在中国加入亚行一事上达成协议在外交上困难得多。

最后，到 1985 年达成了充分的协议，亚行派遣工作人员从马尼拉到新德里讨论贷款安排。印度的首要任务是快速工业化，亚行向印度提供的第一批项目贷款旨在支持这一战略。1986 年，亚行开始以普通资金条款向印度工业领域的私营企业贷款 2.5 亿美元，并投资泰米尔纳德邦的一个电力项目。在接下来的几十年里，印度将成为亚行最大的借款方。

业务总结

在第二个十年里，亚行的融资业务快速扩大。1978 年，年度贷款首次超过 10 亿美元。在整个第二个十年里，亚行业务批准额超过 160 亿美元，较上个十年增长近 5 倍，其中 1/3 来自亚洲开发基金。

贷款反映了借款国的优先事项主要是发展农业和能源。这些行业占贷款

146

---

① Wilson, 1987, *A Bank for Half the World*, 274.

总额的一半以上。其余的贷款用于交通和信息通信技术（ICT）（12%）、金融（10%）、水（10%）、教育（5%）、工业与贸易（3%）和医疗卫生（2%）。除了更加重视农业外，与上个十年相比，有一些重大变化，这包括对社会部门（教育和健康）的贷款份额有所增加，相应减少了交通、金融和工贸的份额（图 7.2）。

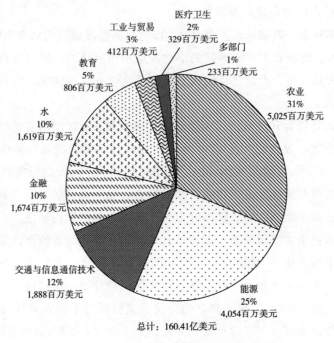

图 7.2　1977 – 1986 年按行业划分的业务批准

注：业务批准包括贷款、赠款、股本投资和担保。
资料来源：亚行贷款、技术援助、赠款和股本批准数据库。

　　就地理分布而言，亚行贷款仍然高度集中在东南亚，占总数的一半以上（图 7.3）。然而，南亚及中亚和西亚各占 18%，都超过了东亚。新加坡和中国香港的普通资金贷款数量相对较少，这与它们从私人资本市场借贷能力的增强相一致。这些经济体十年来停止了向亚行借款。与此同时，太平洋成员体仍是最小的借款地区，仅占亚行贷款总额的 2%。十年来排在前五名的借款国是印度尼西亚（21%）、巴基斯坦（17%）、菲律宾（12%）、孟加拉国（11%）和韩国（9%）。

　　总体而言，技术援助业务在第二个十年期间增长了五倍，达到 1.25 亿美元。前五名受援国分别是印度尼西亚（15%）、菲律宾（12%）、巴基斯

坦（9%）、孟加拉国（8%）和尼泊尔（8%）。亚行还继续为太平洋岛国提
供技术援助。按行业划分，41%的技术援助用于农业，14%用于能源，10%
用于交通与信息通信技术，9%用于公共部门管理，7%用于工业与贸易。亚
行对借款国的政策问题和机构发展越来越感兴趣，因此更加强调咨询和技术
援助计划。同时，还努力扩大具体项目的技术援助活动，以加强项目的准备
和实施。亚行作为区域发展资源中心的新角色促使其增加了技术援助，以在
地区、行业及问题研究方面提供资金支持。

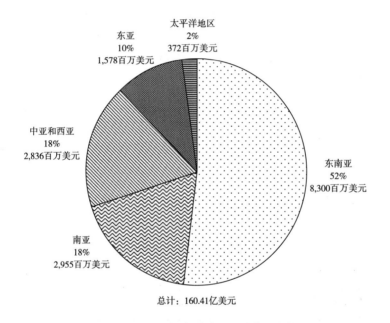

图 7.3　1977－1986 年按地区划分的业务批准

注：区域细分基于亚行现行国别分组。业务批准包括贷款、赠款、股
本投资和担保。

资料来源：亚行贷款、技术援助、赠款和股本批准数据库。

这些活动对亚行的工作人员和预算提出了越来越高的要求。从 1976 年到
1986 年底，员工人数从 760 名增加到 1,604 名，内部行政管理费用预算从近
2,000 万美元增加到接近 9,000 万美元。办公空间也倍感紧张。1976 年，亚行
原则上决定建造一座新的办公大楼。在此期间，菲律宾政府虽在附近的中央
银行综合大楼内为亚行提供了临时免租用房，但是亚行还需要在附近租用额
外住房。那时，亚行的办公室分散于马尼拉湾附近帕塞市的不同大楼里。

在第二个十年期间加入了 5 名新成员——马尔代夫（1978 年）、瓦努阿图

（1981 年）、不丹（1982 年）、西班牙（1986 年）和中国（1986 年）。与其他和联合国有关的机构不同，亚行以中国台北的现有称谓保留其成员身份。

进入第三个十年

第二个十年内，亚行和亚洲各地都发生了很多变化。在这十年开始时的 1977 年，亚行仍主要以项目为导向，专注于处理项目贷款所涉及的任务。但是，1976 年 11 月离职亚行的井上四郎已提出要作出改变。接任的两位行长吉田和藤冈推进了这一进程。1982 年完成的《亚洲开发银行 20 世纪 80 年代业务重点和计划研究》为藤冈提供了 80 年代剩余年份的计划议程。亚行还必须应对全球经济的困难时期和本地区的变化——向担忧粮食和能源安全和面临结构调整需要的借款国家提供援助。

到第二个十年结束时，亚行已经转型。成员体数量从 42 个增加到 47 个。与此同时，印度成为活跃的借款国。虽然亚行贷款继续关注基础设施，但亚行准备在下一个十年扩大开发活动的范围。亚行还设计了增强其调动金融资源能力的新贷款产品。

在亚行下一个十年即第三个十年期间，藤冈真佐夫继续推进改革，直到 1989 年 11 月卸任行长。后面两位行长——垂水公正和佐藤光夫——将带领亚行进入 20 世纪 90 年代中期。

表 7.1　1967–1986 年部分业务、机构和财务信息

	1967–1976 年 （第一个十年总计）	1976 年 （截至年底）	1986 年 （截至年底）	1977–1986 年 （第二个十年总计）
A. 业务亮点（百万美元）				
业务批准总额[a]	3,361	776	2,005	16,041
按资金来源				
普通资金	2,466	540	1,369	10,758
亚洲开发基金	895	236	636	5,283
按业务				
主权	3,361	776	1,993	16,022
非主权	—	—	12	19
技术援助批准[b]	25	3	24	125
技术援助项目	21	2	17	96
区域援助	4	1	6	29

接下页

	1967－1976 年 （第一个十年总计）	1976 年 （截至年底）	1986 年 （截至年底）	1977－1986 年 （第二个十年总计）
未偿还贷款总额		1,079	8,749	
普通资金		881	5,998	
亚洲开发基金		198	2,751	
贷款和赠款支付总额	1,159	327	1,024	7,317
普通资金	948	263	612	5,145
亚洲开发基金	211	63	413	2,173
官方联合融资^c	29	3	30	576
商业联合融资	—	—	5	36
B. 机构亮点				
员工信息				
员工总数		760	1,604	
国际员工^d		290	603	
女性员工		308	740	
女性国际员工		5	25	
驻外办事处员工		—	23	
成员体		42	47	
驻外办事处		—	2	
内部行政管理费用预算（百万美元）	102	20	89	588
C. 财务亮点（百万美元）				
核定资本^e		3,707	19,663	
认缴资本^e		3,688	19,476	
实缴		1,183	2,354	
待缴		2,506	17,122	
借款	1,133	529	813	6,418

注：— ＝无。

^a 数字指贷款、赠款、股本投资和担保批准，除去终止项目（不包括董事会批准但在被视为有效前终止的业务）。

^b 技术援助业务仅包括技术援助特别基金和日本特别基金提供的赠款。

^c 包括信托基金和贷款、赠款及技术援助的联合融资。

^d 国际员工数据包括管理人员。

^e 这些数值为依据 1976 年 12 月 31 日（对于 1976 年资本）和 1986 年 12 月 31 日（对于 1986 年资本）的美元/特别提款权兑换率折合的美元数。

资料来源：亚行年报，亚行预算、人事和管理系统局，亚行主计局，亚行战略与政策局，亚行贷款、技术援助、赠款和股本批准数据库，亚行联合融资数据库。

1979 年 5 月 10 日，菲律宾马尼拉。亚行行长吉田太郎一在亚行总部欢迎来访的澳大利亚总理马尔科姆·弗雷泽。

亚行资助的中国香港沙田医院综合诊所项目（威尔斯亲王医院）于 1979 年开始兴建。图为一名护士在护理儿科保育箱里的早产儿。

1981 年 4 月 30 日至 5 月 2 日在美国夏威夷檀香山举行亚行理事会第 14 届年会。

1981年10月9日，印度总理英迪拉·甘地与亚行行长吉田太郎一在留言簿上签名。

1982年7月16日，设立亚行第一个驻外代表处——驻孟加拉国办事处（现称驻孟加拉国代表处）——协议签订。就座者从左至右为：执行董事拉马钱德兰，孟加拉国副执行董事卡菲勒丁·马哈茂德，亚行行长藤冈真佐夫，亚行副行长阿肖克·班巴瓦尔，亚行副行长斯坦利·卡茨。站立者从左至右为：亚行法律总顾问办公室高级法律顾问迪沙－普里亚·卡斯伯特·阿梅拉辛哈，驻孟加拉国代表处第一任首席代表李宋七（Song Chil Lee）。

1983年1月14日，加拿大总理皮埃尔·特鲁多访问亚行。

154

1987 年 11 月 9 日，
亚行行长藤冈真佐夫
（右）与中国国务委
员兼中国人民银行行
长陈慕华最终确认第
一笔对华贷款。

印度拉贾斯坦邦城市基础设施开
发项目是一个亚行资助的污水处
理厂，位于贾杰布尔市德拉瓦。
1986 年 4 月 3 日亚行向印度提供
第一笔贷款。

位于菲律宾曼达卢永
市的第二亚行总部于
1986 年开工建设。外
部结构于 1988 年完
成。

亚行资助的第二个
补偿性林业部门
项目在马来西亚七
个州的退化林地上
建起了生长快、产
量高的人工林场。
1988 年 11 月 17
日摄。

1989 年 7 月 18
日，巴基斯坦伊斯
兰堡。巴基斯坦总
理贝娜齐尔·布托
与亚行行长藤冈真
佐夫出席亚行驻巴
基斯坦代表处开业
仪式。

1991 年 2 月，亚
行行长垂水公正
（右）参观斯里兰
卡一个茶园项目基
地。

第三个十年

（1987 – 1996年）

第八章

亚洲：本地区的重新崛起

新的十年，几乎世界各地都发生了深远变化。东欧发生的政治和经济变化可能会导致关注点从亚洲转移……亚洲发展的势头可能不得不越来越来自内部。这为亚洲国家和亚行都带来了新的机遇。

——垂水公正

亚行年会致辞，1990 年

20 世纪 80 年代后期，世界各地政治和经济发展显著。最重要的是共产主义苏联和东欧崩溃。此事引发了重大转变，包括迫使实施中央计划经济的政府重新思考国家和市场之间的平衡。同时，全球投资者正在寻求更多发展亚洲的机会，而且世界贸易组织正在重塑国际贸易。各发展组织也在重新考虑国家和市场的角色，并关注可持续经济增长问题和减贫问题。

1989 年底柏林墙倒塌，迎来了自二战结束以来主导南北关系的冷战的结束。国际关系的快速变化波及亚洲各地。自 1990 年至 1991 年，中亚一些苏联加盟共和国纷纷宣布独立，脱离苏维埃统治。1991 年 12 月，苏联自身正式解体。这是一个时代的结束，尽管许多政策制定者当时并未充分认识到这一点。全球共产主义对社会主义阵营内的国家不再具有支配力量。国家集权制共产主义模式基本上名誉扫地。一些观察家甚至快速得出"历史的终结"结论，认为西方自由民主现在已经成为全球规范。[①] 东欧剧变也加剧了

---

① Fukuyama, 1992, *The End of History and the Last Man.*

对援助资金的竞争，尤其是在那些向脱离社会主义集团的国家提供大规模援助的欧洲捐助国之间。

亚洲发展中国家还受到中东局势的影响，特别是 1990 年海湾战争和 1991 年伊拉克冲突的影响。[①] 它们受到油价上涨和出口市场被干扰的影响，以及亚洲合同工每年高达 7.5 亿美元的汇款损失带来的影响。海湾冲突还提醒国际社会注意发展中国家的不稳定风险和解决引发问题的更深层因素的需要。

资本流动的变化

这个阶段早期，流向东亚和东南亚的资本流动减缓。工业国家的投资者受拉丁美洲的债务危机的影响，对新兴市场更为谨慎。但日本投资者是个例外（第六章）。他们对亚洲发展仍有信心，并且在 20 世纪 80 年代后期迅速加大对东南亚的新兴工业化经济体和对中国的直接投资，帮助这些经济体转型和应对国际资本市场的波动。[②]

官方资本流动则比较稳定。的确，官方发展援助在全球范围内稳步增加。这受到日本的强烈影响。日本正在扩大其国际作用，并且在亚洲有着重要的贸易和投资联系[③]。1988 年，日本宣布了"宫泽计划"，该计划是一个旨在帮助发展中国家处理沉重债务问题的债务管理计划。到 1989 年，日本已经超过美国成为世界上最大的官方捐助国。它在整个 20 世纪 90 年代一直保持这个最高位置，特别是通过资助东南亚和中国的基础设施建设。

159　　　　在 20 世纪 90 年代初期，亚洲发展中国家的私人资本流动出现复苏。国际投资者受到资本市场自由化和放宽外资限制的鼓舞。流入本地区的证券投资增加。外国直接投资也急剧增加：1994 年至 1995 年，流向印度尼西亚、马来西亚、菲律宾和泰国的外国直接投资从 86 亿美元增加到 141 亿美元。[④] 20 世纪 90 年代中期，欧洲跨国公司和国际银行也越来越重视亚太地区。这

---

① ADB, *Asian Development Outlook 1991*, Box 1.1.

② ADB, *Asian Development Outlook 1989*, Box 1.6.

③ 市村（Ichimura）讨论了 20 世纪 80 年代国际经济政策采用的 kokusaika（国际化）方法（Ichimura, 1998, *Political Economy*, 8）。

④ ADB, *Asian Development Outlook 1997*, Box 1.1.

些活动推动了区域股市的繁荣。虽然当时并不明显，但这些资本流动正在助推金融泡沫。① 不久之后，泡沫就会破裂。

新贸易安排

20 世纪 90 年代，亚洲也经历了为减少贸易壁垒而做出新的努力。以前，有关国际贸易的唯一多边协议是 1948 年的《关税与贸易总协定》。1991年 1 月，这一安排被世界贸易组织的成立所取代。针对世贸组织的谈判持续了很久，凸显出发展中国家和工业国家之间的政策差异。

甚至 1996 年在新加坡举行的世贸组织成立大会上，发展中国家和工业国家的领导人还对政府采购、贸易投资和竞争政策等事项（即所谓的"新加坡问题"）意见不一。亚洲发展中国家特别关切的是，对医药产品严格的专利保护会导致更高的消费价格。然而，世贸组织的成立反映了全球化发展的持续动力。2001 年中国加入世贸组织，就表明中国结构变革和进一步融入世界经济的决心。

亚洲的区域机构也在不断发展。该地区的变化体现了亚洲采取的政策，但也受到欧洲单一市场和世贸组织等新兴国际机构建立的影响。1992 年 2 月 160《马斯特里赫特条约》的签署坚定地推动了欧洲迈向单一市场的步伐。依据该条约成立了欧盟并推动了欧元的出台。

自 20 世纪 50 年代以来，亚洲的地区主义引起人们强烈的兴趣，且在 20 世纪 90 年代愈发显著。欧盟的成立提醒亚太地区领导人，要突出亚洲发展中国家的国际声音就必须有统一的地区政策。1989 年，亚太经济合作组织（APEC）论坛成立，旨在讨论改善合作的方式。1993 年，美国总统克林顿邀请亚太经合组织成员政府首脑去美国参加峰会，政府首脑们首次在 APEC 框架内举行会晤。其他区域活动也在扩大：在东南亚，东南亚国家联盟（东盟）正在扩展其活动和成员（1995 年越南加入，1997 年老挝和缅甸加入，1999 年柬埔寨加入）。如下一章所讲述的，亚行积极支持新的区域组织的创建。

---

① ADB, *Asian Development Outlook 1994*, Box 1. 2.

扩展的国际开发议程

到 20 世纪 90 年代后期，国际开发议程进一步拓展，内容更为全面。许多新的优先事项扩展成一棵发展问题"圣诞树"。[①] 其中包括治理和腐败、妇女与性别、环境影响、人口增长以及受移民安置影响下的原住民社区利益。这些问题均反映在联合国的出版物中。1990 年，联合国开发计划署（UNDP）开始发布年度《人类发展报告》，将国际讨论扩展到人类安全、性别平等和文化多样性等领域。[②]

对可持续发展理念的关注也越来越多。发展应该是可持续的，这一建议并不新鲜。多年来，许多作者和报告都指出快速经济增长可能造成严重的社会危害和环境危害。在 20 世纪 60 年代中期，埃兹拉·米香（Ezra Mishan）的著作《经济增长的代价》（*The Costs of Economic Growth*）就提出过这些关键问题。[③] 然而，1987 年世界环境与发展委员会（布伦特兰委员会）发布《我们共同的未来》报告后，可持续发展才开始受到更多的关注。1992 年，联合国环境与发展大会（地球峰会）在里约热内卢通过《21 世纪议程》时，重申了这些原则。《21 世纪议程》是一个使可持续发展成为 21 世纪全球发展政策核心内容的行动计划。

将近 20 世纪 80 年代末，世界上最贫困人群的需求被提上了全球议程。贫困这一概念正在扩大，包括在教育、健康和性别平等等方面赋予人们权利。1988 年，在有关人员在亚行年会上呼吁采取更多的扶贫行动之后，亚行设立了一个内部扶贫工作组，以确定在亚行项目中优先关注贫困的方法。[④] 亚行还支持一些新研究。例如，1990 年《亚洲发展评论》资助了一部关于贫困问题的作品文集，文章作者包括 Shahid Javed Burki、Toshiyuki

---

① 众多评论家论及冷战结束后援助政策的变化都讨论过这些问题。其中包括：Love（OECD, 1991, *Development Co-operation*, 11）, the Swedish Ministry for Foreign Affairs（1999, *Our Future with Asia*, 2）, and Nekkers and Malcontent（2000, *Fifty Years of Dutch Development Cooperation*, 49）。迈耶（Meier）对二战后开发思想的变化（主要是西方国家）进行了概述（Meier, 2005, *Biography of a Subject*）。

② Jolly, Emmerij, and Weiss, 2005, *Power of UN Ideas*, 11.

③ Mishan, 1966, *The Costs of Economic Growth*.

④ ADB, 1988, *Annual Report*, "Poverty Alleviation," 29.

Mizoguchi、H. T. Oshima 和 Montek K. Ahluwalia。[1]

在亚行第三个十年即将结束之际，1995 年，一场关于国际开发银行的作用的激烈争论爆发了。争论的焦点是世界银行的工作，但这场争论反映了远远超出世界银行活动的问题。世界银行成立于 1945 年，其 50 周年纪念日引发非政府组织和许多其他公民团体在美国结成联盟，依据引人注目的主题"50 年足够"，发动了一场对世界银行的激烈批判运动。

他们认为，世界银行、国际货币基金组织和类似机构推动的发展模式造成了巨大危害。[2] 这场运动组织缜密，开展了一系列激烈的批判——世界银行太以项目为导向，太注重保密性，并且太官僚主义，在与发展中国家的政府打交道时太安逸。此外，它没有考虑到妇女、边缘化群体、少数群体和因开展大型项目流离失所的普通人的利益。还有人指责道，世界银行太轻易支持造成广泛失业的经济结构调整项目，世界银行引发损害发展中国家当地工业的国际资本自由流动，世界银行助长加重借款国高负债问题的政策。

这场运动引起了广泛关注，迫使世界银行重新考虑其许多政策。在第九章可以看到，亚行等其他国际机构通过审查自己的计划回应了这场"50 年足够"运动。同时，这些批评促进对援助实效的重视，而援助实效将成为捐助国与多边银行合作的一个主要问题。

政府和市场

受 20 世纪 80 年代里根政府和撒切尔政府的影响，不断扩展的国际开发议程更加重视私营部门和市场。[3] 这种供给侧益格鲁-撒克逊政策提倡小政府，鼓励怀疑政府行为（第六章）。冷战的结束和中央计划模式的崩溃起到了强化这些观点的作用。

在美国，关于拉丁美洲政策的讨论发展成"华盛顿共识"。据称，这一共识反映了国际货币基金组织、世界银行和美国财政部所持的新自由主义亲市场观点。[4] 在 20 世纪 90 年代初期，一些人有关私营部门的观点近乎一种

---

① ADB, 1990, *Asian Development Review.*

② Danaher, 1994, *50 Years Is Enough.*

③ Meier, 2005, *Biography of a Subject*, 83.

④ Meier, 2005, *Biography of a Subject*, 92.

市场原教旨主义。一些新自由主义者也质疑对亚行等多边开发银行的需要，其理由是发展中国家应该能够从高效的国际市场上获得足够的资金。

在亚洲，高层决策者对这些问题各有自己的看法。许多人都认为还需要做更多的工作来支持私营部门，但也坚持认为市场应该在政府和社会制定的明确规则下运作。毕竟，本地区一些最成功的国家依靠了强大而有效的政府，例如中国、韩国和新加坡。这种重申政府重要性的更全面的观点得到了亚洲主要决策者和学者的支持，其中包括新加坡的李光耀、印度尼西亚的穆罕默德·萨德利（Mohammad Sadli）和印度的阿马蒂亚·森（Amartya Sen）。

1993 年，在日本政府的支持下，世界银行发表了一份报告——《东亚奇迹》（*The East Asian Miracle*）。① 该报告考查了 1965 年至 1990 年间亚洲八个表现优异的经济体（四个新兴工业化经济体及印度尼西亚、日本、马来西亚和泰国）的公共政策。报告发现，宏观经济稳定和人力、物质资本发展的基础是支撑快速和可持续增长的关键因素。报告还强调了确保更公平的收入分配政策的重要性，通过增强银行的可靠性和鼓励高水平的国内储蓄来促进资本快速积累的重要性，通过普及小学教育和提供更好的中小学教育来增加熟练劳动力的重要性，以及执行发展生产力的农业政策的重要性。这八个经济体抑制了价格扭曲并欢迎新技术。法律体系和监管体系营造了积极的商业环境。政府与私营企业之间的合作受到促进。简而言之，该报告讨论了政府和机构的重要作用，但报告不支持政府对某些工业部门实施主动干预。

全球化的影响

亚行的第三个十年是一个亚洲各地广泛经济改革和强劲增长时期——不仅在中国和印度，而且在许多其他国家。这个过程在国与国之间差别很大，但从广义上讲，推动了全球化，并增强了对市场及国际贸易流动和资本流动的依赖。许多资本从日本流向新兴工业化经济体、东南亚和中国。

来自日本的资本流动得到来自新兴工业化经济体的额外投资的补充，尤其是向东南亚的流动。② 韩国和中国台北等新兴工业化经济体被吸引到东南亚，在那里它们可以利用自身从劳动密集型制造业经验中获得的宝贵技术和

---

① World Bank, 1993, *The East Asian Miracle*.

② ADB, 1996, *Asian Development Outlook 1996 and 1997*, 194.

营销知识。来自这些经济体的直接投资与早期的雁行模式一致。由于新兴工 164
业化经济体在劳动密集型制造业方面的比较优势因实际工资上涨和汇率上升
而削弱，因此新兴工业化经济体热衷于投资印度尼西亚等低工资国家，这些
国家准备扩大就业，尤其是在制造业方面。① 然后，韩国和中国台北就可以
将其劳动力调配到资本密集型活动中。

1985 年《广场协议》之后的币值调整推动了这些变化，并导致出口地
理格局的重大变化。② 以前，亚洲发展中国家依赖北美、欧洲和日本的出口
市场。③ 然而，大约自 1986 年起，它们开始更多地互相开展贸易。亚洲迅速
成为自己最重要的、快速扩展的市场。

支撑区域转型的另一个主要因素是俄罗斯联邦和中国的改革规模——这
两者正在从中央计划经济体制转向市场机制。④ 这些变化对亚洲具有重要意
义。在 20 世纪 90 年代初期，俄罗斯联邦从以前与苏联有密切联系的越南和
蒙古国等国撤回了经济援助。与此同时，亚洲的决策者，特别是越南和老挝
的决策者，注意到了中国的经验。在中国，亲市场农业改革带来了生产力非
常快速的增长和发展。⑤

变化规模引人注目，变化速度亦然。1993 年世界银行报告《东亚奇迹》
中研究的八个高效亚洲经济体的成就也促进了本地区其他国家的发展。该报
告指出，从 1965 年到 1990 年，东亚 23 个经济体的增长速度高于世界所有
其他地区。⑥ 1997 年，亚行发布了题为《崛起的亚洲：变化与挑战》 165
（*Emerging Asia*：*Changes and Challenges*）的报告。该报告称这种转型"历
史上无与伦比"，并指出亚洲人已快速变得更富有、更健康，生活得更好，
受教育更多。⑦ 但报告还指出，转型带来了人口、社会和环境影响，这些影
响会在未来几十年造成诸多问题。

---

① ADB, *Asian Development Outlook 1991*, 48.

② ADB, *Asian Development Outlook 1991*, 43.

③ 日本是韩国、中国台北、印度尼西亚、马来西亚和泰国在其工业化早期阶段最重要的出口
目的地。1996 年前，日本还是仅次于中国香港的中国内地第二大出口目的地。

④ ADB, *Asian Development Outlook 1991*, Box 1. 3.

⑤ ADB, *Asian Development Outlook 1989*, 38.

⑥ World Bank, 1993, *The East Asian Miracle*, 1.

⑦ ADB, 1997, *Emerging Asia*.

新兴工业化经济体

在此期间，东亚和东南亚经济政策的总体主旨是让新兴工业化经济体进入高价值制造业和服务业。所有新兴工业化经济体都继续以出口为导向，但每个经济体各有特点。例如，中国香港越来越受到中国内地市场改革的影响。20 世纪 80 年代后期，中国香港对中国内地的投资急剧增加。[①] 在中国香港，服务业迅速扩张。到 1996 年，服务业占经济的 80% 以上。然而，在 20 世纪 90 年代中期，投资者开始担心 1997 年与中国内地的统一所带来的影响。

与此同时，韩国正从劳动密集型制造业转向。面对熟练工人的缺乏和较高的劳动力成本，企业打算更多地从事资本密集型产业。投资上升到很高的水平，占 GDP 的近 40%。这一战略将工业产出重点放在了出口开始强劲增长的重工业和化工工业上——1995 年增长了 30% 以上。韩国准备于 1996 年加入经济合作与发展组织，而且加快了对外直接投资，特别是对东南亚和中国的投资。

新加坡的发展也非常迅速。20 世纪 80 年代初期，政府宣布了推广更加先进的技术的计划，同时继续开放国际贸易和投资。初期进展缓慢。但是，到了 20 世纪 90 年代，该战略取得了成果，每年的总体经济增长率超过 10%，主要的增长动力来自制造业以及金融和商业服务业。

中国台北的目标同样是成为一个高技能、技术密集型的经济体，同时也投资中国大陆、中国香港和东南亚国家等经济体。中国台北也面临着政治上的不确定性，特别是它是否可以加入世界贸易组织。直到中华人民共和国成为世贸组织成员时的 2001 年 12 月，这个问题才得以确定，即同意中国台北加入。

166

中华人民共和国

20 世纪 70 年代后期开始的转型加快了进程。尽管如此，转型有时是

---

① ADB, 1991, *ADF VI*: *Report of Donors*, Box 2.1.

"零碎的、部分的、渐进的，而且常常是实验性的"。① 与东欧自上而下的"大爆炸型改革"相比，中国的做法更为自下而上，这引发了一场有关何种经济体制改革模式可能会更成功的讨论。②

然而，显而易见的是，在中国，长期近乎持续不断的结构调整伴随着高水平的投资和生产力的提高。中国政府谨慎而逐步开放对外贸易和投资，同时减少监管和补助，更多地依靠市场。③ 自由化分阶段进行。例如，政府一度允许双轨制价格体系，给予国有企业部分自由，按市场价格销售超过官方配额的产品。

20 世纪 80 年代中期以后，变化过程从农村和农业改革扩大到城市地区和小规模制造业。结果，农村和城市地区增加了劳动密集型轻工业产品的生产。不久，中国成为世界上最大的纺织品、棉纱、家具和玩具的生产国和出口国。这一过程在广东省和邻近地区得到了外来直接投资的支持，特别是来自中国香港和中国台北的外来直接投资。从 1991 年到 1994 年，中国的外国直接投资从 40 亿美元上升到 300 亿美元。④ 1992 年春，邓小平进行了著名的"南巡"，在"南巡讲话"中谈到进一步改革开放的重要性，并批评了那些不支持这些变化的人。

尽管如此，当快速的结构改革引发宏观经济问题时，仍存在一些困难时期。例如，在亚行第三个十年期间出现了几次通货膨胀加剧和增长放缓的情况。⑤ 决策者担心快速的微观经济变化正在造成"繁荣与萧条"交替循环的发展模式，并决心确保亲市场自由化不会导致经济不稳定。

在 20 世纪 90 年代初期，中国进入了一个受到进一步政策转变促进的持续发展时期。1994 年，政府允许人民币经常项目可兑换，加强中央银行和放宽银行系统商业化，还推出了一揽子财政改革措施。⑥ 在亚行第三个十年的后期，中国经济平均每年增长 10% 以上。这个快速转型时期一直持续到进入新世纪。

167

---

① Lin, Cai, and Li, 1996, *Lessons of China's Transformation*, 201.

② 讨论的主要内容参见 Lin, Cai, and Li, 1996, *Lessons of China's Transformation*, 201, 225。

③ ADB, 1989, *Asian Development Outlook 1989*, Box 2.1.

④ ADB, 1996, *Asian Development Outlook 1996 and 1997*, 20.

⑤ ADB, 1990, *Asian Development Outlook 1990*, Box 2.1.

⑥ ADB, 1990, *Asian Development Outlook 1990*, Box 2.1.

东南亚

东南亚大多数国家的加速转型受三个方面影响：第一，国内改革；第二，与其他国家的开放贸易和投资关系；第三，国际因素，例如在新兴工业化经济体和中国发生的变化。

在亚行第三个十年开始时，印度尼西亚和马来西亚都需要对政策进行重大调整。随着 20 世纪 70 年代世界石油价格急剧上涨，它们从出口收入和税收中获得了意外收益。但是，1986 年国际石油价格下跌时，印度尼西亚和马来西亚被迫推行全面改革。

印度尼西亚出台了一系列经济政策，以促进经济重组和解除对部分经济的管制。到 20 世纪 90 年代初期，这些举措帮助削弱了石油行业的主导地位，并推动了劳动密集型制造业的快速增长。金融业也发生了重要变化。20世纪 80 年代后期的解除管制措施促使商业银行数量激增——从 1988 年的110 家增加到 1995 年的 240 家。[①] 但是金融主管部门缺乏监测快速变化的能力，并且在 1997 年亚洲金融危机爆发时造成了严重后果（第十章）。

马来西亚发生了类似的变化。有效的宏观经济政策结合相对良好的基础设施和强大的资源基础，确保了国际贸易快速增长，并确保马来西亚仍然是对外国投资者有吸引力的目的地。出口导向型制造业增长强劲，信息技术领域投资巨大。例如，最大的制造子行业——电器和电子产品制造——的产量在 1995 年增长了 20% 以上。

泰国的增长更为强劲，1988 - 1990 年达到两位数。这是一个转型期。20 世纪 70 年代，经济严重依赖初级商品，但是，由于强劲的农业产业和不断扩大的服务业，以及快速增长的制造业，经济正日益多样化。在外国投资的支持下，泰国出口多元化发展。尽管如此，到 20 世纪 90 年代中期，经常账户赤字开始显著扩大，1995 年攀升至 GDP 的 7% 以上。当时，这种巨大的对外赤字似乎可持续。[②] 但是，1997 年年中出现亚洲金融危机时清楚地看到，不断扩大的收支不平衡使泰国容易受到不可预测的国际资本流波动的影响。

---

① Hamada, 2003, *Transformation of the Financial Sector in Indonesia*.

② ADB, 1996, *Asian Development Outlook 1996 and 1997*, 107.

在菲律宾，发展进程继续滞后，与相邻的东盟成员国相比差距明显。1986 年马科斯时代的结束推动了初步复苏。然而，阿基诺领导的新政府发现很难克服前 20 年的遗留问题，包括沉重的债务负担、快速的人口增长，以及在臃肿的治理体系内实施改革的困难。1991－1992 年，在新任总统拉莫斯就职和开始促进投资前，经济陷入衰退。①

20 世纪 80 年代后期，越南、柬埔寨和老挝这些跨湄公河经济体经历了一个持续变化的时期。在越南，1986 年 12 月宣布的 Doi Moi（革新开放）改革再现了中国发生过的变化，因为国内农业市场的自由化使得稻米产量急剧增加。② 然而，受管制经济体系转变为市场经济仍十分困难。柬埔寨和老挝也出现了类似的变化。1991 年解决柬埔寨冲突的《巴黎和平协定》签署后，这三个国家迅速增加了与国际社会的交流。相比之下，缅甸仍然是内向型的，发展受到政府对政治和经济活动严格管控的阻碍。

南 亚

在亚行第三个十年期间，南亚变化的步伐加快。尤其是印度和孟加拉国，由于不同的原因，对国际经济变得更加开放。印度的转折点是 1991 年在总理纳拉辛哈·拉奥和财政部长曼莫汗·辛格领导下推出大刀阔斧的一揽子政策。③ 20 世纪 80 年代印度已开始渐进式改革，④ 但在 20 世纪 80 年代后期，变快的增长造成了经济困难、债务水平上升及国际收支逆差和财政赤字上升。作为应对，政府在国际货币基金组织支持下于 1991 年 7 月推出一揽子重大改革方案，放开许多工业活动，放宽外国投资程序，并改革贸易和金融政策。⑤ 新政策促使长期经济增长明显加快，人们的态度也发生了变化。此后，政治领导人便面临支持改革的压力。到亚行第三个十年结束时，印度坚定致力于实施以增长为导向的政策。

在南亚其他地方，发展情况参差不齐。在巴基斯坦，强劲增长被政治和

---

① 西卡特（Sicat）对这一时期的变化进行了全面概述（Sicat, 2014, *Cesar Virata*）。巴利萨坎（Balisacan）和希尔（Hill）也对菲律宾的发展政策做了有用概述（Balisacan and Hill, 2007, *The Dynamics of Regional Development*）。

② ADB, 1991, *Asian Development Outlook 1991*, Box 1.3.

③ Panagariya, 2001, *India's Economic Reforms*.

④ ADB, 1989, *Asian Development Outlook 1989*, Box 2.5.

⑤ ADB, 1989, *Asian Development Outlook 1989*, Box 2.5.

经济不稳定因素打断。1989 年，该国唯一大型港口和金融与工业中心卡拉奇发生的种族暴力造成不确定性并阻碍投资。发展还受到频繁发生的电力短缺和农业困难的影响。在孟加拉国，前景有所改善。在 20 世纪 80 年代中期，经济一直以农业为主，正规制造业不发达。十年后，一些改革——如贸易大幅度自由化和税收改革——帮助促进经济增长并减少对农业的过度依赖。尽管如此，其投资水平仍是南亚最低的。

170

在较小的国家——斯里兰卡、尼泊尔和不丹，决策者普遍对外向型贸易导向政策持谨慎态度。外来投资水平很低。各国政府确实放松了一些内向监管政策，但没有致力于实施东亚和东南亚发生的那种结构性变化。

中亚共和国

三个中亚共和国——哈萨克斯坦、吉尔吉斯斯坦和乌兹别克斯坦——在亚行第三个十年快要结束时加入了亚行。未来几年还将有更多的国家加入。

1991 年苏联解体使中亚共和国陷入了一段经济和社会极端困难时期。所有这些国家都宣布从苏联独立出来，并受到后续结构调整期间实际产出锐减的影响。从 1990 年到 1996 年，中亚共和国的实际产出下降超过 40%。然而，乌兹别克斯坦躲过了一个艰难调整过程，因为相比其他前苏联加盟共和国的经济，该国经济受到的直接影响较小。

在哈萨克斯坦，产量下降的主要原因是石油和天然气生产中断，苏联补贴停止，以及俄罗斯技术人员和管理人员撤走。吉尔吉斯斯坦对自然资源的依赖较少，但对苏联支持的依赖较多。这两个国家 1993 年脱离卢布区，建立了自己的货币。紧接着，通货膨胀肆虐。在直到 1994 年的三年里，哈萨克斯坦的通货膨胀率每年都超过 1,000%，1992 年和 1993 年吉尔吉斯斯坦的通货膨胀率接近 1,000%。

所有这些国家都面临着艰难的转型挑战，需要严格的稳定措施、结构改革和有效市场的发展。独立后多年来财政问题严重，致使政府提供的社会服务大幅度削减。严重的经济困难导致贫困急剧增加。生活在偏远工业中心和农村地区的人尤其受到影响。例如，估计 1995 年年中哈萨克斯坦约有 37% 的人生活在贫困线以下，而 1992 年该数字为 20%。①

171

① ADB, 1996, *Asian Development Outlook 1996 and 1997*, 68.

太平洋岛国

太平洋岛国非常多样化。最普遍的分类是按大小分。大多数陆地资源和90%以上的太平洋人口分布在美拉尼西亚4个国家：斐济、巴布亚新几内亚、所罗门群岛和瓦努阿图。相比之下，大多数较小的波利尼西亚和密克罗尼西亚国家在很大程度上依赖海洋资源。① 在整个亚行第三个十年中，大多数太平洋岛国经历了繁荣和萧条时期，多数国家财政赤字高、国际收支逆差大。

这些国家的经济主要是大量的生计行业和少量的正规行业，具有明显的二元性，而且其中大部分由政府活动组成。所以，更高的经济增长不一定会提高大多数人的生活水平。例如，1992年，巴布亚新几内亚的采矿和石油行业经历了一次迅速增长，产量激增30%。但是，同年，非矿业行业的生产仅增长4%。促进经济增长需要提高政府部门的效率，推动私营企业发展，并提高储蓄和投资率。在整个十年中，大多数太平洋岛国在这些方面只取得了少量进展。澳大利亚和新西兰长期以来对太平洋岛国实施发展援助项目。然而，该地区的发展挑战非常之大，国际援助项目只能帮助消除部分阻碍这些国家经济增长的因素。

亚洲实力不断增强

如此，亚行第三个十年发生了影响发展政策理念和发展计划设计方式的关键变化。许多亚洲国家通过更快的增长获得了改革红利，更多国家采取了外向型市场友好政策。出口快速增长有助于为进口世界先进技术和资本货物提供资金。节俭的财政政策所支持的高储蓄正在支持对基础设施和私营部门的投资。一些较低收入国家正在发展劳动密集型制造业，而较高收入国家（如新兴工业化经济体）正在生产更多的高科技工业产品。

日本和新兴工业化经济体外流资本的大幅增加推动了亚洲的结构调整。这场资本洪流广受欢迎。外国直接投资转让提供了一揽子财务、技术和管理技能。然而，当1997年亚洲金融危机爆发时，人们很快发现，借款国开放

172

---

① 一般认为属于太平洋波利尼西亚部分的亚行成员体是库克群岛、瑙鲁、萨摩亚、汤加和图瓦卢。密克罗尼西亚地区包括基里巴斯、密克罗尼西亚联邦、马绍尔群岛和帕劳。

资本市场——特别是允许短期证券投资快速自由化——使得借款国容易受到投资者情绪突变的影响。

在此期间，亚行谈到了亚洲的崛起——更准确地说是亚洲的重新崛起。本地区信心增强，对世界经济贡献占比上升。[①] 随着第三个十年的推移，这一趋势更加突出。虽然工业国增长缓慢，但发展中的亚洲一直以来表现良好。中国的转型没有显示出放缓迹象，甚至加快了步伐，该国一个领域的改革取得成功就会被运用到其他领域。越来越清楚的是，如果亚洲国家采取了适当的国内政策，即使国际市场存在不确定性，它们也可以期望持续发展。本地区信心增强的另一个特征是，人们坚持认为"华盛顿共识"反映的亲市场观点需要与亚洲自身经验相结合。

区域组织也在发挥重要作用。东盟等组织正在加强机构力量，亚行大湄公河次区域经济合作计划和后来的中亚区域经济合作（CAREC）计划等合作计划不断扩大。南亚次区域经济合作（SASEC）计划也已启动（第十二章）。

在亚行第三个十年期间，亚行需要对这些发展和其他发展做出回应。正如下一章所述，冷战的结束给国际开发议程带来了许多变化，也给亚行带来了新的期望。

[①]　ADB, 1997, *Emerging Asia*, xi.

第九章

亚行：新成员和新区域

我长期以来强调，亚行必须加快从项目融资者向综合性开发机构转变。我们的基本任务是使我们的开发影响最大化，而不只是使放贷量最大化。

> ——佐藤光夫
> 新年致辞，1997 年底

在亚行第三个十年开始的 1987 年，亚行在日本大阪举行第 20 届年会。这是一个重要事件——系自 1966 年 11 月在日本东京举行成立大会以来首次在日本举行亚行年会，而且日本皇太子和太子妃出席了开幕式。藤冈真佐夫在正式讲话中回顾了第一次亚行会议，并对本地区的增长和发展做了简要介绍。

展望未来，亚行显然面临诸多挑战。其中之一是，在许多发展中国家面临出口商品价格大幅下跌和债务水平上升，不得不削减新项目上的政府支出的情况下，亚行贷款放缓。藤冈真佐夫还预计，随着亚行对自身发展角色的预期不断扩大，亚行的业务将变得更加复杂。

亚行还受到来自成员体的压力，虽然工业国成员和借款国成员常常用力方向不同。例如，美国要求亚行扩大私营部门方面的工作，并有时批评亚行的管理做法。这些观点是由美国执行董事乔·罗杰斯（Joe Rogers）在 1985 年和 1986 年强烈表达出来的，他的继任者维克多·弗兰克（Victor Frank）在 1987 年至 1993 年也表达了这样的观点。他们两人都与里根政府有密切联系。①②其他非本地区国家也对亚行不同的项目有不同的考虑。例如，一些欧洲国家敦促亚行增加对中国和印度的贷款，并与非政府组织合作，更多地关注妇女在发展中的作用。

发展中成员体有其他担忧，它们普遍更担心贷款的额度和条件。在1987年年度会议上，印度要求各国注意亚行贷款放缓问题，敦促亚行提供更多的贷款，并减少延误资金支付的"复杂程序要求"。印度尼西亚呼吁亚行提供加强国家机构能力的技术援助和资助更多专门使贫困者受益的项目。

处理成员体优先事项

在作为亚行行长的最后三年里，藤冈真佐夫需要对这些问题和许多其他问题做出应对。他列出了三个主要的优先事项：扩大亚行与印度和中国的联系；巩固亚行作为发展资源中心的地位；重新界定该机构在20世纪90年代的作用。

藤冈对第一个问题的关注很快就带来了重要变化。1986年和1987年，印度和中国获得了第一批贷款。随着这两个国家借款激增，亚行贷款项目进入了一个新的增长阶段。与这两个国家合作是亚行第三个十年中工作的一个重要特征。

新的贷款增加帮助解决了20世纪80年代早期贷款放缓带来的令人担忧的问题，并扩大了亚行的资产负债表，继而很快引发了关于普遍增资的讨论。

藤冈曾努力将印度作为借款国引入亚行。从印度的角度来看，亚行可以175 提供额外的外部融资，虽然资金数额并不大。亚行给印度的第一笔贷款是1986年提供给印度工业信贷和投资公司的，用于向私营部门的工业公司转贷。

藤冈渴望看到亚行的印度项目快速增加。但是，为达此目的，亚行需要对印度的特定行业有更多了解，并使自己被认可为有用的合作伙伴。印度的借款机构常常会因不接受建议而与另一方关系搞不好。的确，印度的政治环

---

① Roy, 1985, *The Struggle of Mr Fujioka*, 60; Rogers, 1985, "The Problem Is, They Don't Understand Business," 68.

② 史莱克（Sherk）对美国与包括亚行在内的多边组织的合作方式做了有用概述。他从1982年6月至1985年8月在亚行担任副执行董事。（Sherk, 2008, *Multilateralism and US Foreign Economic Policy*）。

境通常不利于与外部组织进行政策讨论。然而，随着亚行项目的发展，亚行工作人员逐渐开始扩大在行业层面进行政策对话的机会。

藤冈还计划扩大亚行在中国的项目。亚行和中国都看到了合作的巨大优势。亚行认为这是一个使自己被公认为本地区重要开发机构的机会。中国认为这是一个加强国际经济外交的有效途径：加入亚行可以发出一个信号，而且对中国来说是 20 世纪 80 年代中期一个重要信号，即：中国正在向国际社会开放，乐意在区域发展上与亚洲邻国合作。亚行与中国的合作始于 1986年。亚行给中国的首笔贷款于 1987 年获得批准，向中国投资银行提供 1 亿美元，用于为中国中小型工业企业提供援助。与在印度一样，头几年是双方关系的形成阶段。最初，中国主要是为东部沿海地区的工业企业借款，这一地区被政府选择为经济增长带。总体上，中国政府选择可以从亚行借款开展的项目①。

早期亚行在中国资助的两个重要项目是上海南浦大桥和杨浦大桥（专栏 9.1）。上海苏州河整治项目是亚行另一个成功项目。2016 年 11 月，中尾武彦访问上海，参加纪念亚行与中国建立合作关系 30 周年研讨会。一位在市政府工作时间很长的高级官员的话令中尾武彦印象深刻。这位官员说，亚行的项目对中国的发展曾经且依然起着至关重要的作用，因为这些项目将资金与新技术和专业技能结合起来，在此基础上对项目进行设计和实施。

中国政府热衷于利用亚行成员身份，并同意 1989 年在北京主办亚行年会。年会开幕式在人民大会堂举行，其他会议在长城喜来登酒店举行。年会的一个重要议程是讨论一份关于亚行在 20 世纪 90 年代作用的重要报告。因藤冈曾正式宣布自己将在 1989 年底辞职，因此与会者还对谁将出任下一任亚行行长进行了推测。

在担任亚行行长的最后三年里，藤冈还加强了亚行作为一个开发机构的角色。由于仅有财政援助不足以支持全面发展，他希望亚行通过向借款国提供信息和知识，成为亚洲一个发展资源中心。在指出知识和智力资本的重要性方面，藤冈颇具预见性。他预示这种基于知识的发展方法会在 20 世纪 90年代中期更加突出，而后来在 90 年代中期就任世界银行行长的詹姆斯·沃尔芬森宣布世界银行要成为一个"知识银行"。

177

---

① ADB, 1998, *Country Assistance Program Evaluation in the PRC*, iv.

专栏 9.1　上海的两座大桥

南浦大桥：该项目通过支持在黄浦江上修建第一座桥，将浦东新区改造为商业和金融中心，帮助重建上海的经济基础。这座桥于 1991 年 12 月通车，比原计划提前 2 年。交通运输量快速增长。在第一个月，每天大约有 12,000 辆车从这座收费大桥上通行；接下来的一个月这个数字上升到了 17,000 辆。10 年后，每天大约有 12 万辆汽车驶过南浦大桥。该项目总费用约为 2.27 亿美元，亚行承担了近三分之一（7,000 万美元），其余资金一部分通过商业联合融资获取，一部分由上海市政府提供。

杨浦大桥：杨浦大桥是南浦大桥的姊妹桥，于 1993 年通车。在当时，它是世界上最长的桥梁之一。它的总长度超过 8,000 米，是世界上最长的斜拉桥之一。该桥的使用量迅速增长。到 2,000 年，每天大约有 10 万辆汽车驶过杨浦大桥。杨浦大桥的建造总费用约 2.67 亿美元，亚行资助了 8,500 万美元。

杨浦大桥和南浦大桥都是上海技术成果的体现。南浦大桥用高强度材料制成，由上海市政工程设计院设计，仿照了温哥华的亚历克斯·弗雷泽（Alex Fraser）大桥。为促进对以往经验教训的吸取，亚行提供了一个技术援助方案，组织世界一流工程师对南浦大桥进行审查。借由这次经验，中国技术人员亲自承担了杨浦大桥的建设。

资料来源：I. Gill, 2011, Bridges Bring Boom, *Impact Stories from the People's Republic of China*, Manila：ADB, pp. 4 – 6, https：//www. adb. org/sites/default/files/ publication/28883/prc – impact – stories. pdf（2016 年 12 月 20 日访问）；ADB, 1999, *Project Performance Audit Report*：*Shanghai – Nanpu Bridge Project*, Manila。

　　1989 年，藤冈主持出版了第一期《亚洲发展展望》（*Asian Development Outlook*）。该期刊后来成为亚行最重要的定期出版物之一。藤冈还以个人名义支持 1989 年开始的系列发展战略圆桌会议，提供一个论坛供来自亚洲借款国的参与者讨论发展问题。[①]

　　为了响应 1987 年进一步改革的呼声，藤冈邀请了一个由 5 位专家组成

[①]　Fujioka, 1989, *Development Strategies for Growth with Equity*.

的外部小组来研究亚行在 20 世纪 90 年代的作用。虽然该小组的成员来自亚洲内外，但该小组也依《亚行章程》所言是"以亚洲为基本特色的"。小组组长为日本著名经济学家和政策制定者大来佐武郎，他对环境问题也有浓厚的兴趣。还有两位来自亚洲的著名发展经济学家，分别是来自印度尼西亚的穆罕默德·萨德利和来自印度的阿马蒂亚·森。两位来自工业国家的高级决策者也加入了该小组，他们是来自美国的约翰·M·亨尼西（John M. Hennessy）和来自荷兰的埃米尔·范伦内普（Emile Van Lennep）。该小组会见了许多国家的代表团，并于 1989 年初提交了最终报告《关于亚洲开发银行在 20 世纪 90 年代作用的小组报告》（*Report of a Panel on the Role of the Asian Development Bank in the 1990s*）。[①]

该小组报告反映了当时的思维变化（第八章）。报告称，亚行应当是一个健全的金融机构，其首要目标是促进亚洲发展中国家的发展。[②] 然而，广义上的发展不仅包括可持续的经济增长，而且包括社会与环境的发展。专家小组强调，这种方法意味着达成一种平衡。

"从亚洲最近的经验来看，有一个教训是显而易见的。为了成功和持续的发展，没有什么比在公共部门的范围和作用与私营部门的范围和作用之间、政府规划与明智使用市场机制之间以及直接促进经济增长的政策与关注社会问题的政策之间实现正确的平衡更重要。"[③] 因此，小组成员疏离了 20 世纪 80 年代一些人所支持的新自由主义亲市场政策。

178

该小组提出了具体建议。一个主要的建议是，亚行应该继续集中精力向公共部门的基础设施投资提供贷款，特别是应该更多地支持社会部门，比如公共卫生（包括计划生育）和教育（专栏 9.2）。该小组还表示，亚行应采取更多措施解决贫困问题：亚行应该支持为穷人提供直接利益的社会投资，并特别注意项目对就业的影响，尤其是对非正规就业的影响。在做项目评估时，应该始终考虑到对穷人的影响。此外，亚行应遵循布伦特兰委员会报告中提出的建议，做出"维护可持续发展的基本承诺"。

对公共部门投资提供大力支持与对私营部门提供更多支持的建议互相兼顾。该小组表示，亚行在私营部门活动中的直接作用非常有限。该小组还建

---

① ADB，1989，*Report of a Panel on the Role of the Asian Development Bank in the 1990s*.

② ADB，1989，*Report of a Panel on the Role of the Asian Development Bank in the 1990s*，2.

③ ADB，1989，*Report of a Panel on the Role of the Asian Development Bank in the 1990s*，3.

179

专栏 9.2　亚行的教育行业项目

从亚行成立开始，教育一直是一个优先领域。亚行的重点是改善职业教育，加强科技教育，以及提高基础教育质量。

亚行的第一笔教育贷款在 1970 年被批给新加坡，以拓展义安理工学院（Ngee Ann Technical College）的能力。最初，亚行对职业教育的支持主要集中在东亚和东南亚国家，包括韩国、马来西亚和泰国。但是，对技术和职业教育与培训（TVET）的需求迅速增长。在过去 50 年里，亚行在 26 个国家支持了超过 90 个 TVET 项目。

亚行认识到科技在国家发展上的重要性，运营伊始就积极支持中学和大学的科技教育。例如，在韩国，20 世纪 70 年代末亚行对包括韩国科学技术研究所（the Korea Institute of Science and Technology）和韩国标准研究所（the Korea Standard Research Institute）在内的六个研发机构进行升级和支持。在 20 世纪 80 年代和 90 年代，亚行还为加强印度尼西亚几所大学的实力提供了重要支持。

亚行在过去几十年中参与基础教育工作，在教育获取、教育质量和性别平等方面取得了重大进展。例如，亚行在孟加拉国资助的女童助学金计划成为国际公认的在性别平等方面的成功项目。在蒙古国、乌兹别克斯坦和越南，亚行支持的教师培训和课本资助项目使当地的教学质量得到了提高。亚行还帮助尼泊尔、萨摩亚和其他国家进行政府领导下的综合部门教育提升行动。

根据经验和进展情况，亚行目前正聚焦于四个领域：加强难以接近人群获得教育的机会（包括继续支持性别平等和支持弱势群体）；改进教学和学习；确保毕业生无需培训即可上岗；通过创新和跨行业协作为亚洲以知识为基础的经济做好准备。

资料来源：亚行。

议亚行扩大与借款国的政策对话。继 1983 年早期进行关于亚行业务重点的研究之后，亚行在 20 世纪 80 年代加强了政策对话。[1] 但是，该小组希望看

---

① ADB, 1983, *Study of Operational Priorities and Plans of ADB for the 1980s*, 12.

到亚行做得更多，特别是通过多边合作的方式与本地区和非本地区的国家进行接触和交往。

1992 年，小组报告的许多建议被纳入一个新的中期战略框架。①该报告推动了藤冈为促进亚行成为一个更广泛的以发展为目标的金融机构的努力。但这造成了一个两难局面。随着亚行接受更加多样化的议程，其资源仍然受到制约。的确，在短短几年内，亚行就因为贷款项目触及贷款额定上限而遇到"空间问题"（"headroom problem"）。

《亚行章程》规定了可以批准的普通资金贷款的上限。普通资金贷款、 180
股本投资和担保的未偿还总额不得超过亚行的认缴资本（实缴资本和待缴资本）和准备金。② 亚行董事会每年一批准的借款政策规定，未偿还借款总额不得超过非借款成员体的待缴资本和亚行的资本（实缴资本和准备金）。在后来几年，贷款还会受到亚行需要满足自身 AAA 信用评级所需条件的约束。为此，必须严格遵守普通资金决算表中股本（实缴资本和准备金，但不包括待缴资本）与未偿还贷款比例的上限。由于这些限制，亚行需要进行新的普遍增资，以不时扩大放款空间量。

垂水公正

当藤冈真佐夫 1989 年 11 月卸任时，一个时代结束了。1981 年，藤冈到任时已准备推动亚行变革，但在此之前，他一直在等待 1983 年《亚洲开发银行 20 世纪 80 年代业务重点和计划研究》的结果。

藤冈与亚行董事会的关系并非总是一帆风顺，董事会的一个小组会定期对他的决定提出意见。这些董事通常来自美国、澳大利亚、英国和加拿大，并经常提出他们自己所认为的重要事项。尽管存在这些困难，藤冈仍然是一位强大而有执行力的行长，他有明确的想法和严格的管理作风。由于他的努力，亚行扩大了作为区域资源中心和知识宝库的活动范围，并将工作延伸到政策发展。在藤冈多方努力安排印度和中国成为借款成员后，亚行现在正在向这两个国家放贷。

---

① ADB, 1992, *Medium – Term Strategic Framework*, 1992.

② 《亚行章程》第十二条规定了普通资金贷款限制的细节。

藤冈的继任者垂水公正在 1989 年 11 月成为亚行行长，他的管理方式非常不同。和多数其他亚行行长一样，他曾在日本大藏省工作过。他还担任过日本驻美国大使馆公使和关税局局长。垂水公正采取调和、协商一致的方式，改变了亚行管理层与董事会之间的关系。1990 年 5 月在新德里举行的年度会议上，许多代表对他的到任表示欢迎。来自阿富汗的理事称他颇具"绅士风度"。

垂水公正是一个温和、谦虚的人，还有一种顽皮的幽默感。大部分时间他都能控制好这些，意识到自己作为一个国际机构负责人应该保持官方礼仪。但令他的随身顾问惊慌的是，他有时会放松警惕。例如，他非常喜欢与美国执行董事维克多·弗兰克争吵。弗兰克给亚行董事会会议带来了一种直截了当和干脆利落的保守共和党人风格，但出了办公室他就随和得多。

1991 年弗兰克在马尼拉寓所花园举行土拨鼠日聚会①，聚会上垂水公正应邀发言。他在开场白中谦虚地说："大多数日本人都是用'谢谢'或'对不起'来开始他们的演讲。但我的国籍不再是'日本'，而是'亚行'。所以，也许我应该用一个问题来开始我的演讲。这个问题就是我是否适合做这个演讲——特别是因为我从未见过土拨鼠。"但是，在仔细查看了弗兰克关于土拨鼠的简要介绍后，他说："我想，我更好地了解了土拨鼠日的传统。而且，一旦土拨鼠日'国际化'蔓延到日本，我毫不怀疑日本会有人发明一种'电子'土拨鼠。他在结束讲话时说道："无论如何，土拨鼠都找不到比弗兰克先生和太太更热情的支持者了。"②

1989 年 11 月 24 日，星期五，这天是亚行的诞生日，垂水公正就任亚行行长。他面临着一个紧迫的议程。有些问题是可以预见的：需要调动亚洲开发基金和普通资金的财政资源和实施大来佐武郎小组的建议。有些问题则不那么容易预见，比如柏林墙倒塌后的变化及印度和中国需求的迅速扩大。但在垂水公正开始处理这些问题之前，他面临一个更加急切的问题——在 1989 年 12 月菲律宾发生未遂政变背景下领导亚行。

12 月 1 日，就在垂水公正就任一个星期后，菲律宾武装部队的一个持不同政见派别试图发动政变推翻菲律宾总统阿基诺。当时马尼拉国际机场关

---

① 土拨鼠日是美国部分地区和一些国家庆祝春天到来的传统节日。根据传统，土拨鼠会在这一天从洞穴中出来。根据土拨鼠是否看到它的影子，来推测春天是很快到来还是推迟来临。

② 引自 1991 年 1 月 31 日垂水公正讲话官方记录。

闭，大马尼拉——包括亚行总部周边地区——一片混乱。气氛十分紧张。亚行关闭，但为了保护人员和财产，亚行与菲律宾政府保持高层联系。阿基诺总统获得美国包括空中力量在内的军事援助，不到一周时间政变就失败了。

随后不久，在与工作人员一起回顾事件时，垂水公正谈到他领导的亚行危机管理委员会是如何在危机期间每天开会的。[①] 在这次令人警醒的经历过后，随着一种非常不确定的平静降临在麻烦重重的马尼拉，垂水公正把注意力转向了亚行的常规事务。

新资源

垂水公正的首要任务之一是通过亚洲开发基金或普通资金筹集更多的财政资源，来应对成员体不断施加的扩大项目的压力。1990 年初开始了亚洲开发基金第五次补充资金（ADF Ⅵ）谈判。遗憾的是，当时正值柏林墙倒塌后不久，捐助者正面临来自东欧的支持请求，称亚行最初提出的数额不切实际。同时，捐助方希望有一个更多样化的方案。正如大来佐武郎小组所建议的，他们要求更多地关注减贫、经济增长、环境改善、妇女在发展中的作用以及人口等问题。

捐助界也在敦促亚行支持借款国的政策改革。1991 年商定的《第五次亚洲开发基金补充资金（ADF Ⅵ）：捐助者报告》明确了借款国的责任："捐助者认为发展中成员体政府必须承诺遵守商定的政策变更。改革方案要切实可行，并充分证明所提供的援助是合理的。"[②]

这些观点不一定被发展中成员体的政府和其他利益相关方所乐意接受。在亚行年度会议上，借款国有时敦促亚行与发展中成员体认真进行政策对话。借款国还关注捐助方的建议，即亚洲开发基金项目的优先事项应在亚行所有活动中实施。例如，《第五次亚洲开发基金补充资金（ADF Ⅵ）：捐助者报告》表示："捐助者注意到，虽然这些承诺主要涉及亚洲开发基金的业务，但它们也涉及应适用于亚行普通资金业务的事项。"[③] 亚行董事会中来自发展中成员体的董事不热衷这种方法。当捐资国会议报告被呈报给董事会

183

---

① Tarumizu, 1989, *Speech to Staff*.

② ADB, 1991, *ADF Ⅵ: Report of Donors*.

③ ADB, 1991, *ADF Ⅵ: Report of Donors*.

时，这些董事提醒垂水公正，亚行政策应当反映所有成员的意见，而不仅仅是捐助国的意见。

对普遍增资进行的谈判更加困难。理论上，这种谈判应该更容易，因为出资主要是以待缴资本形式，只在需要时支付，这样给成员体带来的财政负担相对比较小。大多数成员体认识到预算负担很轻，准备于 1991 年或 1992年开始讨论。

然而，美国不急于开始谈判。它不急，它处于强势地位。在 1992 年于中国香港举行的亚行年度会议上，美国提交了一份需要在同意普遍增资前予以考虑的内容广泛的要求清单：一个促进私营部门发展的战略，联合融资安排，一个中期放贷战略，解决向"国际收支经常项目顺差高的国家"（意指中国）放贷的问题，估算亚行的长期"可持续放贷水平"。最后一个主题表明美国想要给亚行放贷设置一个明确的上限，以便不需要进行更多的普遍增资。其他成员体很快增补了更多的建议。

就这样，垂水公正期望在 1993 年底之前就普遍增资达成一致意见的多番努力受到阻挠。这是令人担忧的。核定资本起到给亚行从资本市场借款和给可以批准的贷款设置上限的作用。垂水公正到任时，普通资金放贷还有一些剩余的授权空间，但很快就要用尽。不进行普遍增资，新放贷很快就会冻结。

战略规划

另一个需要解决的问题是实施 1989 年大来佐武郎小组的建议。垂水公正明确表示他支持该小组提出的重点事项：减轻贫困、解决社会问题和保护环境；促进私营部门的发展；支持借款国改善政策环境。

垂水公正还采取在亚行实施战略规划的重要举措。亚行从未制定一个强有力的战略规划框架，但对这种规划的支持一直在加强。1990 年，发展政策办公室开始制订规划程序。1991 年，代表们在于温哥华举行的亚行年度会议上谈到了战略规划的重要性，并成立了一个直接向行长负责的战略规划组（Strategic Planning Unit），从而进一步推动了这些变化。①

---

① 战略规划组成立于 1991 年。1994 年与发展政策办公室合并，改名为战略与政策办公室（SPO），该办公室于 2000 年升级为战略与政策局（SPD）。随着时间的推移，该局的职能扩大到其他方面，包括监督与亚行股东为调动资源进行对话。

1992 年初，垂水公正建议实施战略规划。拟议变化将为实施大来佐武郎小组的建议提供一个流程，同时加强董事会和管理层在确定亚行工作方向方面的作用。这方面的举措在 5 月于中国香港举行的亚行年会上得到了大力支持。

接下来几年内，战略规划进程得到加强。亚行通过采取新的方式，将更多的重点放在战略目标上。同时，在组织上也进行了变革，创建了新的部门，以确保战略目标得到优先考虑。

在亚行的第三个十年里，这些战略将由三位行长监督实施。1993 年 11 月，垂水公正由佐藤光夫接替。三位副行长也发生了相当大的更替。任职时间较长的副行长斯坦利·卡茨和冈瑟·舒尔茨都退休了。他们在约 12 年时间里提供了睿智的指导，使亚行在机构建设上具有连续性。此后，副行长任期变短，其作用也变化很大，这反映出来自成员体日益增加的政治压力。

来自欧洲的影响

1989 年晚些时候，在垂水公正到马尼拉赴任前几周，欧洲发生了历史性事件。柏林墙倒塌了。这对亚洲和亚行的影响一度不明。然而，到 1990 年 5 月，在于新德里举行的亚行年度会议上，国际捐助界正在考虑东西方关系不断发生的变化可能如何影响他们在亚洲的项目和他们与亚行开展的项目。一个后果是，随着捐助者将援助预算优先分配给欧洲的项目，亚行将面临更大的资金竞争。例如，捐助者承诺为欧洲复兴开发银行提供大量资金，该银行是在亚行年会前一个月在伦敦成立的。参加新德里会议的欧洲代表说，他们仍然致力于援助亚洲，但在援助预算方面肯定会有更大的压力。

对亚洲来说，欧洲的变化也会带来政治方面的影响。在 1990 年亚行年会上，英国理事林达·乔克（Lynda Chalker）在发言中说："在拉丁美洲、非洲和现在的东欧，口号都是更大的自由、私有化和自由化，这并非巧合。亚洲国家也应该认真考虑这些……"其他与会者说，欧洲的变化突出了民主和市场导向政策的重要性。在随后几年里，亚行的国际捐助者们的期望将扩大，以反映发展思维的这些变化和其他变化。

转型经济体

冷战的结束大大削弱了共产主义在全球的影响。不久之后，湄公河次区域和中亚国家开始减少与东欧的联系。甚至在 20 世纪 80 年代，湄公河次区域国家——柬埔寨、老挝和越南——已经采取了以市场为导向的政策。1986 年越南实施 Doi Moi（革新开放）改革之后改革步伐加快，并在 1991 年苏联解体后获得了更多的动力。很快，这些国家都被认为是从中央计划经济体系转向以市场为基础的经济体系的"转型经济体"①。

长期以来，亚行一直希望给湄公河次区域国家提供更多支持，但由于该地区的冲突，支持计划一直受阻。1973 年，停火协议创造了短暂的乐观形势，但并没有带来持久的和平。从 1974 年到 20 世纪 90 年代初，在整个漫长的时期内，给越南的亚行贷款都没有被批准。直到 1991 年 10 月《巴黎和平协定》解决了柬埔寨冲突，该次区域的国家才能够更多地注重发展。越南尤其热衷于调动外来投资。1993 年，在中断了将近 20 年之后，亚行恢复了在越南的放款业务。10 月，亚行批准了一项 7,650 万美元的贷款用于越南灌溉和防洪保护设施整修项目。年底之前，双方还同意增加两笔总额为 1.85 亿美元的贷款，用于改善胡志明市的道路和供水。

1992 年，亚行终于能够在大湄公河次区域开始实施一个项目，一开始小心翼翼地进行，以支持过渡进程和通过促进跨境经贸关系加强区域合作。② 首席设计师是规划局（西）[Programs Department（West）] 局长森田德忠（Noritada Morita）。他回顾了 1992 年10 月在马尼拉亚行总部举行的第一次低调的官方集会："这可能是所有以前在该次区域发生冲突的国家第一次聚在一起讨论为共同发展进行合作事宜。"③

亚行在大湄公河次区域的活动逐渐扩大。最初，在 1992 年，这项计划在 6 个国家进行：柬埔寨、中国（主要是云南省）、老挝、缅甸、泰国和越南。2004 年，中国广西壮族自治区加入该项目。在亚行第四个十年期间，

---

① "Economies in Transition: The Asian Experience" in ADB, *ADB Annual Report 1995*, 19 – 39.

② ADB, 2012, *Greater Mekong Subregion: Twenty Years of Partnership*.

③ Morita, 2012, "The Greater Mekong Subregion."

大湄公河次区域计划发展成为亚行最有效的区域合作计划之一。① 随着时间的推移，大湄公河次区域计划的一些特点被亚行所支持的其他次区域计划所采用。这些特点包括：加强双边关系，通过基础设施投资促进互联互通，注重经济而非政治关系。 187

中亚各共和国也开始了经济转型。然而，亚行在这方面花了更长的时间。甚至在哈萨克斯坦和吉尔吉斯斯坦 1994 年加入亚行之前，早期计划就已经开始了。

亚洲的大型经济体

亚行也在印度和中国扩展业务。然而，这两个国家的业务与那些借款规模较小的国家是不一样的。印度和中国政府对自己的优先事项有很清楚的认知。尽管它们准备好了与亚行进行政策对话，但它们强调解决国内问题的重要性。此外，这些国家决策者的主要目的是获得亚行资助的项目，以支持他们自己的国家投资方案。但亚行也有自己要坚持的政策。在这些活动上达成一致常常需要双方认真协商。

到 1990 年，亚行已经在印度开展了大量的项目，主要是支持印度政府最重要的目标之一——快速工业化。② 当时，印度政府正朝着市场化的经济管理方向发展，因此亚行批准了加强私营部门制造业的项目。亚行还为能源和交通行业提供贷款，例如 1991 年为碳氢化合物行业提供的一笔 2.5 亿美元贷款和 1993 年为天然气项目提供的两笔共逾 5.5 亿美元贷款。

1991 年中期，一场前所未有的经济危机使印度遭受重创。③ 外汇储备减少到只相当于两周的进口量。在国际货币基金组织、世界银行、亚行和日本的支持下，印度政府迅速实施了一项稳定和改革计划。作为亚行援助的一部分，亚行于 1992 年 12 月批准了一项 3 亿美元的金融部门规划贷款（Financial Sector Program Loan），该贷款涵盖 58 项支持以市场为基础政策的措施。在这些措施中，20 项要在亚行董事会核准贷款前完成，其余各项要在 1996 年 3 月贷款期结束前完成。④ 在垂水公正指导下，亚行为遭遇困难 188

① ADB, 2009, *ADB Reflections and Beyond*, "Economic Corridors," 113.
② Box 2.5 in ADB, *Asian Development Outlook 1989*, 119.
③ Vikraman, 2016, "25 Years On, Manmohan Singh Has a Regret."
④ ADB, 2000, *Program Performance Audit：Financial Sector Program Loan（India）*.

的印度提供了大力支持，1991 – 1993 年亚行平均每年对印贷款超过 9 亿美元。

在 20 世纪 90 年代中期，亚行也开始在印度的地方政府部门开展工作。在中央政府的支持下，亚行开始与古吉拉特邦结成伙伴关系。古吉拉特邦被广泛认为是一个崇尚变革、热衷改革的邦，具有市场导向文化、私营创业精神和良好的管理。1996 年 12 月，董事会批准了第一笔由一个多边开发银行向一个地方政府提供的规划贷款——以 2.5 亿美元支持一项公共部门管理规划。① 在之后的几年里，向阿萨姆邦、喀拉拉邦、中央邦和西孟加拉邦提供了类似的贷款。

转而支持邦级业务，尤其是在印度东北部和其他贫困地区，加强了印度与亚行的关系。这进而帮助亚行更直接地通过规划贷款和项目援助来解决政策问题。在亚行整个第三个十年中，共资助了价值超过 60 亿美元的印度项目。

与此同时，亚行也加大了对中国的支持力度。然而，亚行对中国的支持因政治事件而复杂化。1989 年 5 月和 6 月在北京和其他城市的事件发生之后，世界银行和亚行等多边机构遭到一些成员施压，要求限制向中国提供贷款。这对亚行比较困难，因为正如中国政府所指出的，《亚行章程》要求亚行不干涉任何成员的政治事务，只根据经济考虑做决定。然而，西方国家却情绪高涨。亚行一度节制了在中国的活动，但在经历了一段时间的节制之后，20 世纪 90 年代初快速扩大了在中国的项目。亚行为上海南浦大桥和杨浦大桥等著名项目提供了支持，并开展了更多的活动（专栏 9.1）。

有一个问题是项目混合，因为亚行的政策要求在传统增长项目与社会和环境项目之间保持平衡。中国政府更强调基础设施建设和农村发展。在资助这些基础设施项目时，亚行和中国政府要共同努力解决诸如贫困和环境保护等跨领域问题。例如，中国政府优先考虑连接贫困地区和修建通往贫困乡村的支线公路的道路基础设施项目。电力项目通过关闭旧的、不安全的、产生污染的火力发电厂来解决环境问题。中国政府逐步将供水和污水处理项目纳入贷款计划。②

1992 年和 1993 年，亚行董事会批准向中国提供大量贷款，以协助进行市

---

① ADB, 2007, *Country Assistance Program Evaluation for India*.

② ADB, 1998, *Country Assistance Program Evaluation in the PRC*, 13.

场化改革和促进地区均衡增长。例如，1993 年商定实施化肥工业重组（行业）项目，开展旨在实行恰当的定价和分销政策及改进国有企业激励手段的改革。在中国政府的支持下，亚行逐渐将其活动范围从沿海地区转移到较贫困的内陆省份。亚行在中国业务的另一个特点是速度快。在有些借款国家，可能会有较长时间的拖延。然而，在中国，有关机构常常甚至在贷款被批准前就准备好开展商定的活动。① 因此，亚行项目在中国通常按预定计划进行。

佐藤光夫

在行长任上经历了一个多事之秋后，1993 年底，垂水公正决定卸任。他的继任者是佐藤光夫。像多数前任一样，佐藤光夫也来自日本大藏省。佐藤光夫曾从事税收政策方面的工作，对国际税收问题特别感兴趣。他是东京大学法律系毕业生，曾在华盛顿特区的国际货币基金组织工作过 3 年。和垂水公正一样，佐藤光夫曾担任日本大藏省关税局局长。从政府退职后，佐藤光夫担任东京证券交易所副社长，同时他还密切关注发展问题。

佐藤光夫将以坚定而有效的领导带领亚行进入第四个十年。他有一种矜持而自律的作风，开会时常常喜欢认真倾听而不自己多说。他有一个习惯，就是别人说话时他闭上眼睛全神贯注地听。有的人觉得这挺可怕的。一位亚行工作人员回忆说：

> 我第一次跟他接触时以为他睡着了。他用这种方法全神贯注听你说 190
> 话。当你意识到这一点时会更害怕跟他接触，因为你知道他在努力领会
> 和理解每一个词。②

当需要对亚洲金融危机（第十章）做出快速反应时，佐藤光夫迅速采取行动。然而，他的首选方法是花时间考虑那些需要管理决策的问题之利弊。他确保既考虑亚行业务的细节又考虑亚洲发展的广泛政策问题。在亚行内部，他对将提交给董事会的项目安排非常感兴趣。他认为在董事会管理委

① 一个重要原因是，在中国，大多数关键设计问题都是由中国政府在外部融资机构（如亚行）参与之前就确定好的（ADB, 1998, *Country Assistance Program Evaluation in the PRC*, v）。

② Purdue, 2009, "BP on President Sato," in ADB, *ADB Reflections and Beyond*, 157.

员会会议前先对项目进行认真讨论的正式程序很重要。他优先考虑参加这样的会议，以使自己确信项目已经准备好提交给董事会。

佐藤光夫还及时了解更广泛的经济政策问题。在亚洲金融危机发生后，他认为亚行和国际社会应该马上采取行动建立机制，帮助亚洲地区的国家避免未来的金融危机（第十二章）。他认为，这场危机是一个资本账户危机，是"一种全新的金融动荡形式"。[1] 为帮助防止这种危机再次发生，他主张区域货币政策监督和亚洲资本市场加强等工作要快速扩展。[2]

用尽放贷空间

佐藤光夫 1993 年 11 月到任时，亚行的放贷空间行将用完。各成员体，尤其是美国，仍不愿同意进行新的普遍增资。它们继续就政策变化讨价还价。到 1994 年初，亚行董事会批准的贷款已达到亚行规则所允许的最高限额。情况很危险。最后，亚行用尽了放贷空间。在亚行历史上，首次出现了放贷暂时冻结的情况。当亚行董事会试图最终达成一致时，气氛有些紧张。佐藤光夫履新不久，但他对董事会很直率。他明确表示，希望所有成员能够快速同意普遍增资。

191 拖延谈判的一个问题是项目质量。随着项目变得更加复杂，项目的设计和实施变得更加困难。在需要考虑不断增多的跨领域问题的压力下，特别是在农业部门和社会部门，亚行有时编制目标相当高的项目。多重目标、众多组成部分和执行机构以及相互重叠的协调安排，成为项目不太可能成功的一些症结。[3]

为了应对这些问题，1993 年 4 月垂水公正任命了一个项目质量高级工作组。舒尔茨副行长担任组长，工作组还包括两名外部专家，均为亚行前董事会成员。[4] 1994 年 3 月，佐藤光夫收到了工作组关于改善项目质量的报告。报告建议次要考虑高放贷数量，更多地注意实地项目实施。[5] 这意味着要摒弃鼓励员工游说贷款获批的"审批文化"，密切关注借款国的当地需

---

① Sato, 1999, Capital Flow Reversal, Not Cronyism, Caused Asian Financial Crisis.

② Sato, 1998, *The Asian Development Bank View*, 83.

③ ADB, 1994, *Report of the Task Force on Improving Project Quality*, 11.

④ ADB, 1994, *Report of the Task Force on Improving Project Quality*.

⑤ 关于"改善项目质量"的讨论，参见《亚行 1995 年年报》第 78 页。

求和能力。要做到这一点，亚行需要给予更多的支持，以培育借款国的机构能力。该报告还建议亚行采取更好的内部问责制度，赋予项目审核和实施同等重要性。报告建议开展一次一次性"春季大扫除"来清除亚行的问题项目。

对业务进行审查，加强注重国别。1995 年，一个新的组织架构设立，配备两个负责东部和西部区域的副行长。

最后，达成了一项外交协议。佐藤光夫指出，解决美国和其他一些国家的关切需要时间，而亚行无法等待。他个人保证，这些关切将在亚行的战略规划过程中得到解决。在此基础上，所有成员体同意将核定资本增加100%（附录表 A2.14）。亚行理事会投票于 1994 年 5 月 22 日结束，增资立即生效，尽管资本认缴和实缴资本预算还需经成员体立法批准。

资源调动

192

资源调动也通过亚行的借款计划扩大。在亚行第三个十年期间，其借款数额增加到将近 122 亿美元。亚行的计划也变得更加复杂，活动范围更广。在第一个十年中，亚行主要关注的是在尽可能多的市场中树立良好的声誉。在第二个十年中，当利率开始上升时，亚行将其借款集中在低利息的货币上。第三个十年始于 1986 年，亚行采用以共同基金为基础的可变放款利率。在这种制度下，亚行使用金融工程技术，如掉期交易。这使得亚行可以以低息货币借款，为在更广泛的国际市场借款提供了灵活性。

亚行不只是为自己的需要而借款，它还试图以此促进亚洲金融市场的发展，例如通过采用一种"龙债券"（dragon bond）。"龙债券"是一种通常以美元结算的收益证券。1991 年亚行同时在中国香港、新加坡和中国台北发行了第一批 3 亿美元的"龙债券"。这种方法随后被顶级发行商（如美国和欧洲的国际和地区金融机构）效仿。此前，1970 年亚行在日本发行了以日元结算的"武士债券"。

其他调动私营资源的措施包括亚行的贷款担保。1994 年的一项审查扩大了亚行向私营部门提供贷款担保的范围。1995 年亚行还努力吸引联合融资。1996 年，亚行成立了联合融资业务办公室。

新的工作方法

佐藤光夫时代是亚行内部开展积极政策改革的时期。在亚行第三个十年早期，许多政策文件得到了批准。1987 年，这些政策包括与非政府组织合作和对小岛国家实施救灾和紧急援助的政策。1988 年，亚行审查了私营部门的业务，并在此后几年发表了关于教育和电信的政策声明。

在 1991 年第五次亚洲开发基金补充资金（ADF Ⅵ）谈判期间，在一系列跨领域问题上强化政策的压力越来越大。在谈判中，捐助者对妇女发展、人口、环境和支持私营部门等问题表现出浓厚的兴趣。各成员体 1994 年在普遍增资谈判中继续强调这些问题。亚行工作人员编写了许多政策文件，其中很多是在 1994 年和 1995 年获得董事会批准的（专栏 9.3）。

专栏 9.3　1987－1996 年部分政策文件

1987 年：《规划贷款政策评估》

《私营部门业务银行政策和程序中期评估》

《对受自然灾害影响的小型发展中成员体的恢复援助》

《亚行与非政府组织的合作》

1988 年：《亚行担保业务》

《私营部门业务评估》

《特别工作组关于亚行在减轻贫困方面作用的报告》

1989 年：《亚太地区的教育与发展》

《20 世纪 90 年代的亚洲开发银行：小组报告》

1990 年：《第二次私营部门业务评估》

1991 年：《战略规划工作组报告》

1992 年：《私营部门工作组报告》

《亚行中期战略框架（1992－1995 年）》

1993 年：《把社会方面事务纳入亚行业务指导方针》

《人力资源开发与管理操作研究》

《中期战略框架（1993－1996 年）》

《亚行主要金融政策评估》

194

1994 年：《亚行对区域合作的支持》

《信息的保密和披露：亚行的信息政策》

《中期战略框架（1994－1997 年）》

《亚行援助人口部门框架》

《改善项目质量工作组报告》

《亚行担保业务评估》

《亚行 20 世纪 90 年代未来方向和操作议程》

《妇女参与发展：亚太地区的问题、挑战和策略》

1995 年：《亚行能源领域政策举措》

《检查职能的确立》

《治理：良好的发展管理》

《移民安置》

《对借出外汇作本币项目支出的审查》

《亚行援助私营部门发展策略》

《亚行联合融资策略》

《中期战略框架（1995－1998 年）》

《亚行农业和自然资源政策》

1996 年：《亚行规划贷款政策评估》

资料来源：1987－1996 年的亚行年报。

　　主要问题之一是性别问题。1985 年，一项关于妇女参与发展的政策旨在将性别因素纳入亚行业务的各个方面，明确妇女的角色和处理项目在各个阶段对她们的影响。这种办法还涉及向妇女提供直接利益的项目，比如社会领域的项目和可能在农业、农村发展和小型产业等领域为妇女提供就业的项目。此外，应该有独立的以妇女为对象的项目，例如 1989 年的巴基斯坦小学教育项目，旨在为女童提供教育。为了监测妇女地位和参与情况的变化，扩大了按性别分列的数据的收集。

　　然而，随着时间的推移，把重点从特定项目转向所有项目中妇女参与发展的主流问题。这种变化基于对妇女有利的宏观经济政策，也基于一个新的、

195 强调性别分析的重要性和改善项目组成以为妇女创造工作机会的运行框架。妇女参与发展的政策文件在 1994 年进行了更新。

亚行对良好治理的兴趣也与日俱增。1994 年 2 月，佐藤光夫向工作人员发出了关于亚行治理方法的暂行指示。1995 年，董事会批准了一项治理政策，该政策强调借款国拥有能有效吸收发展援助的健全机构的重要性。为实施这项政策（多边开发银行第一个关于治理的政策），有四个重点领域：问责、参与、可预测和透明。

亚行还加强对自身的治理。1994 年，新的《信息的保密和披露政策》和《信息政策与策略》获得批准。第二年，确立了检查职能。这就创设了一个独立论坛，以便项目受益人如果认为亚行没有遵循自己的关于其资助项目的社会和环境影响的政策或程序，可以提出上诉。

早些时候，在亚行第二个十年里，亚行扩大了与私营部门的合作。1988 年，亚行对私营部门的业务进行了审查。1989 年，私营部门的活动在新成立的私营部门局（由私营部门处升级而成）内进行了重组。1990 年又进行了一次审查。尽管做出了这些努力，但亚行仍然主要是一个公共部门机构，很难与私营企业合作。工业化国家——尤其是美国——继续敦促进行更多的私营部门工作。亚行的目标是将其私营部门业务与公共部门计划更紧密地结合起来。此外，亚行还指示私营部门的工作人员与亚行国别办公室进行更密切的合作。

在佐藤光夫担任行长的 5 年里，这个快速的政策改革计划衍生了大量的政策文件——达 38 份之多。这在一定程度上是冷战后捐助者对新的国际发展政策热情爆发的结果。但这也是佐藤光夫推动的结果，他希望亚行成为他经常所说的"一个基础广泛的开发机构"。①

196
新的放款方法和奖学金项目

为应对日益复杂的援助形式，亚行开发了新型贷款方式和项目。早在 1978 年，亚行就开始首次实施一种规划贷款。1987 年，一种扩大形式的规划贷款开始采用，允许更大的灵活性和更多地支持政策改革。规划放贷的范围扩大到包括金融、能源、交通、电信和社会部门等更广泛的领域。②

---

① Sullivan, 1999, Official Farewell to President Mitsuo Sato.
② ADB, 1987, *Annual Report 1987*, 43.

另一种贷款机制是特别干预项目贷款（Special Interventions Project Loan），用于减贫工作中需要快速支出的活动。该贷款机制于1990年第一次采用，当时为巴布亚新几内亚批准了一项1,050万美元的贷款，以此多个捐助方一起为减轻该国一项结构调整方案的社会成本助一臂之力。通过贷款安排实施的活动需要一个有力的减贫重点。预计资金将快速用于创造就业机会。

此外，1987年，一些太平洋国家提议设立一个特别机制，以帮助遭受台风或其他自然灾害影响的小型成员体灾后重建。这一要求促成了亚行第一个为小国家提供灾后重建援助的政策。1989年，亚行新的减灾政策和恢复重建贷款业务面向所有其他成员体，扩大了范围，并涵盖了应对和减少灾害风险的措施。

另一项创新是实施奖学金项目。20世纪80年代末，日本通过世界银行和亚行设立了若干国际奖学金项目。奖学金提供给许多国家正在进行的研究项目。1988年，在日本政府的资助下，日本奖学金项目（Japan Scholarship Program）在亚行设立。第一年颁发了49项奖学金。在接下来的几十年里，来自亚洲发展中国家的3,000多名学生在区域和国际机构从事与发展有关的研究。① 此外，在1988年，亚行推出了小型发展中成员体奖学金项目（Scholarship Prgram for Smaller DMCs）。该项目由亚行提供资金，向不丹、老挝、马尔代夫和八个太平洋岛国的候选人提供特定领域的短期奖学金。20世纪90年代亚行官方网站开通后，所有网页中奖学金页面的点击率为最高者之一。

新的海外办事处和亚行研究院　　　　197

亚行政策的变化伴随着管理方式的重要变化。在20世纪90年代，国际社会对"新公共管理"的思想和对衡量结果和有效性越来越感兴趣。在接下来的进入新世纪的亚行十年中，捐助者越来越多地向亚行施压，让亚行证明自己工作的有效性。在1995年于奥克兰举行的亚行年度会议上，佐藤光夫谈到亚行需要"有效、高效和负责"。他说，为了提高有效性，1994年改善项目质量工作组的建议已得以实施。为了提高效率，1995年1月亚行进行了一次重大改组。为了改进问责，他制订了新的信息披露政策和确立了检查职能。

---

① ADB, 2016, *Japan Scholarship Program 2014 Annual Report.*

在亚行第三个十年期间机构设立快速增加。为增进与借款国的密切关系，亚行开设了更多的驻外代表处：1987 年在雅加达设立代表处，1992 年在新德里设立代表处，1996 年在金边和河内设立代表处（图 9.1）。

1994 年，亚行决定在工业国家设立办事处。一些董事会成员对此持怀疑态度，质疑是否值得设立。但是来自美国、日本和欧洲的代表已经达成协议，所以这项提议得到了批准。第一个办事处——北美办事处——于 1995 年在华盛顿特区设立。接着，在日本东京设立了日本办事处，在德国法兰克福设立了欧洲办事处。1996 年，董事会还批准在东京成立亚行研究院，作为一个智库开展研究和培训，以支持亚行在亚洲的项目。最初，研究院的业务由日本资助，但后来其他国家，如韩国、澳大利亚和印度尼西亚，也为研究院的预算提供了资金。2016 年，中国也表示有意资助亚行研究院的工作。通过这些措施，亚行不断扩大其国际存在，不仅在借款国，而且也在捐资国。

在成为亚行行长之前，佐藤光夫在日本和华盛顿（国际货币基金组织）工作时在金融政策问题上积累了丰富的经验。毫不奇怪，他对金融体系在本地区的运作方式特别感兴趣。在许多地区和国际会议上，他经常谈到改善金融市场的重要性。[①] 佐藤光夫指出，在 20 世纪 70 年代和 80 年代，许多发展中国家的政府只是把金融市场当作便利的融资来源，并且经常干预市场运作，直接将信贷导向自己认定的优先事项。它们未能加强国内银行系统或发展证券市场，如支撑工业经济的债券市场。[②] 后来，当 1997 年亚洲金融危机呈现时，很明显佐藤的关切应受到很好的重视。

佐藤光夫还热衷于强化亚行作为亚洲机构的身份。当时，国际社会对多边开发银行的运作方式有不同看法。有一种观点认为，银行应该优先考虑银行间的协调，甚至接近统一。另一种观点认为，每家银行都应该做出自己独特的贡献。1996 年，世界银行发展委员会就这个主题发布了一份报告，题目是《服务不断变化的世界：特别工作组关于多边开发银行的报告》（*Serving a Changing World：Report of the Task Force on Multilateral Development Banks*）。该报告反映了世界银行偏爱加强协调、不多关注区域银行个性的做法。[③]

---

① 例如佐藤光夫在 1995 年 7 月于马尼拉举行的太平洋区域金融会议上发表的意见（Sato，1995）。

② "The Financial Sector and Asian Development：Historical Experiences and Prospects" in ADB，1995，*Asian Development Outlook 1995 and 1996*.

③ World Bank，1996，*Serving a Changing World*，24.

198

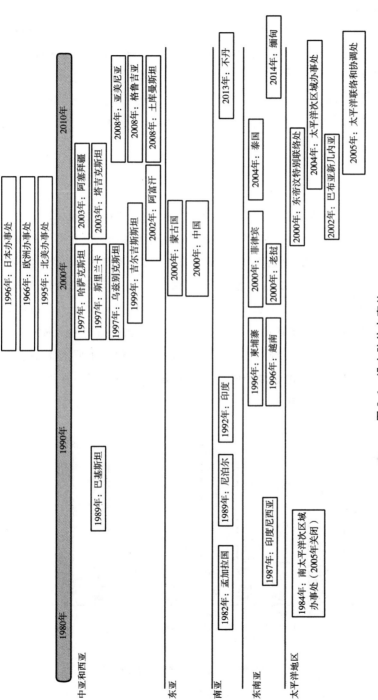

图 9.1 设立驻外办事处

注：上述设立日期为东道国协定的日期，但如果东道国协定的日期无法获取，则采用董事会散发或批准的 R 文件（R - papers）中确定的设立日期。

资料来源：ADB，2016，Establishment of Field Offices，*The ADB Archives Gallery*，https://www.adb.org/sites/default/files/publication/176469/adb - ar-chives - gallery.pdf。

《服务不断变化的世界：特别工作组关于多边开发银行的报告》在 1996 年 3 月出版。佐藤很快进行了措辞严谨的回应。同年 5 月在于马尼拉举行的亚行年度会议上，他表示，该报告呼吁加强合作，这可以接受，但协调不应意味着统一。与之不同，佐藤垂青"竞争多元化"方法，这种方法可以使亚行形成自己的独特定位，反映《亚行章程》所确立的亚行是一个"以亚洲为基本特色的"机构。佐藤的回应在亚行的工作与世界银行的工作之间划出了一条界线。

业务总结

在第三个十年中，亚行业务批准规模继续扩大，达到 430 亿美元，比第二个十年几乎增加了三倍，其中 30% 的贷款来自亚洲开发基金。公共部门和政府担保的贷款占 96%，其余是给私营部门公司的直接贷款或对其进行的股本投资。

从 1987 年至 1993 年，亚行年批准业务量平均增长率为 14%（图 9.2）。然而 1994 年下降了 29%。在 1995 年于奥克兰举行的年度会议上，几位代表对这一急剧下滑现象发表了评论。其原因有多种。正如前面指出的那样，在 1994 年初，由于普遍增资谈判的不确定性，贷款被暂停。主要因素是亚行努力巩固其贷款项目，并花更多的时间进一步提高项目质量。在随后几年里，业务批准额又反弹至 50 亿美元以上。

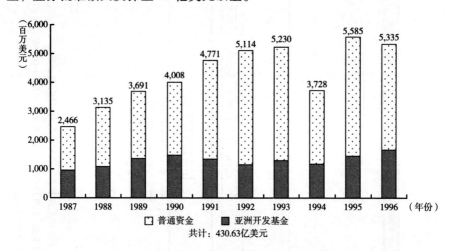

图 9.2　1987 –1996 年按资金类型划分的业务批准

注：业务批准包括贷款、赠款、股本投资和担保。

资料来源：亚行贷款、技术援助、赠款和股本批准数据库。

在此期间，亚行贷款的地理格局也发生了明显的变化（图9.3）。中国和印度成为活跃的借贷者，在过去的十年中，对这两个借贷者的贷款占贷款总额的15%。因此，流向南亚和东亚的贷款份额增加了。

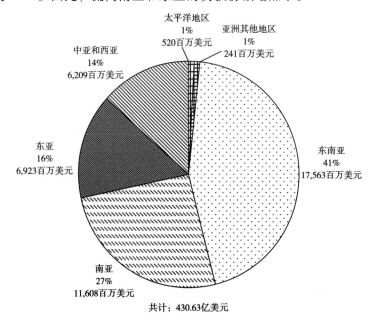

共计：430.63亿美元

图9.3　1987 – 1996年按地区划分的业务批准

注：区域细分基于亚行现行国别分组。业务批准包括贷款、赠款、股本投资和担保。

资料来源：亚行贷款、技术援助、赠款和股本批准数据库。

亚行在中断近20年后恢复了对柬埔寨和越南的贷款。新的亚行成员（哈萨克斯坦、吉尔吉斯斯坦和乌兹别克斯坦）在本十年后期第一次借款。阿富汗于1979年停止借贷，直到2002年才恢复活动。太平洋地区所占贷款份额仍然最小。在亚行第三个十年中前五名借款国是印度尼西亚（22%）、中国（15%）、印度（15%）、巴基斯坦（13%）和菲律宾（9%）。

投放行业也有明显的变化（图9.4）。在第二个十年里，三个主要行业是能源、交通和农业。但在第三个十年里发生了重大转变。交通与信息通信技术份额增长（从12%上升至24%），而农业的份额下降（从31%降至16%），能源的份额基本保持不变（约25%）。

这些转变不是由亚行的政策推动的，而是由借款国不断变化的偏好推动的，特别是印度和中国不断扩大的借款计划。

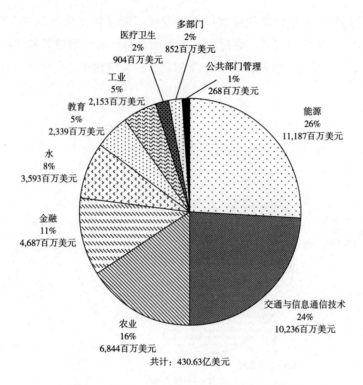

多部门
2%
852百万美元

医疗卫生
2%
904百万美元

公共部门管理
1%
268百万美元

工业
5%
2,153百万美元

教育
5%
2,339百万美元

水
8%
3,593百万美元

金融
11%
4,687百万美元

能源
26%
11,187百万美元

农业
16%
6,844百万美元

交通与信息通信技术
24%
10,236百万美元

共计：430.63亿美元

202

图 9.4　1987 – 1996 年按行业划分的业务批准

注：业务批准包括贷款、赠款、股本投资和担保。
资料来源：亚行贷款、技术援助、赠款和股本批准数据库。

　　交通领域的活动内容扩大反映了对道路项目的贷款需求增加。对亚行而言，当务之急是升级现有道路，改善养护，并鼓励私营部门参与，包括采用PPP 模式，例如实施"建设、拥有、转让"和"建设、运营、拥有"两种安排。由于多种原因，采用 PPP 模式仍然存在局限。亚行还支持通过向用户收费进行交通基础设施融资。然而，对用户收费遭到了普遍抵制。

203　　移离农业放贷非常明显。在整个十年中，农业放贷的减少变得更加明显。这种减少部分反映了亚行在支持农业项目方面所遇到的很多实际困难，也部分反映了印度和中国等借款国的偏好，这些国家通常倾向于为能源和交通项目借款。

　　对能源贷款的持续需求反映出亚洲借款国越来越多地使用能源和电力。发展中国家的人均能源消耗虽然相当低，但正在迅速扩大。亚行的业务着重支持当地的石油供应，而不是依赖进口，以及着重促进更高效地使用燃料。

1995 年，为了鼓励能源投资和关注环境问题，亚行拟定了一份新的能源行业政策文件。新政策的重点是增进私营部门对大规模能源投资的参与、提高能源效率和把环境问题融入能源发展。[①]

亚行在第三个十年中提供了更多的技术援助，这成为其发展战略的一个重要内容。亚行想要从一个项目融资者转变为提供融资、政策支持和能力建设的综合服务开发机构。1987－1996 年，亚行的技术援助业务急剧增加，价值达 8.82 亿美元，比上一个十年增加了七倍。前五名受援国是中国（14%）、印度尼西亚（12%）、菲律宾（8%）、孟加拉国（6%）和巴基斯坦（5%）。对农业和能源行业的援助减少了，而对公共部门管理、交通与信息通信技术以及社会部门的援助扩大。

在此期间，亚行内部行政管理费用预算每年平均增长 8%。1996 年，这项预算为 1.9 亿美元。到这个十年结束时，亚行共有来自 43 个成员体的 1,961 名工作人员，其中包括 673 名国际工作人员和管理人员和 1,288 名当地工作人员（表 9.1），比上一个十年增加了 22%。随着亚行关注焦点的改变，亚行对工作人员的技能要求也发生了变化，转向寻找具有经济规划和政策分析技能的工作人员和具有跨学科背景的人员。同时，亚行还鼓励女性申请专业职位。

9 名新成员在此期间加入亚行。1991 年 12 月苏联解体后，亚洲和太平洋地区增加了 6 个独立国家，其中 3 个在此期间成为亚行成员：哈萨克斯坦和吉尔吉斯斯坦（1994 年）及乌兹别克斯坦（1995 年）。4 个太平洋岛屿国家也加入了亚行：马绍尔群岛和密克罗尼西亚联邦（1990 年），瑙鲁（1991 年），以及图瓦卢（1993 年）。其他新成员是蒙古国和土耳其（1991 年）。至此共有 56 个国家和地区成为亚行成员体（41 个本地区成员体和 15 个非本地区成员体）。

204

暴风雨前的平静

在第三个十年中，就像在前两个十年一样，亚行在外部和内部压力的双重作用下成长和改变。外部压力包括整个亚洲正在发生的巨大改变，以及不断扩大的国际议程。在亚行内部，十年里三位行长都促进改革，亚行工作人员也支持不断拓展开发角色。

---

① ADB, 1995, *Bank Policy Initiatives for the Energy Sector.*

　　亚行创始者在《亚行章程》中规定，该组织应该"以亚洲为基本特色"。的确，这已经成为亚行的一个显著特征。对亚行工作人员来说，亚洲发展的挑战是真切而严重的。许多工作人员来自亚洲国家，他们生活在马尼拉或亚洲其他地区。每天，在工作和生活中，他们都切身体验快速发展的益处和代价。

　　在亚行的第三个十年里，亚行的变化速度加快了，许多外部和内部的改革压力增加了。冷战结束后，印度和中国成为借款成员，国际环境也发生了变化。在整个历史过程中，亚行一直强调在运营中需要谨慎行事。然而，虽然亚行一直在资金管理上很谨慎，但在第三个十年里它在演绎作为多边开发机构的角色上变得更加大胆。

　　在这个十年结束之际，亚行的前景看起来很好。在成员体的大力支持下，亚行大幅增加了资本，并出台了一系列明确的新政策。在 1996 年 5 月于马尼拉举行的年度会议上，佐藤光夫对各位理事说，亚行"满怀信心和热情"面对未来的挑战。

205　　但这是暴风雨前的平静。很快，正如下一章所显示的，亚行将发现自己陷入亚洲金融危机的漩涡之中。再则，亚行需要快速设计灵活的方案，以应对本地区新的援助需求。

表 9.1　1977-1996 年部分业务、机构和财务信息

	1977-1986 年 （第二个十年总计）	1986 年 （截至年底）	1996 年 （截至年底）	1987-1996 年 （第三个十年总计）
A. 业务亮点（百万美元）				
业务批准总额[a]	16,041	2,005	5,335	43,063
按资金来源				
普通资金	10,758	1,369	3,669	30,082
亚洲开发基金	5,283	636	1,666	12,981
按业务				
主权	16,022	1,993	5,156	41,813
非主权	19	12	179	1,250
技术援助批准[b]	125	24	138	882
技术援助项目	96	17	106	727
区域援助	29	6	31	155
未偿还贷款总额		8,749	28,577	
普通资金		5,998	16,109	

接下页

续表

	1977-1986 年 （第二个十年总计）	1986 年 （截至年底）	1996 年 （截至年底）	1987-1996 年 （第三个十年总计）
亚洲开发基金		2,751	12,468	
贷款和赠款支付总额	7,317	1,024	3,797	27,751
普通资金	5,145	612	2,563	18,154
亚洲开发基金	2,173	413	1,234	9,597
官方联合融资ᶜ	576	30	397	4,018
商业联合融资	36	5	92	560
B. 机构亮点				
员工信息				
员工总数		1,604	1,961	
国际员工ᵈ		603	673	
女性员工		740	1,023	
女性国际员工		25	100	
驻外办事处员工		23	144	
成员体		47	56	
驻外办事处		—	11	
内部行政管理费用预算（百万美元）	588	89	190	1,411
C. 财务亮点（百万美元）				
核定资本ᵉ		19,663	50,103	
认缴资本ᵉ		19,476	49,368	
实缴		2,354	3,472	
待缴		17,122	45,896	
借款	6,418	813	584	12,166

注：— = 无。

ª 数字指贷款、赠款、股本投资和担保批准，除去终止项目（不包括董事会批准但在被视为有效前终止的业务）。

ᵇ 技术援助业务仅包括技术援助特别基金和日本特别基金提供的赠款。

ᶜ 包括信托基金和贷款、赠款及技术援助的联合融资。

ᵈ 国际员工数据包括管理人员。

ᵉ 这些数值为根据 1986 年 12 月 31 日（对于 1986 年资本）和 1996 年 12 月 31 日（对于 1996 年资本）的美元/特别提款权兑换率折合的美元数。

资料来源：亚行年报，亚行预算、人事和管理系统局，亚行主计局，亚行战略与政策局，亚行贷款、技术援助、赠款和股本批准数据库，亚行联合融资数据库。

第四个十年

（1997－2006年）

第十章

亚洲金融危机

我认为，1997 年的东亚金融危机将作为我们经济发展中的一个重 要分水岭而载入史册。它为几个国家敲响了警钟……就像我们国家经历改革一样，包括亚行在内的开发机构也必须重新审视自己的角色……

——泰国总理川·立派

亚行年会开幕致辞，2000 年，清迈

1997 年亚洲金融危机是亚行在亚洲工作的 50 年里最重要的事件之一。这场危机是一条分界线：把亚行工作的前 30 年与后 20 年分开。20 世纪 50 年代以来伴随着本地区发展成功而产生的乐观情绪反映在 1997 年初发布的题为《崛起的亚洲：变化与挑战》的亚行研究报告中。这项研究概述了亚洲的日益繁荣，强调"亚洲与其说正在崛起，不如说正在重新崛起"。① 当时，在 90 年代初加速的全球化进程似乎是一股强大的力量，推动本地区向前发展。贸易在快速扩大，全球金融一体化的加强使亚洲本地投资者更容易在国际市场上借入资金。研究报告《崛起的亚洲：变化与挑战》强调亚洲发展中国家需要为全球化做好准备，并宣称"进一步的国际化还会使旧的经济策略成为多余"②。

然后，在经过几十年的强劲增长之后，一些国家的产出突然大幅下降。这让一些观察人士开始怀疑亚洲奇迹是否已经结束。在一年稍多的时间里，

① ADB, 1997, *Emerging Asia*, 10.

② ADB, 1997, *Emerging Asia*, 9.

208 五个受危机影响的国家——印度尼西亚、韩国、马来西亚、菲律宾和泰国——总共损失了大约 30% 的国内生产总值。[①] 本地区再次面对贫困和失业问题。这场危机迅速铺开，让包括亚行在内的政策制定者和多边开发金融机构措手不及。它始于 1997 年 7 月泰铢的崩溃。短短几周内，泰国的金融问题就发展成为一场地区性危机，很快吞没世界第四人口大国印度尼西亚和世界第十一大经济体韩国。[②] 这场危机危害经济体和政府，威胁看似完善的公司和机构，并给数亿人带来严重困难。[③]

国际社会的反应是迅速且空前的。国际货币基金组织进行了最高调的干预，而且常常也是有争议的干预。但也有一些重要的区域举措，其中许多举措成为后续亚洲区域金融和经济合作项目的基础。[④] 此次危机也是亚行的一个分水岭。亚行需要设计新的项目来支持国际货币基金组织推动的应对措施，借此进一步从一个项目融资银行发展成为一个全能型开发机构。

泰国：危机爆发

20 世纪 90 年代初，泰国强劲的经济增长伴随着国际收支逆差的扩大，尽管当时这种不断增长的不平衡似乎是可持续的（第八章）。1997 年初，泰国开始显现一些经济困难的迹象。起初，问题似乎并不严重，但随着人们的担忧加剧，市场开始丧失信心。不久，十年来一直与美元挂钩的泰铢受到投机性狙击。[⑤] 到 1997 年 6 月底，金融市场的交易开始失控。7 月 2 日，泰国政府屈从于不可避免的局面，停止捍卫汇率标定，允许泰铢浮动并快速贬值。

209 随之而来的是泰国严重的经济衰退和蔓延至本地区及以外地方的"传染病"。

不断扩大的政治分歧加剧了经济动荡。在货币贬值前，泰国总理差瓦立·永猜裕坚持认为，货币的价值不会改变。在货币贬值和经济迅速恶化之后，他面临着越来越大的辞职压力。11 月初，他被川·立派取代，后者在接下来的三年里一直担任总理。

---

① ADB, "Corporate and Financial Sector Reform," 21.

② ADB, "The Financial Crisis in Asia," *Asian Development Outlook 1999*, 21.

③ ADB, "The Financial Crisis in Asia," *Asian Development Outlook 1998*, 19 - 37.

④ 这些内容在亚行的研究报告《新兴亚洲地方主义》（*Emerging Asian Regionalism*）中有很详细的讨论。（ADB, 2008）

⑤ ADB, 1997, Box 2.2 Financial Problem and Response, *Asian Development Outlook 1997 and 1998*.

　　面对这些问题，泰国政府在 1997 年 8 月 11 日于东京举行的一个会议上向国际货币基金组织和其他国际捐助者寻求援助。这次会议促成了 8 月 20 日宣布的一项价值为 172 亿美元的一揽子救助方案。很多援助来自国际货币基金组织和其他多边捐助者，包括来自亚行的 12 亿美元（表 10.1）。特别是，超过 60% 的一揽子救助是由亚太国家（包括日本和澳大利亚）的双边承诺捐赠构成的。

表 10.1　亚洲金融危机期间货币稳定援助方案[a]

210

单位：10 亿美元

	泰国	印度尼西亚	韩国[b]
多边机构	**6.7**	**18.0**	**35.0**
国际货币基金组织	4.0	10.0	21.0
世界银行	1.5	4.5	10.0
亚行	1.2	3.5	4.0
双边援助	**10.5**		
日本	4.0		
中国	1.0		
澳大利亚	1.0		
中国香港	1.0		
马来西亚	1.0		
新加坡	1.0		
韩国	0.5		
印度尼西亚	0.5		
文莱达鲁萨兰国	0.5		
印度尼西亚应急准备金		5.0	
小计	**17.2**	**23.0**	**35.0**
二线防御[c]		**16.2**	**23.0**
日本		5.0	10.0
美国		3.0	5.0
新加坡		5.0	
其他		3.2	8.0
总计	**17.2**	**39.2**	**58.0**
协议时间	1997 年 8 月	1997 年 10 月	1997 年 12 月

　　注：[a] 一揽子财政援助方案的组成很复杂，并受与提供援助机构所达成的协议制约。由于这些原因，不同来源可能记录的援助方案的规模不同。

　　[b] 除此处所示的官方一揽子援助方案外，对韩国的官方国际一揽子援助方案由于美国和欧洲的私营部门国际银行同意支持恢复韩国金融市场稳定的努力而大大加强。

　　[c] 必要时投入使用。

　　资料来源：亚行和国际货币基金组织。

这场危机重创泰国：在 20 世纪 80 年代和 90 年代的大部分时间里，泰国国内生产总值增长强劲，但在 1998 年泰国经济萎缩了 10% 以上，失业率大幅攀升。直到四年后，泰国的情况才有明显改善。

韩国：快速应对

韩国在 1996 年成为经济合作与发展组织成员，但仅仅一年之后，它就被亚洲金融危机吞没了。韩国的金融危机是由财阀（企业集团）的一系列过度借贷引发的。由于外汇危机席卷了亚洲其他国家，国际债权人拒绝对财阀的外币短期贷款进行展期交割，引发了一系列的破产。

为阻止货币储备消耗和经济崩溃，韩国货币当局要求国际货币基金组织给予紧急支持。当时，围绕总统选举的政治不确定性使得激烈的谈判进行得更困难。然而，主要反对派候选人也就是随后的总统金大中确认，他将支持与国际货币基金组织达成协议。1997 年 12 月，韩国政府同意一项价值 580 亿美元的一揽子援助方案，其中 40 亿美元来自亚行。

市场很快就对一揽子援助方案做出了评判。从 12 月 8 日开始，韩圆再次大幅下跌。这时，美国财政部介入，说服美国的银行和其他国际银行集体停止从韩国资本外逃，从而在很大程度上遏制了资本外流。这与其他紧急措施一起，为制订更有秩序的计划和加强当地金融市场提供了更多的时间。到 1998 年 1 月底，韩国政府设法重新处理了很多债务。

随后的调整过程是艰难的：1998 年，韩国国民产出下降了近 7%，失业率迅速上升。然而，到 1999 年，复苏势头良好，经济增长强劲。许多因素促成了这一成功，尤其是韩国国家政策制定者在包括亚行在内的国际社会的大力支持下采取的行动。

印度尼西亚：政治动乱

1997 年初，印尼经济表现强劲，卢比足够在官方市场范围内交易。但是在 1997 年 7 月的第二个星期，随着泰铢的浮动，卢比开始贬值。7 月 11 日，面对紧张不安的金融市场，印尼货币当局扩大了卢比交易的范围。[①] 出人意料的是，印尼很快就出现了资本外逃的迹象。8 月 14 日，政府允许卢比浮动，同时为提振信心推出了一揽子经济措施。但这些都没有效果。令大多数观察家惊讶的是，卢比开始快速下跌。

印尼政府向国际货币基金组织寻求援助。10 月 31 日，国际货币基金组织宣布了一项价值 230 亿美元的初步援助方案，方案涉及亚行、世界银行和各双边捐助者。尽管采取了这些措施和其他努力来恢复信心，但对货币的投机仍在继续。因此信心开始逐渐消退。到 1998 年 1 月，卢比兑美元汇率出现了令人眩晕的下跌。面对不断升级的危机，印尼政府于 1 月 15 日同意了一项新的国际货币基金组织协议，该协议涉及一项有争议的结构改革方案。[②] 但这也未能稳定市场或阻止卢比的崩溃。

212

在接下来的几个月里，印尼经济和政治局势继续恶化。1998 年 4 月 4 日，印尼政府同意了国际货币基金组织的另一个总额为 30 亿美元的一揽子援助方案。然而，不确定性仍在继续。1998 年 5 月，担任印尼领导人达 30 年的苏哈托总统辞职，印尼政治危机达到顶峰。1998 年印尼国内生产总值下降了 13% 左右，贫困现象显著增加。[③] 尽管政局持续不稳，印尼经济却逐

---

① 从前也有过几次类似的安排。以前，当这种变化发生时，卢比就坚挺起来。但这一次，卢比开始疲软。时任印尼央行行长吉万多诺（J. Soedradjad Djiwandono）曾提到，很快就明显看出 "传染效应在发作"，因为国际债权人受泰国事件影响，其 "从众本能" 使他们将投资撤出亚洲（Djiwandono, 2000, *Bank Indonesia and the Recent Crisis*, 52）。他在他的书中对当时东南亚金融危机的传染现象作了补充论述（Djiwandono, 2005, *Bank Indonesia and the Crisis*, 26）。

② 2003 年拟定的国际货币基金组织评估报告《国际货币基金组织与近期资本账户危机》（*IMF and Recent Capital Account Crises*, 15）提供了大量细节，而且该报告罗列了全面的大事记（IMF, 2003, *IMF and Recent Capital Account Crises*, 91）。协议附带的备忘录明确了作为与国际货币基金组织约定的一部分印尼要遵循的政策（IMF, 1998, *Indonesia - Memorandum*）。

③ 布思（Booth）讨论了这一时期印度尼西亚贫困水平的趋势（Booth, 2016, *Economic Change in Modern Indonesia*, 173 - 176）。

渐好转。然而，要使人均实际收入恢复到危机前水平和使印尼再次实现持续经济增长，需要近十年。

其他亚洲邻国

亚洲金融危机蔓延的范围远远超出以上三个主要国家，但这场危机对其他亚洲邻国影响较小。在菲律宾，1998 年经济严重受挫，短期资本大量外流，给银行业带来压力。为了应对这一问题，菲律宾政府采取了一系列措施来减轻影响，包括动用国际货币基金组织、世界银行和亚行的资金。

马来西亚也设法遏制亚洲金融危机带来的损失，尽管是在总理马哈蒂尔领导下以一种独特而非传统的方式进行的。1998 年，在经历了十多年令人瞩目的增长之后，马来西亚经济因亚洲金融危机陷入衰退。林吉特贬值，官方利率急剧上升，减少了国民产出，给企业界和金融界造成了巨大压力。

213   起初，马来西亚政府采用国际货币基金组织支持的紧缩经济政策应对。但政策制定者很快发现限制国内需求不是解决问题的办法，因而改变了政策，转而寻求经济扩张。1998 年 9 月，马来西亚政府实施外汇和资本管制，令市场震惊。这有悖传统智慧，招致了相当多的批评。但马来西亚经济很快开始强劲复苏，表明发生金融危机时政府可以有效地实施资本管制。

亚行的反应

与国际社会其他有关机构一样，亚行也被这场大规模的金融危机打了个措手不及。亚行没有准备好为受危机影响的国家提供紧急援助方案。在韩国，亚行 20 世纪 90 年代缩减了活动。亚行给韩国的最后一笔贷款——用于"第五道路改善项目"的 1 亿美元贷款——是几乎十年前的 1988 年获批的。从那时起，人们心照不宣的理解是，由于韩国经济增长强劲，在迅速向中等收入国家发展，它将不再向亚行借款。当金融危机呈现时，亚行工作人员需要迅速重新与汉城的同事建立联系，制订一揽子应急计划（表10.2）。

表 10.2　1997 - 1999 年与亚洲金融危机相关的主要贷款和技术援助

214

日期[a]	贷款项目	金额（百万美元）[b]
泰国		
1997 年 12 月 19 日	金融市场改革计划	
	规划贷款	300.0
	技术援助赠款	2.0
1998 年 3 月 12 日	社会部门方案	
	规划贷款	500.0
	技术援助赠款	2.1
1998 年 3 月 25 日	出口融资贷款	
	贷款给泰国进出口银行	50.0
	部分信用担保	950.0
1999 年 9 月 23 日	农业部门方案	
	规划贷款	300.0
	技术援助赠款	1.7
韩国		
1997 年 12 月 19 日	金融行业方案	
	规划贷款	4,000.0
	技术援助赠款	15.0
印度尼西亚		
1998 年 6 月 25 日	金融治理改革部门发展规划	
	规划贷款	1,400.0
	开发金融机构贷款	47.0
	股本投资	3.0
	技术援助贷款	50.0
1998 年 7 月 9 日	社会保障部门发展规划	
	规划贷款	100.0
	项目贷款	200.0
	技术援助赠款	2.9
	补充技术援助赠款	3.0
1999 年 3 月 23 日	电力行业重组规划	
	规划贷款	380.0
	技术援助赠款	20.0
1999 年 3 月 25 日	医疗卫生和营养行业发展规划	
	规划贷款	100.0
	项目贷款	200.0
	技术援助赠款	2.0

215

接下页

续表

日期[a]	贷款项目	金额（百万美元）[b]
1999 年 3 月 25 日	补充技术援助赠款	1.0
	社区和地方政府援助部门发展规划	
	规划贷款	200.0
	项目贷款	120.0
	技术援助赠款	2.5

注：

[a] 该日期是亚行董事会批准的日期。

[b] 此处注明的金额为亚行提供的资金；在有些情况下，其他机构提供了额外联合融资，特别是对于技术援助赠款。

资料来源：亚行 1997 年、1998 年和 1999 年年度报告。

在印度尼西亚，1997 年亚行有一大笔贷款和技术援助规划。但这些活动主要集中在学校、城市发展和农业等非金融行业。亚行在雅加达的工作人员没有与印尼的金融业建立固定的联系，因此无法在短时间内为印尼设计一个援助方案。同样，在泰国，大多数举措是为社会部门和实体基础设施（如能源和电信）提供的。

然而，尽管亚行通常作为一个审慎的机构运作，谨慎地考虑新活动，但在这种情况下它必须快速应对。幸运的是，在 20 世纪 90 年代亚行的运营体系变得更加灵活。亚行发展成为一个基础广泛的开发机构后，它的工作人员能调动资源密切监测国际局势，并与成员体、国际货币基金组织、世界银行和双边捐助者进行联络。因此，亚行能够帮助实施国际货币基金组织推动的一揽子紧急援助方案，不仅是在金融方面，还通过指导发展中成员体在公共部门和金融资本市场进行改革。这需要在金融市场管理、治理和能力建设上开展细致的工作，而所有这些都加强了亚行向成员体提供广泛服务的能力。

同样重要的是，亚行认识到应对严重社会问题的必要性。失业率急剧上升，学龄儿童辍学和营养不良的现象也在加剧。亚行行长佐藤光夫 1998 年 3 月在《国际先驱论坛报》上撰文指出危机的社会代价，表示需要解决出现的社会问题。[1] 在泰国和印度尼西亚，亚行方案（例如给印度尼西亚的医疗卫生和营养行业贷款）资助社会安全网以减轻损害。在这种情况下，

---

[1] Sato, 1998, "Workers of Asia Need Social Security," *International Herald Tribune*.

亚行必须撇开正常程序而快速应对。危机的多维性要求在每个国家施以不同的重点。

在泰国的方案

1997 年 8 月，在东京认捐会议之后，负责监督泰国 172 亿美元一揽子国际救助方案的任务在国际机构中进行了分配。亚行同意专注于资本市场改革和支持社会部门。亚行之所以能够快速启动这些方案，部分原因是早在1997 年危机爆发前，它就已经同意为能够提供即时流动性援助的农村企业信贷方案（Rural Enterprise Credit Program）提供一笔贷款。

在接下来的 6 个月里，亚行又发放了三笔与危机相关的贷款。作为国际货币基金组织协调反应的一部分，其中主要的一笔是 3 亿美元的金融市场改革规划贷款（Financial Markets Reform Program Loan）。这笔贷款旨在加强金融监管和改善风险管理。

但随着危机的出现，许多人认为，应对危机应超越货币和财政结构调整方案，援助最直接受影响的最贫困人群。因此，此后不久，亚行在提供了第一笔贷款之后又接着提供了一项社会部门规划贷款（Social Sector Program Loan），朝着构建社会安全网迈出了一步。这笔贷款包括向辍学的学生提供奖学金，以及将保健覆盖面扩大到 300 万人，并为贫困儿童提供牛奶。1998 年 3月亚行批准的另一项贷款是出口融资贷款，该贷款是亚行向亚洲借款国提供的最大的银团贷款之一，这表明泰国重返国际金融市场。

在韩国的方案

亚行对韩国危机的应对更为迅速，尽管它仅限于金融业。作为国际援助方案的一部分，亚行实施了到当时为止金额最大的一揽子援助计划，这是一笔 40 亿美元的金融行业规划贷款（Financial Sector Program Loan），用以提供外汇应对货币和流动性问题。这笔贷款比任何以往亚行贷款大 10 倍。在正常情况下，在这么短的时间内提供这样一笔巨额贷款是无法想象的。但情况不寻常，韩国是亚洲主要国家之一，它正面临一场前所未有的危机。

准备紧急贷款的过程始于 1997 年 11 月 29 日，当时亚行一支小组抵达汉城。由于 1988 年以来韩国一直是一个未曾借款的亚行成员，因此该小组

217 无法以已批准的国别战略为基础向韩国提供贷款。然而，该小组用 11 天就完成了通常需要数月才能完成的实况调查。这使亚行小组得以获取当地专家拟订的金融行业改革计划。

韩国政府对国际社会提出的严苛条件感到惊愕。但韩国政府希望快速达成协议，因此协议两天内就达成了。到 12 月 11 日，亚行小组提出了一项 40 亿美元的贷款方案。在当时情况下，这笔贷款仅 8 天后就被亚行董事会批准了。

亚行向韩国提供金融行业规划贷款，目的是鼓励韩国金融行业更多地依靠市场力量。亚行随后进行的一项评估研究得出结论，认为"FSPL（金融行业规划贷款）的设计有几个使其能够达到许多预期影响的积极特点。它及时得到审核，具有很高程度的政府对改革的所有权；它利用有利时机解决金融行业的基本结构缺陷。改革的覆盖范围和排序得当"。[①] 回首来看，亚行参与国际方案显然是对韩国危机的一种有效应对。

在印度尼西亚的方案

事实证明亚行在印尼开展应对工作更加困难。应对方案被推迟，因为不仅在印尼政府内部，而且在国际机构之间，在重大的政策问题上存在尖锐的分歧。例如，当时在雅加达的亚行团队不同意国际货币基金组织的决定，即创建一个"坏账托收银行"来处理危机期间出现的坏账问题。

1997 年 10 月，亚行一支小组在国际货币基金组织主工作团队到达后不久抵达雅加达。计划是由来自亚行、国际货币基金组织和世界银行的三个团队来协调在印尼的工作。但事实证明协调困难。有关问题在一定程度上是客观存在的，因为这三个团队在不同地方办公，很难在短时间内通知召开多方会议。三个团体对政策和对与印尼当局的谈判立场也存在分歧。与世界银行和亚行的同事相比，国际货币基金组织在雅加达的团队在日常事务上几乎没

218 有灵活性，并且需要根据华盛顿特区的一套严格等级制度来确定他们的主要决策。[②] 他们还受到严格保密规则的约束，即使在作为合作伙伴的国际机构

---

① ADB, 2006, *Program Performance Evaluation Report*, v.

② Blustein, 2001, *The Chastening: The Crisis That Rocked the Global Financial System and Humbled the IMF*, 104.

之间也不允许分享信息。

不久，在雅加达的协调问题引起了马尼拉亚行管理层的注意。最终，亚行副行长彼得·沙利文（Peter Sullivan）采取了不同寻常的步骤，他向国际货币基金组织副总裁斯坦利·费希尔（Stanley Fischer）发去了一封措辞严厉的信函。

这些分歧在他们的印尼同事看来是显而易见的。据报道，一名印尼官员斥责世界银行的一名工作人员说："病人快死了，而三个医生在打架。"尽管困难重重，但这三个组织在雅加达极其紧张的行政和政治局势中尽其所能开展工作。作为协调措施的一部分，亚行把重点放在私人银行上，国际货币基金组织则优先考虑国有银行。在 1997 年 12 月和 1998 年 1 月，包括在圣诞节期间，一个亚行代表团到访，为金融治理改革方案准备一笔 14 亿美元的贷款。

亚行的方案几乎就要到位时却突然生变。1998 年 1 月 15 日，苏哈托总统和国际货币基金组织总裁米歇尔·康德苏（Michel Camdessus）在雅加达签署了一项协议。国际货币基金组织在雅加达的团队受到严格保密规则的约束，并没有与亚行分享关于这个计划的任何信息。但是，国际货币基金组织协议中规定的安排和已经与印尼财政部长进行谈判的亚行项目方案产生了冲突。考虑到国际货币基金组织方案的意外条件，亚行的贷款计划需要亚行董事会撤回考虑并重新设计。①

重新设计贷款规划占用了宝贵的时间。印度尼西亚的政治不确定性不断增加，耽搁了向亚行董事会提交报告。管理层采取了非常措施，安排了两次董事会会议，以审议金融治理改革方案。1998 年 4 月 21 日举行了一次初步讨论，以获得董事会对有关主要问题的反馈意见。一个月后，也就是 5 月 21 日，苏哈托辞职。下个月（6 月 25 日），新上任的总统哈比比在雅加达组建了新内阁。印尼政局稳定的前景向好，亚行董事会批准了贷款文件的修订版。

1998 年 6 月至 1999 年 3 月，亚行批准的对印尼的援助，包括五项危机 219 援助贷款，总额为 28 亿美元，总体目标是提供流动性和预算援助（表 10.2）。由于危机导致失业率上升和贫困加剧，亚行还为支持贫困人员社会

---

① ADB, 2005, *Country Assistance Program Evaluation for Indonesia*.

保障提供了一些贷款。^① 同样重要的是，亚行提供了广泛的政策支持。亚行通过经常性访问和延长停留时间增加工作人员资源，包括设立驻印尼（和韩国）扩大特派团。亚行在印尼的规划实施持续到 2000 年以后。^②

1999 年至 2001 年，在印尼各地的 500 多个次省级以下地方政府实施了一项激进的权力下放计划，使得方案实施更加复杂。^③ 2003 年，印尼终于从国际货币基金组织主方案中逐渐恢复生机，成为三个主要受危机影响国家中最后一个获得恢复的国家。^④

对亚行的影响

亚行受到这场危机的严重影响，既有即时影响，又有持续多年的影响。亚行在很短的时间超越了作为一个开发银行的传统角色，从关注长期目标转向通常由国际货币基金组织提供的短期紧急财政援助。然而，亚行提供的援助与国际货币基金组织提供的援助有一个关键不同。在援助遭受危机影响的国家时，亚行的方案侧重于预算支持，以维持国家开支，特别是为社会部门和为结构改革的开支，而国际货币基金组织的方案是为了使国际收支平衡而提供资助。

随着危机的出现，亚行董事会成员密切关注亚行在每个国家的应对方法。他们总体上强烈支持亚行对危机的应对，但当贷款项目提交给董事会时，他们也发表很多意见。给泰国的贷款在 1997 年 12 月获批，给韩国的贷款也在 1997 年 12 月获批，给印尼的贷款在 1998 年 6 月获批。

220　　　　例如，董事们强调，受危机影响国家的政府应该致力于改革。管理层已为此做了准备。在考虑向泰国提供贷款之前，亚行副行长李宗熙（Bong‐Suh Lee）曾访问泰国。这样他得以能够告知董事会，他已得到泰国政府的有力保证。同样，韩国高级领导人保证他们会支持国际货币基金组织推动的、与亚行贷款相联系的方案。但是在印度尼西亚，政治局势一直变幻莫测，直到 1998 年 5 月中旬承诺执行国际方案的新总统就职。

一些董事会成员也提到了不同组织之间的协调问题。不过，他们强调，

---

① 了解亚行的方法详见：ADB, 2001, *Crisis Management Interventions in Indonesia*.

② ADB, 2001, *Crisis Management Interventions in Indonesia*.

③ 布思概述了始于 1999 年的政府权力下放的主要步骤（Booth, 2016, *Economic Change in Modern Indonesia*, 211–218）。

④ ADB, 2005, *Country Assistance Program Evaluation for Indonesia*, 4.

亚行的规划方案应与国际货币基金组织和世界银行的方案密切协调。亚行管理层在回应中表示，亚行的规划方案确实将与其他国际机构的工作保持一致，并将与国际货币基金组织讨论更好的协调程序。

亚行董事们还指出，亚行内部的协调运作良好。这是因为管理人员和工作人员设立了一个特别工作组，负责设计和协调对所有受危机影响国家的各种类型的贷款。亚行北美办事处也密切参与进来，因为需要与美国和驻华盛顿特区的国际机构保持联系。

每个主要国家——泰国、韩国和印度尼西亚——要解决的问题非常不同，因此对规划和贷款需要做相应调整。在泰国和印度尼西亚，重要挑战是金融领域改革和应对危机对社会的影响。这些国家的机构能力也各不相同，因此需要技术援助以应对当地的情况。

1997 年和次年的紧急贷款对亚行的财务运作产生了巨大影响。1997 年 11 月和 12 月，亚行资金局的工作人员密切关注着这些变化对亚行财务账目的影响。亚行一直极为重视保护自己的金融声誉和保持在国际金融市场的 AAA 评级。

为维持足够的资源以满足不同的需求，亚行迅速扩大国际借款计划。1997 年 12 月，亚行董事会同意将借款额增加一倍多，从 26 亿美元急剧增加到 56 亿美元，尽管它确实没有多少选择。尽管亚洲金融领域出现了动荡，但由于亚行声誉很好，它能够短期内在国际主要市场上筹集到这些资金。1998 年，借款计划再次增加，使亚行筹集约 96 亿美元。

亚行也需要在财务安排方面做出其他改变。危机过后不久，亚行很快就清楚地认识到，亚行在贷款组合上面临更大的风险。由于与较高借款水平相关的开支增加，亚行的营业费用在危机之后显著上升。这些因素和其他因素共同导致亚行的净收益面临越来越大的压力。在 1999 年做了一次评估之后，亚行在 2000 年 1 月推出了一项新的贷款收费政策。这涉及增加放贷利差（借款国成本与亚行资金成本之间的差），以及就新贷款向借款国收取一项新的 1% 的先征费。[①] 虽然变化不是以这种方式呈现的，但实际上亚行正在增加贷款收费，以支付亚洲金融危机产生的成本。

事实证明这些变化是有争议的。它们曾一度引发了亚行董事会和管理层的激烈讨论。借款国家提出证据认为，贷款收费应尽可能低，亚行应该寻找

---

① 这些问题在埃尔基亚加（Erquiaga）所著《亚洲开发银行财务管理史》（Erquiaga, 2016, *A History of Financial Management at the Asian Development Bank*）第六章中有详细讨论。

其他方法来弥补亚洲金融危机带来的成本上升。管理层回应说，亚行的良好财务声誉受到保护符合所有成员体的利益。最后，在争吵中，董事会批准了增加贷款收费。金融危机对本地区的影响是深远的。但对亚行来说，金融危机对亚行金融政策的影响也是深远的。

随着时间的推移，这些较高的贷款收费逐渐减少。2004 年，对大多数借款国的放贷利差减少了；2007 年，董事会根据伦敦银行同业拆借利率（即根据伦敦日差率设定的短期银行同业拆借基准利率），批准取消了对新主权贷款的先征费。

222

新兴工业化经济体的毕业

捐资国在亚洲开发基金谈判期间的做法并没有使董事会关于强化普通资金贷款条件的讨论变得更加容易。一些借款国家认为，当讨论普通资金和亚洲开发基金政策时，管理层对工业国让步太多。它们指出，在最近的亚洲开发基金第六次充资谈判中，捐资国坚持要求亚行采取措施更有效地利用亚洲开发基金资源，并认为长期目标应该是使亚洲开发基金变为资金自筹。例如，捐资国曾建议将亚行的部分净收入转入亚洲开发基金，并为借款国拟订一个毕业政策。

第一个建议很快就被采纳了。在法律总顾问办公室出具了关于把净收入转入亚洲开发基金符合亚行章程的意见后，1997 年 5 月，亚行理事会授权划转了 2.3 亿美元。从那以后，亚行定期将普通资金的净收入划转到亚洲开发基金。

第二个问题——拟订一个毕业政策——比较困难。自 1977 年以来，亚行将发展中成员体划分为三大类：A 类成员完全有资格获得亚洲开发基金贷款（优惠贷款和 2005 年开始实施的赠款）；B 类成员包括既从普通资金又从亚洲开发基金借款的"混合成员体"；C 类成员只能获得普通资金贷款。①

虽然 1977 年的方法在过去 20 年里效果良好，但捐助者认为现在该制定一种更正式的方法，以便使各成员从一个类别过渡到另一个类别，以及从亚行借贷中毕业。首先，没有一个借款国从一个类别转变为另一个类别。其次，没有一个成员正式从获得普通资金贷款资格中毕业过，即使是东亚成功

---

① 1998 年的毕业政策将借款成员划分为四个类别，其中混合成员属于 B1 类（可以获得亚洲开发基金贷款和数额有限的普通资金贷款）或 B2 类（可以获得普通资金贷款和数额有限的亚洲开发基金贷款）。

的新兴工业化经济体。的确，亚行政策没有设想 C 类之外的阶段。捐资国希望这种情况能有所改变。

1997 年，亚洲金融危机的动荡使制定新政策变得复杂起来。当时需要向韩国提供 40 亿美元的紧急贷款，这凸显出新政策需要具有灵活性。将近两年后亚行董事会才得以批准一个新的分类和毕业政策。

新政策涵盖从一类到另一类的重新分类和从常规亚行援助（亚行普通资金援助）中毕业。根据该政策，从 A 类过渡到 B 类然后从 B 类过渡到 C 类，将根据两个主要的国家或地区标准确定：人均国民生产总值和借款国的偿债能力。从普通资金借款中毕业要基于以下因素：人均国民生产总值，合理条件下商业资本流动的可获得性，主要经济和社会机构获得一定水平的能力。

大家一致同意，虽然四个新兴工业化经济体（中国香港、韩国、新加坡和中国台北）正式从常规亚行贷款中毕业，但它们仍然有资格在需要时获得紧急援助。[①]

然而，在让新兴工业化经济体从普通资金借款中毕业的过程中，产生的主要问题是这些成员体毕业后亚行与它们的关系发生了改变。亚行的修订政策强调，毕业成员体可以获得咨询专家服务和技术援助。亚行还鼓励它们参加次区域活动和开发项目的联合融资。此外，传统捐资国无疑希望这些成员很快向亚洲开发基金和其他区域基金捐款。现今，所有这些毕了业的成员和一些借款成员都向亚洲开发基金捐款。

政策改革、研究和倡导

在应对亚洲金融危机过程中亚行也扩大了在整个地区增强机构实力的活动。早在 1999 年，亚行组建了区域经济监测组（REMU），其任务包括与"东盟 + 3"国家（东盟 10 个国家 + 中国、日本和韩国）合作以开展区域经济政策和金融状况监测。区域经济监测组还负责运营新的亚洲复苏信息中心（ARIC）。澳大利亚政府援助开发的亚洲复苏信息中心网站提供了受危机影响最严重的国家的信息和危机后援助恢复方案的信息。

2000 年，区域经济监测组推出了一个新出版物——《亚洲复苏报告》（*Asia Recovery Report*），后更名为《亚洲经济监测》（*Asia Economic Monitor*）。

---

① ADB, 1993, *A Graduation Policy for the Bank's DMCs*.

区域经济监测组还举办了关于私人资本流动等主题的讲习班，应"东盟＋3"财政部长要求开发了一个金融危机预警系统，并协助几个东盟成员国建立了财政部监控组。区域经济监测组还支持"亚洲债券市场倡议"（Asian Bond Markets Initiative），开发了亚洲债券在线网站（Asian Bonds Online），以解决亚洲金融危机的一个原因，即货币和成熟度"不匹配"。2005年4月，区域经济监测组升级为区域经济一体化办公室（Office of Regional Economic Integration）。在下一个十年中，该办公室将在支持亚洲区域经济合作上在亚行内部发挥关键作用。

在亚洲金融危机期间的其他活动中，亚行支持开展一个在亚洲各地反思不同国家经验的活动——赞助研讨会、出版图书、举办讲习班和发表文章等。这项活动许多内容是由经济发展资源中心（Economic Development Resource Center）开展的。1998年，为加深对危机根源的了解，该中心发起了一项对金融市场的研究。

在1998年至2000年的危机年月里，亚行继续发行其旗舰出版物《亚洲发展展望》，其中包括对区域经济发展的评论和一个有关当时关键发展问题的专题。此外，还编写了一系列关于经济问题的《情况简报》（Briefing Notes），其中许多都涉及与金融危机有关的重要主题。

另一个举措是在东京设立亚行研究院。亚行研究院是在日本政府的资助下成立的，它作为亚行的附属机构开展政策研究和加强发展中国家的能力。亚行研究院在1997年12月10日举行成立仪式，仪式上举办了一场题为"货币危机及其他"（"The Currency Crisis and Beyond"）的研讨会。

1998年，亚行研究院在马尼拉、旧金山、新加坡和东京举办了一系列关于亚洲金融危机的圆桌会议，随后举行研讨会，以宣传研究结果。次年，亚行研究院和日本金融监督厅（Financial Supervisory Agency of Japan）在东京联合主办了一场对话。受危机影响的经济体的央行银行家和高级监管人员与日本、英国和美国的同行会面，审查不断变化的银行管理制度和防止未来危机的措施。亚行研究院还开展了关于新兴经济体的汇率制度和关于国际清算银行的银行管理制度的研究。

亚洲的混乱：问题何在？

亚洲金融危机的部分根源在于20世纪90年代积极推行亲市场政策。在如行天丰雄（首任亚行行长渡边武的随身顾问）所说的"美国全球化倡导者持续不断的鼓动"后，许多亚洲发展中国家放宽了对资本市场的限制。①
这些国家成为对不受地域限制的私人资本极具吸引力的地方。② 包括对冲基
金在内的全球资本被吸引到亚洲，它们的目标是获得更高的投资回报和寻求
多元化。它们受到高利率的吸引，这些利率是通过挂钩汇率来支撑的，这种
汇率助长了一种虚假的安全感。在危机爆发前的几年里，这种资本许多是作
为短期银行贷款或证券投资而来的，而不是长期外国直接投资。在印度尼西
亚，流入资本的相当一部分是国际银行对印度尼西亚联合企业的直接贷款。
这些资本流动难以监测，使得协调整个地区的政策反应变得困难。

　　私人资本流入的激增推高了价格，尤其是房地产市场价格。这种情况进
而助长资本进一步流入，到 1996 年年中达到空前规模。但随后，在全球电子
产品需求周期性下滑之后，泡沫破灭了。出口放缓扩大了经常账目赤字，最终
对汇率产生了压力，然后在 1997 年 7 月导致泰铢浮动和崩溃（图 10.1）。

226

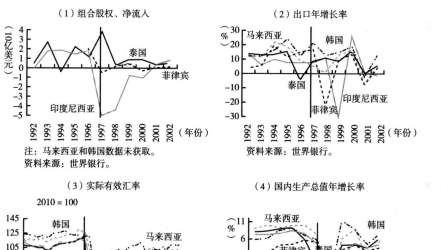

接下页

---

① Gyohten, 2007, *The Future of Asia*, 51.

② 本部分资料主要来自：ADB, "The Asian Financial Crisis," *ADO 1998*, 19 – 37.

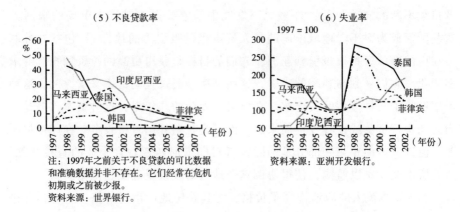

图 10.1 1992 – 2002 年韩国、印度尼西亚、马来西亚、
菲律宾和泰国的部分指标

　　货币贬值破坏了经济信心，使股票和房地产价格下跌。这进而导致银行和许多企业因货币和贷款到期的严重"双重错配"而处于紧张状态。亚洲的许多投资者从海外借入外币（通常是美元），然后利用这些资金投资于长期和不能立即兑现的项目，这些项目常常以当地货币提供收益流。当海外
227　放款人失去信心时，他们拒绝延期短期债务，从而大幅减少私人资本流动和加重亚洲地区货币的压力。

　　因此亚洲金融危机实际上是一场导致银行业危机的货币危机。这场危机造成了付出沉重经济和社会代价的螺旋式下降，国内生产总值增长明显放缓，特别是在 1998 年，从而导致广泛失业和贫困加剧。

基础薄弱或投资者恐慌

　　在这场危机之后，关于危机的根本原因出现了广泛争论。① 两种主要解释是：基础薄弱和投资者恐慌。基础薄弱分析法指出了受危机影响国家存在的一系列根本问题，如结构扭曲和政策扭曲以及最终破坏了市场信心的治理薄弱。另一方面，投资者恐慌分析法将责任归咎于市场预期的不稳定变化，以及随后的区域蔓延。这种观点也承认结构和治理问题，但指出这些经济体

---

　　① 亚行前行长佐藤光夫个人密切关注有关此次危机的讨论。他强调当时问题的资本账户性质，并将此次危机描述为"一种全新类型的金融动荡"（Sato, 1999, Capital Flow Reversal, Not Cronyism, Caused Asian Financial Crisis, *The Korea Herald*）。

以前是强大的，并暗示危机和资本外逃更多是出于从众行为。许多亚洲观察人士还指责投机性狙击，包括对冲基金的狙击。

这两种解释都有助于理解这场危机。许多发展中国家都有结构和政策上的弱点。例如，在金融危机扩大为全面治理危机的印度尼西亚，似乎很清楚基本经济和政治问题加剧了金融缺陷。[1] 在印度尼西亚，1988 年实行银行业自由化之后，银行的数目急剧增加。1996 年，印尼银行的数量增加了一倍多，达到 240 家，造成很大的监管问题。[2] 然而，所有这三个国家金融危机的直接触发因素都是投资者信心崩溃，进而导致快速而意外的资本外逃。

因此，亚洲金融危机不是传统的经常账户危机，而是资本账户危机。一些借款者、放款者和国际组织对此反应迟缓，不能及时认识到这一点。此外，政府和国际组织大力推动开放金融市场，对自由资本流动的益处持乐观看法，大大低估了在亚洲发展中国家管理这种资本流动的困难。[3] 228

对国际救援行动的批评

这场危机很大程度上是无法预料的。在什么是最好的危机应对方式这个问题上很快就出现了尖锐的分歧。国际货币基金组织借鉴应对 20 世纪 80 年代拉丁美洲危机和 1994 年墨西哥危机的经验，推荐实施限制性的经济和金融政策，并要求进行结构改革。但拉丁美洲和亚洲的情况存在着重要的区别。拉美国家通常采取导致国际收支逆差的宽松财政政策和货币政策，而亚洲国家实行保守的财政政策和货币政策，一般没有因轻率的宏观经济政策而造成的经常账户赤字。

在一些亚洲国家，大量的和不断增加的资本流入——特别是由实际上由固定汇率支持的来自国外的短期证券投资和银行放贷组成的——造成过热。其结果是大量资本账户盈余伴随着经常账户赤字。金融流量暴增往往与房地产的过度投资和价格上涨联系在一起。然后，当观察家开始质疑这种繁荣的

---

[1] 吉万多诺对印尼危机的原因进行了权威性讨论（Djiwandono, 2005, *Bank Indonesia and the Crisis*, 22 – 75）。

[2] Pangestu and Habir, 2002, The Boom, Bust, and Restructuring of Indonesian Banks, *IMF Working Paper*; Hamada, 2003, "Transformation of the Financial Sector."

[3] Villafuerte and Yap, 2015, "Managing Capital Flows in Asia."

可持续性时，资本流突然逆转，从流入变为流出，导致国际收支失衡和金融危机。亚洲金融危机被视为一种新型危机，因为它起源于资本账户的多变性。在大规模的资本外流发生之后，陷入经济危机的国家国内流动资金迅速枯竭，导致经济陷入衰退，并使金融体系出现流动性危机。

在这种意义上，对拉丁美洲经常账户问题可能适用的严格货币政策和财政政策对亚洲的资本账户危机不适用。快速实施的严格政策限制了总需求，尽管一些亚洲经济体已经陷入衰退。这些政策进一步损害了银行和非金融企业的资产负债表，造成了广泛失业和不必要的社会危害。

国际货币基金组织坚持在印尼等国家实施严格的结构调整，也引发了争议。① 这些分歧不仅仅涉及方案的适宜性和设计问题。对于在将这些措施作为长期一揽子全面和严格的银行部门改革计划提出的同时在危机期间执行这些措施的想法，也存在分歧。随着时间的推移，这些批评促使国际社会重新评估对金融危机所做的反应。这些变化主要影响到总部设在华盛顿的布雷顿森林机构推行的方案。

区域倡议

亚洲各国的政策制定者对国际货币基金组织应对危机的方法表示担忧。他们考虑了替代方案，并宣布了自己的应对方案。这场危机向亚洲政策制定者表明，他们不应只依赖国际货币基金组织的援助，还应加强自己的政策和机构。此外，由于邻国之间金融体系和经济条件如今更加密切相联，各国政府有意考虑在全地区实施危机预防和管理互助机制。

其中最早和最具争议的替代方案之一是，日本提议设立一个亚洲货币基金组织（AMF），将东亚的外汇储备汇集到一个基金中，用以防止货币投机和在危机期间调动资源。在 1997 年 9 月于中国香港举行的国际货币基金组织－世界银行会议上，日本大藏省次官榊原英资（Eisuke Sakakibara）宣布了这项提议。这让许多观察人士感到惊讶，尽管这一构想已经由日本高级顾问讨论了至少一年，并已向一些亚洲国家非正式提出。一些观察人士注意到，虽然国际货币基金组织在 1994 年墨西哥金融危机期间提供了强有力的支持，

---

① Sakakibara, 1999, Reform of the International Financial System, System, Speech at the Manila Framework Meeting in Melbourne.

但他们不确信国际货币基金组织提供的资金足够应对亚洲的危机。^① 事实证明这些担忧是正确的，尤其是在泰国危机的情况下。　230

亚洲货币基金组织提议包括通过设立以下项目或机构补充国际货币基金组织的资源：一个数额为 1000 亿美元的外汇储备区域共同基金（不包括美国的参与），由亚洲货币基金组织开展宏观经济监测工作（与国际货币基金组织监测合作），一个常设秘书处。然而，这项提议在香港的会议上没有获得足够的支持。美国财政部长劳伦斯·萨默斯（Lawrence Summers）强烈反对这一提议，理由是存在道德风险和重复国际货币基金组织职能之虞，因此，该计划在外交上被搁置一旁。^{②③} 尽管如此，该建议还是确立了扩大区域自助机制的原则。

关于亚洲货币基金组织的讨论告一段落后，紧接着是另一个提议，后被称为"马尼拉框架"。1997 年 11 月，在回应有关亚洲货币基金组织的讨论中，参加在菲律宾举行的亚太经合组织（APEC）论坛会议的高级官员商定了一个加强区域银行和金融体系的框架。框架声明草案是由包括美国的蒂莫西·盖特纳（后来的美国财政部长）和日本的中尾武彦（后来的亚行行长）在内的一些官员连夜讨论完成的。商定的框架声明吸收美国为新成员，赋予国际货币基金组织更明确的核心作用。声明内容包括：加强区域监测以完善国际货币基金组织的全球监测，加强经济和技术合作以改善金融管理能力，建立新的国际货币基金组织调整方案机制，以及安排补充国际货币基金组织资源的合作筹资。

"马尼拉框架"于 1997 年 11 月 25 日由 18 位亚太经合组织领导人签署。这一构想与亚洲货币基金组织提议类似，除了该框架没有建议设立常设秘书处，也没有提议根据条约设立一个区域共同基金。"马尼拉框架"会议曾一　231
度半年举行一次，后改为一年举行一次，直到 2004 年终止。到那时为止，"东盟 +3"提出的一些其他倡议，如"清迈倡议"（CMI）等，变得更加重要（见第十一和第十三章关于"清迈倡议"的讨论）。

---

① Blustein, 2001, *The Chastening*, 165；格伦维尔（Grenville）指出，与 1994 年墨西哥金融危机爆发相比，美国对印尼金融危机的反应"不那么积极"（Grenville, 2004, *The IMF and the Indonesian Crisis*）。

② Blustein, 2001, *The Chastening*: *The Crisis That Rocked the Global Financial System and Humbled the IMF*, 162.

③ Lipscy, 2003, *Japan's Asian Monetary Fund Proposal*, *Stanford Journal of East Asian Affairs*, 94.

日本对推动亚洲采取措施应对危机特别积极。1998 年 10 月，日本政府宣布了一项 300 亿美元的一揽子援助方案，即"新宫泽构想"（New Miyazawa Initiative）。该构想提供 150 亿美元用以满足亚洲国家的中长期金融需求，另外 150 亿美元用以满足亚洲国家在实施经济改革过程中可能出现的短期资本需求。日本大藏大臣宫泽喜一 1998 年 12 月在日本外国记者俱乐部解释该计划时，概述了国际金融体系的三个基本问题：大规模短期资本流动造成的问题，汇率的确定，以及向受危机影响国家提供流动资金。[①]

宫泽喜一解释说，短期资本流动造成的问题往往是由群体行为引起的，这种情况会引发不反映经济基本面的大规模突然流动。这种流动可能会破坏国家的经济，因此应该受到更谨慎的监控。宫泽喜一还指出，无论是在主要工业国家还是在亚洲发展中国家，都需要做出更好的安排来确定适当的汇率。但在这个问题上没有简单的公式可套用：有些情况需要更大的稳定性，有些情况需要更多的灵活性。

第三个重要问题是在危机时提供足够的流动资金。在亚洲金融危机期间，受影响的国家基本上失去了进入资本市场的机会，导致流动资金极度缺乏。在这种情况下，国际货币基金组织等国际金融机构可以更快、更多地提供流动性支持。宫泽概述了一系列未来为提供更多流动性支持可以采取的措施。的确，在阐述这种方法时，他是在预示国际货币基金组织和西方央行将于 2007 年和 2008 年在工业国大力推行的政策类型。作为"新宫泽构想"的一部分，日本 1999 年 3 月在亚行设立了 30 亿美元的"亚洲货币危机支援基金"（Asian Currency Crisis Support Facility）。该基金包括担保和利息补贴，用于帮助受危机影响的国家在国际金融市场筹募资金。

接下来的倡议或构想产生在"东盟 + 3"区域集团会议上。1999 年 11 月，"东盟 + 3"领导人在马尼拉举行会议，就需要在共同关心的金融、货币和财政问题上开展协调与合作发表了一个声明。不久之后，"东盟 + 3"财政部长着手实施其他几项倡议。一是"经济检查与政策对话"机制（Economic Review and Policy Dialogue）。该对话于 2000 年 5 月创立，用于分析全球、区域和国家等层面的经济和财政状况。这项机制在同业审查和政策对话的基础上监测金融市场的资本流动和发展，帮助管理风险，并推荐政策和联合行动。期望是同行压力会激发更好的宏观经济政策和财政政策，并促

---

① Miyazawa, 1998, *Towards a New International Financial Architecture*.

进区域合作。

但一种重要的合作形式是"清迈倡议"。该倡议于 2000 年 5 月推出，是作为一个"东盟＋3"国家间双边货币互换协议网络建立的，用以向发生国际收支危机的成员体提供短期美元流动资金。"清迈倡议"被寄予厚望，希望它能够补充现有的国际金融安排。该倡议受到美国和国际货币基金组织的谨慎欢迎。亚行积极支持"经济检查与政策对话"和"清迈倡议"。

金融危机后的亚洲和亚行

许多国际媒体最初推测认为，金融危机表明亚洲奇迹只是海市蜃楼。后来的事件证明这种推测是错误的。这场危机并未削弱亚洲持续增长的动力。到 1999 年，危机已经消退，亚洲的信心基本恢复。在一些国家，这场危机一度使经济发展停滞，但大部分地区经济复苏势头强劲。

尽管如此，令人痛苦的经历也带来了宝贵的教训。其中一个是，大规模和复杂的金融危机需要众多国家机构和国际机构之间的有效协调。所需资金规模可能超出国际货币基金组织和其他机构（如世界银行、亚行和主要双边援助机构）的资源和传统手段。这需要在中央银行参与下采取强有力的集体行动和实施具有创造性和灵活性的应对。

对本地区各国政策制定者来说，危机也给他们提供了重新评估经济政策 233 和克服结构性弱点的机会。他们重新考虑了审慎宏观经济政策（包括中央银行的角色）的重要性，更密切地监督资本账户和资产价格的重要性，以及进一步加强金融领域监督和政策的重要性。这场危机还显现出数百万人仍然生活在非常不稳定的环境中的现实及处理危机的社会影响和解决贫困问题的重要性。更普遍来说，这场危机突显了亚洲的共有脆弱性和共同利益，为区域合作提供了动力。

对亚行来说，亚洲金融危机是一个严峻的考验，促使它成长为一个力量更强的多边开发机构。亚行与国际社会合作，并以此扩大了银行业务和使用了新的金融工具。然而，与其他组织一样，亚行被这场危机打了个措手不及，因此需要思考如何应对意外的金融危机和随时准备好与其他伙伴合作。

随着亚行从危机中吸取这些教训，它行将迎来一位新行长。当千野忠男在 1999 年 1 月从佐藤光夫手上接过亚行行长的接力棒时，他接手了一个更广泛、更复杂的亚行议程。

第十一章

亚洲：新世纪的曙光

235　　　　亚洲经济体普遍成功地利用全球化的好处实现了快速经济增长和减少贫困。另一方面，全球化也涉及需要管理的风险。全球化会带来社会和经济压力以及金融动荡。

——千野忠男

亚行年会致辞，2001 年

随着亚行进入新世纪，金融危机的影响逐渐消散，强劲的经济增长开始加快。危机阻碍了一些国家进步，但恢复比预期更快更强（第十章）。在中国兴起、印度的崛起、中亚和东南亚部分国家情况改善的助推之下，本地区奋力向前。国际贸易中更强的全球化、跨国资本流动和移民推动了这些变化。

同时，全球化也有弊端。一些组织发起了激烈的政策辩论，并经常组织抗议活动。[①] 持续的贫困、日益加剧的不平等、金融危机的蔓延以及地缘政治的不安全感，被许多人视为全球化的不利因素。为使利大于弊，人们认为必须小心管理全球化。这种观点促使对发展政策进行了许多反思。重要的国际会议产生了一个扩大的全球议程。政策制定者继续致力于推动快速增长，同时努力处理具有互补作用的重要事项，如减少不平等、促进社会发展和制定防止金融不稳定的措施。

---

① Stiglitz, 2002, *Globalization and Its Discontents*.

亚洲的复苏与提升

236

　　新千年开启了亚洲强劲发展的时期。在亚洲金融危机发生后的 2 年内，大多数受影响的国家已经基本恢复。发达经济体的强劲增长，加上具有竞争力的汇率，为出口拉动的复苏提供了初始动力。1998 - 2000 年，美国的经济增长每年超过 4.0%。在欧元区，受国内需求和出口的推动，2000 年经济增长超过 3.5%。在经历亚洲金融危机期间的经济衰退之后，日本经济在 2000 年增长了约 2.0%，这在一定程度上是宏观经济刺激的结果。亚行发展中成员体的经济增长在 1998 年下降到 0.2%，但到 2000 年反弹至 7.0% 以上。[①]

　　工业国家的增长开始放缓。在 2000 年初，美国的网络泡沫破裂导致经济放缓，并很快蔓延到其他工业国家。2001 年 9 月，发生在美国的"9·11"恐怖袭击进一步动摇了投资者的信心。整个 2002 年，恢复因即将发生的伊拉克冲突而受到限制。直到 2004 年以后，工业国家才恢复比较强劲的增长。

　　虽然当时情况可能看似动荡，20 世纪 80 年代中期以来发达经济体经历了一个经常所称的"大稳健"时期。进入 21 世纪头十年初，季度实际产出增长和季度通胀都出现了明显的缓和波动模式。[②] 这归因于"结构变化、宏观经济政策改善和运气好"的联合作用。[③] 在发达经济体经历了一段长时间的扩张后，21 世纪头十年初出现了相对温和的衰退，这强化了决策者现在能够更好地控制宏观经济波动的观点。

　　在这种不断变化的经济环境中，许多亚洲发展中国家继续保持良好的发展，尽管发展状况具有相当大的多样性。由于亚洲在全球经济产出中的份额持续上升，国际经济影响力的平衡正在发生变化。一个关键因素是中国的表现。中国的决策者担心亚洲金融危机带来溢出效应，但事实证明中国基本上没有受到影响。2001 年中国加入世界贸易组织（WTO）进一步扩大了其经济影响。中国入世谈判已经持续了 15 年，在此期间，中国政府同意在农业、

237

---

①　ADB, 2001, *Asian Development Outlook 2001.*

②　Blanchard and Simon, 2001, *The Long and Large Decline in US Output.*

③　Volatility, Bernanke, 2004, "The Great Moderation."

能源、银行和零售等领域实行广泛的市场化改革。① 在这些变化的推动下，2002－2006 年，中国的经济年增长率超过了 10%。

南亚也基本上没有受到亚洲金融危机的影响。印度在 1991 年启动的结构改革和自由化政策终于开花结果。② 到 2003 年，印度经济增长率已达到每年 7%，在亚行第四个十年剩余时间里其经济增长率一直保持这个水平。南亚其他国家的前景也正在改善。在经过本十年早期相对缓慢的增长之后，孟加拉国、巴基斯坦和斯里兰卡的经济增长在 2004－2006 年提高至 6% 左右。

在湄公河地区，朝更大市场化方向过渡的国家需要克服顽固的经济后遗症。五十年来，这些国家受到战争和冲突的影响，但在 1991 年《巴黎和平协定》（第八章）签订后，越南、柬埔寨和老挝开始快速增长，它们更多地依赖制造业和出口。在亚行第四个十年的大部分时间里，湄公河流域国家的年增长率为 6%－7%。

到 2000 年，曾受危机影响的东南亚国家的经济增长开始回升。各国政府继续解决导致早先金融崩溃的结构性缺陷，包括重组破产的金融机构、改善机构治理、减少劳动力市场僵化、放松对国内市场的管制等。③

随着摆脱苏联时代集权经济控制的影响，许多中亚共和国的前景有所改善。20 世纪 90 年代初向市场化政策过渡是艰苦的。这一变化涉及减少结构性和定价扭曲，改善预算过程和统计系统，并控制预算支出。在宏观经济持续稳定过程中，阿塞拜疆和哈萨克斯坦等国家能够快速实现经济增长，从正在兴起的全球资源繁荣中获益。然而，那些自然资源比较贫乏的中亚共和国却经历了一个比较困难的时期。太平洋岛屿国家的发展也相当有限。

亚洲金融危机凸显了长期贫困和短暂贫困问题。自 20 世纪 60 年代以来，亚洲发展中国家的贫困状况一直在稳步减少。这一趋势在这次金融危机中被打断。在印度尼西亚，以每日生活费 1.25 美元贫困线来看，贫困率从 1996 年的 11% 上升到 1998 年的 16%－20%。失业率也出现了类似的激增。在危机期间，印尼的失业率上升到 5.5%，菲律宾为 9.6%，泰国为

---

① 中国加入世贸组织时的承诺和 2004 年底（即 3 年后）的成果的指标性样本列表见亚行《2005 年亚洲发展展望》专栏 2.1。

② ADB, 1994, *Asian Development Outlook 1994.*

③ ADB, 2000, *Asian Development Outlook 2000.*

5.3%。① 这些冲击导致粮食危机和劳工动乱等社会动荡。

随着政府扩大社会保障网络和金融危机后经济恢复增长，贫困率又开始下降。在 1999 年至 2005 年，以每日生活费 1.25 美元贫困线来看，亚行发展中成员体的贫困人口率从近 40% 下降到 27% 以下；超过 3 亿人摆脱绝对贫困。② 但在一些大型经济体中，包括中国、印度、印度尼西亚和孟加拉国，不平等正在加剧。③ 这些贫困和不平等的后果将对亚行的机构战略产生重大影响（第十二章和第十四章）。

区域内贸易和资本流动的增长

本地区从亚洲金融危机中复苏伴随着区域内贸易和资本流动的加强。在 20 世纪 90 年代中期到 21 世纪头十年中期，区域内贸易增加了一倍多，1997－1999 年略有下降。④ 在亚行第四个十年期间，区域内跨境资本流入增加了两倍多。20 世纪 80 年代和 90 年代快速增长的亚洲富裕国家失业率低，吸引了来自本地区较贫困国家源源不断的移民。

中国——特别是在 2001 年加入世贸组织后——成为亚洲区域内贸易和与世界其他地区进行区域间贸易的纽带。⑤ 中国从其他亚洲国家进口越来越多的中间产品，然后进行加工，之后将制成品出口到世界其他地方，特别是美国、欧盟和日本。随着从韩国、马来西亚和中国台北等经济体进口中间产品增加而扩大的后向联系，为这些国家和地区的增长提供了有力刺激。

这些增长模式是雁行模式的又一例子。早先日本的经济增长就是由加工品和劳动密集型产品制造业扩大支撑的，但随后日本转向了资本密集型产业。后来，先是新兴工业化经济体然后是其他亚洲国家都效仿了这种做法（第二章）。在亚行的第四个十年中，其他亚洲国家同样向价值链上端转移，从纺织、服装和鞋类制造业转向尖端产品制造。中国如今正在为马来西亚、泰国和越南等收入相对较低的国家提供机会，进一步扩大它们的制造业，特

239

---

① ADB, *Annual Report 1998*, 104.
② ADB, 2014, *Midterm Review of Strategy 2020*, 14.
③ ADB, *Asian Development Outlook 2012*.
④ 作者利用亚行和亚洲区域一体化中心数据库（2016 年 12 月 23 日访问）的数据进行的估算。
⑤ ADB, *Asian Development Outlook 2004*, Box 1.1.

别是电子机械和运输工具的零部件制造。

在亚洲金融危机之后，政策制定者认识到与全球化相关的外部冲击可以通过建立区域经济倡议来缓和。在危机之前，亚洲的经济合作主要集中在贸易联系上。现在，人们对加强金融合作越来越感兴趣。金融危机促成了"东盟＋3"集团的形成，集团成员包括东盟成员国以及中国、日本和韩国。2000 年 5 月，"东盟＋3"财政部长建立了一个双边货币互换协议网络，即"清迈倡议"。实行"经济检查与政策对话"机制，以监督经济体，识别金融脆弱性，并考虑采取矫正行动。这一倡议在监测方面成败参半，但近些年在逐步改善。2003 年在马尼拉举行的"东盟＋3"财长会议上获得支持的另一项重要措施是"亚洲债券市场倡议"，这项倡议的目的是支持当地货币债券市场的发展。

让全球化发挥作用

全球化不是一种新现象。在亚行第四个十年中，全球化步伐在信息和通信技术的普及下加速。全球化很快成为人们激烈辩论的主题。有些观察人士认为，这一进程促使"贫富差距不断扩大"。[①] 尽管世界收入在 1990 – 2000 年年均增长 2.5%，但批评人士指出，世界贫困率却每年减少不到 1.0%。[②] 他们认为这是国有公司私有化、向外国投资和竞争开放市场、取消对资本的控制、减少关税和其他贸易壁垒，以及取消对当地工业保护的结果。在他们看来，全球化正在创造血汗工厂工作环境，威胁环境可持续性，危害本土文化。

此外，全球金融流动的快速扩展为投资提供了资金，但也加剧了不稳定风险。这些风险在 1994 年墨西哥金融危机和 1997 年亚洲金融危机期间变得十分明显。同样，虽然国际迁徙为数百万人提供了就业机会，但也给移民接收国的工人和公民带来焦虑。虽然贸易和交通增加了就业，使消费品更便宜和可以更广泛地供应，但事实是有些人失去了工作，至少在过渡期间是这样。

---

① Stiglitz, 2002, *Globalization and Its Discontents*.
② 根据 2017 年 1 月 10 日访问获得的世界银行 PovcalNet 数据，以每日生活费 1.90 美元贫困线计算的世界贫困人口从 1990 年的 18.4 亿减少到 2000 年的 16.91 亿。

关于全球化的这种争论与不断变化的关于发展政策的观点相一致。20 世纪 80 年代末，曾有过关于"华盛顿共识"的讨论，其通常被认为是一个新自由主义亲市场议程（第八章）。然而，亚洲许多政策制定者认为，对市场的依赖需要与适当的监管相平衡。依这种观点，全球化可能是一种有益的力量，它有可能使包括穷人在内的所有人变得富裕。但是，如果全球化要做到普遍有益，就需要对其实施管理。为了管理和利用全球化，各国政府需要执行适当的国内政策并建立相应机构，以确保利益均衡共享。各国政府还必须做好应对意外国际事件的准备。① 金融业需要加强监管以减少短期资本流动带来的风险。

同时，也进行了改善国际金融结构的讨论，因为大家认为全球市场需要全球治理。② 一些学者指出，"没有全球政府的全球治理"可能会导致国际政策偏袒发达国家，损害发展中国家的利益。③ 特别是，有观点认为，包括国际金融机构在内的外部机构不应试图对发展中国家进行不适当的改革。多边开发银行需要重新调整其活动，以更好地满足借款方的需要。

在此期间，民间社会和非政府组织的影响有所加强。这些机构通常被认为密切关注贫困问题。它们经常参加各种有关的活动，如救济和康复、社会发展、人权和环境等。20 世纪 90 年代和 21 世纪早期举行的一系列国际发展会议为政府、捐助机构和这些民间社会团体之间的合作提供了更广泛的机会。

当这些争论正在进行的时候，发生了许多有组织的反对全球化的抗议活动。1995 年布雷顿森林体系创立 50 周年时引发了批评，包括非政府组织发起的"50 年足够"运动。许多机构——尤其是国际货币基金组织和世界银行——被认为是在推动市场驱动的资本主义，成为反全球化团体的攻击目标。1999 年在西雅图世界贸易组织部长级会议上的示威活动引起了媒体的广泛关注。这一活动在 2001 年热那亚八国集团（G8）峰会上与 2002 年在世界银行和国际货币基金组织的年度会议上持续进行，同时在许多发展中国家也发生这种示威活动。

还有其他关于国际发展援助的问题。在国家预算正在紧缩的工业化国

241

---

① "Minimizing the Risks" in ADB, *Asian Development Outlook 2001*, 179 – 189.

② Miyazawa, 1998, *Towards a New International Financial Architecture*.

③ Stiglitz, 2002, *Globalization and Its Discontents*.

家，援助项目的价值和效果受到仔细审查。许多捐助者似乎将援助集中于状况比较好的国家，从而损害贫困国家的利益。也有人批评开发机构试图把自己偏爱的目标强加给借款国。为了满足借款方的利益和充分利用有限的开发

242　资源，这些机构之间需要更多的协作。由于援助在良好的政策环境中是最有效的，因此鼓励有关机构与发展中国家政府密切合作，完善当地机构并巩固政策。

关于全球化的争论贯穿亚行的第四个十年。2001 年，世贸组织成员开始进行多哈回合谈判，旨在降低贸易壁垒，促进全球贸易。谈判取得了一些积极成果。例如，2005 年 12 月，在中国香港举行的世贸组织第六次部长级会议创立了一项新的贸促援助方案。然而，多哈谈判由于发达国家和发展中国家在一系列关税和非关税壁垒方面存在分歧而仍然停滞不前，这种状况部分源于发展中国家对本国工业可能崩溃的担忧。更多的反全球化抗议在第五个十年从发展中国家蔓延到发达国家（第十三章）。

更广阔的发展视野与千年发展目标

面对这种更加复杂的环境，国际社会愈益采取更广阔的发展视野。在联合国千年首脑会议之后，国际社会在 2001 年通过了千年发展目标（MDGs）。千年发展目标反映了广泛的议程，概括了到 2015 年要实现的 8 项目标。支持这些目标的是涵盖社会发展和人类发展的 17 个具体目标和 48 个指标。所有联合国成员国和 20 多个国际组织承诺实现千年发展目标。

千年发展目标的内容并不新鲜。然而，其试图重新将注意力集中在贫困国家的经济和社会发展上。减贫、普及初等教育、推动性别平等等目标长久以来一直是联合国所推动的。事实上，发展在 20 世纪 60 年代第一次成为联合国行动的核心主题，60 年代曾被宣称为第一个"联合国发展十年"（"UN Development Decade"）。随后，类似的行动被发起。千年发展目标是在一个平台上把这些不同的倡议集合在一起的尝试。

到世纪之交，随着关于全球化和发展援助的争论不断进行，减贫成为首要任务，贫困的概念也扩大了。千年发展目标的第一个目标是把每日生活费

243　不到 1 美元的人口比例减半。然而，减少贫困只是发展的多维内容之一，而发展的多维性反映了千年发展目标的广泛和宏大。同样，《2000 年/2001 年世界发展报告》将贫困视为由经济、政治和社会进程造成的一种多重剥夺。

为解决贫困问题，该报告呼吁采取行动增加贫困人口的机会、权能和安全。①

除了全球发展的目标之外，还有一个援助"脆弱国家"问题。面对多重国际危机，国际社会将注意力转向维和、解决冲突和冲突后重建。美国发生"9·11"恐怖袭击后，该议程获得了更大的推动力。在美欧等西方国家的国际发展项目中，特别是在双边援助方面，其外交政策机构开始更加关注与安全和冲突有关的问题。同样明显的是，实现千年发展目标需要在发展状况令人失望的国家做出特别努力，这些国家中有许多受到脆弱性和冲突影响。②

关于自然灾害的问题也越来越多。在新世纪初，亚洲发展中国家受到一系列灾难性事件的打击。2001 年 1 月，印度古吉拉特邦发生地震，造成 1.9 万人死亡，20 万人受伤。2004 年 12 月，亚洲大海啸夺去了 23 万多人的生命。2005 年 10 月，巴基斯坦发生地震，8 万多人死亡，约 280 万人无家可归。

这些事件促使国际社会对灾害风险管理更加重视。第一次世界减灾大会 1994 年在日本横滨举行，第二次世界减灾大会 2005 年在日本神户举行。最初，这次大会的筹备基本没有引起国际关注。然而，就在这次会议召开前一个月发生的亚洲海啸引起了巨大关注。逾 4000 人参加了明仁天皇致辞的开幕式。

国际社会也开始越来越注意健康问题对人类安全的影响。2003 年和 2004 年，亚洲各地公众普遍关注"非典"（SARS）和禽流感等疾病。尽管这些风险很快就消失了，但疾病的爆发突显出需要加强国家医疗卫生系统和确保国际应对协调得当。

从 20 世纪 90 年代中期开始，开发机构和更广泛的国际议程所面临的批评为注重援助效果提供了新的动力。为扩大援助的影响，捐助国政府和援助机构决定互相更加密切合作和加强与发展中国家密切合作。在 2002 年于墨西哥蒙特雷举行的发展筹资问题国际会议上，国际社会同意增加发展资金，同时确保援助更加有效。

随后举行了一系列国际会议并发表了声明（表 11.1）。有关讨论在

244

① World Bank, 2001, *World Development Report 2000/2001*.
② Cammack et al. , 2006, *Donors and the "Fragile States" Agenda: A Survey of Current Thinking and Practice*.

2005 年援助效果高层论坛达到高潮。这次论坛签署了《巴黎宣言》，在许多问题上确立了原则，包括国家所有权、协调、结果管理和对援助使用的共同责任。这些提高援助效果的努力将持续至亚行第五个十年，丰富业已多管齐下的开发议程（第十三章）。亚行参加了这些论坛，并致力于践行这些原则。

245

表 11.1　增进发展效果的主要国际步骤

时间	地点	事件
1996 年	巴黎	**报告《塑造 21 世纪：发展合作的作用》发布** 经合组织发展援助委员会完成的这份报告根据人类福祉、社会发展和环境可持续性等方面的联合国会议成果确立了一套基本目标。
2000 年	纽约	**《千年宣言》在联合国签署** 该宣言促成了 2001 年 8 项千年发展目标的确立。
2002 年	蒙特雷	**发展筹资问题国际会议** 《蒙特雷共识》为实现千年发展目标设定了资金目标，并呼吁以更有效的方式使用这些资源。
2003 年	罗马	**第一次援助效果高层论坛** 捐助国同意加强国内协调，降低受援国的交易成本。
2005 年	巴黎	**第二次援助效果高层论坛** 捐助国和发展中国家签署了《巴黎宣言》，做出了 56 项以行动为导向的提高援助质量的承诺，并按照 14 个目标予以监督。
2008 年	多哈	**第二次发展筹资问题国际会议** 多哈会议是 2002 年举行的第一次会议的后续行动，目的是监督《蒙特雷共识》的执行情况。
2008 年	阿克拉	**第三次援助效果高层论坛** 来自捐助国、发展中国家和民间社会的与会者商定了《阿克拉行动议程》，该议程是一个支持实现巴黎承诺的框架。
2011 年	釜山	**第四次援助效果高层论坛** 采取措施评估在促进实现援助交付上取得的进展，并确定未来的议程。
2015 年	亚的斯亚贝巴	**第三次发展筹资问题国际会议** 这次会议通过考虑一种更广泛的基于税收、投资和国际公共财政的发展筹资方法，反映了从 2002 年《蒙特雷共识》的重大转变。
2015 年	纽约	**可持续发展目标确立** 这些目标包括联合国首脑会议上商定的 17 个大的目标和 169 个具体目标。

246

资料来源：经合组织发展合作理事会关于援助效果的报告，详见 http://www.oecd.org/dac/efectiveness/。

不断变化的金融结构

发展目标的增多伴随着资金来源的愈益多样化。[1] 援助界的传统参与者发现自己在与提供其他类型资金的新机构竞争。一些新的活动是发展中国家在中等收入国家支持下彼此之间开展南南合作，而提供支持的中等收入国家试图通过援助增强影响力，以利用与其他发展中国家的贸易和投资联系。慈善组织也不断增多。例如，2000 年比尔和梅琳达·盖茨基金会成立，并在2006 年收到著名全球投资人沃伦·巴菲特的大笔捐款。另一个主要资金来源是出国务工人员寄回家的国际汇款。

不断扩大的议程使那些关注发展的社会影响的组织受到更大的重视。更加多样化的机构——包括捐助者和民间社会团体——开始更有能力发挥对多边开发银行管理的影响。一方面，这给多边开发银行施加改革压力；另一方面，这进一步使多边开发银行面临不断扩大的需求，从而耗竭其能力、分散其业务重点。预计亚行将对这些压力做出反应。

20 世纪 90 年代发展融资的一个主要问题是拖欠多边和双边援助机构的累积债务。最贫困国家几乎没有偿还这笔债务的希望。一定程度上在民间社会倡导推动下，1996 年，国际货币基金组织和世界银行提出了一项旨在向负债最多的国家提供债务减免和低息贷款的"重债穷国倡议"。[2] 但一次性减免不能保证未来债务不会积累。1999 年，"重债穷国倡议"被修改，纳入了债务可持续性和减少贫困的附加目标，要求受惠国拟定"减贫战略文件"以明确减少贫困和促进增长的计划。[3]

247

对债务积累的担忧，加上对实现联合国千年发展目标的资金需求不断增加，加剧了是否应以贷款或赠款的形式提供发展援助的争论。以前的贷款有时给借款国带来沉重的债务负担。然而，转为赠款也有缺点：对受援国来说，它可能意味着项目融资的数额较小，而较高的赠款部分可能会增加受援国对

---

[1] Kharas and Rogerson, 2012, *Horizon 2025*：*Creative Destruction in the Aid Industry*.
[2] 唯一有资格获得"重债穷国"债务减免的亚行成员体是阿富汗（亚洲开发基金借款国）。
[3] 这些文件随后被用来确定国际货币基金组织支持的低收入国家项目，以便执行实现持续减贫和增长的战略。随着"重债穷国倡议"几乎完成和世界银行在 2014 年将给国际开发协会（IDA）国家的优惠融资支持与减贫战略方法脱钩，国际货币基金组织于 2015 年 6 月开始针对低收入国家采用一种更加灵活的减贫战略方针。

援助的依赖；对捐助国来说，这可能会减少公众对海外援助的支持。这种争论将影响多边开发银行的工作，鼓励它们修改财政援助的条件，并提供更多的赠款和债务减免（第十二章）。

亚行第四个十年

因此，亚行在增强亚洲信心、日益全球化和不断拓展开发议程的背景下，开始了它的第四个十年。在亚洲金融危机期间遭遇严重但短暂的挫折之后，亚行制定了应对本地区快速变化的战略，同时适应新的国际发展思路及平衡减少贫困和经济增长这两个目标。鉴于 20 世纪 90 年代国际社会对国际金融机构的广泛批评，亚行需要在援助交付方面表现出更好的效果。此外，由于许多借款国家处于或接近中等收入水平，需要推出相关政策来考虑这些不断增多的借款国的需求。因此，亚行的工作不仅要应对日益增长的资金需求，还要应对亚洲期望不断上升的巨变。

1991年5月31日，菲律宾马尼拉。菲律宾总统科拉松·阿基诺与亚行行长垂水公正为第二亚行总部举行落成仪式。

由亚行联合融资修建的中国上海南浦大桥项目。该项目于1991年5月28日获得批准。

越南与老挝之间的老挝包国际边界门（The Lao Bao International Border Gate）是1992年开始的大湄公河次区域经济合作计划下一个亚行资助项目的一部分。该区域计划通过加强互联互通和提高竞争力，促进6个大湄公河次区域国家之间的经济合作。

亚行资助的尼泊尔卡利甘达基（Kali Gandaki）"A"号水力发电项目有效促进了经济增长。该项目年发电量592千兆瓦时，使接入电网的4，142个家庭受益。该项目于1996年7月23日获得批准。

中亚区域经济合作计划于1996年确立，是区域合作与一体化规划的一部分。图为亚行工作人员参观位于哈萨克斯坦江布尔州的中亚区域经济合作1号交通走廊塔拉兹·科尔迪路段。

1998年1月5日，联合国难民事务高级专员绪方贞子访问亚行。

1998 年 2 月 6 日，菲律宾马尼拉。亚行行长佐藤光夫（左）会见世界银行行长詹姆斯·沃尔芬森。

由芬兰政府联合资助的柬埔寨洞里萨湖减贫和小块农田开发项目帮助农民通过提高农业产量获得更多收入。减贫在 1999 年成为亚行的主要目标。

2002 年 4 月 2 日，菲律宾文珍俞巴市。亚行行长千野忠男考察城市社区。

亚行驻阿富汗代表处的哈米杜拉·杜拉尼(右)参观喀布尔的一个水泥杆厂。亚行与阿富汗的重新接触始于2002年。

2004年11月5日,亚行行长千野忠男参观吉尔吉斯斯坦一个水务项目。

老挝南屯2号水电项目。该项目于2005年4月4日获得批准。

第十二章

亚行：不断拓展的开发议程

本地区的动态变化也意味着亚行必须做出改变。为帮助我们的发展
中成员体实现千年发展目标，新的发展时代要求亚行更有针对性、更反
应灵敏、更注重成果。

——黑田东彦

亚行年会致辞，2005 年

第四个十年是亚行重要的变革时期。该机构需要应对多种要求。亚洲金
融危机凸显了该地区最贫困人口的困境。这就鼓励发展援助界关注贫困问
题。但以贫困为重点的干预措施不一定符合中等收入借款国的期望。随着国
际开发议程的演进，亚行需要做更多的工作来支持人类发展、保护环境、促
进经济增长和强化区域项目。也有对亚行援助效果的批评，尤其是在贷款停
滞时。与利益相关方的关系有时很困难。

亚行在这个十年里经历了三位行长。佐藤光夫带领亚行度过了亚洲
金融危机（第十章）。后危机时期由 1999 年担任行长的千野忠男管理，
其实施了重要的内部改革。2005 年就任亚行行长的黑田东彦巩固了这些
变化，使亚行成为"一个更有针对性、更反应灵敏、更注重成果的
机构"。

千野忠男

千野忠男于 1999 年 1 月到马尼拉赴任，当时佐藤光夫在担任了五年行长后卸任。和他的前任一样，千野忠男在日本大藏省度过了职业生涯的大部分时光。他曾在大藏省银行局、主计局和国际金融局任职。1991 年，他担任大藏省负责国际事务的次官。1993 年他离开大藏省，但继续担任特别顾问一职。

254

千野忠男在 20 世纪 60 年代被借调到联合国亚洲和远东经济委员会工作时，一直密切参与亚行的组建。在上任时对董事会的讲话中，千野忠男回忆起他在联合国亚洲和远东经济委员会的早期经历——1964 年为建立亚行的专家小组讨论准备文件。他谈到 1966 年在日本北部出差时，在电视上观看了亚行成立大会的议程，激动不已。当被提名为亚行行长人选时，千野忠男觉得自己跟亚行特别有缘。

千野忠男的当选特别受到湄公河地区和中亚地区成员体的欢迎。20 世纪 90 年代初担任日本大藏省次官时，千野忠男曾监管对这些国家的双边援助。他在这些国家出访时受到热情接待。有一次访问吉尔吉斯斯坦时，他获赠一匹马，但他没有把马带回马尼拉。乌兹别克斯坦高级官员注意到他的个人风格：与喜欢讲政策问题的来自华盛顿特区的多边开发银行来访代表相比，千野忠男会认真听取当地政府的诉求。其实这是亚行第一任行长渡边武留下来的传统。

千野忠男给亚行带来了一种新的领导风格——谦虚和低调。正如他对时任亚行董事会召集人朱利安·佩恩（Julian Payne）说的："我住在这幢大房子里；没人需要大房子。我有时会纳闷儿。我回到日本后，我想住在河边的小屋里。如今我的卧室比我需要的小屋还要大。"①千野忠男喜欢访问发展中国家和见亚洲的流浪儿童。亚行工作人员回忆说，他是一个很有风度、很友好的人，愿意跟大家一起唱卡拉 OK。为了实现亚行的目标，他也乐意采取灵活的态度。他为人诚恳，工作努力，经常工作到很晚，有时甚至到凌晨 3 点，这让他的随从人员感到吃惊。

千野忠男带领亚行度过了一段艰难时期。受对亚洲金融危机实施快速应对的鼓舞下，亚行经历了一个一些员工所称的"自鸣得意"阶段。危机

---

① ADB, 2009, *Reflections and Beyond*, 156.

过后，该组织有意回归"一切照旧"理念，没有意识到像中国、印度和印 255
尼这样的大借款国想要不同的产品和较低的交易成本。面对来自民间社会
更加严格的公众监督和与捐资国有争议的关系，千野忠男往往不得不应对
内部和外部压力。在此过程中，他成功地实施了后任行长们赖以发展的
改革。

千野忠男甫一上任就需要解决亚行紧张的财务状况。为应对 1997 年的
金融危机，亚行需要筹集更多的资金，借款计划从 26 亿美元增加到 56 亿美
元（第十章）。1999 年，亚行在资本市场上筹集了创纪录的 96 亿美元。与
此同时，亚行自己的净收益处于压力之下，部分原因是流动资产投资的收益
下降和借款成本更高。

为了巩固财源，亚行要么需要增加资本基础，要么需要提高贷款收费。
管理层寻求董事会批准从 2000 年开始将贷款收费上调 20 个基点。这不是一
个容易的决定。[①] 发展中成员体深感不安。千野忠男意识到，如果亚行要应
对本地区不断增长的投资需求，他需要建立对再次进行普遍增资的支持
（上一次普遍增资是在 1994 年）。

同时，尽管亚洲从危机中恢复的速度比所预期的快，但数百万人已重新
陷入贫困。即使在没有受到危机直接打击的国家，也仍然有相当数量的贫困
人口。千野忠男知道，亚行将不得不更加关注减贫问题。对他来说，关注这
一问题的必要性不仅仅是对贫困在全球发展议程中日益重要的一种理智反应
（第十一章）。千野忠男是一个虔诚的佛教徒，他非常同情穷人。他认为，
减贫需要成为发展融资的核心目的。

亚行长期战略 256

就职后不久，千野忠男就对亚行的工作进行了一次全面审查。在审
查之后，亚行董事会于 1999 年 11 月批准了新的《减贫战略》（PRS）。

---

① 亚行 1999 年《普通资金贷款收费审查》（ADB，1999，*Review of OCR Loan Charges*）。董事会
的结论是，对于所有未偿还的基于基金的贷款（现有贷款和新贷款），放贷利差将提高 20
个基点，从每年 0.4% 提高到 0.6%。增加的利差也将适用于基于市场的放贷窗口下的新公
共部门贷款。新贷款将收取一项新的每年 1% 的先征费，借款方保留将这笔费用纳入贷款
的选择权。新规划贷款的承诺费将为固定 0.75% 年费，而不像以前那样采用累进收费。新
项目贷款的承诺费将与以前相同。新的贷款收费政策将从 2000 年 1 月 1 日起施行。

该《减贫战略》对亚行的战略框架做了重大修改。从此以后，减贫不仅仅是众多目标之一，而且是"首要目标"。实现这一目标将基于三个战略支柱：有利于穷人的可持续经济增长、社会发展和良好治理。亚行员工私下表示，千野忠男个人可能更愿意把重点放在有助于持续经济增长的基础设施上，不太相信设立多个支柱的作用。但是他采用《减贫战略》，目的是建立对亚洲开发基金补充资金的捐助支持。

在《减贫战略》获得批准后，千野忠男宣称"这种只专一项做法正在从根本上改变亚行的工作方式，所有的亚行工作人员都将减贫作为他们的首要任务"。亚行制订了一项行动计划，并在国家伙伴关系协议和项目建议中更加强调减贫。到 2001 年，亚行的目标是至少有 40% 的新公共部门贷款用于贫困干预。这是在努力解决不断拓展的国际开发议程中不断增加的目标拥挤（goal congestion）问题（第十一章）。

实际上，亚行不可能完全像千野忠男打算的那样只专一项。估计亚行也要把 8 项千年发展目标中的子目标纳入其计划。[1] 这意味着除了考虑收入贫困外，还要考虑健康、教育、水和卫生设施缺乏等非收入问题。为此，亚行确定了优先领域。作为《减贫战略》的一部分，四个跨领域问题得到加强：环境可持续性、性别平等、良好治理和私营部门发展。[2]

在《减贫战略》获得批准约四年后，亚行在 2004 年进行了一次审查，以评估进展情况。审查对 40% 目标提出质疑，指出一些最初未被设想为减贫措施的项目可能结果比原定减贫项目对减贫产生的影响更大。此外，该目标倾向于鼓励以某种人为的方式将减贫活动纳入项目，并将注意力集中在项目投入而非结果上。因此，在 2004 年，亚行董事会批准了《加强减贫战略》（Enhanced Poverty Reduction Strategy）。该加强型战略保留了《减贫战略》的三大战略支柱，并增加了一个新的专题优先事项，即能力发展。重要的是，该加强型战略没有把 40% 目标包括进去。[3]

在实施《减贫战略》过程中，亚行还编制了《长期战略框架》（LTSF）。[4]

---

① 亚行 2002 年正式将千年发展目标纳入业务范围（ADB，2003，*Annual Report for 2002*，36）。

② 优先领域是农业和农村发展、社会部门（教育、卫生和人口、社会保障和城市发展）、基础设施（交通、通信和能源）和资金。

③ ADB，2004，*Review of the Asian Development Bank's Poverty Reduction Strategy*.

④ ADB，2001，*Moving the Poverty Reduction Agenda Forward in Asia and the Pacific：The Long - Term Strategic Framework of the Asian Development Bank（2001 - 2015）*.

这是千野忠男建立普遍增资支持目标的一部分。继 20 世纪 80 年代早期的努力（第七章和第九章）之后，《长期战略框架》将成为亚行第三个重要机构战略文件。同以往的审查一样，制定该新战略的过程涉及广泛的利益相关方协商，并由一个由知名人士组成的外部咨询小组指导。除了借鉴《减贫战略》和 2000 年制定的私营部门发展战略外，《长期战略框架》还通过其最近的亚洲发展研究中——如 1997 年发布的研究报告《崛起的亚洲：变化与挑战》——获取新发现。

这个新框架于 2001 年以《在亚太推进减贫议程》（*Moving the Poverty Reduction Agenda Forward in Asia and the Pacific*）为题发布。① 作为机构战略，《长期战略框架》是一个高级文件。它把最近国际社会通过的千年发展目标融入亚行业务，并为 2015 年之前亚行的工作确定了总体方向。《长期战略框架》保留了"一个没有贫困的亚太地区"愿景，并将亚行的工作集中在三个核心领域：可持续经济增长、包容性社会发展、有效政策和机构的治理。它还确定了与《减贫战略》中三大支柱类似的三个跨领域主题。②

亚行最初计划通过三个五年中期战略（MTSs）来实施《长期战略框架》。随后实施了两个：《第一个中期战略》（2001 - 2005 年）于 2001 年获得批准，《第二个中期战略》（2006 - 2010 年）在黑田东彦任期内通过。

亚行《长期战略框架》反映了这一时期的发展重点。但是，《长期战略框架》、《减贫战略》、《加强减贫战略》和两个中期战略等文件并存造成目标重叠。有时，亚行员工发现很难同时实现所有这些目标。

组织变革

上任不久，千野忠男意识到亚行需要进行根本性的机构重组。亚行成员面临着更为复杂的发展议程。借款国和捐助国希望亚行对它们的关切更加敏

---

① ADB, 2001, *Moving the Poverty Reduction Agenda Forward in Asia and the Pacific*：*The Long - Term Strategic Framework of the Asian Development Bank* (*2001 - 2015*) .
② 《长期战略框架》确定了三个跨领域主题：（1）促进私营部门在发展中的作用；（2）支持区域合作和一体化；（3）处理环境可持续性问题。它还进而明确了四项操作原则：（1）确保发展议程的国家主导权和所有权；（2）采取长期发展援助办法；（3）加强战略联盟和伙伴关系；（4）评估发展影响。

感。此外，其他多边和双边组织希望亚行与它们建立更牢固的伙伴关系。作为回应，千野忠男发起了一系列改革，第一个是增加亚行在借款国的人员派驻。

亚行长期以来一直赞同以国家为重点的原则，并努力与借款国进行更密切的接触。然而，亚行的许多活动似乎仍然是由马尼拉（亚行总部）决定而不是在借款国决定。亚行负责实体基础设施和社会部门事务及农业、融资等业务的职能部门仍然在很大程度上推动着对各国援助的规划。

为了使亚行更接近成员体，千野忠男扩大了亚行驻外代表处的作用。2000 年，他发布了自 1986 年以来的第一个驻外代表处政策。[1][2] 驻外代表处如今不是主要关注项目管理，而是从事广泛的战略和政策支持。[3] 随着时间的推移，这些变化开始起作用。虽然并不是所有的政策目标都很快实现，但到亚行第四个十年结束时，亚行对合作共事的供款国的需求反应更灵敏。作为对这种方法的反映，亚行在 21 世纪初将其国别战略文件更名为《国别伙伴战略》。

驻外代表处数量快速增加，人员和预算随之增多，职能得以下放。在第四个十年期间，亚行设立了 14 个驻外代表处。[4] 2000 年在中国设立代表处是一个重要步骤。中国是最大的借款国之一。这个新代表处帮助亚行加强与中国政府、当地资助界和其他主要组织的关系。同年，亚行还在马尼拉总部设立了菲律宾国家办公室。

2004 年，为了与太平洋岛国进行更紧密的合作，亚行将驻瓦努阿图南太平洋区域代表处变更为驻斐济南太平洋次区域办事处，并于 2005 年在悉尼开设了太平洋联络和协调处。亚行其他形式的当地存在包括：1997 年发生金融危机后加派驻雅加达和汉城工作组人员，2001 年印度古吉拉特邦发生地震后向当地派驻工作人员。

加强驻外代表处是千野忠男提高亚行实施新议程的组织能力计划的一部分。2001 年 1 月，千野忠男监督进行了一次审查，这次审查将构成一个重

---

① ADB, 1986, *Establishment of Bank Resident Offices in DMCs*.

② ADB, 2000, *Resident Mission Policy*.

③ ADB, 2000, *Resident Mission Policy*.

④ 这些驻外代表处为：1997 年开设的驻哈萨克斯坦、乌兹别克斯坦和斯里兰卡代表处，1999 年开设的驻吉尔吉斯斯坦代表处，2000 年开设的驻蒙古国、中国、菲律宾和老挝代表处，2002 年开设的驻阿富汗和巴布亚新几内亚代表处，2003 年开设的驻阿塞拜疆、塔吉克斯坦和东帝汶代表处，以及 2004 年开设的驻泰国代表处。

大改组的基础。① 这次机构改革（2002 年 1 月开始施行）的核心是创建了 5 个新的区域局，即东亚和中亚局、湄公河局、太平洋局、南亚局和东南亚局。各有关行业处分类归并到这些区域局内。政府官员如今可以与一个亚行联络人打交道，而不用分别与各个不同的国别规划和项目联系人联系。②

此外，在核准私营部门发展战略之后，私营部门业务局于 2002 年 1 月成立。这个新成立的局招聘了新的工作人员，其中大多数来自具有商业银行业务经验的私营部门。由于这个变革及采用新私营部门战略后出现的其他变化，私营部门业务量在 2003 年开始增加。

《长期战略框架》设想亚行成为一个区域知识领先者。2001 年的亚行改组带来了促进这个愿景的变革。2002 年，区域可持续发展局成立。这个知识中心的任务是鼓励技术卓越，加强行业和专题工作，并支持亚行的区域发展职能。为了监督其知识产品，亚行设立了行业和专题委员会。2003 年，亚行任命了第四个副行长来指导知识管理和可持续发展方面的活动。 260

千野忠男还关心人事问题。随着亚行超越项目融资银行，成为一个解决多重目标的、业务更加广泛的开发机构，其工作人员的压力越来越大。1996 年亚行制定了人力资源战略，但需要修订。③ 2004 年，董事会批准了一个新的人力资源战略，目的是实施以才选人、操作透明的人力资源政策。④ 千年发展目标设定了性别平等指标，所以亚行在机构人员性别平衡上受到监督。因此，2003 年，千野忠男提出了亚行第二个性别平等行动计划。他后来以提高亚行工作人员中女性比例而自豪。在他六年任期内，国际工作人员中女性比例从 19% 上升到 30%，高级职员中女性比例从 5.1% 上升到 8.6%。千野忠男在任期内的 2004 年任命了亚行第一位女副行长，即来自老挝的肯萍·奔舍那（Khempheng Pholsena）。

援助脆弱国家

亚行活动日益关注国家，这反映在对冲突后局势中活动的支持上。在亚行第四个十年期间，国际社会越来越重视安全与和平问题（第十一章）。这

---

① ADB，2001，*Reorganization of Asian Development Bank.*

② ADB，2003，*Implementation of the Reorganization of Asian Development Bank.*

③ ADB，1996，*Human Resources Strategy Paper.*

④ ADB，2004，*Human Resources Strategy.*

种重点的转变成为千野忠男持久关注的问题之一。他的长久贡献之一是把注意力集中在脆弱和受冲突影响的国家的问题上。他参加了几次有关这些问题的国际会议，并访问了许多受冲突影响的国家。

例如，在斯里兰卡，在政府和泰米尔伊拉姆猛虎解放组织之间近 20 年的武装冲突之后，亚行在 2001 年至 2005 年帮助斯里兰卡恢复了基础设施。2002 年 2 月双方停火后，千野忠男立即访问了斯里兰卡（包括冲突地区在内），并在 2003 年 3 月再次访问该国。即使在很短的时间里，他所目睹的当地情况改善也给他留下了深刻的印象。在于马尼拉举行的 2003 年年度会议上，他指出，和平红利已经实现，但需要做更多的努力，使斯里兰卡迎来更好的未来。在塔吉克斯坦，在该国于苏联解体后独立和遭受 1992 – 1997 年内战破坏后，亚行鼓励该国向市场经济过渡，协助其进行冲突后恢复，并帮助重建基础设施。在东帝汶，亚行先是按照联合国主导的冲突后援助计划提供援助，而后在东帝汶于 2002 年加入亚行后为东帝汶重建继续提供支持。

在所有亚行的冲突后项目中，2001 年 12 月以后对阿富汗的援助是最重要的。阿富汗是亚行在 1966 年的创始成员，在 1979 年之前，它总共获得了超过 9,500 万美元的优惠资金。然而，1979 年苏联占领阿富汗后，亚行对阿富汗的业务暂停。20 年来，阿富汗饱受外侵和内战的蹂躏。2001 年 12 月，《波恩协定》签署后（该协议促成阿富汗在当年早些时候塔利班政权倒台后成立临时政府），亚行迅速采取行动向阿富汗提供援助。

2002 年 2 月，亚行人员在一个寒冷的、薄雾蒙蒙的早晨重返阿富汗。亚行小组抵达喀布尔，与该国政府进行了 23 年后首次正式会晤。不久之后，千野忠男前往阿富汗会见了阿富汗总统哈米德·卡尔扎伊（Hamid Karzai）。在面临严峻的安全风险的情况下，亚行与阿富汗重新合作。2003 年 9 月，一个反政府武装团体袭击并杀害了几名保护亚行资助的喀布尔 – 坎大哈公路建设小组的阿富汗安全部队成员。不久后的 2003 年 11 月，在亚行工作人员下榻的喀布尔洲际酒店（Intercontinental Kabul）爆炸了一枚炸弹，但没有人受伤。为此亚行加强了安全措施，并继续援助阿富汗。

多年来，阿富汗在亚行积欠了不少债务。为清偿这些欠款，英国政府在 2002 年介入，提供了 1,800 万美元的特别捐款。这就为亚行在 2002 年 12 月批准一个 1.5 亿美元（该数额后来修订为 1.675 亿美元）的冲突后方案扫清了道路，这是 20 多年来国际金融机构提供的第一个援阿方案。同年，亚行在喀布尔设立了代表处。在 2002 年至 2006 年，亚行提供了 10 亿美元的财政援助，其中几乎 90% 来自亚洲开发基金。后来，在黑田东彦任期内，亚行参与了一项关于阿富汗债务减免的国际计划（第十四章）。

　　国际社会也期望在亚洲地区发生重大灾害后迅速做出反应（第十一 262章）。2001 年 1 月，印度古吉拉特邦发生大地震后，亚行派出了紧急工作组。在两个月内，亚行董事会批准了一笔 5 亿美元的贷款，用于资助紧急重建和帮助恢复经济活动。这是亚行在单一国家为震后恢复提供的最大数额贷款。但多年来袭击亚洲地区最严重的自然灾害是 2004 年 12 月发生的亚洲海啸，有 14 个国家受到影响。这次海啸是在千野忠男任期结束时发生的，因此亚行的主要应对工作是在黑田东彦行长领导下进行的。

　　在千野忠男担任行长期间，亚行加大了对卫生相关危机的支持力度。2003 年，"非典"（SARS）疫情影响全球，甚至影响了亚洲地区的增长预测（第十一章）。亚行提供了区域技术援助，以增强卫生系统控制"非典"疫情的能力，还提供了艾滋病防治援助。

　　亚行越来越多地参与应对在脆弱国家遇到的挑战。亚行为 2004 年在里斯本召开的亚洲开发基金捐助国会议拟定了一份新的政策文件——《对绩效欠佳的发展中成员体的援助方法》（*Approach to Weakly Performing Developing Member Countries*）。这个经过修订的援助方法旨在使亚行的活动在因冲突和其他干扰事件而增长缓慢的国家更加有效。2004 年，亚行通过了新的《救灾和紧急援助政策》（*Disaster and Emergency Assistance Policy*）。[1] 这项政策讨论了亚行在应急准备和应对冲突、粮食价格和健康危机等自然和非自然灾害方面的计划干预措施。[2]

重视可持续发展和治理

　　《减贫战略》和《长期战略框架》强调了贯穿多个业务领域的主题，如良好环保做法、改善治理和性别平等。亚行旨在通过编制一系列政策和战略文件将这些事项纳入业务之中。亚行处理跨领域问题的方法发生改变，这是就外界关于多边开发银行正在造成全球化风险的批评（第十一章）所做的应对。

---

① ADB，2004，*Disaster and Emergency Assistance Policy*.

② 例如，在 2003 年亚行提供援助以帮助成员体应对禽流感。

263　　　　亚行的环境问题政策是随着国际思维演进的。在 20 世纪 80 年代，亚行主要目的是确保银行活动不会造成"重大损害"。然而，在 20 世纪 90 年代，环境问题开始引起国际社会对发展政策的关注。作为回应，亚行在促进可持续发展方面变得越来越积极。2000 年进行的一次能源政策审查促使亚行承诺促进清洁能源，支持《京都议定书》温室气体减排机制，资助可再生能源项目。[①] 亚行的部分工作是与全球环境基金组织（Global Environment Facility）合作进行的。该组织是一个由官方机构、民间社会组织和私营部门组成的合作机构，为改善全球环境项目提供资金。

　　2002 年，亚行推出了一项环境政策，该政策要求亚行超越对预防措施的强调，在环境管理方面向关键发展部门提供援助。[②] 其目的是支持国家机构，加强对环境和自然资源的管理能力。该政策要求亚行将环境因素纳入运作与考虑范围。

　　另一个跨领域问题是良好治理，特别是加强与民间社会的合作（第十一章）。1998 年，亚行更新了 1987 年的与非政府组织合作政策。[③] 其他的治理问题包括腐败和洗钱。1998 年的一项政策确定了处理已查明腐败案件的方法，并促成 1999 年成立反腐败组（Anticorruption Unit），现更名为反腐和廉政办公室。[④]

　　多年来，亚行进一步扩大要处理的治理议程。第一个治理行动计划于
264 2000 年获得批准。[⑤] 根据该行动计划，亚行着手进行总体国家治理评估，以增加对话机会。2005 年进行的一次审查发现这些评估相当宽泛，因此第二个计划于 2006 年获得批准。

　　亚行对性别问题的处理方法甚至在《减贫战略》实施之前就发生了变化。亚行于 1985 年制定了第一个性别政策，即《妇女在发展中的作用》。这项政策的目的是通过女童教育和妇女保健等项目来关注妇女的福利和权能。正是根据这项政策亚行聘请了第一个性别问题专家。1998 年，董事会

---

① ADB，2000，*Energy 2000.*

② 为通过环境可持续发展减少贫困，该政策强调了五个主要因素：（1）推进环境和自然资源管理干预措施，直接减少贫困；（2）协助发展中成员体把环境事务作为经济增长的主流问题；（3）帮助维护支撑未来发展前景的全球和区域生命支持系统；（4）建立伙伴关系，最大限度地发挥亚行借贷和非借贷活动的影响；（5）将环境考虑因素融入亚行各项业务。

③ ADB，1998，*Cooperation between the Asian Development Bank and Nongovernment Organizations.*

④ ADB，1998，*ADB Anticorruption Policy.*

⑤ ADB，2000，*Promoting Good Governance：ADB's Medium-term Agenda and Action Plan.*

批准了一项新的关于性别与发展的政策，其中重点是将性别问题"纳入主流"。① 该政策承认性别平等是一个跨领域问题，影响到各项社会和经济进程。例如，农村道路项目的设计应考虑到妇女的需要，如让她们获得就业、市场、教育和保健服务的机会，以使妇女群体获得最大利益。该政策为变革提供了推动力，涉及解决性别问题的亚行贷款和赠款的比例从 1998 年的不到 40% 上升到 2003 年的 70%。在进一步努力下（包括设定机构目标），这一比例在 2013－2015 年平均约为 70%。

更负责任和更有效的援助

亚行试图让民间社会参与进来，并通过将关键的跨领域主题纳入其工作来应对国际批评。但是，与一些利益相关方的关系仍然不稳定，尤其是在本十年早期。

2000 年，在泰国清迈举行年度会议时，近 3,000 名泰国活动人士、农民和学生聚集在一起，高喊"亚行见鬼去吧"等口号，并堵占了交通。他们抗议的原因是他们认为亚行资助的项目对他们的生计造成了威胁，特别是使农民和渔民流离失所的水坝，以及根据北榄（Samut Prakarn）污水处理项目计划为曼谷附近的克龙丹（Klong Dan）社区修建的一个大型污水处理厂。他们要求亚行停止为这个污水处理厂提供资金。在一次新闻发布会上，千野忠男承诺他将认真研究他们的要求。2001 年和 2002 年，亚行对这个项目的问题进行了首次独立检查。该项目随后被泰国政府取消。

这一事件凸显亚行需要加强问责，更好地回应利益相关方的投诉。千野 265 忠男在亚行设立了一个高级别委员会来审议这些问题。随后，亚行采取措施加强与非政府组织的合作。2001 年，亚行在总部设立了非政府组织中心。该中心在于檀香山举行的 2001 年年度会议上组织了磋商。② 92 个非政府组织代表出席了会议。

2003 年，亚行推出了新的问责机制。这个新的问责机制有两个互补的阶段：为受亚行项目影响的人举行非正式磋商阶段和对涉嫌违反业务安排的行

---

① ADB, 1998, *The Bank's Policy on Gender and Development*.
② 非政府组织和民间社会中心是亚行与民间社会组织接触的窗口，其与亚行业务部门密切合作，促进民间社会参与亚行计划和项目。

为进行调查的合规审查阶段。^① 亚行是第一个既为私营部门业务又为公共部门业务建立这种两阶段机制的多边开发银行。^② 在于马尼拉举行的 2003 年年度会议上，千野忠男表示，该机制将"通过加强我们对受项目影响者担忧的回应和确保对所有利益相关方公平来改善亚行的开发效果、项目质量和问责"。

亚行继续为实现环境目标和社会目标与民间社会密切联系。后来，在黑田东彦和中尾武彦的领导下，通过改善公共信息交流和信息披露，有关措施得到加强。尽管如此，同其他国际金融机构一样，亚行也可能受到督促其提高绩效的批评（专栏 12.1）。

发展援助界还正在面临援助项目没有取得成果的批评（第十一章）。一系列国际会议通过强调"以成果为基础的管理"来讨论解决这些问题的方法。在 2002 年墨西哥蒙特雷发展筹资问题国际会议之后，2003 年亚行开始采用发展成果管理（MfDR）框架，^③ 目的是监测绩效和把亚行的方法与一套明确的成果结合起来。

267   2004 年 2 月，亚行成立了成果管理组（Results Management Unit），第一个发展成果管理行动计划获得批准。自此以后，亚行项目越来越多地在预期产出、成果和影响方面做出界定。发展成果管理行动计划渐渐被视为亚行的重要文件。

大型发展方案一个必不可少的组成部分是评估。1978 年，亚行成立了一个后评估办公室（Postevaluation Office）。1999 年，其职责扩大，并更名为业务评估办公室（Operations Evaluation Office）。2001 年 3 月，该办公室升级为业务评估局。2003 年，董事会批准了一项新的评估政策。根据该政策，业务评估局不对行长负责，而是对董事会发展效果委员会负责。^④ 随着时间的推移，管理层对该局建议的反应从"无可奉告"变化为对具体改进做出认真考虑的承诺，这些承诺的履行情况将通过管理行动记录系统（Management Action Record System）进行监督。^⑤ 2009 年，业务评估局更名为独立评估局（Independent Evaluation Department），以反映其日益独立性。

---

① ADB, 2003, *Review of the Inspection Function*.

② 国际金融公司通过设立合规咨询员，是第一个为私营部门业务推行问题解决机制的多边开发银行；亚行是第一个既为公共部门业务又为私营部门业务推行问题解决机制的多边开发银行。

③ 关于亚行为加强效果所采取措施的讨论参见亚行《2006 年年报》第 21–35 页的《政策概览：提高效果》（"Policy Overview：Imporving Effectiveness"）。

④ ADB, 2003, *Enhancing Independence and Effectiveness*.

⑤ 该系统由亚行管理总干事领导。

专栏 12.1　与利益相关方合作：以老挝南屯 2 号 （Nam Theun 2）水力发电项目为例

在第四个十年中，亚行支持了一些集诸多跨领域问题于一体的大项目。其中之一是 2005 年老挝南屯 2 号水力发电项目。这是亚行与世界银行联合融资的第一批主要业务之一。该项目总共由 27 个国际机构供资。亚行融资包括向老挝政府提供 2,000 万美元的公共部门贷款，并向项目公司提供 1 亿美元的贷款和担保。

南屯 2 号项目的一个主要特点是有一套全面的旨在确保遵守保障措施的环境和社会措施。由于大约有 6,300 名当地居民需要迁移，因此项目附近的社区在 1996 年开始为规划提供意见，并在数百次公共会议上参与磋商。社区居民受益于高标准的重新安置方案，并参与了新房和新村的设计。

该项目自 2010 年开始运作。作为迄今为止老挝最大的水力发电项目，南屯 2 号既向当地提供电力，又向泰国出口电力。这个总计 12.5 亿美元的项目设定了水坝建造标准，并强调了私营部门、区域合作以及开发机构之间利益相关方协商的重要性。该项目部分收入被指定用于环保事务。例如，该项目帮助保护纳街南屯国家保护区（Nakai Nam Theun National Protected Area），这是东南亚为数不多的保存完好的热带雨林之一。

南屯 2 号项目也曾受到批评。在建设阶段，民间社会组织对大坝是否能达到所设定的标准提出质疑。最近，在 2015 年，一批非政府组织援引证据称，该项目"未能带来预期发展利益，反而对被影响人群产生了一系列负面作用"[a]。世界银行和亚行发布了定期监测该项目社会经济状况的最新情况，概述了为帮助受项目影响的当地社区所采取的现行措施。2013 年，家庭调查表明，大多数重新安置家庭（86%）认为他们的情况比重新安置前好，小学入学率提高了三倍，儿童死亡率降低了一半以上。2014 - 2015 年的调查证实，重新安置社区的平均消费水平明显超过农村平均水平。

[a] *The Nation*, 2015, "Ten Years after Nam Theun 2, Development Banks Back in Spotlight," 8 April, http：//www. nationmultimedia. com/opinion/Ten - years - after - NAM - THEUN - 2 - development - banks - back - 30257606. html.

资料来源：亚行项目文件及其更新。

为了响应借款国和捐资国的关切，亚行在 2003 年启动了"创新和效率倡议"，以帮助亚行更加注重成果。一个工作组负责查找业务周期中的瓶颈。国别战略需要更多地关注项目管理和成果。简化内部程序以降低亚行的高交易成本也十分重要。2004 年，亚行进一步精简了业务流程，特别是简化了采购和文件要求。黑田东彦任行长期间采取了更多的创新效率措施，特别是在放贷工具和模式上。

亚洲开发基金的三次补充资金

为给各项多重发展目标提供资金，亚行需要资源。在第四个十年期间，亚行完成了三次亚洲开发基金补充资金：1997 年第六次补充资金（ADF Ⅶ），商定补充资金总额 63 亿美元（其中 26.1 亿美元为捐助者承诺捐款）；2000 年第七次补充资金（ADF Ⅷ），商定补充资金总额 56.45 亿美元（其中 29.05 亿美元为捐助者承诺捐款）；2004 年第八次补充资金（ADF Ⅸ），商定补充资金总额 70.35 亿美元（其中 33.47 亿美元为捐助者承诺捐款）（附录表 A2.17）。但连续的几轮谈判变得更加复杂，银行管理层和捐资国之间的关系变得紧张。捐助方代表团不断扩大讨论范围，经常提出超出广泛政策事项范围的问题，比如亚行的内部管理问题。这导致亚洲开发基金会议遇到了一些困难。

第六次亚洲开发基金补充资金（ADF Ⅶ，1997 - 2000 年）的谈判在 1997 年完成前总共举行了 7 次会议。本地区成员体和非本地区成员体第一次捐出了类似的数额。谈判之后，1998 年 12 月，亚行采取了一个借款成员从不同形式的援助中毕业的政策——从亚洲开发基金贷款到普通资金贷款，最终从普通资金贷款中毕业（第十章）。① 这项政策确认，获得优惠资金的机会应随着国家的发展而逐步减少，并最终停止。因此，对许多借款方来说，既获得亚洲开发基金贷款又获得普通资金贷款的资格身份是变化的。特别是，四个成员体（中国香港、韩国、新加坡和中国台北）已经从常规亚行援助中毕业，但它们仍然有资格获得紧急援助。

第七次亚洲开发基金补充资金（ADF Ⅷ，2001 - 2004 年）的谈判举行了 5 次会议。从一开始，捐资国就确定了它们的优先事项。作为《减贫战略》进程的一部分，捐资国希望看到对私营部门发展、性别问题和环境等

---

① ADB, 1998, *A Graduation Policy for the Bank's DMCs*.

方面的活动给予更大支持。它们还呼吁与其他发展组织和受援国政府进一步建立强有力的伙伴关系。总的来说，捐资国希望亚行通过采用更好的评估体系和给驻外代表处更多的授权来改进内部治理。

捐资国还对亚洲开发基金的分配方式表示关注。大家对发放援助时采用"以绩效为基础的分配"方法的想法越来越感兴趣。有评估称，在具有强有力的政策和机构的国家援助最有效。作为对这种评估的反映，捐资国强调稀缺资源应根据绩效和需求分配。2001 年 3 月，亚行实行了一项以绩效为基础的分配政策，将亚洲开发基金资源分配给贫困国家和利用于资金使用最有效的情境。[①] 援助者还同意亚行将亚洲开发基金资源用于次区域合作。

第八次亚洲开发基金补充资金 （ADF Ⅸ，2005 - 2008 年） 的谈判于 2003 年底在不安气氛中开始。捐助者仍然怀疑亚行的效果。预料到捐助者的关切，千野忠男在开幕致辞中解释了亚行为使自己更负责、更透明和效率更高所做的努力，并详细阐述了最近的亚行重组所带来的影响。他概述了亚行在项目质量、人力资源、给驻外代表处的责任下放以及管理层任命透明度等领域进一步改革的承诺。这份致辞使谈判有了良好的开端。千野忠男的讲话受到了好评。然而，捐助者马上要求提供一个有时限的执行议程。

2004 年，第八次亚洲开发基金补充资金谈判完成。对这次补充资金来说，最重要的变化是制定了一个赠款方案。这个变化是有争议的。出席亚洲开发基金谈判会议的代表们在讨论中出现了一些尖锐的分歧。提供赠款而非优惠贷款对借款者有益，并减少债务积累的可能性，但有鼓励依赖的风险。[②] 这些观点反映了当时的国际讨论 （第十一章）。

赠款框架最初只适用于第八次亚洲开发基金补充资金，但后来扩大了范围，并与世界银行的国际开发协会更紧密地联系在一起。亚洲开发基金的赠款业务始于 2005 年。在该年赠款中，近 2.5 亿美元获得批准，其中 1 亿美元用于阿富汗。截至 2016 年底，累计核准的亚洲开发基金赠款总额为 70 亿美元。

在第八次亚洲开发基金补充资金期间 （2005 - 2008 年），亚行在全行范围内实施了 19 项改革举措，把正在进行的各项变革汇集在一起。所有这些举措

① ADB, 2001, *Policy on Performance - Based Allocation for Asian Development Fund Resources*.

② ADB, 2004, *Eighth Replenishment of the ADF*.

270 都包括在一个监测框架内。① 还对以绩效为基础的分配政策进行了审查。② 对分配方案也进行了修订，以加强与需求和绩效的联系，并针对给冲突后国家的资源分配单独采用一个机制。

普通资金业务与多方面资金动员

在亚行第四个十年期间，提供优惠贷款的亚洲开发基金补充了三次资金。但十多年来，亚行的普通资金资本基础并没有增加。亚行很久没有进行股本审查了，而《亚行章程》规定理事会应每隔不到 5 年就对股本进行一次审查。过去的审查都带来了股本增加，而上一次审查是在 1994 年。与千野忠男接近的工作人员说，千野忠男想安排一次普遍增资，并将其改革努力作为一种获得支持的方式。然而，亚行无法获得足够的支持。亚行第四个十年仍然是唯一没有进行普遍增资的十年。

尽管没有增资的迹象，但普通资金贷款方案引入了重要的改革。在千野忠男任行长早期的 2000 年，贷款收费随着放贷利差扩大 20 个基点而增加。③

271 2001 年推出了以伦敦银行同业拆借利率（LIBOR）为基准的贷款。④ 这种方法提供了更有竞争力的贷款，并引入了退费和附加费：如果亚行的实际平均融资成本高于 6 个月的伦敦银行同业拆借利率，则会产生附加费；如果亚行的

---

① 19 项举措的清单见亚行《2004 年年报》第 4 页的《改革议程》（"The Reform Agenda"）。该年报中《机构效果》（"Institutional Effectiveness"）第 4 部分对亚行当时为提高亚行业务效果所做的努力进行了广泛讨论（亚行《2004 年年报》第 32 - 47 页）。

② ADB, 2004, *Policy on Performance - Based Allocation of ADF Resources*.

③ 当时，亚行有三个普通资金放贷窗口：（1）1986 年 7 月设立的基于基金的多币种贷款窗口，其中贷款支付是以亚行选择的多种货币进行的；（2）1992 年 7 月设立的基于基金的单一货币贷款窗口；（3）1994 年设立的以市场为基础的贷款窗口，向私营部门借贷者和公共部门的金融中介提供单一货币贷款（以固定利率或浮动利率使用美元、日元或瑞士法郎支付）。

④ 《亚行 2001 年金融贷款产品审查》（ADB, 2001, *Review of Financial Loan Products* ）。以伦敦银行同业拆借利率（LIBOR）为基准的贷款——LBL 贷款——有基于市场的特征，包括相对于标准市场参考的固定利差和定价。LBL 贷款在以下方面给予借款者高度的灵活性：选择币种和利率基础，金融中介借款者可以选择把还款计划与实际支付挂钩，在贷款期限内任何时候能够变更原始贷款条件（币种和利率基础），在贷款期限内任何时候可以选择以浮动放贷利率购买看涨期权（cap）或领子期权（collar）。LBL 贷款的一个独特特点是引入退费和附加费。由于自动成本转嫁定价的概念得到保留，如果亚行的实际平均融资成本高于 6 个月的伦敦银行同业拆借利率，则会产生附加费；如果亚行的实际平均融资成本低于 6 个月的伦敦银行同业拆借利率，则会给予退费。定期审查放贷收费，确保以尽可能低的成本向亚行借款者提供资金。

实际平均融资成本低于 6 个月的伦敦银行同业拆借利率，则会进行退费。随后，亚行不再提供以前提供基于基金的多币种贷款（多币种贷款可以用亚行选择的各种货币支付）。

亚洲金融危机给亚洲政策制定者们上了关于风险管理的重要一课。亚行自己也采取措施加强机构风险管理，改善流动资产组合管理，并引入新工具来更好地衡量风险。黑田东彦将继续进行这些改革。在他任职期间的 2005 年 8 月，亚行风险管理组（Risk Management Unit）成立。该组后来升级为单独的风险管理办公室（Office of Risk Management），职责涵盖所有非主权交易的信用风险管理、亚行财务投资组合的市场风险管理以及不同组织事项的操作风险管理。

为补充亚行自身的项目融资，亚行积极寻求从双边和多边合作伙伴以及民间融资机构等其他渠道筹集资金。亚行 1970 年开始进行联合融资活动，并在 20 世纪 80 年代和 90 年代扩大了这项工作。[1] 如今，由于有了新的来源、新的参与者和新的要求，情况更加复杂。1995 年，一项联合融资审查建议亚行应更积极地设计与联合融资伙伴的活动。

亚行还鼓励个别国家——有时是多个国家——为亚行管理的特定用途信托基金捐款。在运作的最初几年，亚行对管理小型信托基金持谨慎态度，因为管理许多不同的基金对一个新组织来说可能是一项具有挑战性的任务。但从 2000 年左右开始，许多新的信托基金创建出来。有些是个别捐助国为推动开展指定活动设立的，有些是旨在支持可再生能源、水、气候变化、减贫和治理等活动的主题基金。2006 年设立了水融资伙伴关系基金（Water Financing Partnership Facility），最初捐款来自澳大利亚、荷兰和挪威。在随后几年，奥地利、西班牙和瑞士等国以及盖茨基金会（Gates Foundation）也参加了该融资合作，带来了更多的捐款。同年，韩国设立了电子亚洲和知识伙伴关系基金（e - Asia and Knowledge Partnership Fund），以增加本地区获得信息和通信技术的机会。

另一个事件是设立日本扶贫基金。该基金是为支援亚行的《减贫战略》于 2000 年 5 月设立的，它延续了日本帮助亚行开发可靠项目和加强人力资源的传统[2]（第十四章）。272

---

① ADB, 2006, *ADB's Financing Partnership Strategy*.

② ADB, 2000, *Cooperation with Japan: Japan Fund for Poverty Reduction*.

黑田东彦

2005 年初，千野忠男离开亚行，返回日本。他担任行长的 6 年一直动荡不安，深受许多压力。尽管如此，千野忠男还是取得了很大的成就。他重组了亚行，实施了业务权力下放，使亚行更加专注于国别。他离开亚行的时候，亚行有 24 个驻外代表处，而在他上任时只有 11 个。他还巩固了处理冲突局势和脆弱国家的方法。但是，他的工作中最值得人们铭记的是使减贫成为亚行的首要目标。虽然没有实现他所希望的增资，但他成功地为黑田东彦所进行的许多重要改革奠定了基础。

黑田东彦于 2005 年接任亚行行长，他在国际金融领域有极为丰富的经验。他在东京大学学习法律，并在牛津大学获得经济学硕士学位。20 世纪 70 年代，黑田东彦是国际货币基金组织的一名工作人员。在大藏省工作时，他帮助协调了对亚洲金融危机的区域应对。作为大藏省次官，黑田东彦曾在 2000 年访问亚行，并就区域开发银行的作用发表演讲。他在演讲中热情支持亚行，并呼吁亚行在本地区发挥更重要的作用。他敦促亚行成为一个"更积极的机构，而世界银行在亚洲和太平洋地区不要太彰显"。黑田东彦获任反映了日本最高政治和行政阶层对亚行的大力支持。

黑田东彦精通经济学，并在全球有良好的人脉。国际货币基金组织在 2006 年发表的一篇简介文章称他"有书生气、体贴周到，而魅力稍逊"，认为他喜欢智力辩论。[①] 他的消遣读物除侦探小说外还有数学和物理书。他体贴、谨慎、说话温和，喜欢低调而不浮夸，用语字斟句酌、讲究精确。他对国际演讲活动比较热衷，在任职期间参加了许多高级别会议、首脑会议和专题讨论会。

领导亚行多元化的和常常固执己见的管理团队是一个挑战，黑田东彦从容应对这个挑战。他的管理方式是传统和正规的。在内部会议上，黑田东彦常常绕着桌子征询意见。他通常会在结束会议时说"我们现在已经达成共识"，然后陈述自己的决定。一旦作出决定，他通常会坚持它——除非有事实能清楚地表明这个想法行不通。他在最终获得第五次普遍增资（GCI V）和促成重要的内部改革上发挥了重要作用。

2005 年 2 月 1 日，出任亚行行长的第一天，黑田东彦在董事会、管理

---

① IMF, 2006, "People in Economics: The Quiet Integrationist," *Finance and Development*.

层和工作人员会议上发表讲话，阐述了他对亚洲发展问题的看法和亚行的作用。他说，该地区面临的主要挑战是减少贫困。他还借鉴了渡边武关于"亚行作为本地区'家庭医生'的角色应该得到加强"的理念，这个理念也得到渡边武之后其他几任行长的重申。但黑田东彦也表示要有所变化：亚行必须更有针对性、更反应灵敏、更注重成果。黑田东彦还表示要加强亚洲区域一体化，这与他以前发表的学术论文和报纸文章观点一致。

在接续实施有些人表示怀疑的千野忠男改革过程中，黑田东彦努力改善与利益相关方有时紧张的关系。他认可各捐助国在几次亚洲开发基金补充资金会议上提出的关切。他还了解普通资金借款国的立场——正如 2006 年一项调查所显示的：借款国感到亚行对工具和模式的选择有限，而与亚行开展业务的成本在增加，服务质量不断下降。[①] 另一个问题是，自 1998 年以来，每年的贷款数额停滞在 50 亿美元至 60 亿美元。尽管捐助者的支持存在不确定因素，黑田还是决定计划增加亚行的贷款，由亚洲开发基金补充资金和随后的普遍增资进行支持。

承前启后

274

黑田东彦出任亚行行长以后，不得不应对规模惊人的自然灾害。2005 年初，国际社会动员起来，帮助 2004 年亚洲海啸的幸存者。随后，在当年年底，需要提供大量援助，帮助为数百万 10 月在巴基斯坦地震中房屋被毁的灾民提供住所。黑田东彦的当务之急是落实千野忠男发起的亚行应对海啸的措施。2005 年 2 月，在灾难发生后 6 周内，亚行设立了 6 亿美元的多方捐助者亚洲海啸基金赠款项目，这是当时亚行历史上规模最大的赠款项目。3 月，大约 7.75 亿美元被指定用于紧急救助（6 亿美元的新贷款和赠款与 1.75 亿美元的现行项目和规划改用款），这是亚行最大的单场自然灾害应对。在 2005 年巴基斯坦地震后，亚行提供了超过 4 亿美元的紧急援助，帮助灾后恢复和基础设施建设。

黑田东彦还接续实施千野忠男的"创新和效率倡议"，以满足借款方的需求和降低项目交易成本。2005 年，亚行试行并扩充了将成为其常规放贷模式一部分的金融工具（专栏 12.2）。

---

① ADB, 2006, *Enhancing Asian Development Bank Support to Middle – Income Countries and Borrowers from Ordinary Capital Resources*.

275

专栏 12.2　创新和效率倡议下的重要工具

多批次融资机制（MFF）。该机制使亚行可以在固定时期内为一项商定的投资方案或一系列相互关联的投资多批次向客户提供金融资源。多批次融资机制帮助减少国别方案规划的不确定性，并向客户保证亚行可以成为它们长期融资计划的一部分。2005 年，两项多批次融资机制在试点基础上获批，共 15.2 亿美元。其中 7.7 亿美元用于巴基斯坦国家公路发展部门投资方案，7.5 亿美元用于印度农村道路部门 II 期投资方案。来自这些融资机制的贷款从 2006 年开始获得批准。事实证明多批次融资机制在客户中非常受欢迎，因此在 2008 年亚行董事会批准该机制为一项普遍可用的工具。

非主权公共部门融资（NPSF）。这种融资工具在 2006 年作为试点工具进行了采用。这种工具允许亚行直接向一些非主权公共部门实体提供贷款和担保，而不需要中央政府担保或主权担保。在一年内，作为试点的一部分，私营部门业务部处理了两个非主权公共部门融资项目：印度的国家火电公司扩容融资项目和印度尼西亚的南苏门答腊至西爪哇岛 II 期天然气管道项目。这两个客户都是国有企业。2011年，亚行董事会批准该工具普遍可用。

为公共部门提供当地货币放款（LCL）。创新和效率倡议要求扩大包括为公共部门提供当地货币放款在内的亚行产品组合。传统上，亚行的贷款均以外币的形式提供，并有主权担保。为满足借款方不断变化的金融需求，亚行于 2005 年 8 月推出了面向公共部门的当地货币放贷产品。包括当地政府和公共部门企业在内的公共部门实体均可利用这种当地货币放款服务。当地货币放款旨在解决外币借款与本币收入流之间的潜在不匹配问题。2005 年，亚行以印度卢比向 Powerlinks（一家在印度成立的股份有限公司）提供了相当于 7,000 万美元的 15 年当地货币放款。这是由 2004 年首次发行的亚行卢比债券所得资金筹供的。同年，裕宝联合银行（Bayerische Hypo-und Vereinsbank）收到一笔由菲律宾比索计价的当地货币放款，用以收购菲律宾一家银行不良组合贷款。亚行通过与商业对手进行交叉货币互换获得所需的当地货币。

　　资料来源：ADB, 2005, *Innovation and Efficiency Initiative*, Manila。

此外，在 2005 年，亚行审查了关于补充融资的政策。该政策工具最初于 1973 年石油危机后首次采用，目的是弥补项目成本超支和融资缺口。亚行自那时以来做了一些改进，如减少准入限制、简化业务流程、扩大业务范围。经过这些改进，补充融资有所增长。① 特别是，这项政策允许扩大对成功项目的援助。这一政策工具没有如最初预期的那样得到广泛使用，部分原因是补充融资常常被视为与由于成本超支而进行的融资等同。随后在 2010 年，这项政策工具被额外融资政策取代。额外融资采用简化的业务流程，能够扩大和修改运行良好的项目，以产生更大的影响，而不会对准备金的金额、期限和数量施加任何限制。

同年，亚行董事会批准了一项关于公共部门援助的成本分摊、支出资格和本地成本筹资的新政策框架。迄今为止，所有项目的成本分摊限额都是根据成员体的贷款分类预先确定。现在，将结合国别合作伙伴战略确定每个借款方的成本分摊上限和融资安排。这项政策使亚行的做法与其他开发机构的做法一致。② 276

黑田东彦非常认真地处理对外关系，特别是鉴于当时关于问责制和透明度的争议，包括与公众审查有关的争议。2005 年，亚行引入了一项新的"公共信息交流政策"，以改善信息披露，包括在项目准备和实施过程中回应过去的争议。③ 这项政策的新特点之一是主动在网上公布早期详情，而不是在收到利益相关方的请求后才公开提供信息。与过去的做法不同，如果亚行所持有的信息不是必须要保密的，按照新政策就必须披露。黑田东彦在伊斯坦布尔举行的 2005 年年度会议上宣布了这一新政策，称其将改善公众对文件的查阅，并承诺亚行更大程度地开放和对话。

该政策还呼吁通过公开演讲和媒体推广加强对外宣传。对外关系办公室升级为局，驻外代表处加强在当地的宣传。

为了更好地了解各利益相关方对亚行的看法，亚行引入了定期独立调查机制。第一次独立调查于 2006 年进行，在 30 个亚行成员国中，700 多名来自政府、民间社会、私营部门和发展伙伴的意见领袖接受了意见调查。根据调查报告，利益相关方"承认亚行对亚太地区发展进步的贡献……但

---

① ADB, 2005, *Review of the Policy on Supplementary Financing*: *Addressing Challenges and Broader Needs*.

② 过去，所有项目的成本分摊限额都根据成员体的分类预先公平确定。这项新政策把亚行的方法和做法与其他开发机构的方法和做法统一起来。

③ ADB, 2005, *Public Communications Policy*.

是，意见领袖们还发现，亚行缺乏能力或分布过于分散。所发现的其他弱
277 点是亚行的程序，一些意见领袖认为亚行的程序过于官僚主义"。①后续意
见调查在 2009 年和 2012 年进行。

黑田东彦在亚行推动了进一步改革。2006 年，审查了亚行业务流程，
并采取措施加强国别战略和项目的"入门质量"（"quality-at-entry"）。

振兴区域合作

黑田东彦将以振兴亚行的区域合作活动而闻名。《亚行章程》第一句就
提到"密切的经济合作的重要性"。黑田东彦迅速将注意力转向区域合作，
在各区域部门着力开展这项工作。他 2005 年在马尼拉亚洲管理学院发表讲
话时指出，他的目标不是建立一个"堡垒亚洲"，而是一个向世界其他地区
开放的一体化区域。"亚洲"，黑田东彦说："应该在继续进行全球性思维的
同时，越来越多地开展区域性行动。"

在千野忠男任期内，由于亚洲国家试图发展区域联系以防止动荡（第十一
章），区域合作议程得以扩大。亚行主要通过次区域合作项目（专栏 12.3）实现
其区域合作和一体化（RCI）议程。此外，为了应对亚洲金融危机对亚洲发展中
国家的影响，1999 年，亚行设立了区域经济监测组。该组的主要活动是支持东
南亚国家联盟（ASEAN）的整体反应进程，为本地区的会议和讨论提供资源，
并运营新的亚洲复苏信息中心。区域经济监测组还协助印度尼西亚、菲律宾和
泰国在各自国家的财政部设立了监测组。

2004 年，亚行启动了当地货币借款，这将有助于区域债券市场的发展。亚
行在印度、中国香港、马来西亚和新加坡的国内（或地区）资本市场首次发行
债券。随后，2005 年和 2006 年用泰铢、人民币和菲律宾比索发行债券。

总体而言，在黑田东彦任职期间，亚行的区域合作活动明显扩大。在黑
田东彦刚就任行长两个月后的 2005 年4月，他宣布成立一个新的区域经济一
280 体化办公室。2006 年，董事会批准了基于四个支柱的《区域合作与一体化战
略》。四个支柱是：在跨界基础设施和相关软件方面的次区域经济合作，贸易
和投资合作与一体化，货币和金融合作与一体化，在区域公益物品上的合作。②

---

① ADB, 2006, *ADB Perceptions Survey: Multinational Survey of Opinion Leaders 2006.*

② ADB, 2006, *Regional Cooperation and Integration Strategy.*

专栏 12.3　亚行次区域合作计划

278

　　亚行实施区域合作与一体化议程，主要是通过次区域合作方案进行的。第一个次区域方案——大湄公河次区域经济合作方案——于 1992 年制定，早于 1994 年亚行第一个区域合作与一体化政策的出台。紧随其后的是 1995 年的文莱—印度尼西亚—马来西亚—菲律宾东盟东部增长区（BIMP - EAGA）方案和 1997 年的中亚区域经济合作（CAREC）方案与孟加拉湾多领域经济技术合作倡议（BIMSTEC）方案。2001 年，南亚次区域经济合作（SASEC）方案制定，其后是 2006 年的印度尼西亚—马来西亚—泰国增长三角（IMT - GT）方案。

　　大湄公河次区域经济合作。1992 年，六个国家——柬埔寨、中国（主要是云南省）、老挝、缅甸、泰国和越南——共同制定了该方案。中国广西壮族自治区于 2004 年加入。该方案着重于以下几个方面：（一）通过实体基础设施和经济走廊的可持续发展增加互联互通；（二）通过高效促进人员和货物的跨境流动、市场一体化和加强价值链提高竞争力；（三）通过共同关切增强一体化意识。大湄公河次区域经济合作特别注意建立战略联盟，特别是与东南亚国家联盟（东盟）、"东盟 + 3"（东盟加上中国、日本和韩国）以及湄公河委员会建立战略联盟。

　　文莱—印度尼西亚—马来西亚—菲律宾东盟东部增长区。该方案于 1995 年启动，旨在解决发展中的次区域不平等问题。方案涉及地域包括：文莱全境，印度尼西亚的加里曼丹、苏拉威西、马鲁库和西巴布亚等省，马来西亚的沙巴州、沙捞越州和纳闽直辖区，菲律宾的棉兰老岛和巴拉望省。亚行自 2001 年以来一直是该方案的区域发展顾问。该方案着重于五个战略支柱：（一）互联互通；（二）食物篮；（三）旅游；（四）环境；（五）贸易和投资便利化。其长期目标是确保在本次区域建立非资源型产业。文莱—印度尼西亚—马来西亚—菲律宾东盟东部增长区合作的目的是在本次区域内外加强贸易、旅游和投资，充分利用本次区域的资源和现有互补性。

279　　　**中亚区域经济合作**。该方案是在 1997 年制定的，目的是促进中亚国家的经济合作。最初的成员包括阿塞拜疆、中国（通过新疆维吾尔自治区和后来加入的内蒙古自治区）、哈萨克斯坦、吉尔吉斯斯坦、蒙古国、塔吉克斯坦和乌兹别克斯坦。2005 年，阿富汗、巴基斯坦和土库曼斯坦加入，通过巴基斯坦实现阿拉伯海的南北开放。该方案的设计还涉及成员国与一批多边发展伙伴之间的伙伴关系。除亚行外，还包括欧洲复兴开发银行、国际货币基金组织、伊斯兰开发银行、联合国开发计划署和世界银行。亚行担任中亚区域经济合作秘书处，该秘书处于 2000 年开始运作。该方案的重点领域是交通、能源和贸易（包括贸易便利化和贸易政策）。

　　孟加拉湾多领域经济技术合作倡议。该方案于 1997 年启动，涉及国家包括孟加拉国、不丹、印度、缅甸、尼泊尔、斯里兰卡和泰国。贸易带动经济一体化是该方案的主要目标之一。亚行的支持为促进交通和能源贸易的次区域战略提供了便利。

　　南亚次区域经济合作。该方案于 2001 年制定，是一项基于项目的举措，最初通过加强孟加拉国、不丹、印度和尼泊尔之间的跨界互联互通和贸易便利化，促进经济合作。斯里兰卡和马尔代夫后来于 2014 年加入。起初，合作的重点领域是交通、贸易便利化、能源及信息和通信技术。后来，信息和通信技术这一重点领域被从方案中移出。

　　印度尼西亚—马来西亚—泰国增长三角。该方案始于 1993 年，是一个加快三个国家有关州和省的经济合作和一体化的次区域框架。该方案目前覆盖泰国南部 14 个省、马来西亚半岛 8 个州和印度尼西亚苏门答腊 10 个省。该方案的战略目标包括：（一）促进贸易和投资；（二）促进农业、涉农产业和旅游业发展；（三）加强基础设施联合，支持印马泰增长三角次区域一体化；（四）处理人力资源开发、劳工和环境等跨领域问题；（五）加强制度安排和合作机制。

　　资料来源：ADB, 2015, *Thematic Evaluation Study on ADB's Efforts on Regional Cooperation and Integration*, Manila。

《区域合作与一体化战略》设想亚行扮演四种不同的角色，即货币银行、知识银行、能力建设者和中间人。这个方法与2008年亚行发布的《2020战略》一道，大大扩展了亚行在第五个十年的区域合作与一体化活动（第十四章）。

2006年，黑田东彦还宣布重新调整区域部门。为实现人力资源的规模经济，以及更好地与东盟合作，湄公河局并入东南亚局；设立了一个新的中西亚局，与高加索和中亚国家以及阿富汗和巴基斯坦合作。

同年，文莱（早已积极参与亚行支持的文莱—印度尼西亚—马来西亚—菲律宾东盟东部增长区方案，见专栏12.3）正式加入亚行成为本地区成员。①

新的机构方向

黑田东彦随后将注意力转向曾对千野忠男造成限制的资源问题。在1997年进行危机应对之后，贷款停滞（图12.1）。这对亚行来说是一个非常严重的问题。但2006年放贷有所回升，批准了8个多期贷款，借贷国为印度、孟加拉国、中国和巴基斯坦，放贷总额为38亿美元。那一年，亚行提高了自身审慎的最低流动水平，以确保即使在资金困难的情况下该机构也能满足正常的现金需求。然而，到2007年，仅仅一年之后，金融形势变得非常

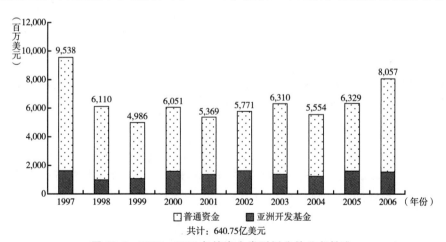

图 12.1　1997 – 2006 年按资金类型划分的业务批准

共计：640.75亿美元

281

注：业务批准包括贷款、赠款、股本投资和担保。

资料来源：亚行业务指示板电子业务数据库，亚行战略与政策局。

---

① ADB, 2006, *Membership of Brunei Darussalam.*

紧张，黑田东彦要求资金局和战略与政策局研究亚行未来的资源需求。实际上，这标志着 2009 年亚行第五次普遍增资进程的开始（第十四章）。

贯穿所有这些变化的是亚行需要审视其优先事项。当黑田东彦在 2005 年初就任亚行行长时，他已经意识到，要建立对额外资源的支持，将需要对亚行机构战略进行审查。在于伊斯坦布尔举行的 2005 年年度会议上，黑田东彦首次作为亚行行长发表讲话，他表示打算进行一次机构审查。他指出，面对不断扩大的国际发展目标，亚行采取了一项员工们所称的"多方面政策议程"，其中包括 30 个行业政策和专题政策。这种多重性使运行界定明确的方案变得困难。黑田东彦主张要有更多的重点和选择。为此，他宣布亚行将通过第二个中期战略明确优先事项。

282   最初，亚行第二个中期战略是要涵盖 2006 – 2010 年。然而，后来采用了一种要求更高的"两步走"方法。第一步是在 2006 – 2008 年实施一个较短阶段的中期战略；第二步是根据由一个外部知名人士小组所做的评估实施一个比较长期的计划，覆盖时间为直到 2020 年。随着更多国家进入中等收入国家行列，他们将考虑本地区的未来和亚行的未来。该外部知名人士小组于 2006 年 6 月获任，由素帕猜·巴尼巴滴（Supachai Panitchpakdi）担任组长，他是资深泰国决策者，也是当时的联合国贸易和发展会议秘书长。组员为五位经验丰富的学者和从业者：来自印度的阿鲁瓦利亚（Isher Judge Ahluwalia），来自日本的出井伸之（Nobuyuki Idei），来自德国的凯欧·科赫韦瑟（Caio Koch – Weser），来自中国的林毅夫（Justin Lin），以及来自美国的劳伦斯·萨默斯（Lawrence Summers）。他们在第二年提交了报告（第十四章）。

在于海德拉巴举行的 2006 年年度会议上，黑田东彦在其任内第二次年会讲话中发布了新的亚行中期战略（第二个中期战略）。这份文件支持 1999 年《减贫战略》的广泛做法，其中提出的主要办法是"在本地区面临主要挑战的背景下，加强亚行援助方案的减贫作用"。但亚行中期战略还要处理中等收入国家的增长问题，因为中等收入国家的增长"可能会深刻改变世界的运作方式和建立新的国际分工"。[1] 黑田东彦谈到"亚洲的两张面孔"：中产阶级和穷人。两者之间的差距在扩大。他说："贫困——从各个方面讲——仍然是我们地区最棘手的问题。"

---

① ADB, 2006, *Enhancing Asian Development Bank Support to Middle – Income Countries and Borrowers from Ordinary Capital Resources.*

亚行第二个中期战略试图平衡选择性和多样性。黑田东彦认为，亚行应该避免过于分散，应集中精力于有限的优先事项上。但许多利益相关方都有自己的愿望清单。于是，亚行又被拉往不同的方向。经过广泛磋商，亚行第二个中期战略试图抓住——或至少概括——股东们的集体关切。该战略有五个优先事项：促进投资，增强包容性，促进区域合作与一体化，管理环境，以及改善治理、预防腐败。后来，在第五个十年中，亚行将有意识地转向根据客户需求提供援助，而不是试图根据机构战略确定选定的领域和优先事项。

业务总结

在亚行第四个十年期间，与上个十年的水平相比，融资业务扩大了约50%，1997 年至 2006 年的融资总额达 640 亿美元。贷款在 1997 年达到顶峰，当年由普通资金提供给韩国和泰国金融领域的大额贷款总额达到 95 亿美元（第十章）。在危机之后的几年里，在 2006 年借贷活动再次回升之前，每年的贷款总额达到 50 亿至 60 亿美元。

从地理区域上来说，与亚行第三个十年相比，贷款在各地区的分布更为均匀，东南亚、南亚和东亚各占总贷款的四分之一以上（图 12.2）。[1] 向东亚的贷款大幅增加，反映了亚行向韩国提供大量的危机贷款，以及继续增加对中国的贷款。由于又有前苏联加盟共和国加入了亚行，并且，亚行于2002 年恢复了在阿富汗的业务，因此向中亚和西亚的贷款也增加了。南亚地区的借贷增长也是如此，尤其是印度。与此形成对比的是，对东南亚的贷款占总贷款的比例有所下降。自 1997 年以来，亚行没有向马来西亚提供贷款；自 1999 年以来，亚行没有向泰国提供新的公共部门贷款。在这十年中，前五名借款国是中国（占贷款总额的 19%）、印度（16%）、印度尼西亚（13%）、巴基斯坦（12%）和韩国（6%）。

在批准了《减贫战略》之后，亚行活动进一步多元化，拓展到更广泛的领域。交通与信息通信技术占总贷款的四分之一以上，其次是金融和能源（图 12.3）。与亚行第三个十年相比，交通与信息通信技术超过能源

---

[1]　图 9.3 列出了 1987 – 1996 年按地区划分的贷款细目。

284

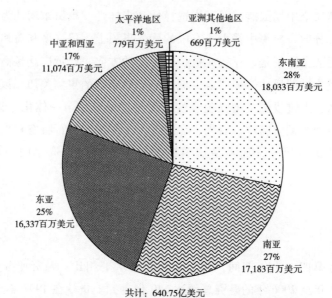

共计：640.75亿美元

图 12.2　1997－2006 年按地区划分的业务批准

注：区域细分基于亚行现行国别分组。业务批准包括贷款、赠款、股本投资和担保。
资料来源：亚行业务指示板，亚行战略与政策局。

285

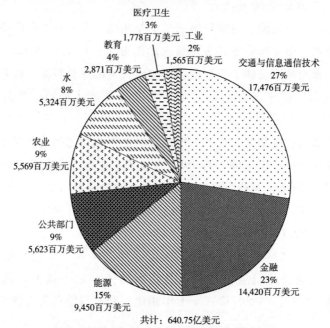

共计：640.75亿美元

图 12.3　1997－2006 年按行业划分的业务批准

注：业务批准包括贷款、赠款、股本投资和担保。
资料来源：亚行业务指示板，亚行战略与政策局。

成为最大的借款行业。为应对危机，金融部门和公共部门管理的贷款激增。[①]

亚行业务继续得到技术援助的支持。与上个十年的 8.82 亿美元相比，1997 年至 2006 年的技术援助批准额达到 14 亿美元。在总额中，77% 分配给了特定国家，其余 23% 则为区域技术援助供资。除了区域技术援助以外，前五名技术援助受援国是中国（14%）、印度尼西亚（9%）、越南（6%）、巴基斯坦（6%）和菲律宾（5%）。技术援助业务覆盖许多部门和分部门。与亚行第三个十年相比，在亚洲金融危机之后，对公共部门管理的技术援助大幅度增加，而对农业的技术援助比例则大幅度下降。

有 10 名新成员加入亚行，到 2006 年底亚行的成员体达到 66 个（47 个本地区成员体和 19 个非本地区成员体）[②]，其中有 4 个新成员来自中亚和西亚。随着亚行在中亚和西亚地区扩大业务，作为 2006 年组织调整的一部分，亚行设立了一个新的中西局。

由于采取了谨慎做法，特别是在危机期间，亚行的内部行政管理费用预算增加不多。与第三个十年年平均增长率 8% 相比，1997 年至 2006 年的增长率为 5%。亚行的工作人员数量稳步增长：在第四个十年结束时，包括来自 54 个成员体的 861 名国际和管理人员及 1,544 名国家和行政人员在内，共有 2,405 名工作人员。[③]

表 12.1 1987－2006 年部分业务、机构和财务信息

	1987－1996 年 （第三个十年总计）	1996 年 （截至年底）	2006 年 （截至年底）	1997－2006 年 （第四个十年总计）
A. 业务亮点（百万美元）				
业务批准总额[a]	43,063	5,335	8,057	64,075
按资金来源				
普通资金	30,082	3,669	6,502	50,013
亚洲开发基金	12,981	1,666	1,554	14,062
按业务				

287

接下页

---

① 图 9.4 列出了 1987－1996 年按行业划分的贷款组成。
② 有 6 个新本地区成员体和 4 个新非本地区成员体：塔吉克斯坦（1998 年）、阿塞拜疆（1999 年）、土库曼斯坦（2000 年）、葡萄牙和东帝汶（2002 年）、帕劳和卢森堡（2003 年）、亚美尼亚（2005 年）以及文莱和爱尔兰（2006 年）。
③ 这相当于与亚行上一个十年（1987 年至 1996 年）相比增加了 22%。

续表

	1987 – 1996 年 （第三个十年总计）	1996 年 （截至年底）	2006 年 （截至年底）	1997 – 2006 年 （第四个十年总计）
主权	41,813	5,156	7,096	60,042
非主权	1,250	179	960	4,033
技术援助批准[b]	882	138	148	1,383
技术援助项目	727	106	94	1,063
区域援助	155	31	54	320
未偿还贷款总额		28,577	47,714	
普通资金		16,109	26,192	
亚洲开发基金		12,468	21,522	
贷款和赠款支付总额	27,751	3,797	5,793	48,062
普通资金	18,154	2,563	4,420	36,551
亚洲开发基金	9,597	1,234	1,373	11,511
官方联合融资[c]	4,018	397	891	5,091
商业联合融资	560	92	315	642
B. 机构亮点				
员工信息				
员工总数		1,961	2,405	
国际员工[d]		673	861	
女性员工		1,023	1,358	
女性国际员工		100	249	
驻外办事处员工		144	474	
成员体		56	66	
驻外办事处		11	26	
内部行政管理费用预算(百万美元)	1,411	190	313	2,441
C. 财务亮点(百万美元)				
核定资本[e]		50,103	53,169	
认缴资本[e]		49,368	53,169	
实缴		3,472	3,740	
待缴		45,896	49,429	
借款	12,166	584	5,576	45,412

注：

[a] 1997 年至 2006 年的数字基于贷款、赠款、股本投资和担保的批准总额。由于数据无法获得，1987 年至 1996 年的数据除去终止项目（不包括董事会批准但在被视为有效前终止的业务）。

[b] 技术援助业务仅包括技术援助特别基金和日本特别基金提供的赠款。

[c] 包括信托基金和贷款、赠款及技术援助的联合融资。

[d] 国际员工数据包括管理人员。

[e] 这些数值为根据 1996 年 12 月 31 日（对于 1996 年资本）和 2006 年 12 月 31 日（对于 2006 年资本）的美元/特别提款权兑换率折合的美元数。

资料来源：亚行年报，亚行预算、人事和管理系统局，亚行主计局，亚行战略与政策局，亚行贷款、技术援助、赠款和股本批准数据库，亚行联合融资数据库。

具有挑战性和发生巨变的十年

因此，第四个十年是一个快速变化的时期。亚行利用可用的有限资源和工具实现多重目标。行长千野忠男推出了重要的组织改革，为进一步改革和扩大业务奠定了基础。黑田东彦将这些向前推进，同时利用即将实施的《2020 战略》明确目标。

这个十年在快速增长背景下和本地区一派乐观气氛中结束。在于京都举行的 2007 年年度会议上，黑田东彦表示，当他认识到亚行需要转型以满足本地区的需求时，该机构将做出改变。"挑战，"他说，"将界定我们如何做出改变。我们的改革进程已经通过第二个中期战略开始。随着对我们的《长期战略框架》开展审查，我们将进一步深化我们的工作。"他确定了三个核心领域：促进区域合作与一体化，利用和协调金融资源，以及创造和传播知识。这些领域行将在亚行第五个十年的工作中得到有力体现。

286

第五个十年

（2007－2016年）

第十三章

亚洲：多变时期的增长

289

> 随着世界经济开始走出衰退，很明显亚洲正在引领全球经济复苏。……尽管复苏强劲，挑战依然存在……而由于工业国家仍然存在不确定性，任何事情都不能想当然。
>
> ——黑田东彦
> 亚行年会致辞，2010 年

亚行第五个十年在本地区强劲增长中开始，2007 年本地区经济产出增长了 10% 以上。2008 年至 2009 年的全球金融危机在某种程度上减缓了进展，但亚洲的损失小于世界其他地区的许多发达国家。2010 年，亚洲经济增长回升。危机过后，随着工业经济体继续面临更弱、风险更大的增长前景，亚洲的战略需要更多地关注本地区的发展增长推动力。

在这第五个十年里，全球开发议程和发展融资结构快速演进。取代千年发展目标的可持续发展目标更加强调包容性、可持续性和复原力。新的机构——特别是两家新的多边开发银行——开始运作，为本地区提供资金。所有这些变化都给亚行带来了应对亚洲借款方多元化需求的挑战。

在变化中前进，增长势头不断加大

到亚行第五个十年开始时，亚洲在全球事务中不断增长的作用得到了普

遍认同。早些时候，发展中亚洲的前景与主要工业国家的经济状况密切相
290 关。现在这种关系正在改变。亚洲是全球经济增长的主要推动力。① 发展中
的亚洲由于有巨大的经常账户盈余，成为世界上最大的资本净出口区域，并
提供了世界大宗商品市场的大部分需求。②

　　亚洲的增长让人们乐观地认为 21 世纪将是"亚洲世纪"。这并不是一
个新鲜的想法。但过去的讨论一般集中在一个"太平洋世纪"概念上，主
要指太平洋盆地国家，包括日本、新兴工业化经济体（由中国香港、韩国、
新加坡和中国台北组成）和东盟 4 国（泰国、马来西亚、印度尼西亚和菲
律宾）。③ 相比之下，在亚行第五个十年里，"亚洲世纪"是一个泛亚洲概
念，包括南亚、东南亚和中亚等地区的国家。

　　在亚行第五个十年开始的时候，亚洲国家之间仍然存在着广泛的分歧。
正如《2007 年亚洲发展展望》所指出的那样："亚洲的强劲经济增长掩盖了
广泛差异，分散了人们对仍有待弥合的巨大差距的关注。"④ 有些国家已经
赶上或正在快速赶上经合组织的经济体。其中包括已经大幅缩小差距和拥有
高收入的新兴工业化经济体。也有中等收入国家，例如中国、马来西亚和泰
国，它们虽然有些落后，但取得了显著的进展。然而，其他国家的表现有些
滞后。

　　在这十年中，亚洲增长势头不断加大。孟加拉国、印度、印度尼西
亚、菲律宾和越南等人口众多的中等收入国家继续通过以市场为基础的方
法保持稳健和基础更加广泛的增长。许多年轻的中亚国家利用其自然资源
产业和以市场为导向的改革，但这些国家的增长往往由于商品价格的变化
而不稳定。而且，这些国家仍然面临着机制上的挑战。吉尔吉斯斯坦、缅
甸、尼泊尔和巴基斯坦等国，由于各种原因，包括采取克服政治冲突的举
291 措，一直在逐渐趋同，如今它们正走向稳定、改革和更强劲的增长。在太
平洋岛屿国家，虽然增长不稳定，经济仍然容易受外部冲击的影响，但许
多国家受益于国外加大对其旅游业和采矿等行业（特别是巴布亚新几内亚
的天然气）的投资。

---

① "The Growing Weight of the South" in Part 2: South – South Economic Links in ADB, *Asian Development Outlook 2011*, 39.

② ADB, *Asian Development Outlook 2011*, 12.

③ Oshima, 1990, *Strategic Processes in Monsoon Asia's Economic Development*.

④ ADB, *Asian Development Outlook 2007*.

全球金融危机和亚洲复原力

第五个十年伊始，随着世界经济的中心向东方转移，经济阴云正在积聚。主要工业经济体进入了当下一代最困难的时期。西方正滑向"大萧条"，这表明"大稳健"是暴风雨前的平静（第十一章）。2007 年下半年，情况开始恶化。股票市场在北美达到顶峰，然后开始下跌。起初，似乎没有担忧的理由。道琼斯工业平均指数在过去六年里几乎翻了一番，因此调整似乎早该出现了。

衰落的步伐加快。不久之后，美国的主要金融机构开始减记其资产价值。这些问题扩大到其他国家，出现了全球信贷紧缩的迹象。首批受害者之一出现在英国：2007 年 9 月，高杠杆中型抵押贷款机构北岩银行（Northern Rock）遭遇挤兑。随着许多金融机构显然持有价值可疑的次级证券化抵押贷款形式的未申报"有毒"资产，困难在整个金融市场蔓延开来。然后，2008 年 9 月，美国金融系统的一个标志性机构——雷曼兄弟（Lehman Brothers）——在没有任何通知的情况下，申请了美国历史上最大的破产案。

尽管工业国家出现了动荡，但亚洲的经济增长最初依然强劲。中国和印度表现良好，并鼓励向亚洲其他发展中国家扩展。2007 年，亚洲地区取得近 20 年来的最高增长，甚至引发了关于有些经济体增长太快有通货膨胀风险的担忧。银行业体系的基本面也被认为是健全的，这是 1997 - 1998 年危机之后大规模重组和改革的结果。1999 年至 2007 - 2008 年，整个亚洲地区不良贷款发生率下降，银行资产回报率上升。

然而，对亚洲国家来说，工业经济体经济减速的规模是令人不安的。乐观的看法是，亚洲已经与工业国家的增长脱钩，能够依靠自己的力量实现强劲增长。事实上，与美国和欧洲的金融机构不同，亚洲地区的金融机构对次贷和相关产品的风险投资有限。但另一种观点认为，美国和欧洲日益扩大的问题必然会损害亚洲。事实上，到 2008 年中期，很明显，经合组织国家的经济减速在很大程度上通过降低全球贸易和投资水平对发展中国家造成外溢效应。2008 年至 2009 年，亚洲发展中国家的增长降至 6% - 7%。

在亚行第五个十年的早期，亚洲地区的食品和燃料价格大幅飙升。2006 年末，油价上涨，加上粮食生产国的干旱和全球市场动荡之后的通胀压力，推高了该地区的食品价格。《2008 年亚洲发展展望》指出："由宽松货币政策支撑的多年强劲增长支持了助长价格压力的过度总需求。"[①] 2008 年第一季度，世界大米价格同比上涨了一倍多，主要大米生产国的出口限制和主要大米进口国的恐慌性抢购更是加剧了大米价格的上涨。小麦、棉花、大豆和化肥价格也在上涨。

总的来说，亚洲发展中国家应对这些经济逆风的表现相当好。各国政府能够考虑减轻影响的各种备选办法，包括实施迅速扩张政策以刺激国内需求。最初的应对措施旨在保障银行和金融体系的稳定，尤其是在美国主要投资银行倒闭引起动荡之后。[②] 为了降低银行挤兑的风险，当局提高了存款保险和主要银行债务统保的最高限额。本地区许多央行随后提供流动性，放松信贷和货币政策，包括降息。

几个国家推出了财政刺激计划，以抵销出口需求下降和重新平衡面向内需的增长。中国宣布大幅增加基础设施、住房和社会发展方面的支出。在印度，政府扩大了基础设施投资，同时减少了几项税收。在菲律宾，基础设施和社会项目的支出增加。同样，印度尼西亚宣布了一些措施，涉及减税、基础设施项目和对收入下降受损最大者的援助。泰国的一揽子计划包括减税和向低收入家庭提供现金援助。许多其他发展中国家也采用了一揽子财政方案和稳定方案。

这些刺激计划总体是有效的。整个 2009 年，直到 2010 年，中国和印度的增长势头强劲，带动了周边国家的增长。[③] 即使全球贸易下降，发展中亚洲的出口仍扩大了。中亚共和国的情况也普遍良好，得益于其主要出口产品——石油和天然气、金属、棉花和黄金——价格上涨。2010 年，随着亚洲成为世界上第一个摆脱全球动荡的地区，发展中亚洲的增长恢复到 9.4% 以上。全球经济放缓也降低了食品和石油价格。国际货币基金组织表示："尽管亚洲的国内生产总值趋势增长在过去三十年超过了发达经济体，但这是第一次亚洲对全球复苏的贡献超过其他地区。"[④]

---

① ADB, *Asian Development Outlook 2008*.

② ADB, *Asian Development Outlook 2009*.

③ 哈里斯（Harris）概述了中国近期和当前的经济外交政策。Harris, 2014, *China's Foreign Policy*.

④ IMF, 2010, *Regional Economic Outlook: Asia and Pacific. Leading the Global Recovery: Rebalancing for the Medium Term*.

"再平衡"中求增长、保发展

然而，到 2011 年初，风险似乎又在上升。2011 年 3 月，一场强烈的地震和海啸在日本东北地区造成了巨大的破坏，并使日本的经济前景受到了影响。此外，全球石油和食品价格也面临压力，工资通胀有螺旋上升风险。随着情况的好转，商品价格的压力很快得到缓解，通货膨胀的威胁也减少了。尽管如此，世界上其他地方仍有许多金融动荡。北美显示出复苏的迹象，但几个欧元区国家，尤其是希腊，有严重的主权债务问题。

在亚洲，动荡和不稳定的资本流动正引起越来越多的关注。2011 年，短期资本流出亚洲市场，但随后回流，部分原因是美国的量化宽松政策，利率降至新低。然后，在 2013 年年中，随着量化宽松"削减"的前景，资本再次流出亚洲，引发了"削减恐慌"。短期资本流动的突然变化导致亚洲货币的波动。而在 2014 年和 2015 年，全球经济总体环境仍然困难，国际金融市场持续不确定，商品价格急剧下跌。

在这种新的不利全球经济环境下，发展中亚洲的决策者考虑了维持增长的方法。他们设法减少对工业国家的依赖，并通过增加贸易、资本和劳动力的跨界流动来加强南南联系。①

亚洲区域合作主要是由贸易推动的（第十一章）。1990 年至 2009 年间，发展中国家间的全球贸易占世界非燃料商品贸易的比例从 7% 上升到 17%。② 这种增长主要发生在发展中亚洲，尤其是通过"亚洲工厂"之间的中间产品贸易。到 2010 年，发展中亚洲在南南贸易中所占的份额约为四分之三，仅中国就占约 40%。进一步努力减少贸易壁垒，促进区域间贸易似乎是一个有希望的前进方向。

亚洲资本流入也变得更加区域化。各国采取了改善投资环境的政策，目的是吸引外国投资，发展股票和债券市场，促进资本账户开放。部分由于这些政策，现在流入发展中亚洲的外国直接投资总额的一半以上来自本地区，

---

① 关于南南问题的延伸讨论见亚行《2011 年亚洲发展展望》第 2 部分：《南南经济联系》(South - South Economic Links *in ADB*, *Asian Development Outlook 2011*, 37 - 86)。

② ADB, *Asian Development Outlook 2011*, xvi.

而 2007 年这一比例不到 30%。中国、印度和东盟成员国等储蓄相对较高的国家的外流资本也越来越多地在本地区内投资。

正如全球化为商品和资本打开了市场，劳动力市场也扩大了。亚洲流动工人前往东亚和东南亚，特别是前往新兴工业化经济体和像马来西亚、泰国这样的新兴经济体。流动工人的增加促进了国际汇款的增加。印度、中国、菲律宾和孟加拉国都是世界上最大的汇款接收国，它们一半以上的资金流入来自其他亚洲发展中国家。作为国内生产总值的一部分，汇款收入对塔吉克斯坦、尼泊尔、吉尔吉斯斯坦、孟加拉国、菲律宾以及一些太平洋岛屿国家来说尤其重要，因为它们是流动工人家庭的主要收入来源。

帮助亚洲再平衡面向国内市场的增长的另一个因素是中产阶级的崛起，中产阶级日益推动消费和内需。发展中亚洲的中产阶级——人均收入每天 2 美元到 20 美元——从 1990 年的 5.65 亿人增长到 2008 年的 19 亿人，增长了约 3 倍。① 展望未来，在接下来的 10 年内，全球中产阶级的大部分增长预计将在亚洲。2009 年，亚洲中产阶级占全球中产阶级人口的 28%，但到 2030 年这个数字可能会变成 66%。② 在一些国家，新兴中产阶级的期望促成了市场导向改革。

促进货币和金融合作的活动也在继续。这些活动在 1997–1998 年危机之后扩大，在亚行第四个十年获得发展势头（第十一章）。2010 年，《清迈倡议》扩大为《清迈倡议多边化协议》（CMIM），这是 "东盟 + 3" 单一合同下的多边货币互换安排，取代以前的双边货币互换协议网络。《清迈倡议多边化协议》以 1,200 亿美元起步，2014 年扩大到 2,400 亿美元。为了支持《清迈倡议多边化协议》，2011 年在新加坡成立了 "东盟 + 3" 宏观经济研究办公室，以分析区域经济体，监测风险，并建议采取适当行动。《清迈倡议多边化协议》是一个开端，但通过货币互换融资尚未使用。例如，韩国和新加坡在全球金融危机后面临流动性短缺时，没有利用该多边化协议机制，而是与包括美联储在内的主要央行签署了一系列双边互换协议。

2012 年，缅甸打破了数十年的孤立，主要通过解除美国的金融制裁和与

---

① ADB, 2010, *Key Indicators for Asia and the Pacific 2010*, The Rise of Asia's Middle Class.

② Kharas, 2010, The Emerging Middle Class in Developing Countries, *Development Center Working Papers*.

包括亚行在内的多边和双边捐助者重新接触，促进了区域联系。从 2010 年 296
起，缅甸政府致力于加快民主化和族裔和解，改进宏观经济政策（如消除多重汇率），执行结构政策，减少贸易壁垒和开展商业活动。这些因素使得外国对缅甸直接投资大幅增加，增长率达到 7% – 9%。缅甸是大湄公河次区域的一部分，地处两个经济大国——中国和印度——之间。缅甸的开放为南亚、东亚和东南亚的互联互通提供了更多的机会。随着中国在全球价值链中地位的上升，制造公司被鼓励到包括缅甸在内的其他国家拓展业务。

因此，到亚行第五个十年中期，亚洲发展中国家——在更强的区域联系的帮助下——正在适应离本国更近的新机遇。这促进了更温和但更可持续的发展：在危机后几乎每一年，该地区 8 个经济体的增长均超过 7%，其中包括中国、老挝和斯里兰卡。[①] 尽管中国的经济增长在接近本十年末时从亚行上个十年时的两位数放缓至 7% 以下，但中国的放缓被印度的增长力量补偿，印度经济的增长在 2015 年增加到 7% 以上。2012 – 2016 年，亚行发展中经济体年均经济增长超过 6%。若不考虑新兴工业化经济体，增长率甚至更高。相比之下，七国集团（G7）经济体同期经济增长率平均约为 1.5%，欧盟为 1.0%。

不平等和环境压力

世界真的行将进入一个泛亚洲世纪吗？2011 年亚行委托进行的一项研究《亚洲 2050：实现亚洲世纪》（Asia 2050：Realizing the Asian century）得出结论称，亚洲世纪情景可期，但不是注定的。研究警告说存在障碍——包括不平等加剧、环境退化、人口结构变化和治理不足。

在于京都举行的 2007 年年度会议上，亚行行长黑田东彦强调了其中两个问题。第一个是不平等，它威胁到社会凝聚力，并可能阻碍经济增长。他说，亚洲"……正日益成为一个有两张面孔的地区——一面是活力和财富 297
的辉煌亚洲，另一面是它的阴影，即极端贫困持续存在的阴影"。第二个是环境恶化和气候变化。他说，各国需要明智地利用自然资源，"这样穷人就不会承受经济增长带来的环境影响"。

很明显，亚洲发生的社会和经济转型所取得的成果并没有得到平等分

---

① ADB, *Asian Development Outlook 2015*, 10.

享。自 20 世纪 60 年代中期以来，经过 50 年的发展，数以百万计的人只得到了有限的收益。在许多亚洲国家，基尼系数一直在上升，社会变得更加不平等。从 20 世纪 90 年代中期到 21 世纪头十年后期，整个亚洲的基尼系数从 39 提高到 46，每年增长 1.4%。1999 年，超过 10 亿人每天生活费不足 1.90 美元。① 到 2012 年，这个数字下降到 4.5 亿。然而，在亚洲，有 6 个国家——孟加拉国、中国、印度、印度尼西亚、巴基斯坦和菲律宾——几乎占全球贫困人口的一半②，而这些国家现在被认为是中等收入国家。

这些趋势还引起了另一场辩论：发展援助应该侧重于穷国还是穷人。③ 1990 年，世界上 90% 以上的穷人生活在低收入国家。但到 2010 年，全球近四分之三的穷人生活在中等收入国家。这种转变是由拥有大量贫困人口的国家的快速增长带来的，尤其是印度和中国。有人认为，应该减少对中等收入国家的发展援助，因为这些国家有资源来照顾自己的穷人；有人认为，发展援助应考虑贫困的性质和受援国的制度背景。

298 人们的期望也在上升。在亚洲，越来越多的人开始意识到国家内外的不平等。全球化及信息和通信技术的相关传播，意味着新闻和知识的传播更加迅速。亚洲数以百万计的年轻人对上学和就业抱有很高的期望。他们能够很容易地将自己国家的标准与其他国家的标准进行比较。他们常常不满意，给政治和经济机构带来压力。例如，在缅甸，昂山素季领导的缅甸全国民主联盟（National League for Democracy）在 2016 年赢得了压倒性的选举胜利，组建了 50 多年来该国第一个民选政府。在东南亚，东盟经济共同体于 2015 年底开始运行，向所有成员国政府施压，要求东盟国家互相开放市场。

伴随着快速的城市化进程，亚洲的经济增长给环境带来了巨大的压力。还有气候变化的影响。亚太地区有广阔的沿海区域，人口和经济活

---

① 估计全球贫困发生率需要使用国际可比的贫困线。直到最近，最广泛使用的国际贫困线标准是基于 2005 年购买力平价（PPP）测定的每天 1.25 美元。这一贫困线是根据从世界上一些最贫穷国家中获取的 15 个国家贫困线的平均数，使用 2005 年购买力平价汇率换算成共同货币而得出的。2015 年，国际贫困线按照 2011 年购买力平价更新为每天 1.90 美元。贫困线的实值保持不变，即 2011 年的 1.90 美元与 2005 年的 1.25 美元在各自年份购买同样多的商品和服务。

② 世界银行 PovalcNet 数据库（2015 年 10 月 8 日下载）基于 2011 年购买力平价调整。

③ Kanbur and Sumner, 2012, "Poor Countries or Poor People? Development Assistance and the New Geography of Global Poverty," *Journal of International Development*, 686 – 695.

动高度集中，容易受到气候变化的影响。据记录，1976 年至 2015 年，该地区有 150 万例与自然灾害有关的死亡，占全球总数的一半以上。在亚行第五个十年期间发生了一些重大的与天气有关且极具破坏性的自然灾害。2008 年，热带风暴"纳尔吉斯"（Nargis）席卷缅甸南部，造成 13 万人死亡；2013 年，台风"海燕"在菲律宾造成至少 6,000 人死亡，并造成 130 亿美元的财产损失。主要的台风、洪水和干旱也给包括印度、印度尼西亚、中国和几个太平洋岛国在内的其他国家造成了很大损害。

应对气候变化的行动

有科学研究预测环境压力会加剧，显然气候变化会严重阻碍可持续发展和消除贫困。以前，"先发展后治理"理念在发展中亚洲得到了广泛支持。在亚行的第五个十年中，这种方法让位于另一种理念，即需要将经济高增长与改善环境的努力结合起来。各国开始投资清洁能源，保护生物多样性和森林群落，并通过改进公共交通系统和清洁车辆改善城市空气质量。绿色金融——针对以环境为导向的技术、项目和产业——开始成为传统融资模式的替代方案。与此同时，尽管环境代价高昂，亚洲发展中国家日益需要扩大能源产出。

气候也越来越被认为是一种公益物品。由于二氧化碳的产生具有全球环境影响，应对气候变化必须是国际性的，各国可在共同但有区别的责任基础上建立全球解决方案。各国需要共同努力，促进具有气候复原力的低碳发展。

正如许多国际谈判工作所表明的那样，这并不容易。1992 年在巴西里约热内卢举行的地球峰会上，制定了旨在限制温室气体排放的《联合国气候变化框架公约》（UNFCCC）。自地球峰会以来，每年都会召开气候变化会议，将公约缔约方召集在一起，以评估进展情况。虽然这些会议大多没有产生具有约束力或可执行的行动，但强调了与气候有关的议题。

其中最重要的尝试之一载于《京都议定书》。《京都议定书》是 1997 年 12 月在第 3 次缔约方会议（COP3）上通过的一项与《联合国气候变化框架公约》有关的国际协议。它通过制定具有国际约束力的减排目标，要求发达国家缔约方做出承诺。① 《京都议定书》认识到发达国家对 150 多年工业活动所造成的当前很高的温室气体排放量负有主要责任，因此在"共同但有区别的责任"原则下，要求发达国家承担更多的义务。但是，由于美国没有批准这项协议，该协议未被认为是一个重大成功。此外，并不是所有发展中国家（包括排放大国）都被要求承诺减排。

在 2007 年于印度尼西亚举行的第 13 次《联合国气候变化框架公约》缔约方会议（COP13）上，通过了巴厘路线图。这使得 2009 年在哥本哈根举行的第 15 次缔约方会议（COP15）可以讨论具有约束力的协议，涉及适合本国的减缓行动和承诺、穷国适应措施和减少全球排放等问题。然而，2009 年第 15 次缔约方会议受到分歧的困扰，工业国与发展中国家之间存在着严重分歧。可以理解的是，一方面，发展中国家认为，解决全球环境问题的责任主要在于工业国家，其几个世纪的排放造成了当前的大部分问题。另一方面，工业国认为谈论过去是无益的，政策应该着重未来。由于二氧化碳的排放如今在发展中国家可能增长最快，所以工业国和发展中国家都必须控制二氧化碳的排放。媒体报道说，各方互相指责，会议在"混乱"中结束。

2009 年会议拟定了《哥本哈根协议》（Copenhagen Accord），该协议虽被"重视"，但未被与会国家一致通过。该文件承认气候变化是世界上最大的挑战之一，并呼吁采取行动把全球气温升幅控制在 2 摄氏度以下。《哥本哈根协议》是一个重要文件，它促成了主要国家的自愿非约束性减缓承诺。会议商定，到 2020 年，发达国家每年筹集 1,000 亿美元，用于发展中国家减缓和适应气候变化。中国和印度同意到 2020 年使每单位 GDP 二氧化碳排放量分别比 2005 年的水平低 40% – 45% 和 20% – 25%。乌兹别克斯坦采取了能源效率措施，亚美尼亚和菲律宾出台了关于可再生能源的法律，印度尼西亚决定减少森林砍伐。

六年后，2015 年第 21 次《联合国气候变化框架公约》缔约方会议（COP21）在巴黎举行。为努力达成共识，第 21 次缔约方会议召开前举行了几次会议，包括德班增强行动平台（Durban Platform Por Enhanced Action）特别工作组 2015 年 10 月在波恩举行的会议，会议拟定了一份协议草案。在世界各地，发生了支持达成一项强有力协议的示威游行。第 21 次缔约方会议的法国主持人巧妙避免出现哥本哈根会议的激烈争执，将谈判引向批准

① United Nations, 1998, Kyoto Protocol, http://unfccc.int/kyoto_protocol/items/2830.php (accessed 13 November 2016).

《巴黎协定》（Paris Agreement）。通过该协定，与会国同意"尽快"商定温室气体排放全球峰值，尽最大努力将全球变暖"控制在 2 摄氏度以下……并努力将温度升幅限制在 1.5 摄氏度……"

有些代表认为该协定是一个历史性转折点，有些代表对此则印象一般，指出该协定的许多内容记录的是承诺而不是约束。尽管如此，现在国际行动面临更大的压力。《巴黎协定》在 74 个国家批准后于 2016 年 11 月生效，这些国家温室气体排放量占全球的近 60%。

301

"可持续发展目标"

环境保护和可持续性发展的理想在 2015 年通过的新的全球发展目标中得到了更有力的体现。2001 年，国际社会通过了 8 项千年发展目标，并制定了到 2015 年实现的 18 个具体目标（第十一章）。千年发展目标除了关注贫困之外，还优先考虑社会目标。虽然很难准确判断千年发展目标在实现其期望结果方面的作用，但它们有助于全球发展界围绕共同目标走到一起。随着实现 2015 年千年发展目标的预定日期临近，制定新目标的想法得到广泛支持。

2012 年，联合国秘书长任命了一个高级别小组，制定一份新的可持续发展目标清单。小组成员包括印尼总统苏西洛·班邦·尤多约诺（Susilo Bambang Yudhoyono），他是三位联合主席之一。[①] 该小组与许多其他组织合作，制定了一份可持续发展目标清单。2015 年 9 月，联合国 193 个成员国一致通过了可持续发展目标，支持一项大胆的新全球议程，即到 2030 年消除贫困和追求可持续的未来。

可持续发展目标比千年发展目标内容更多、范围更广。可持续发展目标包含一个三重底线，将经济发展、环境可持续性和社会包容结合起来。特别是，与千年发展目标相比，可持续发展目标使环境目标更加凸显。然而，一些批评者认为，17 个可持续发展目标和 169 个相关目标导致重点缺失（图 13.1）。[②] 17 个可持续发展目标中有 11 个提到了可持续性，反映了这一时期的发展问题。

[①] 另外两位联合主席是利比里亚总统埃伦·约翰逊·瑟利夫（Ellen Johnson Sirleaf）和英国首相戴维·卡梅伦（David Cameron）。

[②] Kenny, 2015, "MDGs to SDGs: Have We Lost the Plot?" *Centre for Global Development Essays.*

302

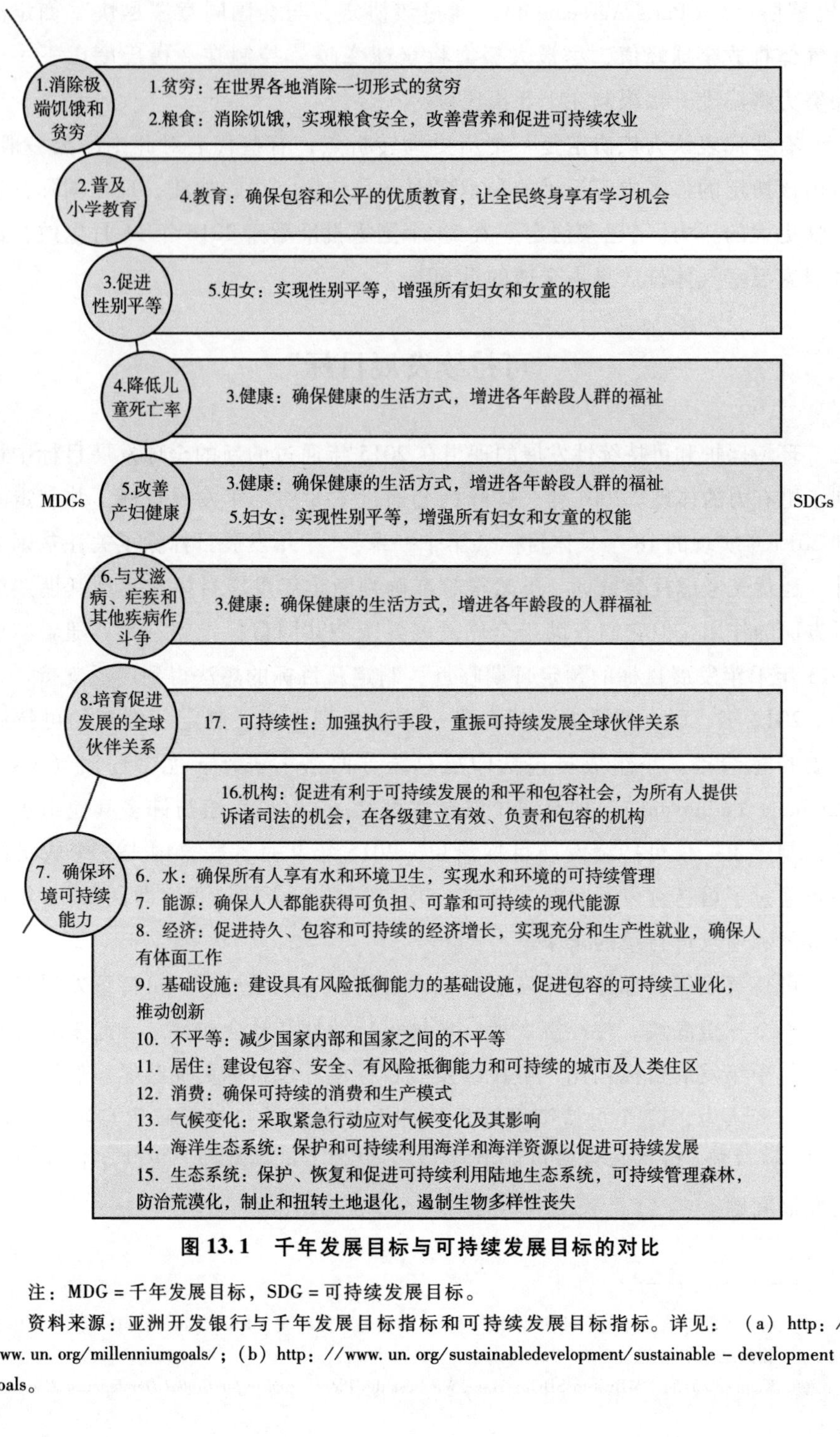

MDGs		SDGs
1.消除极端饥饿和贫穷	1. 贫穷：在世界各地消除一切形式的贫穷 2. 粮食：消除饥饿，实现粮食安全，改善营养和促进可持续农业	
2.普及小学教育	4. 教育：确保包容和公平的优质教育，让全民终身享有学习机会	
3.促进性别平等	5. 妇女：实现性别平等，增强所有妇女和女童的权能	
4.降低儿童死亡率	3. 健康：确保健康的生活方式，增进各年龄段人群的福祉	
5.改善产妇健康	3. 健康：确保健康的生活方式，增进各年龄段人群的福祉 5. 妇女：实现性别平等，增强所有妇女和女童的权能	
6.与艾滋病、疟疾和其他疾病作斗争	3. 健康：确保健康的生活方式，增进各年龄段的人群福祉	
8.培育促进发展的全球伙伴关系	17. 可持续性：加强执行手段，重振可持续发展全球伙伴关系	
	16.机构：促进有利于可持续发展的和平和包容社会，为所有人提供诉诸司法的机会，在各级建立有效、负责和包容的机构	
7. 确保环境可持续能力	6. 水：确保所有人享有水和环境卫生，实现水和环境的可持续管理 7. 能源：确保人人都能获得可负担、可靠和可持续的现代能源 8. 经济：促进持久、包容和可持续的经济增长，实现充分和生产性就业，确保人有体面工作 9. 基础设施：建设具有风险抵御能力的基础设施，促进包容的可持续工业化，推动创新 10. 不平等：减少国家内部和国家之间的不平等 11. 居住：建设包容、安全、有风险抵御能力和可持续的城市及人类住区 12. 消费：确保可持续的消费和生产模式 13. 气候变化：采取紧急行动应对气候变化及其影响 14. 海洋生态系统：保护和可持续利用海洋和海洋资源以促进可持续发展 15. 生态系统：保护、恢复和促进可持续利用陆地生态系统，可持续管理森林，防治荒漠化，制止和扭转土地退化，遏制生物多样性丧失	

图 13.1　千年发展目标与可持续发展目标的对比

注：MDG = 千年发展目标，SDG = 可持续发展目标。

资料来源：亚洲开发银行与千年发展目标指标和可持续发展目标指标。详见：（a）http：// www.un.org/millenniumgoals/；（b）http：//www.un.org/sustainabledevelopment/sustainable – development – goals。

新的发展资金来源

与亚行上个十年的情况一样（第十一章），在第五个十年期间出现了新的发展资金来源。虽然传统捐助者正在分裂成许多专门机构，但新的双边捐助者正在从南半球不发达国家出现，每个捐助者都有自己的发展合作方法。发展中国家现在可以获得更多样化的融资来源，包括基于市场的资源。包括慈善基金会、非政府组织和宗教或社区团体在内的私人组织提供了更多资金，但同时也增加了碎片化和多变性。[①] 与此同时，捐助工业国由于面临财政压力，对亚洲的官方发展援助停滞不前，而在欧洲，本十年即将结束时，一场移民危机导致资金需求急剧增加。[②]

2015 年，当两个新的基础设施融资机构成立时，亚洲借款国家的选择范围扩大了。一个是总部设在北京的亚洲基础设施投资银行（亚投行）；另一个是总部设在上海的新开发银行（NDB），由巴西、俄罗斯、印度、中国和南非建立，这是第一家完全由新兴经济体建立的多国开发银行。

这两个机构都采用了保障项目的环境影响和社会影响的标准，以及与现有多边开发银行相同的公平和透明的采购制度标准。2016 年，新开发银行批准了印度、中国、巴西和南非的四个可再生能源项目。印度项目向国有卡纳拉银行（Canara Bank）提供了 2.5 亿美元的多批贷款，用于向可再生能源企业提供资金。亚投行已批准孟加拉国、印度尼西亚、巴基斯坦和塔吉克斯坦的项目，涉及贫民窟改造、公路建设和电网发展，其中许多项目与世界银行、亚行和欧洲复兴开发银行共同出资。

全球化问题

亚行第五个十年结束时，不确定性日益增加——一些人认为这是全球化的逆转。全球化正面临着更多的批评，比如导致不平等加剧、某些行业失业、

---

① Kharas, 2007, *The New Reality of Aid.*

② Center for Global Prosperity, 2013, *The Index of Global Philanthropy and Remittances with a Special Report on Emerging Economies.*

304 金融波动增加和环境退化等问题。2016 年的英国脱欧公投和美国总统选举都使人们感受到对全球化的普遍担忧。

事实上，发达国家的大部分人口并没有从全球化中获益。有观察称："在美国，底层 90% 的人经历了三分之一世纪的收入停滞。全职男性工人的中位收入实际上低于 42 年前（经通胀调整后）。在底层，实际工资与 60 年前的水平相当。"[1] 有证据表明，1998 年至 2008 年收入的主要赢家是世界上最富有的 1% 的人和新兴经济体的中产阶级，输家包括发达国家的中产阶级和工人阶级。[2]

第二把"刺向全球化的匕首"是对外来移民的日益担忧。[3] 尽管许多发达国家向中东难民敞开了大门，但偶发的恐怖主义激起了公众的不满情绪。由于世界贸易组织多哈回合没有确定结果，涉及发达国家的拟议贸易协定（如《跨大西洋贸易与投资伙伴关系协定》和《全面经济贸易协定》）存在政治障碍，人们越来越担心对全球化的反对今后几年可能会扩大。

关于全球化的争论还在继续。对许多政策制定者来说，解决之道在于更好地管理全球化，这样它就不会失去公众的支持。许多学者认为，全球化是一种符合共同利益的积极博弈，但必须制定制度确保每个人都受益。[4] 全球化给亚洲发展中国家带来了许多好处，但应该更多地注意这些变化所引起的问题。

亚洲的稳健增长

亚行第五个十年结束时，亚洲的发展中经济体——涉及亚行 45 个发展中成员经济体（包括已经从亚行援助中毕业的新兴工业化经济体）——保

305 持着约 6% 的高整体年增长率，尽管增速比全球金融危机前的一些年份低。亚行第九任行长中尾武彦强调说，"在亚洲过度悲观是没有根据的"[5]。

的确，中国经济增长正在放缓，原因是它过渡到了一个新的经济模式，侧重于消费和服务，而且更加环保。中国还面临劳动人口减少、工资上涨和

---

① Stiglitz, 2016, Globalization and Its New Discontents, Project Syndicate, web.

② Milanovic, 2016, *Global Inequality: A New Approach for the Age of Globalization*.

③ Kharas, 2016, "What Does Brexit Mean for Poor People?" *Future Development*.

④ Piketty, 2014, *Capital in the Twenty First Century*.

⑤ Nakao, 2017, *ADB's New Strategy in Asia: Helping Build Quality Infrastructure at Scale*.

全球金融危机后大规模投资带来的后果。考虑到中国的规模，其经济放缓正在对区域经济和全球经济产生影响，包括通过资源和承包贸易的价格不断下降。然而，中国仍然是一个中等收入国家，有许多增长空间。

印度、孟加拉国、越南和缅甸继续通过采取侧重于促进私营部门和外国直接投资的政策，以每年7%左右的速度增长经济。受资源价格下跌影响的印尼，以每年5%左右的速度增长。由于消费和服务行业的增长，菲律宾的年增长率为6%。由于这些国家有大量的年轻人口，如果能为他们提供良好的教育和就业机会，这些国家就可以利用人口红利发展一段时间。在较小的国家中，斯里兰卡有2,000万人口，随着漫长而致命的冲突在2009年结束，斯里兰卡从2010年至2012年的8%－9%的强劲增长中获益，此后的年增长率约为5%。被称为"国民幸福总值"指数发明者的不丹，在以改良主义政策为基础的稳定的君主立宪制下，也享有强劲增长。

总的来说，亚洲不断壮大的中产阶级正在通过保持消费强劲来提供推动力。一旦人们的生活方式因获得空调、汽车和化妆品等商品而得到改善，这一过程就不可逆转或无法阻挡。这些现象以前就在日本、新兴工业化经济体以及北美和欧洲的发达经济体出现过。因此，亚洲的经济增长大体以国内需求和地区需求为基础，并受到地区供应链的支持。这种增长模式更像是一个网络，而不是过去的雁行模式。亚洲的经济增长和社会发展也正在受到民主选举产生的新改良主义领导人的推动，比如印度总理莫迪、印尼总统佐科和缅甸国务资政兼外交部部长昂山素季。

为继续不断增长，亚洲不应自满。亚行行长中尾武彦强调，加强适当的政策至关重要。① 有关政策包括：稳定的宏观经济政策，基础设施投资，教育和医疗卫生投资，开放的贸易和投资制度，良好治理，社会包容性（解决持续贫困和性别问题）和可持续性（气候行动），未来愿景，国家政治稳定和睦邻友好。

306

亚行第五个十年

在亚行第五个十年里，亚洲仍在上升。但是，该地区也正在适应由区域因素和国家因素驱动的较温和增长的现实，尽管有些国家保持了增长，甚至

---

① Nakao, 2015, "Eight Conditions for Economic Development," *Nikkei Asian Review.*

积聚了更多的势头。虽然绝对贫困在减少，政策制定者仍然需要将注意力集中在持续贫困、不平等和环境可持续性等问题上。

此外，发展模式变得更加雄心勃勃。亚行成员体，特别是中等收入国家，期望亚行回应和适应其多样化需求。因此，亚行需要调动更多的发展资源，担任区域活动的召集者，并提供知识和政策建议。亚行管理层在第五个十年的大部分时间里都在确保该银行仍然是发展中成员体的首选机构。

第十四章

亚行：更强、更好、更快

我希望亚行更强、更好、更快。第一，我们将拥有更强的金融能 力，并好好利用它。第二，我们将提供更好的知识服务和创新解决方案。第三，我们将更快地回应客户。

——中尾武彦
亚行年会致辞，2015 年

亚行进入第五个十年，需要满足亚洲地区充满活力的多样化需求，同时追求更高的绩效标准。在 2007 年京都年会上，行长黑田东彦认识到"一个明显转型的亚洲也将需要一个同样转型的发展伙伴——亚行"。他的继任者——2013 年初到任的中尾武彦——表示，亚行需要变得"更强、更好、更快"。

到此时，亚行已经熟悉制定应对本地区快速变化和国际发展思维演变的策略。亚行第四个十年见证了 1997 年亚洲金融危机引发的动荡和不断拓展的全球开发议程，包括强调援助效果、全球环境政策和千年发展目标。随着变革压力增加，两任行长都在亚行发动了进一步改革，并采取措施增加亚行的资本。

新的长期战略框架

2006 年黑田东彦着手制定亚行新的机构战略，并任命了一个知名人士小组对亚行可能的发展方向进行评估（第十二章）。该小组在 2007 年 3 月向黑田东彦提交了一份题为《在新亚洲建设一个新亚行》（*Toward a New Asian Development Bank in a New Asia*）的报告。几个月后，亚行在京都年度会议上讨论了这份报告。[1] 报告展望，到2020 年，尽管亚洲大多数国家仍将面临严峻的经济和社会问题，但它们将消除绝对贫困。该报告为亚行的应对制定了一个框架，指出："在这个转型的亚洲，传统的开发银行模式——转移外部官方资本——将变得多余。"事后看来，这种观点可能反映了当时良性的全球金融状况。报告敦促亚行"进行彻底变革，采用一种新的开发银行模式"。

报告推荐了三个相辅相成的战略调整：从消除广泛贫困到支持更快和更具包容性的增长，从以经济增长为目标到确保环境可持续增长，以及从主要以国家为重点到以区域和最终以全球为重点。报告敦促亚行加强针对性，并建议其改变业务模式。报告询问亚行是应该继续成为一个提供"全面服务"的开发银行（比如成为"世界银行这样的全球机构的翻版"），还是应该变得更加专业化。[2]

黑田东彦认为，亚行需要一个新的机构战略。知名人士小组的报告通过强调亚行需要适应亚洲的快速变化强化了这种想法。上一个长期战略文件是在 2001 年制定的，当时亚洲地区仍然受到 1997 年亚洲金融危机的影响，减贫是本地区的重点工作。现在情况不同了。此外，亚行积累了大量战略文件，导致业务重叠和混乱的问题。如果没有一个新的核心战略声明，亚行的各个部门都可以很容易地找到一份文件来支持自己偏爱的项目。黑田东彦还把新战略视为一种建立对额外资本支持的方法（第十二章）。

为拟定新战略，亚行成立了一个专门工作组。该工作组在 2007 年进行了广泛磋商，然后制定出了一个新的长期战略框架，即《2020 战略》

---

[1] ADB, 2007, *Toward a New ADB in a New Asia*.

[2] ADB, 2007, *Toward a New ADB in a New Asia*, 13.

（Strategy 2020）。该战略在 2008 年初得到董事会批准，并在于马德里举行的 2008 年年度会议上交与会者讨论。《2020 战略》强调建立没有贫困的亚太地区愿景。然而，该战略除重视贫困外，还包括更广泛的问题，如改善生活条件和公民的生活质量，涉及治理和性别平等等事务。《2020 战略》提出了三项相辅相成的议程：推动包容性增长，促进环境可持续增长，鼓励区域合作与一体化。为实施这些议程，该战略确定了五个核心业务领域：基础设施，环境（包括气候变化），区域合作与一体化，金融业，以及教育。《2020 战略》还提出了运营目标。其中，亚行力争到 2012 年将 80%的业务保持在这五个核心业务领域。①

《2020 战略》的一个显著特点是它改变了亚行对增长方式的看法。以前，亚行支持"有利于穷人的增长"（第十二章）。鉴于亚洲地区日益扩大的不平等，《2020 战略》的目标是促进"包容性增长"。这是一个与"有利于穷人的增长"有所不同的概念，意为社会的所有阶层——尤其是穷人——都应该参与增长和从增长中受益。根据《2020 战略》，亚行的包容性增长方法将基于三个支柱。第一个支柱是高可持续增长，以扩大经济机会。第二个支柱是通过扩展人的能力，更广泛地获得这些机会。第三个支柱是社会保护，包括构建防止极端贫困的安全网。

早期的机构战略要求对基础设施和社会部门进行大量投资，将资源投向农村发展和农业等对贫困影响最大的行业。《2020 战略》的重点是粮食安全，特别是针对穷人的粮食安全，强调从多部门角度看待粮食安全，超越农业，并涉及对更广泛部门的支持，包括教育、医疗卫生、水、基础设施和救灾与紧急援助。

然而，亚行内部对包容性增长的方法出现了大量争论。一方面，有人担心，亚行的做法，加上基础设施贷款占主导地位，导致对包容性增长的社会保护支柱的关注少于其他两个支柱。② 另一方面，有观点认为，按照《2020 战略》所选择的重点战略，亚行不需要处理包容性增长的所有要素，而应该把重点放在可能产生更大影响的领域。捐助方还敦促亚行澄清其在行动中对包容性的理解和衡量。作为回应，亚行近年来一直在努力使干预措施更具

①　对其他业务领域——如医疗卫生、农业和救灾与紧急援助等——的支持将有选择性地提供。
②　ADB，2004，*ADB's Support for Inclusive Growth*.

310 包容性，并就这一问题发布了内部指导方针。然而，这个问题显然仍需进一步注意。

为了支持可持续增长，亚行加强了对环境友好型技术的利用，保障措施和执行制度也随之增强。随着 1997 年《京都议定书》的通过及 2005 年获批，亚行增加了应对气候变化融资。优先考虑气候变化问题在亚行第五个十年得到了发展。2009 年，董事会批准了亚行的新能源政策，该政策设定了到 2013 年要达到的每年 20 亿美元的清洁能源（包括可再生能源、能源效率、天然气和清洁煤）投资目标。亚行还通过加强综合灾害风险管理和设立向贫困国家提供灾后援助的服务，减少发展中国家易受自然灾害和环境危害的脆弱性。[1][2]

在黑田东彦时期，区域合作活动更加突出。亚行以前的努力分散在各个部门，对贸易和投资提供的支持有限。《2020 战略》设想在能力建设和促进经济走廊和区域价值链方面提供更多援助，同时防范和减轻外部冲击。亚行设定了一个到 2020 年把对区域合作的支持增加到至少占援助总额 30% 的目标。到 2014 年至 2016 年，这一比例已经达到 27%，因此有关活动朝着既定目标顺利进行。亚行与亚行研究院一道，开展了三项系列区域研究：加强区域政策合作架构，建设支持区域增长的实体基础设施网络，加强机构建设以支持亚洲经济共同体。[3]

亚行支持的主要区域项目之一是基于 PPP 框架的土库曼斯坦—阿富汗—巴基斯坦—印度（TAPI）天然气管道项目（专栏 14.1）。

《2020 战略》认识到亚行需要对四大类国家采取不同的方法：毕业国家、中等收入国家、低收入国家和脆弱国家。特别是，《2020 战略》倡导与毕业成员体发展更密切的关系，这些成员体可以将最佳实践方法移植到其他国家的政策改革中，提供项目的直接融资或亚行援建项目的联合融资。

---

[1] ADB, 2014, *Operational Plan for Integrated Disaster Risk Management*.

[2] ADB, 2012, *Piloting a Disaster Response Facility*.

[3] ADB, 2008, *Emerging Asian Regionalism*; ADB and ADBI, 2009, *Infrastructure for a Seamless Asia*; ADB, 2008, *Institutions for Regional Integration*.

专栏 14.1　亚行对土库曼斯坦—阿富汗—巴基斯坦—印度（TAPI）天然气管道项目的支持

　　亚行正在开发连通土库曼斯坦—阿富汗—巴基斯坦—印度的管道项目，这个项目将天然气从土库曼斯坦经阿富汗输送到巴基斯坦和印度。该项目的总费用将超过 100 亿美元，为扩大这四个经济体的区域合作提供了机会。随着新市场的开放，内陆国家土库曼斯坦将能够向东部国家出口天然气。阿富汗、巴基斯坦和印度将获得稳定的负担得起的天然气供应，为其不断增长的经济提供动力。

　　该项目于 1995 年 3 月开始，当时土库曼斯坦和巴基斯坦签署了第一份谅解备忘录。然而，由于阿富汗政局不稳，计划被搁置。随着塔利班倒台后地区安全改善，该地区的国家决定继续实施这个长达 1,600 公里输油管道的宏伟计划。

　　根据有关政府的要求，亚行自 2003 年以来一直是 TAPI 项目的秘书处。该项目在亚行支持下正在分四个阶段实施。第一阶段于 2010 年 12 月完成，签署了天然气管道框架协议。第二阶段 2012 年结束，签署了天然气购销协议。各方要求亚行在第三阶段继续担任秘书处，以建立一个特别联营集团公司来运营 TAPI 项目，并要求亚行选择一家商业公司作为联营集团主导公司和最终确定运营协议。管道将在第四阶段铺设，2015 年 12 月在土库曼斯坦开工建设。

　　目前，亚行参与该项目已有 14 年，一直在平衡各方利益。亚行还组织了部长级指导委员会和技术工作组，资助了技术研究和协议起草。亚行于 2013 年 11 月被委任为该项目的交易顾问，之后亚行建议成立 TAPI 管道公司。2015 年，亚行推动同意土库曼斯坦天然气公司（Turkmengaz）担任该项目的联营集团主导者，并推动签署股东协议。在金融安排阶段，亚行还可能发挥金融家的作用，向各国政府提供股本投资，或向私营部门合作伙伴提供贷款。

　　资料来源：ADB，2012，*Technical Assistance Report*：*Turkmenistan-Afghanistan-Pakistan-India Natural Gas Pipeline Project*，*Phase 3*，https：//www.adb.org/sites/default/files/project - document/73061/44463 - 013 - reg - tar.pdf（2017 年 2 月 26 日访问）；ADB，2016，*Infographic*：*ADB TAPI Gas Pipeline*，https：//www.adb.org/news/infographics/tapi - gas - pipeline（2017 年 2 月 26 日访问）。

312　　《2020 战略》是一份高级别机构文件。为指导工作人员实施该战略，在第五个十年期间制定了十几个业务计划和政策文件。这些文件常常有多个目标，因此工作人员常常面临确保亚行业务一致性的挑战。

全球金融危机和应对

　　《2020 战略》刚拟定好，不利因素就开始影响亚行的计划。就在该战略发布之际，2008 年全球金融危机在工业国家爆发。《2020 战略》没有特别关注农业，也没有就亚行应如何应对突然影响本地区的粮食和燃料价格上涨提供什么指导（第十三章）。为解决这些问题，在马德里 2008 年年会之前匆忙草拟了一份讨论价格上涨的原因和影响以及应对政策的文件。[①]

　　在 2008 年年度会议上，黑田东彦谈到了世界经济的困难时期，并概述了亚行可能提供的援助。到 2009 年初，整个亚洲都感受到了危机的影响，尤其是在地区出口需求锐减之后。一年后，在于巴厘岛举行的 2009 年年度会议上，黑田说："毫无疑问，全球经济衰退对亚洲经济造成了沉重打击。融资渠道收紧了。出口需求的急剧下降严重影响了本地区的生产网络。"面对"三 F"——食品（food）、金融（finance）和燃料（fuel）——危机，许多亚洲国家都希望从亚行借款。

　　亚行之所以能够应对，是因为它拥有资源。亚行既能够利用可提供软贷款的亚洲开发基金又能够利用普通资金。2008 年，为帮助低收入国家，捐助方同意进行第九次亚洲开发基金补充资金（ADF X）。更重要的是，亚行成员体在 2009 年同意了黑田东彦及其前任千野忠男一直都在努力推动的大规模普遍增资（GCI V）。利用这些资源，新的活动很快得到了批准。2008 年，贷款批准金额为 113 亿美元。2009 年，这一数字飙升至 158 亿美元。

313 资金用于提供预算及公共和私营部门项目的贷款，以提振需求、创造就业机会、改善社会安全网和增强私营部门的信心。

　　亚行利用一系列工具进行快速反应，制定满足借款国需求的一揽子计划。2009 年 6 月，一种新的普通资金贷款机制——反周期支持基金（CSF）——设

---

　　① ADB，2008，*Food Prices and Inflation in Developing Asia*.

立。① 该机制提供有时间限制的预算支持贷款，实施快速支付援助以解决流动性困难。它的定价高于正常的普通资金贷款，以帮助遏制对有限的反周期支持基金资源的需求。② 由于反周期支持基金没有强加结构调整条件，较高的价格有助于避免被视为"宽松货币"的道德风险。而且，反周期支持基金的贷款期限较短，为 5 年，以避免对亚行贷款能力产生负面影响。

在一个月之内，有几个发展中成员申请了反周期支持基金贷款，因此亚行决定限制每个国家的可用金额。截至 2009 年 12 月，5 笔数额相当于 5 亿美元的反周期支持基金贷款分别批给孟加拉国、印度尼西亚、哈萨克斯坦、菲律宾和越南。反周期支持基金后来成为主流。③ 2015 年，在中尾武彦任职期间，亚行批准了向哈萨克斯坦提供一笔 10 亿美元的反周期支持基金贷款，以帮助该国应对因全球油价急剧下跌和邻国增长放缓而出现的财政问题。随后，在 2016 年底，亚行批准了向阿塞拜疆提供一笔 5 亿美元的反周期支持基金贷款。2016 年反周期支持基金更新了相关政策，④ 明确资格标准，强调对遭受危机的国家进行全面结构改革的重要性，并与国际货币基金组织密切协调。

为了帮助无法获得普通资金资源的低收入国家，亚行利用亚洲开发基金资源。2009 年 6 月，额外 4 亿美元被批准用于支持面临财政压力的经济体。亚美尼亚、格鲁吉亚、蒙古国和巴布亚新几内亚被批准在最大年度利用额之外获得前期资金。⑤ 亚行还做出额外努力，增加与中国、日本和韩国的伙伴机构以及与世界银行和伊斯兰开发银行的联合融资。

获得贸易融资对于减轻 2008 年全球经济衰退对亚洲发展中国家的影响至关重要。随着危机的扩大，工业国家的银行和进出口机构愈益规避风险。它们开始限制批准与发展中国家进行贸易的资金，加剧了小型企业的不利境况。在 2003 年，亚行制定了一个贸易融资计划（TFP），以当银行与选定的发展中国家进行贸易融资时向银行提供还款担保（一种保险）。2009 年，亚行将贸易融资计划的整体风险投资限额从 1.5 亿美元增加到 10 亿美元，这使

314

① ADB，2009，*Enhancing ADB's Response to the Global Economic Crisis：Establishing the Countercyclical Support Facility.*
② 条件包括：利率利差比伦敦银行同业拆借利率高 200 个基点，并根据亚行资金成本情况收取附加费或给予退费；期限 5 年，包括 3 年宽限期；承诺费为 75 个基点。
③ ADB，2011，*Review of ADB's Policy - Based Lending.*
④ ADB，2016，*Review of ADB's Lending Instruments for Crisis Response.*
⑤ ADB，2010，*Annual Report 2009.*

其成为一个更加有效的反周期工具。① 对贸易融资计划资源的获取在 2009 年快速增加，为尼泊尔、斯里兰卡和越南等国的许多中小企业的国际贸易活动提供支持。②

亚行还加大了对政策讨论的支持。2009 年，亚行和位于东京的亚行研究院经常与其他合作伙伴（如大学和智库）开展合作，在发展中国家安排了 20 多场讨论危机的研讨会。其中包括在南亚举办的一些关于危机影响的论坛，以及在越南举办的一次关于贫困和可持续发展的会议。亚行驻外代表处还向驻在国提供了政策建议。

事实证明，全球金融危机对亚洲的影响比预期要小（第十三章）。亚行曾预测发展中亚洲 2009 年的经济增长率为 3.4%。③ 事实上，2009 年的增长率为 6.0%，2010 年上升至 9.4%。亚行支持的新贷款形式在困难时期帮助改善了整个亚洲地区的经济表现。

普遍增资

面对日益增长的资源需求，到 2008 年，很明显亚行需要注入资金——增资——以支持扩大的活动。事实上，在全球金融危机之前，千野忠男和黑田东彦都已采取措施为增资争取支持。为未来计，他们希望看到亚行贷款继续增长，并担心若不增资，否则亚行将面临资金短缺和放贷停滞。但是，上次普遍增资——第四次普遍增资（GCI Ⅳ）——是在 1994 年得到批准的。亚行一些主要利益相关国家对再次增资的努力反应冷淡（第十二章）。④

黑田东彦知道，亚行需要更多的资源来满足成员们的需要。甚至在 2008 年全球金融危机之前，努力实现千年发展目标的普通资金借款国就估计存在巨大的资源缺口。到第四个十年结束时，根据黑田东彦的指示，亚行工作人员已经准备了三种财务方案，计划增资 100%、150% 或 200%。早期的期望值很低，工作人员被鼓励"考虑 100%"。不过，与股东的初步讨论促使这个数字增加到大约 150% 的水平，尽管亚行预计妥协可能会导致小幅增加。

然而，2008 年全球金融危机开始影响全球市场时，股东们的情绪迅速

---

① ADB, *ADB Trade Finance Program*.

② ADB, 2012, *Evaluation Lessons of a Global Financial Crisis for Asia and ADB*.

③ ADB, 2009, *The Fifth General Capital Increase of the Asian Development Bank*.

④ 2006 年曾提出需要普遍增资，但管理层决定不实施此事，因为几个主要国家都不支持。

发生变化。国际经济衰退的前景促使亚洲发展中国家寻求亚行的支持。作为回应，亚行在 2009－2010 年向陷入危机的借款国额外提供了 70 亿至 80 亿美元的普通资金贷款，比原先计划的贷款额高出近 50%。然而，如果不进行第五次普遍增资，亚行估计，从 2010 年起，普通资金业务将需要大幅削减至不到 40 亿美元。[①] 这种前景——亚洲对金融援助的需求突然非常迫切而亚行的资源却可能非常有限——很快强化了需要进行大幅普遍增资的理由。

大约在这个时候，2008 年 11 月，来自世界最大经济体的 20 国集团（G20）领导人在华盛顿特区举行会议，一致认为多边开发银行应该对全球危机做出协调一致的反应。作为对这些国际关注的反应，亚行一些董事会成员表示强烈支持大幅增资，增资额可能高达 200%。在于马尼拉索菲特酒店举行的董事会和管理层务虚会上，一些董事会成员仍然不愿意。但是，有人指出，资本增加的实缴部分只有 4%，剩下的 96% 是待缴资本，只有在借款方大规模违约的情况下才需支付。亚行从未对待缴资本进行过调用，因此风险很小。经过一番讨论，许多捐资国认为，考虑到发生国际危机，大规模增资将是合适的，这与 20 国集团的讨论一致。日本支持这项大额增资计划。黑田东彦亲自访问美国财政部陈述理由，美国也表示同意，但同时敦促进行更强有力的机构改革。

2009 年 4 月，亚行管理层正式提议增资 200%，使亚行的核定资本增加两倍（表 14.1）。实缴比例为 4%，实缴金额提高到 80 亿美元。为应对金融危机，这次增资先期进行，其领域分配将反映《2020 战略》的优先事项。作为第五次普遍增资谈判的一部分，亚行还同意推行各种机构改革，包括加强人力资源、提高组织效率和加强保障措施。

虽然普遍增资的讨论在全球危机之前就已经开始了，但这场危机无疑帮助建立了增资支持。2009 年 4 月，绝大多数亚行成员体赞同第五次普遍增资。这是亚行历史上规模最大的一次普遍增资，也是危机后一家大型多边开发银行获得的第一次普遍增资。在于巴厘岛举行的 2009 年年度会议上，黑田东彦宣布："就在几天前，亚行的资本资源增加了两倍，这是对本地区能够克服经济增长和减少贫困道路上障碍的一次令人瞩目的信任投票。"

316

表 14.1　普遍增资和资本构成（核定股本）

	首期认缴	第一次普遍增资	第二次普遍增资	第三次普遍增资	第四次普遍增资	第五次普遍增资
决议日期	1966 年 8 月 22 日	1971 年 11 月 30 日	1976 年 10 月 29 日	1983 年 4 月 25 日	1994 年 5 月 22 日	2009 年 4 月 29 日
资本增加						
增加比例（%）	0	150	135	105	100	200
新股数目	110,000	165,000	414,800	754,750	1,770,497	7,092,622
资本构成(%)						
待缴	50	80	90	95	98	96
实缴	50	20	10	5	2	4
资本成分(%)						
可自由兑换货币	50	40	40	40	40	40
本国货币	50	60	60	60	60	60
资本构成,增加						
百万 SDR	**1,100**	**1,650**	**4,148**	**7,547**	**17,705**	**70,926**
待缴	550	1,320	3,733	7,170	17,351	68,089
实缴	550	330	415	377	354	2,837
百万美元	**1,100**[a]	**1,650**[b]	**4,790**[c]	**8,163**[d]	**25,043**[e]	**106,272**[f]
待缴	550	1,320	4,311	7,755	24,542	102,021
实缴	550	330	479	408	501	4,251
资本构成,累加[g]						
百万 SDR	**1,100**	**2,750**	**7,221**	**14,768**	**34,910**	**106,389**
待缴	550	1,870	5,823	12,993	32,480	101,084
实缴	550	880	1,398	1,775	2,430	5,306
百万美元	**1,100**[a]	**2,750**[b]	**8,338**[c]	**15,974**[d]	**49,378**[e]	**159,408**[f]
待缴	550	1,870	6,724	14,054	45,941	151,459
实缴	550	880	1,614	1,920	3,437	7,950

SRD = 特别提款权。

注：数字因凑整总和可能不精确。

[a] 按照 1966 年 8 月 22 日 1SDR = 1 美元的兑换率换算。亚行刚成立时，原始核定资本为 10 亿美元，其中 5 亿美元为实缴资本，另外 5 亿美元为待缴资本。1966 年 11 月，理事会批准增加 1 亿美元的核定资本。

[b] 按照 1971 年 11 月 30 日 1SDR = 1 美元的兑换率换算。

[c] 按照 1976 年 10 月 29 日 1SDR = 1.15471 美元的兑换率换算。

[d] 按照 1983 年 4 月 29 日 1SDR = 1.08163 美元的兑换率换算。彭博社没有 1983 年的每日兑换率，只有月底兑换率。

[e] 按照 1994 年 5 月 20 日 1SDR = 1.41445 美元的兑换率换算。

[f] 按照 2009 年 4 月 29 日 1SDR = 1.49835 美元的兑换率换算。

[g] 包括新成员和现有成员的特别增资。

资料来源：亚行主计局和亚行年报。

第九次和第十次亚洲开发基金补充资金

在第五个十年期间亚行进行了两次亚洲开发基金补充资金，使亚行能够调动更多的优惠资源。在第四个十年期间，亚洲开发基金补充资金的讨论经常引起争议（第十二章）。作为回应，由千野忠男领导的亚行同意实施一系列改革。到第五个十年，捐助者终于更加积极地看待亚行，并对正在进行的改革普遍表示满意。

2008年，捐助者同意进行亚洲开发基金第九次补充资金（ADF X，2009－2012年），总额为113亿美元。在这一数额中，捐助者认捐42亿美元。谈判是在拟订《2020战略》时进行的，因此亚洲开发基金框架反映了亚行战略的优先事项，包括包容性增长、环境可持续增长和区域一体化等三大核心项目。① 捐助者还认同《2020战略》的五个核心业务领域。应它们的要求，亚行与包括世界银行在内的其他组织一道，根据"重债穷国倡议"向阿富汗提供债务减免（第十一章）。②

下一次——第十次——亚洲开发基金补充资金（ADF XI，2013－2016年）在2012年完成，这次补充资金商定总额为124亿美元，其中捐助者认捐46亿美元。按照惯例，捐助者会利用这个机会审查亚行的业务、政策和效果。它们敦促亚行继续实施《2020战略》重点，并解决有关粮食安全、脆弱国家、性别平等和治理等问题。由于这是实现千年发展目标的预定日期2015年之前最后一次补充资金，亚行呼吁对第十次亚洲开发基金补充资金进行慷慨捐助，帮助各国实现千年发展目标。捐助者还注意到自然灾害带来的风险不断增加，同意在2013－2016年试行灾害应对基金（Disaster Response Facility），该基金将提供一国常规绩效拨款之外的资源。这项基金随后将在第十一次亚洲开发基金补充资金（2017－2020年）下常规化。恢 复缅甸的贷款是亚行在第十次亚洲开发基金补充资金期间特别重要的事项。

---

① ADB，2015，*Asian Development Fund X and XI Operations：Opportunity Amid Growing Challenges*，Chapter 3.

② 国际开发协会和国际货币基金组织于1996年发起"重债穷国倡议"，以减少世界上最贫困国家面临的过度债务负担。它规定了一项日落条款，以防止重债穷国债务减免成为一种永久优待，并尽量减少道德风险。这一日落条款已多次延长，最近一次试图利用2004年底的数据将其适用范围限制在符合收入和债务标准的国家。唯一获得重债穷国债务减免资格的亚洲开发基金借款国是阿富汗。尽管其他亚洲开发基金借款国符合重债穷国债务标准，但在那时没有其他借款国有资格获得重债穷国债务减免。

东盟基础设施基金与信贷担保和投资基金

亚行继续促进东南亚国家联盟（东盟）和"东盟＋3"（东盟加上中国、日本和韩国）的合作。为实施《清迈倡议多边化协议》，亚行支持建立东盟＋3 宏观经济研究办公室和根据"亚洲债券市场倡议"发展当地货币债券市场（第十三章）。

2012 年，亚行还与东盟合作设立了东盟基础设施基金（AIF），该基金为基础设施建设筹集地区储蓄金（包括外汇储备）。所有由东盟基础设施基金资助的项目都由亚行联合融资。东盟基础设施基金支持《东盟互联互通总体规划》（Master Plan on ASEAN Connectivity），这项规划旨在将人、商品、服务和资本紧密联系在一起。截至 2016 年 12 月，东盟基础设施基金资助了印度尼西亚、老挝、缅甸和越南的 7 个项目。

2010 年，亚行还与"东盟＋3"合作设立了信贷担保和投资基金（CGIF）。这是一个为本地区债券提供担保的亚行信托基金。截至 2016 年 12 月，该基金提供担保，支持 12 家发行机构在东盟＋3 地区 5 个当地货币债券市场（泰铢、印尼卢比、新加坡元、越南盾和菲律宾比索）发行 16 种公司债券。

改进绩效和问责

从亚行成立早期开始，捐助者就敦促亚行不断改进绩效。1974 年，在于吉隆坡举行的第 7 届年度会议上，美国财政部长乔治·P. 舒尔茨（George P. Shultz）（也是亚行的美国理事）表示，美国对发展援助普遍持怀疑态度，并提醒与会者："……我们不能忽视这样一个基本事实，即对这些（国际）项目的支持取决于亚行和所有援助机构的持续绩效记录，以及我们用务实、易懂的语言证明这种绩效的能力。"

意识到这一国际关注，每一位亚行行长都努力使亚行变得更有效率。然而，部分由于援助国的援助疲劳，亚行仍然不断面临要证明它是如何改进绩效和实现"成果革命"的压力。[1] 这种对效果的追求在 2001 年获得了额外

---

① ADB, 2006, *An Introduction to Results Management: Principles, Implications, and Applications*, 3.

推动力。千年发展目标的通过要求定期评估目标的进展情况。一系列国际会议给国际机构增加了通过发展成果管理（MfDR）（第十二章）制定可衡量的发展目标和监测进展情况的压力。①②

亚行在第四个十年中采用了发展成果管理框架，并通过《2020 战略》强化了这种方法。2008 年，亚行成为第一个采用机构成果框架的多边开发银行。早些时候，在 2007 年，亚行推出了系列年度发展效果评估的第一次评估。随着时间的推移，这些评估将会扩展，以跟踪本地区的进展和评估亚行实施《2020 战略》情况。随着记分卡的采用，这些评估迅速成为亚行年度机构绩效评估和报告制度的重要组成部分。发展效果评估通常直言不讳地指出存在的不足，成为管理层、股东、捐助者和其他利益相关方了解亚行绩效的重要数据来源。到可持续发展目标获得通过的 2015 年，国际社会已经将发展成果管理方法视为国际发展努力的一项核心内容。

黑田东彦继续严肃对待问责和透明问题。对最初由千野忠男于 2003 推出的问责机制的进一步修改于 2012 年获得批准（第十二章）③。改革包括让受项目不利影响者直接查阅合规审查，以及任命一位投诉受理干事统一归口受理投诉。《2005 年公共信息交流政策》在 2011 年修订，以扩大和加快信息获取。④在中尾武彦的领导下，计划进一步改善亚行的信息披露。

2008 年对独立评估局的作用进行审查后，该局得到进一步加强。董事会将根据发展效果委员会的推荐，与亚行行长协商后任命该局局长。根据《2020 战略》，亚行还承诺更积极地让民间社会参与项目的设计和实施。

人力资源

正如前几任行长一样，黑田东彦高度重视人员配备问题。为了实施新战略，他启动了员工队伍规划工作，很快就明确表示亚行需要更多的工作人

---

① 更多详细情况参见："Historical Context of Managing for Development Results" in ADB, 2011, *Special Evaluation Study on MfDR*。

② 发展成果管理方法概要见：OECD, 2009, *Managing for Development Results*.

③ ADB, 2012, *Accountability Mechanism Policy 2012*.

④ ADB, 2011, *2011 Public Communications Policy*.

员。亚行有充分理由增加人手和预算资源。亚行在制定《2020 战略》、采用成果框架和第五次普遍增资方面有诸多成果。因此，2009 年，在考虑了效率措施和内部工作人员调配后，预算纳入了 2010－2012 年增加 500 个职位的要求。结果，从 2009 年底到 2012 年底，工作人员人数增加了 18%。这些新职位大部分是提供给区域部门和驻外代表处以支持权力下放。①

此外，还进一步提高了员工质量。2010 年通过的《我们的人员战略》（The Our People Strategy）提出"努力吸引和留住进取心强的人，并创造一个使他们能够为本地区发展尽心竭力的环境"②。为了改善性别平衡，亚行在 2008 年至 2012 年实施了第三项性别行动计划，提高了女性在工作人员类别和级别上的比例。③从 2008 年起，在外部专家的帮助下，亚行实施定期的、通常是两年一次的员工情况调查（staff engagement survey），以查明组织存在的问题和工作人员满意度。④2012 年成立了咨询员办公室（Office of the Ombudsperson），为工作人员提供保密、公正的非正式协助，以解决工作中遇到的问题。

黑田东彦任期内设立了两个新的副行长职位，目的是改善《2020 战略》的实施。2010 年，亚行新设了一个负责私营部门和联合融资业务的副行长职位。2013 年 1 月，负责财务和行政的副行长职位被改组为两个独立的副行长职位，一个负责财务和风险管理⑤，一个负责行政和机构管理。⑥这种变革使副行长人数扩充至 6 名。

---

① 提供大量驻外代表处新职位是 2002 年、2007 年和 2008 年开展驻外代表处政策审查后进一步加强这些职位的需要，也是权力下放模式的需要。此外，几项人力资源改革也有助于成功实施权力下放模式。增加了向驻外代表处派遣国际工作人员的激励措施，更好地确定了驻在国当地雇员的职业前景。通过设立副国别主任职位（deputy country director positions）等方式，改进了驻外代表处的体制和管理结构。驻外代表处的内部组织围绕三个核心职能进行了精简：（1）国别方案规划和经济分析；（2）国别业务；（3）财务和行政。
② 黑田东彦行长在 2010 年 5 月 2 日于乌兹别克斯坦塔什干举行的第 43 届理事会年会上的开幕辞。
③ ADB, 2011, *Updating the Third Gender Action Program（GAP III）：GAP III Extension, 2011－2012.*
④ 这是继 2003 年调查之后实施的。
⑤ 此涉及资金局、主计局和风险管理办公室。
⑥ 此涉及预算、人事和管理系统局，业务服务和财务管理局，行政服务办公室，法律总顾问办公室，以及秘书办公室。

中尾武彦

2013 年 2 月，日本首相安倍晋三提名黑田东彦为日本银行下任总裁。这并不令人惊讶，因为国际媒体已风传了好几周。3 月中旬，经过议会复审，日本政府确认了黑田东彦的任命，结束了他作为第八位亚行行长的任期。

黑田东彦担任亚行行长 8 年，成为任职时间最长的亚行行长。他给这个组织留下了很深的印记。在他的领导下，亚行几乎将贷款增加了一倍，制定了长期战略——《2020 战略》，并进行了许多内部改革。黑田东彦领导进行了 14 年来第一次普遍增资，这使亚行的资本基础增加了两倍（表 14.1），还进行了两次亚洲开发基金补充资金，筹集了逾 235 亿美元。他还领导应对 2008 年全球金融危机，当时亚行通过建立反周期支持基金和扩大贸易融资计划，提供了许多必要的援助。他的其他成就包括时隔 20 多年后恢复在缅甸的业务。他使亚行更多地参与区域合作和关于亚洲不断扩大的作用的国际讨论。在他任职期间，亚行变得更加透明和负责。

中尾武彦 2013 年 4 月接替黑田东彦成为第九位亚行行长。他在国际金融领域有着丰富的经验。20 世纪 90 年代，他曾在位于华盛顿的国际货币基金组织工作过三年。与前几任行长一样，他担任过日本财务省负责国际事务的次官。他曾处理过国际货币基金组织、多边开发银行、G7 和 G20 会议、汇率、外汇储备管理以及亚洲区域金融合作和双边金融合作等方面的问题。他曾在东京大学学习经济学，之后获得加州大学伯克利分校工商管理硕士学位，并在担任大藏省国际局局长时作为东京大学客座教授给研究生讲授国际经济学。他非常注重工作与生活的平衡，经常周末在家做饭。

中尾武彦珍视在亚行从事开发工作的机会。就在他到任几天后，在于德里举行的第 46 届年度会议上，他概述了自己的关于建设一个国际影响力不断增强的"更具创新性、更具包容性和更具综合性"的亚洲的愿景。中尾武彦善于了解情况和收集信息，是一个好的倾听者。例如，2013 年 6 月在蒙古国，一位部长曾提到他们认为亚行"太小、太慢、太以自我为中心"。这番言论本来可以是一种轻松的批评，但中尾武彦却认为这是需要改变的严肃信号。

而且，中尾武彦对亚行发展中成员体（包括太平洋岛国）的访问次数超过了他的一些前任。他还多次访问大额借款国，与彼国领导人、部长和其他高级官员进行密切对话。例如，在亚行与缅甸重新接触后，中尾武彦在2014 年两次访问缅甸，并于 2016 年 6 月再次访问该国，与国务资政昂山素季会晤。他还特别注意定期访问发达成员体，与官员和私营部门讨论亚行的角色。他认为亚行与媒体的互动是必不可少的，并且非常注重措辞和发声。他经常撰写关于发展主题的评论文章，并鼓励工作人员也这样做。他曾多次在智库、大学和国际论坛上演讲。

在担任行长 3 年多的时间里，中尾武彦以其亲历亲为的管理风格、对细节的关注和对改革的密切参与而闻名。在他访问的每个国家，他都在驻当地代表处举行新闻发布会并会见工作人员。他通过经常与工作人员互动亲自参与亚行机构战略和改革方案的制定。执行董事们欢迎他让董事会及早密切参与讨论重要问题的工作风格。2016 年 8 月，中尾武彦全票再次当选亚行行长，任期 5 年，从 2016 年 11 月开始。

《2020 战略》中期评估

在 2013 年就职后，中尾武彦决定对亚行进行机构改革和金融改革。亚行《2020 战略》作用良好，但在该战略通过后的 5 年里，亚行内部和整个国际经济发生了相当多的变化。中尾武彦要求对《2020 战略》进行中期评估，从区域磋商和国家磋商开始，并与利益相关方和工作人员进行讨论。这些磋商获得了重要反馈——其中有些是关键性的。① 这些磋商被纳入 2014年 4 月发布的《2020 战略中期评估》。②

中期评估广泛赞同和更新了《2020 战略》，但指出亚行需要适应一个快速变化的亚太地区。中期评估概述了改善对成员体服务的 10 个战略重点。③2014 年 7 月，中尾武彦批准了相应的行动计划。该计划提供了一个详细的议程，以改善亚行的运营，培育技能，为客户提供更好的服务。规定了明确的责任和时间线，以及监督改革的透明基础。

---

① ADB, 2014, *Summary of Stakeholder Consultations on the Strategy 2020 Midterm Review.*
② ADB, 2014, *Midterm Review of Strategy 2020.*
③ 10 个战略重点是：（1）减贫和包容性经济增长；（2）环境和气候变化；（3）区域合作与一体化；（4）基础设施建设；（5）中等收入国家；（6）私营部门发展和运营；（7）知识解决方案；（8）金融资源与合作；（9）在亚行实现物有所值；（10）组织起来迎接新挑战。

中期评估没有对《2020 战略》做出重大更改，但更强调选定的重点事项。考虑到本地区面临的严峻环境挑战，它强调气候变化、清洁能源和能源效率。①它还设想更多地关注区域互联互通，包括关注促进贸易协调、改善投资环境、增加融资渠道和开发相关技能等方面的改革。在2003－2007 年与 2008－2012 年之间，教育和金融的份额下降了。因此，中期评估建议给予社会部门更多的关注，包括医疗卫生部门。医疗卫生部门不在五个核心领域之列，但中尾武彦在访问期间发现，一些国家希望亚行参与其中，并投身应对诸如快速城市化等不断演变的发展挑战（专栏 14.2）。

325

　　与《2020 战略》相比，中期评估还更加关注中等收入国家。在通过《2020 战略》时，国际社会正在辩论发展援助应该只提供给穷国还是提供给穷人（包括中等收入国家的穷人）（第十三章）。一些董事会成员还敦促亚行实施其毕业政策（第十章），并减少对快速增长的中等收入国家的援助。

　　在到亚行上任之前，中尾武彦自己也不确定向中高收入国家提供援助是否对稀缺资源的最佳利用。然而，在亚行与这些国家合作后，中尾武彦开始相信亚行应该继续援助这些国家，只是需要在气候变化、环境保护以及其他全球或区域公益物品等领域更具战略性地这样做。他认为，亚行继续向包括中国在内的中等收入国家提供贷款，可以为与这些国家建立有益关系提供一种重要而高效的方法，并使亚行的贷款组合更加多元化。

努力建设一个"更强、更好、更快"的亚行

　　在于哈萨克斯坦首都阿斯塔纳举行的 2014 年年度会议上，中尾武彦宣布，他希望改革亚行，使其"更强、更好、更快"，为亚太地区提供更好的支持。他的总体立场是强调具体行动而不是夸夸其谈，在实地开展有效和高效的工作，以及各部门和总部与驻外代表处之间实施"一个亚行"方法。他特别希望在三个领域进行创新：调动资金；流程和产品；员工的思想和技能。为此，亚行根据中期评估中的具体想法，推出了各种跨部门和跨主题的改革。

----

　　① 自 20 世纪 90 年代初以来亚行一直在应对这些问题（ADB，2007，*Background Paper on ADB's Approach to Climate Change*）。

专栏 14.2 亚行的城市项目

亚行于 1968 年通过马来西亚槟城的一个供水项目开始支持城市发展。从那时起，亚行的援助从为特定城市基础设施（如供水、废物处理和道路改善）提供资金到采用一种长期和综合的方式改善城市服务供给。其旨在加强有关机构提供服务的能力及提供跨领域解决方案和专题解决方案。亚行的目标是帮助建立环境可持续的和有风险抵御能力的城市，以应对快速城市化和气候变化的影响。

在孟加拉国达卡，亚行自 2008 年以来提供了 7 亿美元的一系列贷款和技术援助，以改善达卡供水和污水处理协会的运作。这些贷款和援助帮助改善了约 1,300 万人的用水，并提高了经营者的财务稳健度。这些项目通过独立计量分区（district metered areas）和渗透整改将水流失率从 50% 减少到 15%。此外，亚行与法国开发署和欧洲投资银行联合融资，支持开发一个取水、处理水和输水设施，向达卡供水。亚行还支持加强员工提供更好的客户服务和财务管理的能力，从而使收取税款从 64% 提高到 98%。

2010 年以来，亚行支持格鲁吉亚第比利斯改善城市交通系统和互联互通。通过一项 3 亿美元的多批次融资机制（MFF），亚行帮助将该市的地铁系统延伸 2 公里，并通过一条 21 公里长的通道将第比利斯与其快速发展的卫星城鲁斯塔维（Rustavi）连接起来。亚行与奥地利和德国合作，通过开展可行性研究，将快速公交巴士与地铁相连，在第比利斯建立起一个综合公共交通系统。

自 2010 年以来，在越南，亚行通过两项共计 15 亿美元的多批次融资机制，在胡志明市采用一种综合城市服务方法。在水务方面，亚行一直在支持建设一条长 11 公里的输水管道，部分位于西贡河下方，采用先进的隧道技术。在交通方面，亚行将通过一个 13 公里长的快速公交系统（包括 9 公里地下部分）将胡志明市西北部与市中心连接起来。未来几年，在由英国、瑞士和洛克菲勒基金会支持的一个信托基金所提供的技术援助帮扶下，亚行计划通过新项目来改善胡志明市的废水处理和排水。

资料来源：亚行。

中期评估指出"基础设施仍将是亚行业务的重点"。在基础设施领域，亚行已采取行动，更加注重推广创新技术（专栏14.2）。在访问一些北欧国家及西班牙和葡萄牙时，中尾武彦参观了一些利用先进技术建造桥梁、发电厂和供水系统的公司。它们希望更密切地参与亚洲发展。亚行的客户国也希望在基础设施项目中使用更高的技术规格，但往往不知道可用的选项，或被高昂的初始成本所阻吓。2016年，亚行启动了一项新举措，通过加强项目设计、更加重视采购程序质量以及帮助各国获得最佳专门技能，将先进技术纳入项目。

中期评估重申了应对气候变化的重要性。气候灾害频发，而且往往具有破坏性（第十三章）。在担任亚行行长初期，中尾武彦负责亚行对台风"海燕"的应对。"海燕"是有记录以来登陆菲律宾的最强台风（专栏14.3）。他很清楚，整个地区需要更强有力的适应性措施。根据中期评估，亚行承诺为适应气候变化提供更多支持，例如通过建立抵御气候变化的基础设施、开展气候智能农业以及更好地防备气候相关灾害。所有项目都要求进行气候风险筛查。与此同时，亚行将通过发展清洁能源和开展能效项目，减轻自然灾害带来的破坏性后果。

2015年9月，在可持续发展目标通过前夕和2015年巴黎气候变化大会召开前几个月，中尾武彦宣布，到2020年亚行将把每年的气候融资增加一倍，达到60亿美元：40亿美元用于减缓气候变化，20亿美元用于适应气候变化。2011年至2015年，亚行批准了134亿美元来自自有资源的气候融资。2016年，亚行批准了37亿美元的气候融资投资，其中26亿美元用于减缓气候变化，11亿美元用于适应气候变化，顺利朝着实现2020年目标迈进。

亚行支持气候融资的一个很好的例子是，2015年批准了向中国提供3亿美元政策性贷款，用于改善京津冀环首都地区的空气质量。这项贷款支持加强污染行业监测和煤改气指导等政策行动，并且也有助于减缓气候变化。

通过气候投资基金、全球环境基金和亚行主办的捐助者信托基金等渠道调动额外融资。气候投资基金基于14个捐资国的捐款，世界银行是该基金的受托人，包括亚行在内的5个多边开发银行是执行机构。该基金一直是亚行气候业务联合融资最大的单一来源。

328

专栏 14.3 亚行对 2013 年台风"海燕"的应对

2013 年 11 月 8 日，有记录以来力量最强的风暴之一台风"海燕"（当地称为 Yolanda）袭击菲律宾，造成 6,000 多人死亡，带来灾难性破坏。数千人受伤，数百万人流离失所，基础设施损失超过 130 亿美元。

亚行迅速采取行动支持东道国，甚至在台风登陆之前就启动了内部监控。亚行专门成立了一支由 40 多名具有灾后工作经验的高级工作人员组成的小组来协调应对工作。亚行行长中尾武彦承诺："亚行将与其他发展伙伴一道，全力支持菲律宾人民和政府，快速开展所需要的救援和重建，特别是因为菲律宾是我们的家园。"

为了帮助恢复救生服务，亚行立即从其紧急援助基金——亚太救灾基金——中提供了 300 万美元的赠款。另一笔 2,000 万美元的赠款从日本政府资助的信托基金——日本扶贫基金——中提供。亚行还准备提供一项 5 亿美元的快速支付规划贷款，以帮助菲律宾灾后恢复和重建。中尾武彦于 11 月 13 日与菲律宾总统阿基诺三世晤讨论一揽子方案。

11 月晚些时候，亚行完成了对受灾最严重地区的第一次访查，在莱特、萨马尔、罗哈斯和宿务进行了快速评估。此行构成了一笔 5 亿美元紧急援助贷款的基础，以支付与重建有关的直接费用。亚行还为受灾严重地区的基本社会服务提供了 3.721 亿美元的额外贷款。

总体应对要求捐助者之间密切协调。总共有 15 个多边和双边机构拨出重建资金。前三位捐助者是亚行、世界银行和日本国际合作署（JICA）。亚行 2013 年的援助总额为 9 亿美元。

资料来源：ADB, 2014, *Typhoon Yolanda—One Year On：From Relief to Recovery to Reconstruction*, November, https：//www. adb. org/sites/default/files/publication/154514/typhoon - yolanda - one - year. pdf（2015 年 6 月 14 日访问）; ADB, 2014, *Typhoon Yolanda（Haiyan）Asian Development Bank Assistance*, November, https：//www. adb. org/publications/typhoon - yolanda - haiyan - asian - developmentbank - assistance（2015 年 11 月 26 日访问）。

2015 年，亚行成为第一个获得绿色气候基金（GCF）应对气候变化资
金的多边开发银行。绿色气候基金是根据《联合国气候变化框架公约》于
2010 年设立的，是发展中国家气候融资的核心全球投资工具。在 2015 -
2016 年，亚行批准了两个项目，分别用于太平洋岛屿国家的气候变化适应
和气候变化减缓，由绿色气候基金联合融资。

亚行还根据经认证的绿色债券原则，2015 年从一只绿色债券首发中
筹集了 5 亿美元，旨在为促进低碳和抵御气候变化投资的亚行项目提供
资金。2016 年，亚行发行了价值 13 亿美元的额外绿色债券。

2016 年，亚行支持菲律宾一家私营公司为扩大地热发电而发行的第一
只亚太气候债券，通过以债券本息 75% 的担保形式提供信用增级。

中尾武彦坚定实施的议程之一是促进向发展中成员体提供优质的知识
服务，并将亚行的隐性和显性知识融入项目。亚行对知识服务进行了重
组，作为将亚行与额外资源和知识支持相结合的计划的一部分。[①] 2002 年
成立的区域和可持续发展局进行了重组，以加强知识与业务之间的联系，
并于 2015 年更名为可持续发展和气候变化局。

同年，亚行成立了 7 个行业小组（教育、能源、金融、医疗卫生、交
通、城市和水）和 8 个专题小组（气候变化和灾害风险管理，性别平等，
治理，社会发展，环境，农村发展和粮食安全，区域合作与一体化，公私合
作）。这些小组每个都配备了由技术顾问领导的秘书处，可望在各业务部门
之间分享知识，加强员工技能，为业务提供专门支持，并加强与世界成就卓
越中心、学术界和私营部门的知识合作。

2016 年初，在与行业小组和专题小组举行的会议上，中尾武彦说道：
"由于亚行许多发展中成员体已经通过债券市场获得了所需要的融资，除非
我们能够将金融与强大的行业技能和专题技能以及知识和理念结合起来，否
则亚行的针对性将会降低。在这方面，亚行未来的成功将取决于行业小组和
专题小组的成功。"为了保持这一势头，他定期会见各行业小组和专题小组
讨论进展。

为了更快地回应客户，亚行实施变革改进业务流程。利益相关方经常抱
怨亚行程序烦琐。为了解决这些问题，2014 年亚行通过了一个 10 点计划，
以减少采购时间，同时保持受托监管。这使得采购合同得到快速处理，并鼓

329

330

---

① ADB, 2013, *Knowledge Management Directions and Action Plan* (2013 - 2015).

励进一步的政策改革。作为这些变革的一部分，给驻外代表处下放更大的权力，使工作人员能够更密切地与客户合作。

亚行对与私营部门的交往方法给予了更多的关注。2008 年，《2020 战略》设定了一个雄心勃勃的目标，即到 2020 年，将对私营部门的援助总额扩大到普通资金融资的 50%。这一目标包括直接私营部门业务（包括亚行的股本投资、非主权贷款和对私营部门公司的担保）和私营部门发展活动（特别是主权业务，比如改善营商环境的政策性放款）。私营部门业务的目标随后被设定为 25%。然而，在 2011－2013 年，这一比例仍然只有 15% 左右。私营部门业务局受传统年度普通资金拨款的限制，因此在 2015 年亚行决定开始实施一种经济资本规划模式（economic capital planning model），在这种模式下，亚行将根据每项资产的风险分析来配置资本。根据这种新方法，该局将获供经济资本，使其能够根据多年可用资本而不是年度资源分配进行交易。

2015 年，为精简小型私营部门项目的流程，进行了更多的改革。在这些改革的支持下，2015 年对私营部门业务的援助上升到普通资金融资的 20%。从 2017 年开始的普通资金资本大幅增长（这反映了下一节讨论的金融创新），也将为非主权业务提供更大的空间。

亚行扩大了对公私合作模式（PPP）的应用。这种模式需要相当专业的技能。《2020 战略》中期评估发现拥有必要技能的员工分散在各个部门，于是建议将亚行的公私合作服务集中起来。2014 年成立了新的公私合作办公室，增加了工作人员。2015 年开始运作。这个新办公室除支持公私合作业务外，还向各国提供交易咨询服务（TAS）。[①] 其第一项交易咨询服务是 2015 年签署的菲律宾铁路项目协议，这是菲律宾迄今为止最大的公私合作业务招标。亚行还通过公私合作办公室管理亚太项目筹备基金（Asia Pacific Project Preparation Facility）。该基金于 2015 年设立，由澳大利亚、加拿大和日本出资，帮助将私营部门的资金导向银行可担保的基础设施建设项目。该基金为项目处于早期开发阶段的国家提供法律、技术和金融等方面的专门知识。

新的放贷工具也得以采用。2013 年，亚行试行了一种以成果为基础的

---

① 交易咨询服务是亚行提供的以收费为基础的咨询服务，它涵盖与 PPP 交易的准备、结构和采购相关的全部活动。

放贷方法，将支付与成果挂钩。第一笔这种贷款——数额 2 亿美元——于 2013 年 6 月获得批准，帮助斯里兰卡政府实施中学系统现代化。随后，给亚美尼亚、中国、印度、印度尼西亚、菲律宾、所罗门群岛和斯里兰卡等国的以成果为基础的贷款获得批准。以成果为基础的贷款迅速成为一种深受欢迎的融资方式，被视为能降低交易成本，使项目管理更高效。最初的经验表明，正确地选择与支付相联系的指标，并与有关当局就投入、产出和成果进行密切讨论是至关重要的。

中尾武彦意识到，实施中期评估和扩大基于金融创新的业务需要更多的工作人员。与前任行长们一样，中尾武彦认为"多元化和包容性的员工队伍使亚行成为一个更具创造力、更有共同责任感和更富成效的工作场所"。在千野忠男和黑田东彦的《性别行动计划》的成功基础上，推出了 2013 – 2016 年《多样化和包容性框架》（Diversity and Inclusion framework）。[①] 该框架包括对在员工情况调查中发现的非性别问题（如工作场所需要更多的尊重）的关注和管理能力。亚行正在采取进一步的具体措施，加强机构性别平等。

金融创新：亚洲开发基金放款业务与普通资金合并

到目前为止，中尾武彦赴任亚行后最引人注目的举措是提议将亚洲开发基金的放款业务与普通资金合并。

对传统上谨慎的金融机构亚行来说，将亚洲开发基金的放款业务与普通资金合并在一起是一个令人吃惊的建议。几十年来，所有主要多边开发银行都是利用两种资金流，一种是利用杠杆（以资本为基础发行债券）的普通业务，另一种是不利用杠杆（不发行债券而是使用捐助者捐款放贷）的优惠业务（软贷款和赠款）。尚没有多边开发银行合并这两种资金流。中尾武彦鼓励讨论这个创新想法。

合并的逻辑简单明了、令人信服。亚行只能按普通资金资产负债表利用资源。对于亚洲开发基金亚行没有以这种方法利用资源。亚洲开发基金有一批独立的捐助者，没有待缴资本，也没有信用评级。当亚洲开发基金在 1973 年首次创立时，这没有被视为一种限制。当时，很少有国际投资者愿

---

① ADB, 2013, *Diversity and Inclusion Framework*, 2013 – 2016.

意购买与该地区贫穷国家贷款相关的债券，如果亚行敢于发行债券融资，融资成本会远远高于亚洲开发基金贷款定价。然而，自亚洲开发基金设立以来，其借贷者还款记录良好。无法针对亚洲开发基金资产负债表发行债券被视为错失良机。通过将亚洲开发基金的贷款资产转移到普通资金，亚行可以大幅扩大股本，从而扩大业务资源利用基础。这反过来可以减少亚洲开发基金对捐助的依赖。

亚行资金局局长柏木翰夫（Mikio Kashiwagi）在 2012 年第一次试探性地提出将亚洲开发基金与普通资金合并的可能性，将其作为扭转亚行预计放贷空间下降的几种方法之一。为实施这种合并，提出了各种选择方案。有关方案包括：按照亚洲开发基金捐助者以前的捐款向捐助者发行普通股或特别股；清算亚洲开发基金，将其资产分配给亚洲开发基金捐助者，并让捐助者将资产重新交予普通资金。

合并的想法是非常规的。不仅合并显然受到《亚行章程》约束，而且许多技术、会计和政治等方面的障碍似乎也难以逾越，向亚洲开发基金捐助者发行新股在政治上和战略上都行不通。这样做会极大地增加最大和最富有的成员体的投票份额，并稀释其他成员体的份额。① 而任何向捐助者分配资产的结构都需要通过捐助国的立法行动来实现，即它们批准预算支出将资金返还给亚行，而这对许多捐助国来说是不可能的。

然而，在担任行长后不久，中尾武彦意识到有一个亚行合并亚洲开发基金和普通资金的资产负债表的重要机会。中尾武彦以与日本国会议员打交道的新视角和经验，提议将亚洲开发基金放款业务的资产直接转移到普通资金资产负债表中，并将相应的权益直接转移到普通资金资本的"储备"部分，从而避免对投票份额的影响。这一合并将大大增加亚行的资本（实缴股本和准备金），并使亚行能够在不寻求普遍增资或捐助者再给亚洲开发基金捐款的情况下大幅增加贷款。对合并的详细讨论始于 2013 年 8 月。

中尾武彦认为，尽管提议存在复杂的技术挑战，但捐助者和股东最终都会支持它，因为它能够实现三赢。首先，这项提议将使增加对低收入国家的支持成为可能。这是因为新的亚洲开发基金安排（包括扩大的普通资金业务带来的收入转移增加）可能带来更多的赠款业务，而且扩大的普通资金

---

① 例如，日本对亚洲开发基金的累计捐款占总量的 36.3%，而在亚行资本中所占的份额为 15.6%，投票权为 12.8%。

资产负债表可能带来更多的优惠贷款。其次，它将允许亚行利用扩大的普通资金资产负债表大幅增加放贷，包括开展非优惠普通资金业务（即使所要求的最低股本－贷款比从 25% 提高到 35%，以使信誉较差的前亚洲开发基金借款者适应普通资金业务和保持 AAA 评级）。最后，在许多国家面临财政紧缩的情况下，它将减少亚洲开发基金捐助者的未来补充资金捐款，从而减轻其负担。

此外，中尾武彦明白，由于亚洲开发基金是在亚行内部建立和管理的一种特别基金（而不像世界银行国际开发协会那样有单独的法律身份），这项提议不需要修改《亚行章程》。他还预料，只要捐助者捐赠的亚洲开发基金资源继续按照捐助者的初衷和捐助的目的用于支持贫困成员体，捐助国政府就不需要再去立法机构获取新的批准。

2013 年 9 月中旬，中尾武彦指示工作人员准备详细的提议，这在内部被称为"星系项目"（"Project Galaxy"）。所有相关部门紧密合作。法律总顾问克里斯托弗·斯蒂芬斯（Christopher Stephens）为《亚行章程》提供了灵活和适当的解释，做出了显著的贡献。中尾武彦还希望确保每个亚洲开发基金捐助者之前提供的资源继续反映在亚行的财务报表中，即使在它们成为普通资金资本的一部分之后。此外，如果理论上有可能今后清算普通资金，他指示除捐助股东的实缴股本之外单独注明过去的亚洲开发基金捐款。

与亚洲开发基金捐助者的讨论始于 2013 年秋，但最初的磋商并不顺利。在 2013 年 10 月中尾武彦与一名美国高级官员的一次早期会晤中，该提议被认为"无望成功"而被驳回。后来，美国成为该倡议的大力支持者之一。几个捐助者起初觉得这好得难以置信。中尾武彦继续推动这一计划。2013 年和 2014 年，高级工作人员访问捐助国，以寻求支持。亚行同时寻求在发展中成员体之间达成共识，以及通过与民间社会协商获得支持。

面对亚行融资模式的根本变革，亚洲开发基金捐助者要求进行一次独立评估。该评估是由总部设在华盛顿的全球发展中心（CGD）在 2014 年进行的，得出了一个积极的结论。[1] 评估"……发现该提议的主要承诺是合理的，因此（全球发展中心）鼓励亚洲开发基金的捐助者迅速批准该提议，

① Birdsall, Morris, and Rueda-Sabater, 2014, *Review of "Enhancing ADB's Financial Capacity to Achieve the Long-Term Strategic Vision for the ADF"*.

以便充分利用亚洲开发基金资源的更大杠杆作用带来的益处。不过，更根本的是，（全球发展中心认为）该提议是亚行基本模式进一步创新的一个绝佳起点，有可能为多边开发银行的新思维铺平道路"。

亚行还聘请了一家主要评级机构评估合并对亚行良好的 AAA 信用评级的影响。该机构的结论是，亚行不仅将保持其 AAA 评级，而且，很大程度上由于亚洲开发基金贷款组合添加到普通资金而带来投资组合多样化，亚行的财务实力事实上会因合并而增强。亚行还与其审计人员讨论了与资产划转和估值的财务处理及报告有关的各种会计问题。

从 2013 年晚些时候到进入 2014 年，支持合并的势头稳步增强。到 2015 年 3 月，亚行获得了所有 67 个股东和所有 34 个亚洲开发基金捐助国对该提议的支持。2015 年 4 月，理事会正式批准了这项遂于 2017 年 1 月生效的变革。

这次合并大大增强了亚行为亚洲借款国家筹集额外资金的能力。它改变了亚行资产负债表，加强了亚行实现《亚行章程》最初确定的"动员本地区内和本地区外的资金和其他资源"的目的的能力。亚洲开发基金与普通资金合并在多边开发银行中是独特的，激发了其他多边开发银行实施类似方法的讨论。G20 领导人在 2014 年 11 月的声明中表示支持这种合并，这表明 G20 将继续与多边开发银行合作，"优化其资产负债表的使用，以提供额外贷款"。

2017 年 1 月 1 日，随着 308 亿美元的亚洲开发基金贷款和其他资产从亚洲开发基金中转出，普通资金股本几乎增加了两倍，从 172 亿美元增至 480 亿美元。亚洲开发基金仍留有 25 亿美元的资产，用以开展赠款业务。新扩大的普通资金窗口将按照与以前相同的条款和条件为贫困借款国家提供优惠贷款，而亚洲开发基金本身以后只提供赠款援助。这一改革预计将把亚行的年度贷款和赠款批准提高 50%——从 2014 年的 135 亿美元提高到 2020 年的 200 亿美元。

合并的效果甚至在其生效之前就变得很明显。亚行在 2015 年和 2016 年立即开始增加业务批准（包括贷款、赠款、担保和股本投资）。从 2014 年到 2015 年，批准总额扩展了逾 20%，达到 163 亿美元（图 14.1）。2016 年，批准总额又增加了 7%，达到 175 亿美元。这种在合并生效日期前的批准增加是可能的，因为支付批准的金额需要一些时间，而且股本 – 贷款比的限制与贷款（不是批准金额）的未偿还支付金额（减去已偿还金额）有关。

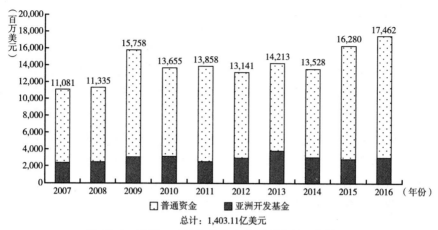

图 14.1　2007－2016 年按资金类型划分的业务批准

336

注：业务批准包括贷款、赠款、股本投资和担保。数据截至 2017 年 1 月 20 日。
资料来源：亚行业务指示板，亚行战略与政策局。

第十一次亚洲开发基金补充资金

　　中尾武彦在亚洲开发基金第十次补充资金（ADF XI）期间就职，并监督恢复对缅甸的贷款，从而使 2013 年亚洲开发基金批准额创下纪录（专栏 14.4）。自 2015 年起，他主持了亚洲开发基金第十一次补充资金（ADF 12）工作。这是在宣布亚洲开发基金和普通资金资产负债表合并后第一次亚洲开发基金补充资金，所以，为与以前的补充资金相区别，后缀不再是罗马数字，而是阿拉伯数字。

　　在 2016 年 5 月于法兰克福举行的亚洲开发基金捐助者会议上，32 个捐助者同意进行第十一次亚洲开发基金补充资金，针对时间为 2017 年到 2020 年的 4 年。这将向亚洲开发基金提供 33 亿美元的新资金，并向技术援助特别基金提供 5 亿美元。由于第十一次亚洲开发基金补充资金（ADF12）只资助在最贫困和债务负担最重的成员体中的赠款业务（而不是以前补充资金所提供的优惠贷款业务），所以这次补充资金的总额比最近前几次少得多。

　　总额为 38 亿美元的补充资金将来自新的捐助者捐款（25 亿美元）、普通资金的净收益转移（10 亿美元）和亚洲开发基金的流动资金投资收益（2 亿美元）。亚洲开发基金第十一次补充资金的一个重要特点是，亚洲新兴经济体的捐助份额从第十次补充资金期间（2013－2016 年）的 6.9% 上升到 11.7%。

337

专栏 14.4　亚行与缅甸的重新接触

缅甸于 1973 年加入亚行。从 1973 年到 1986 年，亚行共为该国 29 个项目提供了 32 笔总计 5.31 亿美元的贷款。1988 年，亚行在缅甸的贷款和技术援助项目暂停。但是，亚行定期访问缅甸，以了解该国的情况，并参加年度国际货币基金组织第四条磋商。缅甸政府代表继续以观察员身份参与亚行大湄公河次区域合作方案，从而能够就区域合作计划持续进行对话。

重新接触活动框架。在 2012 年初缅甸全面改革和重新开放之后，亚行开始了重新接触活动。一个用于 2012－2014 年的临时国别合作伙伴战略于 2012 年 10 月批准，随后延长至 2016 年，以为重新接触提供框架。该战略包括加强人力资源和能力、促进有利的经济环境以及创造准入和互联互通等事项的战略目标。

清偿欠款。慷慨的发展合作伙伴支持对于使亚行重新参与缅甸事务至关重要，最终促成 2013 年恢复贷款。亚行与其他主要债权方（特别是日本和世界银行）密切协调，以在巴黎俱乐部官方债权人债务重组背景下结清缅甸的欠款。2013 年 1 月，日本国际协力银行（Japan Bank for International Cooperation）向缅甸政府提供过渡性贷款，以结清其对亚行和世界银行的欠款。这使得亚行和世界银行能够发放政策性贷款，以立即偿还过渡性贷款。日本优惠贷款（"日元信贷"）的欠款也通过几家商业银行的过渡性贷款、日本国际合作署的一项新规划贷款以及一些债务减免安排得以结清。亚行通过亚洲开发基金提供的 5.12 亿美元支持缅甸包容性增长改革的政策性贷款帮助缅甸结清了对亚行的欠款，并为改进政策框架奠定了基础。

亚洲开发基金特别拨款。亚洲开发基金捐助者认识到与缅甸重新接触的重要性。它们以一项特别资源拨款作为回应。鉴于缅甸的人均收入较低，缅甸被划分为 A 类国家（只能获得亚洲开发基金优惠贷款）。一项总额为 10.24 亿美元的 2013－2016 年亚洲开发基金特别拨款（包括已经支付的 5.12 亿美元用以结清欠款的贷款）由捐助者批准，并在 2013 年 8 月得到董事会确认。在 2016 年完成的第十一次亚洲开发基金补充资金

（ADF 12）期间，捐助者和董事会同意为缅甸 2017－2020 年追加 14 亿美元的优惠贷款。

驻缅甸代表处。亚行于 2012 年 8 月 1 日起在缅甸设立外派代表团。2013 年 10 月，亚行董事会批准在缅甸设立正式代表处，包括两个办公室：一个在首都内比都，另一个在商业中心和大多数发展伙伴的基地所在地仰光。

资料来源：ADB, 2014, Myanmar: Building the Foundations for Growth, Paper prepared for the ADF XI Midterm Review Meeting, Manila。

亚行向最贫困国家提供的 33 亿美元赠款援助比过去 4 年提供的资金增加了 70%。同期，亚洲开发基金赠款和亚行的优惠贷款向贫困国家提供了超过 160 亿美元的援助，增加了 40% 以上。对小岛屿国家的援助增加了超过 150%。与此同时，第十一次亚洲开发基金补充资金将捐助者的负担减轻了大约一半。除了为亚洲开发基金的核心活动提供价值 33 亿美元的新资源外，一些捐助者还一致同意为亚洲开发基金的区域健康保障基金捐款，数额达 1.5 亿美元。

补充资金会议指出，亚行一直在利用亚洲开发基金第十次补充资金期间试行的灾害应对基金快速进行灾害应对工作。在 2013－2014 年，亚行批准了 4 个项目，分配了 5,700 万美元用于应对萨摩亚的热带风暴"伊万"（Evan）、柬埔寨的洪水、汤加的热带风暴"伊恩"（Ian）和所罗门群岛的热带风暴"依它"（Ita）。此外，为了应对 2015 年尼泊尔地震，亚行从该基金中拨出 1.2 亿美元用于重建道路、学校和其他公共建筑。亚行还向图瓦卢提供了 300 万美元和向瓦努阿图提供了 560 万美元，用于热带风暴"帕姆"（Pam）的灾后恢复。因此，从亚洲开发基金第十一次补充资金开始，灾害应对基金成为常规业务的一部分。

此外，捐助者认识到越来越容易遭受灾害，同意建立减少灾害风险融资机制。该机制在第十一次亚洲开发基金补充资金期间向有关国家（只能获得非优惠贷款的国家除外）提供总计达 2 亿美元的赠款融资，以激励对减少灾害风险的投资，并将其纳入更广泛的公共支出。

多年来的联合融资与信托基金

在过去 50 年里，亚行动用"官方联合融资"和"商业联合融资"来支持其运作。

捐助国政府、双边援助机构、多边开发银行和私人基金会等"官方联合融资"伙伴，为亚行的主权业务提供了支持（从上个十年期间开始也为亚行的非主权业务提供支持）。官方联合融资是建立在亚行对其发展中成员体客户的长期体验和深入了解基础上的。

官方联合融资（以核准的资源分配为基础）由联合融资业务办公室支持。在过去 50 年中，官方联合融资呈指数增长，在第五个十年达到 353 亿美元（表 14.2）。官方联合融资占亚行自身融资的百分比从亚行第一个十年的不足 1% 上升到第五个十年的 25%。

官方联合融资对亚行的核心领域——能源、交通和教育——做出了重要贡献。

50 年来官方联合融资批准额累计为 450 亿美元。这包括 20 亿美元的技术援助联合融资。由日本国际合作署、法国开发署、德国复兴信贷银行（KFW）、韩国进出口银行等双边开发机构和世界银行、伊斯兰开发银行和欧洲投资银行等多边开发银行提供的贷款联合融资占官方联合融资总额的 83%。投资项目的赠款联合融资占官方联合融资的 12%，英国、澳大利亚和日本政府是前三大投资赠款提供者。

340

表 14.2 1967 – 2016 年的联合融资

单位：百万美元

	1967 –1976 年	1977 –1986 年	1987 –1996 年	1997 –2006 年	2007 –2016 年	总计
联合融资总计	29	612	4,578	5,733	68,301	79,253
官方联合融资	29	576	4,018	5,091	35,329	45,044
用于主权业务	29	576	4,018	5,091	34,699	44,413
信托基金[a]		11	28	494	1,741	2,274
双边	1	9	3,770	4,007	13,759	21,545
多边	28	556	220	588	18,169	19,563
其他[b]				1	1,029	1,030

接下页

续表

	1967－1976 年	1977－1986 年	1987－1996 年	1997－2006 年	2007－2016 年	总计
用于非主权业务				1	630	631
信托基金ª				1	263	264
双边					97	97
多边					270	270
商业联合融资		36	560	642	32,972	34,209
亚行融资ᶜ	3,386	16,166	43,945	66,139	142,058	271,695
普通资金	2,466	10,758	30,082	50,013	110,663	203,983
亚洲开发基金	895	5,283	12,981	14,062	29,648	62,868
技术援助特别基金及其他特别基金	25	125	882	2,064	1,747	4,844
联合融资和亚行融资总计ᶜ	3,416	16,778	48,523	71,872	210,359	350,948

注：

ª信托基金对赠款和技术援助的核定拨款。

ᵇ其他包括通过基金会和企业社会责任计划的私营部门联合融资，以及任何公共来源，如国家开发银行。

ᶜ1997 年到 2016 年的亚行贷款、赠款、股权和担保业务（普通资金和亚洲开发基金）基于批准总额。

资料来源：ADB Annual Reports；ADB，2016，*ADB Through the Decades*，Vol. 1－5；ADB website（www.adb.org）。

官方联合融资的一个重要部分是由亚行成员体（单一或多个合作伙伴）捐资、亚行管理的"信托基金"（附录表 A2.19）。第一个信托基金成立于 1980 年，由瑞士出资用于技术援助。在此之前，有基于《亚行章程》的"特别基金"（第五章）。特别基金（日本特别基金除外）通过普通资金转账接收来自亚行的捐款。亚洲开发基金和亚洲灾害应对基金是依《亚行章程》界定的特别基金中的两个。

到第五个十年，亚行设立了许多信托基金，涉及医疗卫生、区域合作、私营部门发展、灾害风险管理、气候变化、能源、水、城市发展、金融和信息技术应用等事务。到 2016 年，合作伙伴对信托基金的承诺捐助总额约为 32 亿美元。

在信托基金中，阿富汗基础设施信托基金（AITF）于 2010 年成立，是发展伙伴共同支持阿富汗交通、能源、农业和自然资源等领域基础设施项目所依托的一个基金。截至 2016 年 12 月，阿富汗基础设施信托基金捐助者承诺捐助的总额为 6.94 亿美元。

2013 年，在瑞士和英国政府及洛克菲勒基金会的支持下，设立了城市气候变化适应信托基金（The Urban Climate Change Resilience Trust Fund）。该信托基金旨在帮助 7 个发展中成员体的快速发展的城市更好地适应气候变化（如洪水和干旱）的影响。

区域疟疾和其他传染病威胁信托基金（The Regional Malaria and Other Communicable Diseases Threats Trust Fund）也成立于 2013 年。这是一个多伙伴信托基金，由澳大利亚、加拿大和英国提供捐款。它支持发展中成员体——特别是大湄公河次区域的发展中成员体——针对耐药疟疾和其他传染病问题制定跨境和多部门对策。

日本扶贫基金是 2000 年成立的一个信托基金，用于应对1997 年亚洲金融危机对弱势群体的破坏性影响。1988 年，日本扶贫基金增加了两个日本基金。第一个是日本特别基金（JSF），该基金支持亚行的技术援助计划，出资额 11 亿美元。第二个信托基金是日本奖学金项目（JSP），该项目从资助 46 位学者开始，目前每年资助亚行发展中成员体的约 150 名学者进行研究生阶段学习。到目前为止，日本奖学金项目有 3,000 多名毕业生帮助自己的国家发展。

日本扶贫基金成立的目的是提供赠款援助（以及后来的技术援助），以促进使用随后可以扩大或融入亚行业务的创新方法。例如，2009 年，日本扶贫基金向蒙古国提供了一笔 300 万美元的赠款，用以为游牧家庭儿童建造 135 个蒙古包幼儿园。截至 2016 年，日本扶贫基金向 174 个赠款项目和 224 个技术援助项目提供了 7.89 亿美元，特别是与民间社会合作进行。这些援助包括 2015 年为尼泊尔地震救灾、2013 年应对菲律宾台风"海燕"和 2004 年应对亚洲海啸提供的紧急救援。

2016 年成立的创新型信托基金之一是领先亚洲私营部门基础设施基金（LEAP），该基金凭借日本国际合作署捐助的 15 亿美元资金，利用和补充亚行的非主权融资，服务于本地区的私人基础设施项目。在 2016 年底之前，领先亚洲私营部门基础设施基金共同资助了亚行在印度和印尼的两个清洁能源项目。

韩国和中国等新兴政府捐助者开始设立信托基金。中国区域合作与扶贫基金于 2005 年成立，截至 2016 年底共捐款 4,000 万美元，用以促进创新和区域合作。韩国在 2006 年设立了电子亚洲和知识伙伴关系基金，捐款总额 7,200 万美元，用以缩小数字鸿沟，促进知识共享和扶贫合作。私人基金会最近也向信托基金提供了捐款。

商业联合融资补充了亚行的非主权业务。联合融资伙伴是商业银行、保险公司和其他私人实体，以及欧洲复兴开发银行等多边开发银行。对私人合作伙伴而言，与其自行贷款相比，与亚行联合融资提供了信用增级。自 2008 – 2009 年全球金融危机以来，与地方银行和国际银行合作的贸易融资计划已成为商业联合融资的重要组成部分。私营部门业务局主要负责商业联合融资事务。

亚行《2020 战略》强调伙伴关系和联合融资的重要性。它设定了一个雄心勃勃的目标，即到 2020 年，每年联合融资总额（官方联合融资和商业联合融资合计）超过亚行的自身融资额。

因此，亚行加强了与各种机构的合作。2016 年，官方联合融资（不包括技术援助）为 83 亿美元，商业联合融资为 56 亿美元，联合融资总额 139 亿美元，达到亚行 175 亿美元的用于贷款和赠款业务自身资源的 80%，因此亚行在顺利朝着目标迈进。此外，合作伙伴向亚行的技术援助提供了 1.48 亿美元。

与新的多边开发银行合作

亚行与最近成立的亚洲基础设施投资银行（AIIB，简称亚投行）和新开发银行（NDB）密切合作。这些新机构为满足亚洲大型基础设施的融资需求创造了更多机会（第十三章）。亚行与亚投行和新开发银行分享包括法律和财政在内的各个领域的经验和专长。

在法兰克福举行 2016 年年度会议期间，中尾武彦与亚投行行长金立群签署了一份关于联合融资的谅解备忘录。2015 年至 2016 年，中尾武彦和金立群共举行了 9 次双边会谈，不仅讨论联合融资的机会，还讨论了两家机构共同面临的政策问题，如资金、私营部门业务、当地货币贷款、环境和社会影响保障政策以及人力资源管理等。金立群以前曾担任亚行副行长，2016 年 12 月访问了亚行。在与亚行董事会成员举行的一次座谈会上，他强调亚投行专注于基础设施投资，不从事优惠业务、社会部门事务、政策性放款和研究工作，亚投行致力于成为一个没有常驻董事会的精干机构。由于这些不同的特点，双方会有更多的合作和互补空间。

2016 年 7 月，中尾武彦与新开发银行行长卡马特（K. V. Kamath）在马尼拉签署了一份谅解备忘录，确定了双方的合作领域。卡马特说，备忘录"创设了一个共享知识和寻求共同融资机会的平台"。

2016 年，亚行批准了两个与亚投行的联合融资项目：一个是巴基斯坦的公路项目，两个机构各提供 1 亿美元；另一个是孟加拉国的天然气项目，亚行提供 1.67 亿美元，预计亚投行提供 6,000 万美元。

344

业务总结

与 1997 – 2006 年的放贷额度相比，2007 – 2016 年的业务增加了一倍多——从 640 亿美元增加到 1,400 亿美元，其中 21% 是亚洲开发基金的业务。公共部门和政府担保贷款约占放贷总额的 86%，其余为非主权贷款。其中有两年的表现引人注目：第一是 2009 年，为应对全球金融危机，放贷批准增加了 39%；第二是 2015 年，在亚洲开发基金和普通资金合并获得批准后，放贷批准达到创纪录新高。

2015 年的放贷增加反映了借款国应对自然灾害的资金需求，包括 4 月的尼泊尔地震和 3 月的瓦努阿图热带风暴，以及应对哈萨克斯坦和蒙古国等国大宗商品价格下跌和金融市场波动的资金需求。特别是向哈萨克斯坦提供的 10 亿美元反周期支持贷款，旨在帮助该国政府稳定货币，减轻油价急剧下跌的影响。亚行向中国提供的第一笔政策性贷款——数额 3 亿美元——也在 2015 年获得批准，用以帮助解决环首都北京地区长期存在的空气污染问题。2016 年，亚行放贷继续扩大，达到创纪录的 175 亿美元。

从区域上说，亚行向南亚和东南亚提供贷款的份额在本十年是最高的（图 14.2）。东亚的份额从 1997 – 2006 年的 25% 下降到 2007 – 2016 年的 14%，这反映了在第四个十年里，亚行在向韩国提供紧急援助后（第十章）停止向韩国提供贷款。随着新的亚行成员（格鲁吉亚、哈萨克斯坦、吉尔吉斯斯坦和乌兹别克斯坦）成为经常借贷者，中亚和西亚的贷款份额增加。2007 – 2016 年期间，前五名借款国是印度（占贷款总额的 18%）、中国（13%）、巴基斯坦（9%）、越南（9%）和印度尼西亚（8%）。

2013 年，亚行董事会批准将文莱列为毕业国家。[①] 事实上，文莱自 2006 年成为亚行成员以来，从未向亚行借款。为签署谅解备忘录，中尾武彦于 2016 年 8 月访问文莱，会见了文莱苏丹和其他高级官员。备忘录确定双方继续在知识创造和能力开发领域开展合作，以提高教育质量、支持私营部门和扩大区域经济合作。

———————————

① 批准随 2016 年签署谅解备忘录生效。

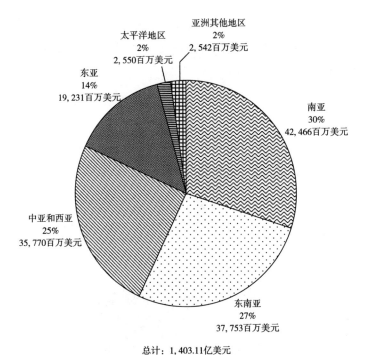

总计：1,403.11亿美元

图14.2　2007-2016年按地区划分的业务批准

注：区域细分基于亚行现行国别分组。业务批准包括贷款、赠款、股本投资和担保。数据截至2017年1月20日。

资料来源：亚行业务指示板，亚行战略与政策局。

业务的行业状态反映了亚行本十年的运作方向。2007-2016年，最重要的贷款领域仍然是基础设施，特别是交通与信息通信技术及能源（图14.3）。与食品安全相关的投资每年超过20亿美元。自2011年以来，亚行达到了每年20亿美元的清洁能源投资目标。

在2007-2016年期间，技术援助批准额约为15亿美元，略高于亚行第四个十年。其中62%分配给特定国家，其余资金用于区域技术援助工作。不包括区域技术援助，前五名受援国为中国（18%）、印度（10%）、越南（8%）、孟加拉国（6%）和巴基斯坦（6%）。与上个十年相比，农业援助比例进一步减少，最重要的技术援助行业是公共部门管理、交通与信息通信技术、多部门和能源。

亚行的员工和成员体也在增加。格鲁吉亚于2007年加入亚行，使亚行成员体增至67个（48个本地区成员体和19个非本地区成员体）。在2007-2016年期间，内部行政管理费用预算净额年增长率为7.4%，而

第四个十年为 5%。①截至 2016 年底，亚行共有来自 60 个成员体的
3,092 名工作人员，包括 1,110 名国际工作人员（包含管理层）和 1,982
名国家和行政工作人员。②

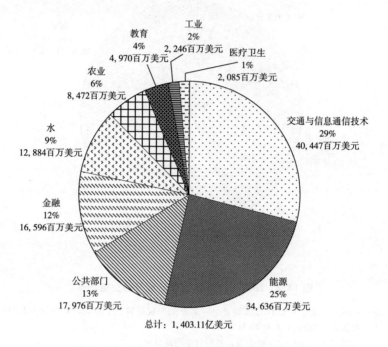

总计：1,403.11 亿美元

346

图 14.3　2007 – 2016 年按行业划分的业务批准

注：业务批准包括贷款、赠款、股本投资和担保。数据截至 2017 年 1 月 24 日。
资料来源：亚行业务指示板，亚行战略与政策局。

347

未来展望

2015 年，在于马尼拉举行的第十一次亚洲开发基金补充资金（ADF
12）第一次会议上，开始讨论亚行新的机构战略。在于巴库举行的 2015 年年
度会议上，中尾武彦说："我们将制订一个具体计划来扩大我们的业务范围，
并开始考虑一个超越《2020 战略》的新战略。"在普通资金与亚洲开发基金合

---

① 在 2010 – 2012 年，由于亚行新增 500 个职位，内部行政管理费用增长了 10% – 13%。
② 相比之下，在第四个十年结束时，亚行有来自 54 个成员体的 2,405 名工作人员（包括 861
名专业人员和 1,544 名支持人员）。

并之后，需要一种新的战略来指导亚行扩展业务。新的战略还将对新确定的可持续发展目标和 2015 年巴黎气候变化大会制定的目标做出回应。亚行还需要定位与新开发伙伴和新兴开发伙伴的关系，并确定如何最好地与中等收入国家合作。

与 2008 年确定的《2020 战略》所采用的方法不同，新的亚行机构战略预计不会区分核心行业和其他行业。2016 年 9 月，在于大雅台塔尔观景酒店（Taal Vista Hotel in Tagaytay）举行的董事会和管理层务虚会上，中尾武彦表示亚行不可能每年支持每个行业的每一个借款人，他认为亚行需要根据客户的需求为它们提供支持——尽可能考虑到亚行的财务资源和人力资源。

基于亚行的"家庭医生"文化，中尾武彦认为亚行作为本地区最重要的开发机构可以发挥更大的作用，作为可靠的财政专家、金融中介和区域合作协调者提供全面的服务。此外，该机构可以充当综合技术解决方案的提供者、良好政策的支持者和与民间社会组织、私营部门及其他发展伙伴合作的促进者。

亚行已采取措施，向行长中尾武彦提出的"更强、更好、更快"目标迈进。它仍然需要对亚洲这个世界上最具活力地区的重大问题做出应对。2016 年 7 月，中尾武彦提出了他的愿景声明，即寻求一个新的 5 年任期，为亚行设定 10 个优先事项。[①] 中尾武彦意图实现——甚至超越——亚行扩大的年度业务批准目标，并有效利用资源实现减贫和气候行动目标。他承诺支持重中之重的基础设施发展，扩大私营部门业务，并加强亚行作为知识机构的资质。

中尾武彦还承诺与国家领导人和其他当局保持高层对话。他将进一步改进亚行人力资源管理，包括提高流动性、促进性别平衡、确保文明的工作场所及培养创新文化和"一个亚行"方法。他还将通过谨慎、认真的行政预算管理，更精简的程序和更好的国家系统应用，更有效的信息技术系统，以及更强的组织适应能力，来保持亚行的高效。此外，亚行的薪酬和福利待遇应当具有足够竞争力，以吸引优秀人才，但亦应具有可持续性和公平性，符合亚行的使命和国际趋势。他将优先考虑制定一项新的长期战略。最后，他表示希望保持亚行的有力治理，包括与发展伙伴密切协调和加强对外关系。

这项由 2016 年 11 月 24 日连任亚行行长的中尾武彦确定的议程，将指导亚行新的机构战略及其在亚行第六个十年中的作用。

348

---

① Nakao, 2016, *Vision Statement for the New Term*.

表 14.3 1997 – 2016 年部分业务、机构和财务信息

	1997 – 2006 年 （第四个十年总计）	2006 年 （截至年底）	2016 年 （截至年底）	2007 – 2016 年 （第五个十年总计）
A. 业务亮点（百万美元）				
业务批准总额[a]	64,075	8,057	17,462	140,311
按资金来源				
普通资金	50,013	6,502	14,389	110,663
亚洲开发基金	14,062	1,554	3,073	29,648
按业务				
主权	60,042	7,096	14,960	120,902
非主权	4,033	960	2,502	19,409
技术援助批准[b]	1,383	148	162	1,540
技术援助项目	1,063	94	89	948
区域援助	320	54	72	593
未偿还贷款总额		47,714	94,914	
普通资金		26,192	67,547	
亚洲开发基金		21,522	27,367	
贷款和赠款支付总额	48,062	5,793	12,253	93,746
普通资金	36,551	4,420	9,763	71,433
亚洲开发基金	11,511	1,373	2,490	22,314
官方联合融资[c]	5,091	891	8,464	35,329
商业联合融资	642	315	5,596	32,972
B. 机构亮点				
员工信息				
员工总数		2,405	3,092	
国际员工[d]		861	1,110	
女性员工		1,358	1,804	
女性国际员工		249	375	
驻外办事处员工		474	753	
成员体		66	67	
驻外办事处		26	31	
内部行政管理费用预算(百万美元)	2,441	313	636	4,988
C. 财务亮点（百万美元）				
核定资本[e]		53,169	143,022	
认缴资本[e]		53,169	142,699	
实缴		3,740	7,154	
待缴		49,429	135,545	
借款	45,412	5,576	22,932	143,685

接下页

续表

注：

ᵃ 1997 年至 2016 年的数字基于贷款、赠款、股本投资和担保的批准总额。

ᵇ 技术援助业务仅包括技术援助特别基金和日本特别基金提供的赠款。

ᶜ 包括信托基金和贷款、赠款及技术援助的联合融资。

ᵈ 国际员工数据包括管理人员。

ᵉ 这些数值为根据 2006 年 12 月 31 日（对于 2006 年资本）和 2016 年 12 月 31 日（对于 2016 年资本）的美元/特别提款权兑换率折合的美元数。

资料来源：亚行年报，亚行预算、人事和管理系统局，亚行主计局，亚行战略与政策局，亚行贷款、技术援助、赠款和股本批准数据库，亚行联合融资数据库。

350　2005 年 3 月 9 日，亚行行长黑田东彦在印度尼西亚班达亚齐考察海啸造成的破坏。

2007 年 10 月 13 日，亚行行长黑田东彦在印度纳加伯蒂讷姆实地了解海啸紧急援助项目。

2008 年，亚行的一项赠款——农村电工培训计划——培训妇女为不丹的偏远村庄提供太阳能照明。这些妇女在 46 个村庄的 504 户家庭的屋顶安装太阳能电池板，为学生晚上学习和家庭做饭提供足够的照明。

印度尼西亚的
伊斯兰学校
(Madrasah) 教育
发展项目提高了许
多伊斯兰学校的教
学水平，升级了教
学设施，同时支持
教学世俗课程和
提高教师技能。
2009 年摄。

2009 年 8 月 3 日，
亚行的艾伦·李
（左）探访巴布亚
新几内亚高原地区
公路改善投资项目
的当地受益者。

亚行正在帮助乌兹
别克斯坦建设一座
800 兆瓦联合循环
燃气轮机发电厂，
以提高该国的电力
供应效率。这座新
设施位于塔什干西
南 440 公里处，
将通过清洁发电
提高能源效率。
2010 年 4 月 20
日摄。

352 2010 年 5 月 26 日，菲律宾马尼拉。亚行区域和可持续发展局局长姚先斌迎接联合国全球道路安全大使——女演员杨紫琼。

2010 年 9 月 30 日，蒙古国南部城镇赛音山达。22 岁妇女布尔玛·奈尔吉和她 2 岁的女儿比尔古恩在亚行资助的一个水站取水。

亚行经常为员工举办研讨会和知识论坛，以促进对区域和全球问题、机构挑战及其他重要问题的了解。图中讲话者为负责知识管理和可持续发展的亚行副行长厄休拉·谢弗－普雷乌斯。2011 年 6 月 28 日摄。

由私营部门业务局主导的泰国帖巴纳风电项目将通过增加可再生能源产能使泰国的能源结构多样化，帮助该国实现 2021 年 25% 的初级商业能源来自可再生能源的目标。2012 年 11 月 20 日摄。

越南河内地铁系统项目将在五个区提供综合性可持续公共交通。该项目于 2013 年开始。

2014 年 2 月 11 日，中尾武彦行长视察菲律宾莱特岛塔克洛班市遭受台风"海燕"（当地称为 Yolanda）袭击的一个地区。亚行提供了近 9 亿美元帮助菲律宾政府恢复受台风影响地区的基础设施。

2016年6月14日,缅甸首都内比都。亚行行长中尾武彦会见缅甸国务资政昂山素季。

亚行总部鸟瞰。右侧的太阳能电池板年发电量约817兆瓦时,占亚行总部每年用电总量的5%。2016年4月14日摄。

亚行董事会合影（2016 年 12 月 12 日摄）

后排从左到右分别是：副行长英格丽·范威斯，副行长迪瓦卡·古普塔，副行长张文才，副行长史蒂芬·格罗夫，副行长班庞·苏山多诺，副行长德博拉·斯托克斯，管理总干事胡安·米兰达。

中排从左到右分别是：副董事穆罕默德·萨米赛义德，副董事斯考特·道森，副董事田边将志（Masashi Tanabe），副董事约翰尼斯·施耐德，副董事潘文星，秘书长严友钟，副董事玛里奥·迪马约，副董事乔尔·斯特兰德，副董事菲利普·罗斯，副董事罗基亚·HJ·巴达尔，副董事迈克尔·斯特劳斯，副董事沙拉夫江·舍拉利耶夫。

前排从左到右分别是：董事保罗·多明格斯，董事马修·福克斯，董事长谷川光一（koichi Itasegawa），董事崔元莫（Won-Mok Choi），董事毛里齐奥·吉尔加，董事王忠晶，行长兼董事会主席中尾武彦，董事比曼塔拉·维迪亚加拉，董事大卫·默奇森，董事菲拉斯拉克·尤卡瑟姆旺，董事斯瓦蒂·丹德卡尔，董事卡沙特拉帕蒂·希瓦吉。（董事玛里奥·桑德尔不在照片中）

2016 年 4 月 20 日，亚行员工在总部直升机起降坪列队排出数字"50"造型，庆祝亚行成立 50 周年。

第十五章

尾声：展望未来50年

357   亚洲的发展格局过去几十年来发生了巨大变化。令人印象深刻的增长带来了同样令人印象深刻的减贫……但本地区在发展征程上任重道远……本地区很大一部分人每日生活费不到 2 美元，仍然极易受到外部冲击的影响……随着亚洲持续增长，必须更加注重环境可持续发展。

——中尾武彦
《亚行 2013 年年度报告》行长致辞

亚洲开发银行（亚行）于 50 年前的 1966 年 11 月 24 日成立。在于日本东京芝公园的东京王子大饭店举行的成立大会上，首任亚行理事们发表正式声明，阐述对这个新组织的期望，并选举渡边武为首任行长。日本首相佐藤荣作致开幕辞，对亚洲国家和地区领导人及非亚洲国家的代表表示欢迎。他把这次会议描述为"一个标志着亚洲历史上一个新时代辉煌开启的事件"。他说，设立一个区域开发银行是亚洲各地的夙愿，"这一愿望即将成为现实，本地区的人们对此深感欣慰"。[1]

展望未来，我们对亚太地区发展中国家的前景同样乐观。关于"亚洲世纪"的说法不绝于耳。在过去十年里，亚洲的增长对全球经济增长的贡献超过 50%。此外，亚行最近的一项研究《亚洲 2050：实现亚洲世纪》谈358   到该地区正在发生的历史性转变。该研究指出，如果亚洲的增长遵循最近的

---

① ADB，1967，*Inaugural Meeting*，9.

发展轨迹，到 2050 年人均收入会增长 6 倍（按购买力平价计算）。① 在这种情况下，全球国内生产总值中的亚洲份额将迅速上升，从 2010 年的 28% 左右上升到 2050 年的 50% 以上。一个合理的假设是，拥有世界一半人口的亚洲将重新获得在工业革命前所占有的主导经济地位。

然而，亚洲的崛起并非注定。亚行行长中尾武彦讨论过过去 50 年有利于亚洲发展和将赖以保持亚洲增长势头的 8 项政策。这些政策包括稳定的宏观经济管理，基础设施投资，医疗卫生和教育支出，以及持续促进开放贸易和投资体制。良好治理有助于促进增长；社会包容性和环境可持续性不仅可以提高经济成果的质量，而且是稳定和持续增长的基础；各国政府必须提供一个可信的国家愿景，以及实现这一愿景的战略。这些因素的基础是需要在整个亚洲地区和各国内部保持安全与政治稳定。如果出现不稳定或产生冲突，来之不易的增长和减贫成果就会很快化为乌有。②

亚洲国家必须保持和强化这些良好政策，并解决亚洲地区的许多遗留挑战和新挑战。贫困仍然存在。巨大的基础设施差距制约着经济发展、减贫和人民福祉。落实 2015 年联合国首脑会议通过的可持续发展目标和巴黎气候变化大会商定的气候变化行动是亚洲国家的共同优先事项。性别平等应该加强。亚洲还面临着城市化、老龄化、不平等扩大、健康问题和中等收入陷阱等挑战。应该进一步促进私营部门发展。亚洲应该调动更多的私人资源来满足其发展需要。

亚行应该在未来 50 年帮助各国解决这些问题。亚行应加强中尾行长在本书序言中提到的亚行三个主要成就领域的工作，即：向发展中国家提供资金与知识相结合的支持；促进良好政策；扩大区域合作项目。为有效地发挥这一作用，亚行应该不断自我完善。它应该拥有强大的金融资源，改进人力资源管理，根据在成员国的业务加强知识和技能，加快项目进程，以及更好地与包括民间社会组织在内的伙伴合作。

359

正如本书所讨论的，亚行过去 50 年来在应对本地区不断变化的需求中逐步发展。亚行是基于亚洲人民的共同愿望创建的，应该不辜负他们的期望。随着不断努力自我完善和发展，亚行作为本地区最重要的多边开发银行，未来 50 年将继续在建设充满活力的、包容的和可持续发展的亚太地区中发挥关键作用。

---

① Kohli, Sharma, and Sood, 2011, *Asia 2050：Realizing the Asian Century*, 47.

② Nakao, 2015, "Eight Conditions for Economic Development," *Nikkei Asian Review*.

参考文献

───── ᨳᠥᢈᢀᠥᣞ ─────

注：在编写本书过程中，查阅了大量各种各样的资料。文中引用的项目列在本参考文献中。此外，没有被直接引用的许多关于亚洲发展问题的研究也在此列入，这些研究虽然没有被直接引用，但它们是重要的参考资料，被用以帮助准备这项研究。

Abeyratne, S. 2002. *Economic Roots of Political Conflict: The Case of Sri Lanka*. https://taxpolicy.crawford.anu.edu.au/acde/asarc/pdf/papers/2002/WP2002_03.pdf

Adams, C., and L. Song. 2012. Asia's Emerging Financial Safety Net. In R. Pringle and N. Carver, eds. *RBS Reserve Management Trends 2012*. London: Central Banking Publications.

Ahluwalia, M. S. 1990. Policies for Poverty Alleviation. *Asian Development Review*. 8 (1). pp. 111–132.

Ahluwalia, M. S., L. H. Summers, A. Velasco, N. Birdsall, and S. Morris. 2016. *Multilateral Development Banking for This Century's Development Challenges: Five Recommendations to Shareholders of the Old and New Multilateral Development Banks*. Washington, DC: Center for Global Development.

Akamatsu, K. 1962. A Historical Pattern of Economic Growth in Developing Countries. *Journal of Developing Economies*. 1 (1). pp. 3–25.

Akiyama, T., and T. Nakao. 2006. Japanese ODA – Adapting to the Issues and Challenges of the New Aid Environment. *FASID Discussion Paper on Development Assistance*. No. 8. October.

Amerasinghe, N. 2011. *International Financial Institutions and Development in Asia*. Manila: Asian Institute of Management.

———. 2015. *Design, Appraisal, and Management of Sustainable Development Projects*. Manila: Asian Institute of Management.

Asia Society. 2005. Amartya Sen: What China Could Teach India, Then and Now. 17 February. http://asiasociety.org/amartya-sen-what-china-could-teach-india-then-and-now (accessed 22 January 2017).

Asian Development Bank (ADB). 1966. *Agreement Establishing the Asian Development Bank*. Manila.

———. 1967. *Inaugural Meeting of the Board of Governors, Tokyo, 24–26 November 1966*. Manila.

———. 1968. *Summary of the Proceedings of the First Annual Meeting of the Board of Governors*. Manila.

———. 1969. *Asian Agricultural Survey*. Tokyo: University of Tokyo Press published for the Asian Development Bank.

———. 1969. *The Doors Are Open: Selected Addresses by Takeshi Watanabe.* August. Manila: ADB Office of Information.

———. 1969. *Regional Seminar on Agriculture Papers and Proceedings.* Hong Kong, China.

———. 1970. Address by President Takeshi Watanabe delivered at the Third Annual Meeting of the ADB Board of Governors in Seoul, 9–11 April. *Summary of the Proceedings of the Third Annual Meeting of the Board of Governors (Seoul, 9–11 April).* Manila.

———. 1971. *Annual Report for 1970.* Manila.

———. 1971. *Southeast Asia's Economy in the 1970s.* London: Longman.

———. 1972. Opening Address by President Takeshi Watanabe delivered at the Fifth Annual Meeting of the ADB Board of Governors in Vienna, 20–22 April. Also in ADB, *Proceedings of the Fifth Annual Meeting* (1972).

———. 1972. *Summary of the Proceedings of the Fifth Annual Meeting of the Board of Governors (Vienna, 20–22 April).* Manila.

———. 1977. Address by President Taroichi Yoshida delivered at the 10th Annual Meeting of the ADB Board of Governors in Manila, 21–23 April. *Proceedings of the 10th Annual Meeting.*

———. 1977. *Asian Agricultural Survey 1976: Rural Asia: Challenge and Opportunity.* Manila.

———. 1978. *Program Lending.* R10-78. Manila.

———. 1979. *Environmental Considerations in Bank Operations.* WP6-79. Manila.

———. 1979. *Sector Paper on Agricultural and Rural Development.* Manila.

———. 1980. Address by President Taroichi Yoshida delivered at the 13th Annual Meeting of the ADB Board of Governors. Manila. 30 April–2 May 1980. *Proceedings of the 13th Annual Meeting,* 29.

———. 1980. *Sector Lending.* R52-80. Manila.

———. 1981. *Regional Energy Survey.* Manila.

———. 1982. Developing Asia: The Importance of Domestic Policies. *ADB Economic Staff Paper Series.* No. 9. Manila.

———. 1983. Address by President Masao Fujioka delivered at the 16th Annual Meeting of the ADB Board of Governors in Manila, 4–6 May. *Proceedings of 16th Annual Meeting* (1983).

———. 1983. *A Review of Lending Foreign Exchange for Local Currency Expenditures on Projects.* R1-83. Manila.

———. 1983. *A Review of Program Lending Policies.* R21-83. Manila.

———. 1983. *Study of Operational Priorities and Plans of the Asian Development Bank for the 1980s.* Manila.

———. 1984. *A Review of Sector Lending Operations.* R186-84. Manila.

———. 1985. *Role of Women in Development.* R56-85. Manila.

———. 1986. *Establishment of Bank Resident Offices in DMCs.* R108-86. Manila.

———. 1986. *Review of the Bank's Environmental Policies and Procedures.* R120-85. Manila.

———. 1986. *Role of Women in Development.* IN.67-86. Manila.

———. 1989. *Report of a Panel on the Role of the Asian Development Bank in the 1990s.* Manila.

———. 1989. *Recent Policy Reforms in India.* Manila.

———. 1990. *Asian Development Review.* 8 (1). Manila.

———. 1991. *ADF VI: Report of Donors.* Manila.

———. 1992. *The Bank's Medium-Term Strategic Framework.* Manila.

———. 1993. *A Graduation Policy for the Bank's DMCs.* Manila.

———. 1993. *The Strategic Context of Bank Involvement in the Telecommunications Sector.* Manila.

———. 1994. *Report of the Task Force on Improving Project Quality.* Manila.

———. 1995. *Asian Development Outlook 1995 and 1996.* New York: Oxford University Press.

———. 1995. *Bank Policy Initiatives for the Energy Sector.* Manila.

———. 1995. *Establishment of an Inspection Function.* Manila.

———. 1996. *Asian Development Outlook 1996 and 1997.* New York: Oxford University Press.

———. 1996. *Human Resources Strategy Paper.* IN.120-96. Manila.

———. 1997. *Emerging Asia: Changes and Challenges.* Manila.

———. 1998. *ADB Anticorruption Policy.* R89-98. Manila.

———. 1998. *The Bank's Policy on Gender and Development.* R74-98. Manila.

———. 1998. *Cooperation between the Asian Development Bank and Nongovernment Organizations.* R54-98. Manila.

———. 1998. *Country Assistance Program Evaluation in the People's Republic of China.* Manila.

———. 1998. *A Graduation Policy for the Bank's DMCs.* R204-98. Manila.

———. 1998. *Review of the Loan Terms for the Asian Development Fund.* R205-98. Manila.

———. 1999. *Fighting Poverty in Asia and the Pacific: The Poverty Reduction Strategy.* Manila.

———. 1999. *A Review of OCR Loan Charges.* R205-99. Manila.

———. 2000. *ADF VIII Donors' Report: Fighting Poverty in Asia. Seventh Replenishment of the Asian Development Fund (ADF VIII).* Manila.

———. 2000. *Cooperation with Japan: Japan Fund for Poverty Reduction.* Manila.

———. 2000. *Energy 2000: Review of the Energy Policy of the Asian Development Bank.* IN.282-00. Manila.

———. 2000. The Poverty Reduction Strategy of the Asian Development Bank. *Asian Development Outlook 2000*. Manila.

———. 2000. *Program Performance Audit: Financial Sector Program Loan (India)*. IN.47-00.

———. 2000. *Promoting Good Governance: ADB's Medium-term Agenda and Action Plan*. R229-00. Manila.

———. 2000. *Resident Mission Policy*. Manila.

———. 2000. *Rural Asia: Beyond the Green Revolution*. Manila.

———. 2000. *Special Evaluation Study Interim Assessment of ADB's Lending to Thailand during the Economic Crisis*. Manila.

———. 2001. *Moving the Poverty Reduction Agenda Forward in Asia and the Pacific: The Long-Term Strategic Framework of the Asian Development Bank (2001–2015)*. Manila.

———. 2001. *Policy on Performance-Based Allocation for Asian Development Fund Resources*. R29-01. Manila.

———. 2001. *Reorganization of the Asian Development Bank*. R152-01. Manila.

———. 2001. *Review of Asian Development Bank's Financial Loan Products*. Manila.

———. 2001. *Special Evaluation Study of the Asian Development Bank's Crisis Management Interventions in Indonesia*. Manila.

———. 2001. *Special Evaluation Study on Program Lending*. Manila.

———. 2003. *Enhancing the Independence and Effectiveness of the Operations Evaluation Department*. R263-03. Manila.

———. 2003. *Implementation of the Reorganization of the Asian Development Bank: A Review of Progress after One Year*. Manila.

———. 2003. *Review of the Inspection Function: Establishment of a New ADB Accountability Mechanism*. R79-03. Manila.

———. 2004. *Disaster and Emergency Assistance Policy*. R71-04. Manila.

———. 2004. *Eighth Replenishment of the Asian Development Fund and Third Regularized Replenishment of the Technical Assistance Special Fund*. R111-04. Manila.

———. 2004. *Human Resources Strategy*. Manila.

———. 2004. *Review of the Asian Development Bank's Policy on the Performance-Based Allocation of ADF Resources*. R249-04. Manila.

———. 2004. *Review of the Asian Development Bank's Poverty Reduction Strategy*. R95-04. Manila.

———. 2005. *Country Assistance Program Evaluation for Indonesia*. Manila.

———. 2005. *Innovation and Efficiency Initiative*. Manila.

———. 2005. *Private Sector Development*. Manila.

———. 2005. *Public Communications Policy*. Manila.

———. 2005. *Review of the Policy on Supplementary Financing: Addressing Challenges and Broader Needs.* R303-05. Manila.

———. 2006. *ADB Perceptions Survey: Multinational Survey of Opinion Leaders 2006.* https://www.adb.org/publications/adb-perceptions -survey-multinational-survey-opinion-leaders-2006

———. 2006. *ADB's Financing Partnership Strategy.* June.

———. 2006. *Enhancing Asian Development Bank Support to Middle-Income Countries and Borrowers from Ordinary Capital Resources.* Manila.

———. 2006. *Further Enhancing Country Strategy and Program and Business Processes.* Manila.

———. 2006. *An Introduction to Results Management: Principles, Implications, and Applications.* Manila.

———. 2006. *Medium-Term Strategy II, 2006–2008.* Manila.

———. 2006. *Membership of Brunei Darussalam and Increase in Authorized Capital Stock.* Manila.

———. 2006. *Program Performance Evaluation Report: Financial Sector Program (Republic of Korea) and Institutional Strengthening of the Financial Sector (Republic of Korea).* Manila.

———. 2006. *Regional Cooperation and Integration Strategy.* Sec.M30-06. Manila.

———. 2007. *Background Paper on ADB's Approach to Climate Change in Asian Development Fund Countries.* Manila.

———. 2007. *Country Assistance Program Evaluation for India.* Manila.

———. 2007. *Long-Term Strategic Framework: Lessons from Implementation (2001–2006).* Manila.

———. 2007. *Project Performance Evaluation Report on India: Gujarat Public Sector Resource Management Project.* Manila.

———. 2007. *Toward a New Asian Development Bank in a New Asia: Report of the Eminent Persons Group to the President of the Asian Development Bank.* Manila.

———. 2008. *Emerging Asian Regionalism: A Partnership for Shared Prosperity.* Manila.

———. 2008. *Special Report. Food Prices and Inflation in Developing Asia: Is Poverty Reduction Coming to an End?* Manila.

———. 2008. *Support for Financial Intermediation in Developing Member Countries.* ADB Evaluation Study. Manila.

———. 2008. *Strategy 2020: The Long-Term Strategic Framework of the Asian Development Bank, 2008–2020.* Manila.

———. 2009. *ADB's Response to the Global Economic Crisis: An Update.* Manila. August.

———. 2009. *Enhancing ADB's Response to the Global Economic Crisis: Establishing the Countercyclical Support Facility.* Manila.

———. 2009. *The Fifth General Capital Increase of the Asian Development Bank.* Manila.

———. 2009. *Reflections and Beyond.* Manila.

———. 2010. Address by President Haruhiko Kuroda delivered at the 43rd Annual Meeting of the ADB Board of Governors in Tashkent, Uzbekistan, 2 May.

———. 2010. *Institutions for Regional Integration: Toward an Asian Economic Community.* Manila.

———. 2010. *Key Indicators for Asia and the Pacific.* Special Chapter: The Rise of Asia's Middle Class. Manila.

———. 2011. *2011 Public Communications Policy of the Asian Development Bank: Disclosure and Exchange of Information.* Manila.

———. 2011. *Review of ADB's Policy-Based Lending.* Manila.

———. 2011. *Special Evaluation Study on Managing for Development Results.* Independent Evaluation Department. Manila.

———. 2011. *Updating the Third Gender Action Program (GAP III): GAP III Extension, 2011–2012.* Manila.

———. 2012. *Accountability Mechanism Policy 2012.* Manila.

———. 2012. *Evaluation Lessons of a Global Financial Crisis for Asia and ADB.* Independent Evaluation. Manila.

———. 2012. *Greater Mekong Subregion: Twenty Years of Partnership.* Manila.

———. 2012. *Piloting a Disaster Response Facility.* Manila.

———. 2012. *Review of the ADB Results Framework.* Manila.

———. 2013. Address by President Takehiko Nakao at the Opening of the 46th Annual Meeting of the Board of Governors in New Delhi, India, 4 May. Manila.

———. 2013. *Diversity and Inclusion Framework, 2013–2016.* Manila.

———. 2013. *Food Security in Asia and the Pacific.* Manila.

———. 2013. *Knowledge Management Directions and Action Plan (2013–2015): Supporting "Finance ++" at the Asian Development Bank.* Manila.

———. 2013. *Piloting Results-Based Lending for Programs.* Manila.

———. 2014. *ADB's Support for Inclusive Growth.* Thematic Evaluation Study. Manila.

———. 2014. *Midterm Review of Strategy 2020: Meeting the Challenges of a Transforming Asia and Pacific.* Manila.

———. 2014. Myanmar: Building the Foundations for Growth. Paper prepared for the ADF XI Midterm Review Meeting. Manila.

———. 2014. *Operational Plan for Integrated Disaster Risk Management, 2014–2020.* Manila.

———. 2014. *Summary of Stakeholder Consultations on the Strategy 2020 Midterm Review.* Manila.

———. 2015. *2014 Development Effectiveness Review.* Manila.

———. 2015. *Asian Development Fund X and XI Operations: Opportunity Amid Growing Challenges.* Manila.

———. 2015. *The Strategic Agendas in the Independent Evaluation Department's Review.* Manila.

———. 2015. *Thematic Evaluation Study on ADB's Efforts on Regional Cooperation and Integration.* Manila.

———. 2016. *Asian Development Bank–Japan Scholarship Program: 2014 Annual Report.* Manila.

———. 2016. *ADB Through the Decades.* Volumes 1 - 5. Manila. https://www.adb. org/publications/series/adb-through-the-decades

———. 2016. *Effectiveness of Asian Development Bank Partnerships.* Independent Evaluation Department Thematic Evaluation Study. Manila.

———. 2016. *Mapping Fragile and Conflict-Affected Situations in Asia and the Pacific: The ADB Experience.* Manila.

———. 2016. *Review of ADB's Lending Instruments for Crisis Response.* R52.16.

———. All years. *Annual Report.* Manila.

———. All years. *Asian Development Outlook.* Manila.

Asian Development Bank (ADB) and Asian Development Bank Institute (ADBI). 2009. *Infrastructure for a Seamless Asia.* Manila.

———. 2014. *ASEAN, PRC, and India: The Great Transformation.* Tokyo. Asian Development Bank (ADB) and Korea Capital Market Institute. 2014.

———. 2014. *Asian Capital Market Development and Integration: Challenges and Opportunities.* New Delhi: Oxford University Press.

Asian Development Bank Institute (ADBI). 2000. *High-Level Dialogue on Development Paradigms.* Proceedings on the 2nd anniversary of the ADB Institute, 10 December 1999. Tokyo.

———. 2009. *Recommendations of Policy Responses to the Global Financial and Economic Crisis for East Asian Leaders.* March. http://www.adb.org/documents/recommendations-policy-responses-global-financial-and-economic-crisis-east-asian-leaders

———. 2010. *Policy Recommendations to Secure Balanced and Sustainable Growth in Asia.* http://www.adb.org/sites/default/files/institutional-document/159295/adbi-sustainable-growth-asia.pdf

Balisacan, A. M., and H. Hill. 2007. *The Dynamics of Regional Development: The Philippines in East Asia.* Cheltenham, UK: ADB Institute and Edward Elgar.

Behrman, G. 2007. *The Most Noble Adventure.* New York: Free Press.

Bernanke, B. 2004. The Great Moderation. Remarks by Governor Ben S. Bernanke at the meetings of the Eastern Economic Association in Washington, DC, 20 February. https://www.federalreserve.gov/BOARDDOCS/SPEECHES/2004/20040220/ (accessed 15 September 2015).

Birdsall, N., S. Morris, and E. Rueda-Sabater. 2014. *Review of "Enhancing ADB's Financial Capacity to Achieve the Long-Term Strategic Vision for the ADF."* Washington, DC: Center for Global Development. http:// www.cgdev.org/sites/default/files/CGD-Assessment-Birdsall-MorrisRuedaSabater-ADB.pdf

Blanchard, O. J., and J. A. Simon. 2001. The Long and Large Decline in US Output Volatility. *Brookings Papers on Economic Activity.* 1. pp. 135–164.

Blustein, P. 2001. *The Chastening: The Crisis That Rocked the Global Financial System and Humbled the IMF.* Cambridge, MA: The Perseus Books Group.

Booth, A. 2016. *Economic Change in Modern Indonesia: Colonial and Post-colonial Comparisons.* Cambridge, UK: Cambridge University Press.

Borlaug, N. E. 1996. *The Green Revolution: Past Success and Future Challenges.* Convocation address at the 34th Indian Agricultural Research Institute in New Delhi, India.

Bouvery, P., J. Perumalpillai-Essex, K. Senga, K. Sophestienphong, and J. Sparrow. ADB@50—The Young Professional Program (YPP): The Beginning. Unpublished essay prepared as part of contribution of former ADB staff to the ADB@50 History Book.

Burki, S. J. 1990. Development Strategies for Poverty Alleviation. *Asian Development Review.* 8 (1). pp. 1–17.

Buu, H. 1972. Farewell Speech in Honor of President Watanabe. Manila. 23 November.

Byung-il, C., and C. Rhee. 2014. *Future of Factory Asia.* Manila: ADB and Seoul: Korea Economic Research Institute.

Cammack, D., D. McLeod, and A. Menocal with K. Christiansen. 2006. Donors and the "Fragile States" Agenda: A Survey of Current Thinking and Practice. Report submitted to the Japan International Cooperation Agency.

Center for Global Prosperity. 2013. *The Index of Global Philanthropy and Remittances with a Special Report on Emerging Economies.* Washington, DC: Hudson Institute.

Chalkley, A. 1977. *Asian Development Bank: A Decade of Progress.* Manila: ADB.

Cline, W. R. 1989. The Baker Plan: Progress, Shortcoming, and Future. *International Economics Department, Policy, Planning, and Research Working Papers.* Washington, DC: World Bank. http://www-wds.worldbank.org/external/default/WDSContentServer/WDSP/IB/1989/08/01/000009265_3960928040356/Rendered/PDF/multi0page.pdf

Commonwealth Secretariat. 1980. *The World Economic Crisis: A Commonwealth Perspective*. London.

Culpeper, R. 1997. *Titans or Behemoths? The Multilateral Development Banks, Volume 5*. Ottawa, Canada: The North–South Institute.

Danaher, K. 1994. *50 Years Is Enough: The Case against the World Bank and the International Monetary Fund*. Boston, MA: South End Press.

de Wilde, T., P. Defraigne, and J. C. Defraigne. 2012. *China, the European Union and the Restructuring of Global Governance*. Cheltenham, UK: Edward Elgar.

Desai, M. 2003. *India and China: An Essay in Comparative Political Economy*. Paper presented at an International Monetary Fund conference in New Delhi, November.

Djiwandono, J. S. 2000. Bank Indonesia and the Recent Crisis. *Bulletin of Indonesian Economic Studies*. 36 (1). pp. 47–72.

———. 2005. *Bank Indonesia and the Crisis: An Insider's View*. Singapore: Institute of Southeast Asian Studies.

Du, R. 2006. *The Course of China's Rural Reform*. Washington, DC: International Food Policy Research Institute.

Erquiaga, P. 2016. *A History of Financial Management at the Asian Development Bank: Engineering Financial Innovation and Impact on an Emerging Asia*. Manila: ADB.

Findlay, R. 1984. Trade and Development: Theory and Asian Experience. *Asian Development Review*. 2 (2). pp. 23–42.

Fujioka, M. 1986. *Ajia Kaigin sosai nikki: manira e no sato-gaeri* [ADB President's Diary: Return to Manila]. Tokyo: Toyo keizai shimposha. (Translated into English in 2016.)

———. 1989. Development Strategies for Growth with Equity. Speech at the First Round Table on Development Strategies in Manila, 10 January.

Fukuyama, F. 1992. *The End of History and the Last Man*. New York, NY: Free Press.

Furuoka, F., M. Oishi, and I. Kato. 2010. *From Aid Recipient to Aid Donor: Tracing the Historical Transformation of Japan's Foreign Aid Policy*. http://www.japanesestudies.org.uk/articles/2010/FuruokaOishiKato.html

Gang, F., D. H. Perkins, and L. Sabin. 1997. People's Republic of China: Economic Performance and Prospects. *Asian Development Review*. 15 (2). pp. 43–85.

Geyelin, P. 1966. *Lyndon B. Johnson and the World*. New York: Praeger.

Government of Japan, Ministry of Foreign Affairs. 2016. Overview of Official Development Assistance (ODA) to China. February. http://www.mofa.go.jp/policy/oda/region/e_asia/china/index.html (accessed 12 January 2017).

Government of Sweden, Ministry for Foreign Affairs. 1999. *Our Future with Asia: Proposal for a Swedish Asia Policy.* The Asia Strategy Project. Stockholm.

Government of the United Kingdom, Secretary of State for Foreign and Commonwealth Affairs. 1974. *Second Nam Ngum Development Fund Agreement, 1974.* Treaty Series. No. 45. London.

Government of the United States. 1966. Special Message to the Congress Recommending Approval of US Participation as a Member Nation in the Asian Development Bank. 28 January. *Public Papers of the Presidents of the United States: Lyndon B. Johnson.* Washington, DC.

Government of the United States, United States Senate, Committee on Foreign Relations. 1967. *Asian Development Bank Special Funds Hearing before the Committee on Foreign Relations United States Senate, Ninetieth Congress First Session on S. 2479 to Authorize the Appropriation of $200,000,000 for a United States Contribution to Multilateral Special Funds of the Asian Development Bank.* 3 October. Washington, DC: US Government Printing Office.

Gozum, G. B. 2013. Cornelio Balmaceda—*A Legacy of Honor and Integrity.* Manila: Cornelio Balmaceda Foundation.

Grenville, S. 2004. *The IMF and the Indonesian Crisis.* IEO Background Paper. Washington, DC: International Monetary Fund, Independent Evaluation Office. http://www.ieo-imf.org/ieo/files/completedevaluations/BP043. pdf

Gyohten, T. 2007. The Future of Asia. In I. Gill, Y. Huang, and H. Kharas, eds. *East Asia Visions: Perspectives on Economic Development.* Washington, DC: World Bank and Singapore: Institute of Policy Studies.

Hamada, M. 2003. Transformation of the Financial Sector in Indonesia. *Institute of Developing Economies Research Paper.* No. 6. Tokyo: Institute of Developing Economies.

Hamanaka S. 2009. Re-considering Asian Financial Regionalism in the 1990s. *ADB Working Paper Series on Regional Economic Integration.* No. 26. Manila: ADB.

Harris, S. 2014. *China's Foreign Policy.* Cambridge, UK: Polity Press.

Higgins, B. 1959. *Economic Development: Principles, Problems, and Policies.* New York, DC: W. W. Norton.

Hofman, B., and J. Wu. 2009. Explaining China's Development and Reforms. *Working Paper No. 50 Commission on Growth and Development.* Washington, DC: World Bank on behalf of the Commission on Growth and Development.

Huang, P. W. 1975. *The Asian Development Bank: Diplomacy and Development in Asia.* New York, NY: Vantage Press.

Huang, Y. 2010. China Boom: Rural China in the 1980s. Essays: The China Book Project. The Asia Society Center on US–China Relations. http://chinaboom.asiasociety.org/essays/detail/212

Hughes, H. 1971. The Manufacturing Sector. In ADB, *Southeast Asia's Economy in the 1970s.*

———. 1995. Why Have East Asian Countries Led Economic Development? *The Economic Record.* 71 (212). pp. 88–104.

Ichimura, S. 1998. *Political Economy of Japanese and Asian Development.* Tokyo: Springer.

Inoue, S. 1975. Bangladesh: Statement to Press. Statement on the occasion of his visit to Bangladesh. 6 May.

International Monetary Fund (IMF). 1998. *Indonesia—Memorandum of Economic and Financial Policies.* Jakarta. 15 January. http://www.imf.org/external/np/loi/011598.htm

———. 2003. *The IMF and Recent Capital Account Crises: Indonesia, Korea, Brazil.* Washington, DC.

———. 2006. People in Economics: The Quiet Integrationist. *Finance and Development.* 43 (1).

———. 2010. *Regional Economic Outlook: Asia and Pacific. Leading the Global Recovery: Rebalancing for the Medium Term.* Washington, DC.

———. At a Glance—China and the IMF. https://www.imf.org/external/country/chn/rr/glance.htm (accessed 30 January 2017).

International Rivers, Mekong Watch, Focus on the Global South, CEE Bankwatch, NGO Forum on ADB, and Both ENDS. 2015. Development Banks Urged to Review Support for Mekong Dams, 10 Years after Nam Theun 2. Press release. 1 April. http://www.bothends.org/uploaded_files/inlineitem/2Press_release_-_Dev_Banks_Should_Review_Support_for.pdf

James, W. E., S. Naya, and G. M. Meier. 1987, *Asian Development Economic Success and Policy Lessons.* Madison, WI: University of Wisconsin Press.

———. 1988. *Executive Summary: Asian Development: Economic Success and Policy Lessons.* Madison, WI: University of Wisconsin Press.

Japan External Trade Organization (JETRO). Japanese Trade and Investment Statistics. https://www.jetro.go.jp/en/reports/statistics

Johnson, L. B. 1965. Statement by the President Following a Meeting with Eugene Black to Discuss Economic Progress in Southeast Asia. 20 April. Online by G. Peters and J. T. Woolley, *The American Presidency Project.* http://www.presidency.ucsb.edu/ws/?pid=26906

Jolly, R., L. Emmerij, and T. G. Weiss. 2005. *The Power of UN Ideas: Lessons from the First 60 Years.* New York, NY: United Nations Intellectual History Project.

Kanbur, R., and A. Sumner. 2012. Poor Countries or Poor People? Development Assistance and the New Geography of Global Poverty. *Journal of International Development*. 24 (6). pp. 686–695.

Kasahara, S. 2004. *The Flying Geese Paradigm: A Critical Study of Its Application to East Asian Regional Development*. Discussion Paper. No. 169. Geneva, Switzerland: United Nations Conference on Trade and Development.

Kawai, M. 2015. From the Chiang Mai Initiative to an Asian Monetary Fund. *ADBI Working Paper Series*. No. 527. Tokyo: Asian Development Bank Institute.

Kawai, M., P. J. Morgan, and P. B. Rana. 2014. *New Global Economic Architecture: The Asian Perspective*. ADBI Series on Asian Economic Integration and Cooperation. Cheltenham, UK: Edward Elgar.

Kenny, C. 2015. MDGs to SDGs: Have We Lost the Plot? Centre for Global Development Essays. 27 May. http://www.cgdev.org/publication/mdgs-sdgs-have-we-lost-plot

Kharas, H. 2007. *The New Reality of Aid*. Washington, DC: Wolfensohn Center for Development at Brookings.

———. 2010. The Emerging Middle Class in Developing Countries. *Development Center Working Papers*. No. 295. Paris: OECD Publishing.

———. 2016. What Does Brexit Mean for Poor People? *Future Development*. 24 June. https://www.brookings.edu/blog/future-development/2016/06/24/what-does-brexit-mean-for-poor-people/

Kharas, H., and A. Rogerson. 2012. *Horizon 2025: Creative Destruction in the Aid Industry*. London: Overseas Development Institute.

Kohli, H. S., A. Sharma, and A. Sood. 2011. *Asia 2050: Realizing the Asian Century*. New Delhi: Sage.

Krishnamurti, R. 1977. *ADB: The Seeding Days*. Manila: ADB.

Krueger, A. O. 1995. East Asian Experience and Endogenous Growth Theory. In T. Ito and A. O. Krueger, eds. *Growth Theories in Light of the East Asian Experience*. Chicago, IL: University of Chicago Press.

Krugman, P. 1994. The Myth of Asia's Miracle. *Foreign Affairs*. 73 (6). pp. 62–78. In Kumar, D., ed. 1984. *The Cambridge History of India 1757–1970*. Cambridge, UK: Cambridge University Press.

Lee, B. S. 1998. *An Asian View of Asia's Crisis*. Remarks of Vice-President Bong Suh Lee at the SIT Investment Associates Annual Client Workshop in California, 14 February.

Lee, H., and C. Rhee. 2012. Lessons of China's Transition to a Market Economy. *ADB Economics Working Paper Series*. No. 298. Manila: ADB.

Lin, J. Y., F. Cai, and Z. Li. 1996. The Lessons of China's Transformation to a Market Economy. *Cato Journal*. 16 (2). pp. 201–231.

Lindblad, J. T. 1997. Survey of Recent Developments. *Bulletin of Indonesian Economic Studies*. 33 (2). pp. 3–33.

Lipscy, P. Y. 2003. Japan's Asian Monetary Fund Proposal. *Stanford Journal of East Asian Affairs*. 3 (1). pp. 93–104.

Maddison, A. 2001. *The World Economy: A Millennial Perspective*. Paris: Development Studies Centre, Organisation for Economic Co-operation and Development.

———. 2013. The Maddison-Project. http://www.ggdc.net/maddison/maddison-project/home.htm

Manish, G. P. 2011. Central Economic Planning and India's Economic Performance, 1951–1965. *The Independent Review*. 16 (2). pp. 199–219. http://www.independent.org/pdf/tir/tir_16_02_3_manish.pdf

Meier, G. M. 2005. *Biography of a Subject: An Evolution of Development Economics*. New York, NY: Oxford University Press.

Milanovic, B. 2016. *Global Inequality: A New Approach for the Age of Globalization*. Cambridge, MA: Harvard University Press.

Mishan, E. 1966. *The Costs of Economic Growth*. London: Staples Press.

Miyazawa, K. 1998. *Towards a New International Financial Architecture*. Speech by Mr. Kiichi Miyazawa, the Minister of Finance, at the Foreign Correspondents' Club of Japan, 25 December. http://www. mof.go.jp/english/international_policy/new_international_financial_ architecture/e1e057.htm (accessed 21 August 2016).

———. 2000. Introduction: Postcrisis Development Paradigms. *High-Level Dialogue on Development Paradigms*. Tokyo: ADB Institute.

Morita. N. 2012. The Greater Mekong Subregion: My Memories and Expectations. In *Greater Mekong Subregion: Twenty Years of Partnership*. Manila: ADB.

Myint, H. 1971. Part One. Overall Report by Hla Myint. *Southeast Asia's Economy in the 1970s*.

Myint, H. 1972. *Southeast Asia's Economy in the 1970s*. London: Longman.

Myrdal, G. 1968. *Asian Drama: An Inquiry into the Poverty of Nations*. New York, NY: Pantheon.

———. 1970. The *"Soft State"* in Undeveloped Countries. In P. Streeten, ed. *Unfashionable Economics: Essays in Honour of Lord Balogh*. London: Weidenfeld and Nicolson.

Nakao, T. 2015. Eight Conditions for Economic Development. *Nikkei Asian Review*. 5 February. http://asia.nikkei.com/Viewpoints-archive/Perspectives/Eight-key-conditions-for-economic-development

———. 2016. Vision Statement for the New Term. 1 July. Manila. https://www.adb.org/sites/default/files/related/44029/Re-election-Vision-Statement-by-Takehiko-Nakao.pdf (accessed 30 August 2016).

———. 2017. ADB's New Strategy in Asia: Helping Build Quality Infrastructure at Scale. Manila. https://www.adb.org/news/op-ed/adbs-new-strategy-asia-helping-build-quality-infrastructure-scale

The Nation. 2015. Ten Years after Nam Theun 2, Development Banks Back in Spotlight. 8 April. http://www.nationmultimedia.com/opinion/Ten-years-after-NAM-THEUN-2- development-banks-back-30257606.html

Naya, S. 1983. Asian and Pacific Developing Countries: Performance and Issues. *Asian Development Review.* 1 (1). pp. 1–40.

Naya, S., and W. James. 1982. Developing Asia: The Importance of Domestic Policies. *ADB Economic Staff Paper.* No. 9. Manila: ADB.

Nekkers, J. A., and P. A. Malcontent, eds. 2000. *Fifty Years of Dutch Development Cooperation: 1949–1999.* The Hague: Sdu Publishers.

Organisation for Economic Co-operation and Development (OECD). 1991. *Development Co-operation.* Annual report of the Development Assistance Committee. Paris.

———. 2009. *Managing for Development Results.* Policy Brief. Paris. http://www.oecd.org/regional/searf2009/42577005.pdf

———. 2011. *The OECD at 50: Development Cooperation Past, Present, and Future.* In *Development Co-operation Report 2011: 50th Anniversary Edition.* Paris. http://dx.doi.org/10.1787/dcr-2011-7-en

Orr, R.M. 1990. *The Emergence of Japan's Foreign Aid Power.* New York, NY: Columbia University Press.

Oshima, H. T. 1990. Employment Generation: The Long-Term Solution to Poverty. *Asian Development Review.* 8 (1). pp. 44–70.

———. 1993. *Strategic Processes in Monsoon Asia's Economic Development.* Baltimore: Johns Hopkins University Press.

Panagariya, A. 2001. India's Economic Reforms: What Has Been Accomplished? What Remains to Be Done? *ADB Economics and Research Department Policy Brief.* No. 2. Manila: ADB.

Pangestu, M., and M. Habir. 2002. The Boom, Bust, and Restructuring of Indonesian Banks. *IMF Working Paper.* WP/02/66. Washington, DC: International Monetary Fund. https://www.imf.org/external/pubs/ft/wp/2002/wp0266.pdf (accessed 31 July 2016).

Payne, J. 2009. JP on Presidents Sato and Chino. *ADB Reflections and Beyond.*

Piketty, T. 2014. *Capital in the Twenty First Century.* Translated by Arthur Goldhammer. Cambridge, MA: The Belknap Press of Harvard University Press.

Prasad, E., R. Rajan, and A. Subramanian. 2007. The Paradox of Capital. *Finance and Development.* 44 (1).

Project Syndicate. 2016. Globalization RIP? https://www.project-syndicate.org/onpoint/globalization-rip-2016-08

Purdue, B. 2009. BP on President Sato. In, *ADB Reflections and Beyond.*

Rodrik, D. 1999. The New Global Economy and Developing Countries: Making Openness Work. Policy Essay No. 24. Washington, DC: Overseas Development Council.

———. 2008. The New Development Economics: We Shall Experiment, but How Shall We Learn? *Faculty Research Working Paper Series.* HKS Working Paper. No. RWP08-055. Cambridge, MA: John F. Kennedy School of Government, Harvard University.

Rogers, J. 1985. The Problem Is, They Don't Understand Business. *Asian Finance.* 15 April.

Roy, B. 1985. The Struggle of Mr. Fujioka. *Asian Finance.* 15 April.

Sakakibara, E. 1999. *Reform of the International Financial System.* Speech by Dr. Eisuke Sakakibara at the Manila Framework Meeting in Melbourne, 26 March.

Sato, M. 1995. Keynote Address by Mitsuo Sato, President, Asian Development Bank, to Seventh Annual PACAP Finance Conference. Capital Market Development in Asia and the Initiatives of the Asian Development Bank. 7 July. Manila.

———. 1998. The Asian Development Bank View. *Asian Affairs.* 1 (4).

———. 1998. The Workers of Asia Need Social Security Systems. *International Herald Tribune.* 16 March.

———. 1999. Capital Flow Reversal, Not Cronyism, Caused Asian Financial Crisis. *The Korea Herald.* 27 October.

Schenk, C. 2002. *Hong Kong as an International Financial Centre: Emergence and Development, 1945–1965.* London and New York: Routledge.

Schulz, G. 1993. *Farewell Address.* Remarks delivered by Vice-President Günther Schulz on the occasion of the staff's farewell ceremony for President Kimimasa Tarumizu. 23 November.

Sherk, D.R. 2008. Multilateralism and United States Foreign Economic Policy. *Kansas Journal of Law and Public Policy.* XVII (2). pp. 273–284.

Sicat, G. P. 2014. *Cesar Virata: Life and Times: Through Four Decades of Philippine Economic History.* Diliman, Quezon City: The University of the Philippines Press.

Singh, M. 1970. Regional Development Banks. *International Conciliation.* 576. January.

Sivasubramonian, S. 2001. Twentieth Century Economic Performance of India. In Maddison, *The World Economy.*

Soesastro, H., and M. C. Basri. 1998. Survey of Recent Developments. *Bulletin of Indonesian Economic Studies.* 33 (2). pp. 3–54.

Stiglitz, J. 2002. *Globalization and Its Discontents*. New York and London: W. W. Norton.

———. 2016. Globalization and Its New Discontents. Project Syndicate. https://www.project-syndicate.org/commentary/globalization-new-discontents-by-joseph-e--stiglitz-2016-08

Sullivan, P. H. 1999. Remarks by Peter H. Sullivan Vice-President, Asian Development Bank at the Bank's Official Farewell to President Mitsuo Sato, Auditorium, Bank Headquarters, 14 January.

Sumulong, L., and F. Zhai. 2008. Asian Workers on the Move. *Asian Development Outlook 2008*. Manila: ADB.

Sussangkarn, C. 2010. The Chiang Mai Initiative Multilateralization: Origin, Development, and Outlook. *ADBI Working Paper Series*. No. 230. Tokyo: Asian Development Bank Institute.

Tarumizu, K. 1989. Speech to Staff by President Kimimasa Tarumizu on the Occasion of the Bank's Annual Celebration and Presentation of Service Awards, Manila, 19 December.

Tsusaka, A. 1984. South Pacific Developing Countries: Development Issues and Challenges. *Asian Development Review*. 2 (1). pp. 65–81.

United Nations. 1958. *Economic Survey of Asia and the Far East*. Bangkok. www.unescap.org/publications/survey/surveys/survey1957-1.pdf

———. 1963. *Economic Survey of Asia and the Far East*. Bangkok. http://www.unescap.org/publications/survey/surveys/survey1964-1.pdf (accessed 26 May 2016).

———. 1971 *General Assembly Session 26 Resolution 2758. Restoration of the Lawful Rights of the People's Republic of China in the United Nations A/RES/2758(XXVI)* 25 October. http://www.un.org/ga/search/view_doc.asp?symbol=A/RES/2758(XXVI) (accessed 30 January 2017).

———. 1980. *Economic and Social Survey of Asia and the Pacific 1979*. Bangkok.

———. 1998. *Kyoto Protocol*. http://unfccc.int/kyoto_protocol/items/2830.php

United Nations Economic and Social Commission for Asia and the Pacific. 1978. *Economic and Social Survey of Asia and the Pacific 1977*. Bangkok.

———. 2014. *Asia and the Pacific: A Story of Transformation and Resurgence*. Bangkok.

Vientiane Times. 2000. 7 (36). 9–11 May.

Vikraman, S. 2016. 25 Years On, Manmohan Singh Has a Regret: In Crisis, We Act. When It's Over, Back to Status Quo. *India Express*. 6 July.

Villafuerte, J., and J. T. Yap. 2015. Managing Capital Flows in Asia: An Overview of Key Issues. *ADB Economics Working Paper Series*. No. 464. Manila.

Wanandi, J. 2012. *Shades of Grey: A Political Memoir of Modern Indonesia*. Singapore: Equinox.

Wang, H. S. 2007. *ABA Journal.* XXII (2). pp. 1–14.

Watanabe, T. 1966. Pattern for Prosperity. In ADB, *Inaugural Meeting of Board of Governors.*

———. 1977, reprinted 2010. *Towards a New Asia.* Manila: ADB.

Wihtol, R. 1988. *The Asian Development Bank and Rural Development: Policy and Practice.* Hampshire, UK: Macmillan Press.

Wilson, D. 1987. *A Bank for Half the World: The Story of the Asian Development Bank, 1966–1986.* Manila: ADB.

World Bank. 1993. *The East Asian Miracle: Economic Growth and Public Policy.* New York, NY: Oxford University Press.

———. 1996. *Serving a Changing World: Report of the Task Force on Multilateral Development Banks.* Washington, DC: Development Committee, Task Force on Multilateral Development Banks.

———. 1998. *Assessing Aid: What Works, What Doesn't, and Why.* New York, NY: Oxford University Press.

———. 2001. *World Development Report 2000/2001: Attacking Poverty.* New York, NY: Oxford University Press.

———. 2007. *Aid Architecture: An Overview of the Main Trends in Official Development Assistance Flows.* Washington, DC: International Development Association.

———. 2008. *The Growth Report: Strategies for Sustained Growth and Inclusive Development.* Washington, DC: Commission on Growth and Development. https://openknowledge.worldbank.org/handle/10986/6507

Yasutomo, D. T. 1983. *Japan and the Asian Development Bank.* New York, NY: Praeger.

Yoshida, T. 1977. Address at the 10th ADB Annual Meeting of the Board of Governors. Manila. 21–23 April.

———. 1978. *ADB at the Sub-Regional Seminar on the Second Asian Agricultural Survey.* Speech delivered at the Sub-Regional Seminar on the Second Asian Agricultural Survey in Manila/Los Baños, 9–13 January.

———. 1980. Address by President Taroichi Yoshida delivered at the 13th Annual Meeting of the ADB Board of Governors. Manila. 30 April–2 May 1980. Also in ADB, Proceedings of the 13th Annual Meeting, 29.

Yoshitomi, M., and ADBI Staff. 2003. *Post-crisis Development Paradigms in Asia.* Tokyo: Asian Development Bank Institute.

附　录

---❀❀❀---

1. 亚洲区域概况 380

表 A1.1　总人口

表 A1.2　国内生产总值

表 A1.3　人均国内生产总值

表 A1.4a　农业增加值

表 A1.4b　工业增加值

表 A1.4c　服务业增加值

表 A1.5　商品和服务出口

表 A1.6　商品和服务进口

表 A1.7　贫困和不平等

表 A1.8　出生时预期寿命

表 A1.9　5 岁及以下儿童死亡率

表 A1.10　调整后的男女儿童小学净入学率

2. 亚行机构、业务和财务概要

表 A2.1　本地区成员体和非本地区成员体获得成员资格的年份

表 A2.2　认缴资本份额和投票权份额

表 A2.3　历年董事会选区

表 A2.4　董事及其所代表成员

表 A2.5　历任行长

表 A2.6　历届年会时间和地点

表 A2.7　工作人员

表 A2.8　历年工作人员数量（截至当年年底）和内部行政管理费用预算

表 A2.9　设立驻外办事处

表 A2.10　2012－2016 年部分财务亮点

表 A2.11　1967－2016 年按成员体和按十年段划分的业务批准

表 A2.12　1967－2016 年按资金来源和类型划分的业务批准

表 A2.13　贷款和赠款支付与未偿还贷款额

表 A2.14　普遍增资和资本构成

表 A2.15　成员体给亚洲开发基金补充资金的捐款

表 A2.16　亚洲开发基金补充资金与资金来源

381　表 A2.17　亚洲开发基金补充资金历程

表 A2.18a　1967－2016 年来自双边合作伙伴的官方联合融资

表 A2.18b　1967－2016 年来自多边机构的官方联合融资

表 A2.18c　1967－2016 年来自私人基金会的官方联合融资

表 A2.19　在用和封停的信托基金和特别基金一览

表 A2.20　历年新借款

表 A2.21　第一个组织结构（1966 年）

表 A2.22　2016 年的组织结构

表 A2.23　亚行行业小组和专题小组

3. 亚行"亚洲开发基金"与"普通资金"合并的影响及亚行的财务报表

表 A3.1　亚洲开发银行普通资金接收来自亚洲开发基金的资产转移的影响汇总

表 A3.2　亚洲开发银行亚洲开发基金向普通资金进行资产转移的影响汇总结

表 A3.3　转移到普通资金的亚洲开发基金资产的资金来源比例份额

4. 20 世纪 50 年代至 2016 年亚行大事年表

1. 亚洲区域概况

表 A1.1　总人口（年中）[a]

381

单位：百万人

本地区成员	1966 年	1976 年	1986 年	1996 年	2006 年	2015 年
发展中成员体						
中亚和西亚[b]	**102.9**	**132.4**	**167.8**	**212.3**	**256.1**	**305.3**
阿富汗	10.1	12.8	11.4	17.5	25.2	28.6
亚美尼亚	2.3	2.9	3.4	3.2	3.0	3.0
阿塞拜疆	4.7	5.8	6.8	7.8	8.5	9.7
格鲁吉亚[c]	4.0	4.3	4.7	4.6	4.1	3.7
哈萨克斯坦	11.9	13.9	15.6	15.6	15.3	17.5
吉尔吉斯斯坦	2.7	3.4	4.1	4.6	5.2	5.9
巴基斯坦	52.2	68.8	95.2	125.7	156.5	191.7
塔吉克斯坦	2.6	3.5	4.7	5.9	6.9	8.6
土库曼斯坦	1.9	2.6	3.3	4.3	4.8	5.4
乌兹别克斯坦	10.6	14.4	18.6	23.2	26.5	31.3
东亚[b]	**784.2**	**988.9**	**1,134.9**	**1,293.3**	**1,391.6**	**1,459.0**
中国	735.4	930.7	1,066.8	1,217.6	1,311.0	1,374.6
中国香港	3.6	4.5	5.5	6.4	6.9	7.3
韩国	29.4	35.8	41.2	45.5	48.4	50.6
蒙古国	1.1	1.5	2.0	2.3	2.6	3.0
中国台北	14.6 （1970 年）	16.3	19.3	21.4	22.8	23.5
南亚[b]	**589.0**	**736.9**	**929.0**	**1,141.2**	**1,353.2**	**1,491.0**
孟加拉国	57.7	72.9	95.6	121.0	144.8	157.9
不丹	0.3	0.4	0.5	0.5	0.7	0.8
印度	508.4	636.2	799.6	979.3	1,162.1	1,283.0
马尔代夫	0.1	0.1	0.2	0.3	0.3	0.5
尼泊尔	11.1	13.6	17.1	21.9	25.8	28.0
斯里兰卡	11.4	13.7	16.1	18.2	19.5	21.0
东南亚[b]	**252.4**	**326.0**	**407.7**	**490.9**	**567.1**	**626.1**
文莱	0.1	0.2	0.2	0.3	0.4	0.4
柬埔寨	6.6	7.4	8.0	11.0	13.5	15.1
印度尼西亚	103.1	134.0	168.4	199.9	229.3	255.2
老挝	2.4	3.1	3.8	5.0	5.8	6.5
马来西亚	9.8	12.6	16.2	21.3	26.3	31.0
缅甸	24.6	31.4	39.3	45.3	50.4	52.5
菲律宾	31.9	42.5	55.8	71.4	87.6	101.0

382

接下页

续表

本地区成员	1966 年	1976 年	1986 年	1996 年	2006 年	2015 年
新加坡	1.9	2.3	2.7	3.7	4.4	5.5
泰国	32.8	43.4	53.0	59.9	66.2	67.2
越南	39.1	49.2	60.2	73.2	83.3	91.7
太平洋地区[b]	**3.81**	**4.86**	**6.07**	**7.59**	**9.35**	**11.83**
库克群岛	…	0.02 (1975 年)	0.02	0.02	0.02	0.02
斐济	0.48	0.59	0.72	0.78	0.83	0.87
基里巴斯	0.05	0.06	0.07	0.08	0.09	0.11
马绍尔群岛	0.02	0.03	0.04	0.05	0.05	0.05
密克罗尼西亚	0.05	0.06	0.09	0.11	0.11	0.10
瑙鲁	0.01	0.01	0.01	0.01	0.01	0.01
帕劳	0.01	0.01	0.01	0.02	0.02	0.02
巴布亚新几内亚	2.21	2.89	3.77	4.84	6.24	8.23
萨摩亚	0.13	0.15	0.16	0.17	0.18	0.19
所罗门群岛	0.14	0.20	0.28	0.37	0.48	0.59
东帝汶	0.56	0.65	0.67	0.86	1.00	1.25
汤加	0.08	0.09	0.09	0.10	0.10	0.10
图瓦卢	0.01	0.01	0.01	0.01	0.01	0.01
瓦努阿图	0.08	0.10	0.13	0.17	0.21	0.28
发展中成员体[b,d]	**1,732.2**	**2,189.1**	**2,645.5**	**3,145.2**	**3,577.4**	**3,893.3**
占世界人口比例(%)	51.0	52.9	53.7	54.3	54.2	53.0
发达成员体[b]	**114.1**	**129.9**	**140.8**	**147.8**	**152.7**	**155.3**
澳大利亚	11.7	14.0	16.0	18.3	20.7	23.8
日本	99.8	112.8	121.5	125.8	127.9	127.0
新西兰	2.7	3.1	3.2	3.7	4.2	4.6
占世界人口比例(%)	3.4	3.1	2.9	2.6	2.3	2.1
本地区成员[b,e]	**1,846.4**	**2,319.0**	**2,786.2**	**3,293.0**	**3,730.2**	**4,048.6**
占世界人口比例(%)	54.4	56.0	56.5	56.9	56.6	55.1
世界人口（十亿）	**3.4**	**4.1**	**4.9**	**5.8**	**6.6**	**7.3**

383

… = 数据未获取。

注：[a] 对于 2015 年，以下国家的人口数字是指截至国名后面所标示日期的估计数：格鲁吉亚和吉尔吉斯斯坦，1 月 1 日；阿富汗，5 月 1 日；密克罗尼西亚，9 月 30 日；印度和缅甸，10 月 1 日；基里巴斯，11 月 7 日；中国，12 月 31 日。如果没有所标年份的数据，则采用最早和（或）最近年份的可用数据。

[b] 区域和次区域的总数系使用表中给出的所标相应年份或最近年份的现有数据累计得出。此外，为至少 2/3 的国家和 80% 的总人口得到代表的次区域或区域提供了总数。

[c] 2015 年的人口估计数基于 2014 年人口普查。2014 年之前年份的订正估计数尚未获取。

[d] 数值为亚行发展中成员体的总人口之和。

[e] 数值为亚行发展中成员体和发达成员体的总人口之和。

资料来源：亚洲开发银行统计数据库系统，http：//sdbs. adb. org（2017 年 1 月 20 日访问）；世界银行世界发展指标数据库，http：// data. worldbank. org（2017 年 1 月 20 日访问）；亚行估计。

表 A1. 2　国内生产总值（以 2010 年不变美元计）[a]　384

单位：百万美元

本地区成员	1966 年	1976 年	1986 年	1996 年	2006 年	2015 年
发展中成员体						
中亚和西亚	…	…	…	213,618	394,290	616,605
阿富汗	…	…	…	…	10,305	20,737
亚美尼亚	…	…	…	3,554	8,680	11,457
阿塞拜疆	7,539	13,664	20,046	9,467	33,290	59,025
格鲁吉亚	…	…	…	5,325	9,903	14,754
哈萨克斯坦	…	…	…	59,422	121,197	186,232
吉尔吉斯斯坦	…	…	3,788	2,613	3,979	6,059
巴基斯坦	20,696	33,814	63,589	105,001	159,256	215,035
塔吉克斯坦	…	…	6,454	2,138	4,388	7,913
土库曼斯坦	…	…	9,506 （1987 年）	9,223	15,301	37,278
乌兹别克斯坦	…	…	17,989 （1987 年）	16,875	27,989	58,114
东亚	…	…	1,068,685	2,596,955	5,554,521	10,843,840
中国	148,200	36,557	616,801	1,625,871	4,023,920	8,795,129
中国香港	17,964	113,680	79,674	140,520	201,916	264,271
韩国	41,411	113,680	257,792	590,829	941,020	1,266,580
蒙古国	…	…	3,507	3,428	5,702	11,694
中国台北	…	…	110,911	236,308	381,963	506,165
南亚	196,863	279,010	430,882	742,648	1,380,088	2,554,298
孟加拉国	22,995	24,645	36,747	55,328	91,589	156,630
不丹	…	…	263	534	1,077	2,049
印度	163,579	239,510	370,104	649,877	1,227,441	2,295,155
马尔代夫	…	…	…	…	1,845	2,905
尼泊尔	3,234	3,922	5,602	9,083	13,311	19,661
斯里兰卡	7,056	10,933	18,166	27,825	44,826	77,899
东南亚	…	302,138	542,748	1,133,398	1,620,279	2,527,784
文莱	…	8,533	9,302	11,528	13,848	13,638
柬埔寨	…	…	…	3,857	9,015	15,930
印度尼西亚	57,546	116,999	225,214	471,391	602,627	987,514
老挝	…	…	1,672	2,840	5,266	10,378
马来西亚	17,276	33,900	59,387	141,477	216,303	329,954
缅甸	3,916	5,504	8,831	11,325	33,103	70,538
菲律宾	37,495	64,824	77,566	111,364	165,099	265,832
新加坡	8,170	22,839	45,289	109,941	185,843	287,018
泰国	24,583	49,540	91,515	221,897	297,868	392,475

385

接下页

续表

本地区成员	1966 年	1976 年	1986 年	1996 年	2006 年	2015 年
越南	…	…	23,972	47,778	91,308	154,509
太平洋地区	…	…	…	12,208	17,447	24,639
库克群岛	…	…	…	…	289	317
斐济	812	1,561	1,990	2,538	3,088	3,844
基里巴斯	…	183	129	129	155	182
马绍尔群岛			104	145	155	177
密克罗尼西亚			203	282	298	292
瑙鲁	…	…	…	…	…	114
帕劳				194	207	222
巴布亚新几内亚	2,314	3,545	4,327	7,118	7,442	13,313 (2014 年)
萨摩亚			395	439	639	716
所罗门群岛			…	595	574	790
东帝汶				…	3,622	3,504 (2014 年)
汤加	…	…	244	292	353	386
图瓦卢	…	…	…	23	30	37
瓦努阿图			347	452	596	747
发展中成员体	…	…	…	4,698,826	8,966,625	16,567,166
占世界 GDP 比例(%)	…	…	…	10.9	14.9	22.1
发达成员体	1,631,831	2,887,908	4,381,487	6,038,018	6,918,006	7,103,321
澳大利亚	253,862	390,415	523,795	714,579	1,021,939	1,301,412
日本	1,377,970	2,497,493	3,773,795	5,220,783	5,752,856	5,632,781
新西兰	…	…	83,897	102,656	143,211	169,128
占世界 GDP 比例(%)	10.6	12	13.5	13.9	11.5	9.5
本地区成员[b]	…	…	…	10,736,844	15,884,632	23,670,487
占世界 GDP 比例(%)				24.8	26.4	31.6
世界 GDP	15,402,533	24,019,438	32,529,704	43,300,988	60,229,092	74,888,840

386

… = 数据未获取，GDP = 国内生产总值。

注：[a] 如果没有所标年份的数据，则采用最早和（或）最近年份的可用数据。为至少 2/3 的经济体和 80% 的总人口得到代表的次区域或区域提供了总数。在计算区域和次区域总数时，没有对缺失数据进行估算。然而，2015 年"太平洋地区"、"发展中成员体"和"本地区成员"中的总数包括巴布亚新几内亚（2014 年）和东帝汶（2014 年）的数据。

[b] 数值系亚行发展中成员体和发达成员体的 GDP 之和。

资料来源：亚洲开发银行统计数据库系统，https：//sdbs. adb. org/（2017 年 1 月 20 日访问）；台湾"预算、核算与统计总局"，http：//eng. dgbas. gov. tw/ mp. asp? mp = 2（2017 年 2 月 21 日访问）；世界银行世界发展指标数据库，http：//data. worldbank. org（2017 年 2 月 21 日访问）；亚行估计。

表 A1.3　人均国内生产总值（以 2010 年不变美元计）[a]　　　　387

单位：美元

本地区成员	1966 年	1976 年	1986 年	1996 年	2006 年	2015 年
发展中成员体						
中亚和西亚	…	…	…	**1,097**	**1,540**	**2,019**
阿富汗					409	725
亚美尼亚	…	…	…	1,120	2,891	3,813
阿塞拜疆	…	…	…	1,220	3,924	6,117
格鲁吉亚	1,900	3,147	4,261	1,154	2,394	3,973
哈萨克斯坦	…	…	…	3,814	7,917	10,618
吉尔吉斯斯坦	…	…	931	565	763	1,028
巴基斯坦	397	491	668	835	1,017	1,122
塔吉克斯坦	…	…	1,376	365	631	925
土库曼斯坦	…	…	2,872 (1987 年)	2,161	3,187	6,935
乌兹别克斯坦	…	…	960 (1987 年)	727	1,057	1,857
东亚	…	…	942	**2,008**	**3,991**	**7,432**
中国	202	263	578	1,335	3,069	6,398
中国香港	4,949	8,091	14,422	21,835	29,446	36,173
韩国	1,047	3,171	6,255	12,978	19,454	25,023
蒙古国	…	…	1,775	1,480	2,229	3,863
中国台北	…	…	5,733	11,021	16,736	21,573
南亚	**334**	**379**	**464**	**651**	**1,020**	**1,713**
孟加拉国	399	338	385	457	632	992
不丹	…	…	544	1,043	1,615	2,706
印度	322	376	463	664	1,056	1,789
马尔代夫	…	…	…	…	5,540	6,228
尼泊尔	291	288	328	415	516	703
斯里兰卡	617	797	1,130	1,528	2,296	3,716
东南亚	…	**1,135**	**1,358**	**2,309**	**2,857**	**4,038**
文莱	…	51,008	40,547	38,115	37,614	32,689
柬埔寨	…	…	…	350	667	1,058
印度尼西亚	558	873	1,337	2,358	2,629	3,870
老挝	…	…	442	572	902	1,598
马来西亚	1,755	2,691	3,661	6,654	8,236	10,644
缅甸	159	175	225	250	657	1,345
菲律宾	1,177	1,527	1,390	1,559	1,885	2,632

388

接下页

续表

本地区成员	1966	1976	1986	1996	2006	2015
新加坡	4,223	9,959	16,569	29,951	42,224	51,855
泰国	750	1,142	1,727	3,706	4,501	5,837
越南	···	···	398	653	1,096	1,685
太平洋地区	···	···	···	**1,822**	**1,867**	**2,232**
库克群岛	···	···	···	···	12,144	16,855
斐济	1,706	2,658	2,769	3,235	3,732	4,421
基里巴斯		3,263	1,967	1,634	1,643	1,656
马绍尔群岛			2,598	2,825	2,969	3,285
密克罗尼西亚			2,310	2,606	2,817	2,853
瑙鲁	···	···	···	···	···	10,465
帕劳	···	···	···	10,970	10,364	12,600
巴布亚新几内亚	1,048	1,227	1,147	1,471	1,193	1,784(2014 年)
萨摩亚			2,463	2,564	3,531	3,698
所罗门群岛	···	···	···	1,611	1,194	1,332
东帝汶	···	···	···	···	3,636	2,891(2014 年)
汤加			2,588	3,033	3,477	3,706
图瓦卢				2,528	3,063	3,386
瓦努阿图	···	···	2,611	2,631	2,778	2,692
发展中成员体	···	···	···	**1,503**	**2,506**	**4,256**
发达成员体	**14,643**	**22,775**	**31,128**	**40,853**	**45,294**	**45,728**
澳大利亚	21,789	27,821	32,700	39,025	49,374	54,713
日本	13,809	22,147	31,062	41,515	44,996	44,367
新西兰	···	···	25,844	27,507	34,223	36,801
本地区成员[b]	···	···	···	**3,279**	**4,258**	**5,848**
世界人均国内生产总值	**4,536**	**5,804**	**6,602**	**7,480**	**9,133**	**10,194**

389

··· = 数据未获取。

注：[a] 如果没有所标年份的数据，则采用最早和（或）最近年份的可用数据。为至少 2/3 的经济体和 80% 的总人口得到代表的次区域或区域提供了人均 GDP 平均数。没有对缺失数据进行估算，次区域和区域平均数是指有各自参考年份数据的经济体的平均数。然而，2015 年"太平洋地区"、"发展中成员体"和"本地区成员"中的平均数包括巴布亚新几内亚（2014 年）和东帝汶（2014 年）的数据。

[b] 数值和亚行发展中成员体和发达成员体的人均 GDP 平均数。

资料来源：亚洲开发银行统计数据库系统，https：//sdbs. adb. org/（2017 年 1 月 20 日访问）；台湾"预算、核算与统计总局"，http：//eng. dgbas. gov. tw/mp. asp？mp = 2（2017 年 2 月 21 日访问）；世界银行世界发展指标数据库，http：//data. worldbank. org（2017 年 2 月 21 日访问）；亚行估计。

表 A1.4a　农业增加值（占国内生产总值的百分比）^a

本地区成员 发展中成员体	1966 年	1976 年	1986 年	1996 年	2006 年	2015 年
中亚和西亚^b	…	…	**27.6**	**23.8**	**17.2**	**16.3**
阿富汗	…	…		38.5 （2002 年）	29.2	22.9
亚美尼亚	…	…	17.4 （1990 年）	26.8	20.5	19.0
阿塞拜疆	…	…	29.0 （1990 年）	27.5	7.5	6.8
格鲁吉亚	…	24.8 （1980 年）	27.0	34.1	12.8	9.2
哈萨克斯坦	…	…	26.7 （1992 年）	12.8	5.9	5.0
吉尔吉斯斯坦	…	…	33.5 （1990 年）	49.7	32.8	15.9
巴基斯坦	37.1	32.0	27.6	25.5	23.0	25.5
塔吉克斯坦	…	32.7 （1985 年）	33.1	39.0	24.2	25.0
土库曼斯坦	…	…	26.9 （1987 年）	13.3	17.4	8.5 （2014 年）
乌兹别克斯坦	…	…	27.6 （1987 年）	26.1	27.9	19.0 （2013 年）
东亚^b	…	…	**18.4**	**12.1**	**7.7**	**7.8**
中国	37.2	32.4	26.6	19.3	10.6	9.3
中国香港	…	…	0.4	0.1	0.1	0.1 （2014 年）
韩国	36.5	24.1	11.1	5.5	3.0	2.3
蒙古国	…	16.7 （1981 年）	18.7	41.0	19.6	14.8
中国台北	12.7 （1975 年）	11.4	5.4	3.1	1.6	1.8
南亚^b	…	…	**30.3**	**26.8**	**18.3**	**16.7**
孟加拉国	53.9	51.9	34.1	24.5	19.0	15.5
不丹	…	43.6 （1980 年）	42.1	31.2	22.1	17.7 （2014 年）

接下页

续表

本地区成员	1966 年	1976 年	1986 年	1996 年	2006 年	2015 年
印度	41.8	35.8	29.7	27.1	18.3	17.0
马尔代夫	…	…	11.5 (1995 年)	10.7	6.4	3.4 (2014 年)
尼泊尔	70.5	69.3	51.5	41.5	34.6	31.8
斯里兰卡	28.7	29.3	27.5	22.5	11.3	8.7
东南亚[b]	…	…	**22.6**	**20.3**	**10.7**	**11.2**
文莱	1.3 (1974 年)	1.1	1.9	1.1	0.7	1.1
柬埔寨			46.5 (1993 年)	46.6	31.7	28.2
印度尼西亚	50.8	29.7	24.2	16.7	13.0	14.0
老挝	…	…	60.6 (1989 年)	53.3	35.3	24.8 (2014 年)
马来西亚	31.5	29.4	20.2	11.7	8.6	8.6
缅甸	41.5 (1970 年)	46.6	50.2	60.1	43.9	26.7
菲律宾	27.1	29.3	23.9	20.6	12.4	10.3
新加坡	2.2 (1975 年)	2.1	0.7	0.2	0.1	0.0
泰国	33.4	26.7	15.7	9.1	9.4	9.1
越南	…	40.2 (1985 年)	38.1	27.8	18.7	18.9
太平洋地区[b]	…	…	**30.4**	**28.9**	**19.9**	**12.1**
库克群岛	…	14.5 (1985 年)	13.9	10.3	5.5	8.1
斐济	32.0	25.8	20.9	20.1	14.5	11.5 (2014 年)
基里巴斯	…	19.6 (1978 年)	26.8	27.4	23.2	23.5 (2014 年)
马绍尔群岛	…	…	…	…	9.3	14.3
密克罗尼西亚	…	…	25.3 (1995 年)	24.6	24.4	27.8
瑙鲁	…	…	27.9 (1987 年)	6.7 (1994 年)	7.8	2.6 (2012 年)

391

接下页

续表

本地区成员	1966 年	1976 年	1986 年	1996 年	2006 年	2015 年
帕劳	…	…	18.5 (1992 年)	3.9	4.8	3.4
巴布亚新几内亚	43.0	33.6	35.3	33.3	21.2	20.2 (2013 年)
萨摩亚	…	…	22.5 (1994 年)	18.5	12.0	9.3
所罗门群岛	…	…	28.9 (1990 年)	41.1	35.7	28.0 (2014 年)
东帝汶	…	…	…	…	5.1	6.7 (2014 年)
汤加	50.1 (1975 年)	45.8	38.9	23.8	18.6	19.4 (2014 年)
图瓦卢	…	8.0 (1981 年)	18.4	25.1	24.1	24.5 (2012 年)
瓦努阿图	…	22.0 (1979 年)	23.9	17.6	23.8	26.8 (2014 年)
发展中成员体[b]	…	…	**22.5**	**16.8**	**10.2**	**9.6**
发达成员体[b]	…	**4.8**	**2.8**	**1.9**	**1.5**	…
澳大利亚	7.0 (1972 年)	6.3	5.1	3.7	3.0	2.3
日本	5.1 (1970 年)	4.4	2.5	1.7	1.2	1.2 (2014 年)
新西兰	11.6 (1971 年)	10.9	6.2	7.0	5.4	6.1 (2012 年)
本地区成员[b]	…	…	**9.2**	**7.4**	**6.3**	…
世界	…	…	**5.8**	**4.1**	**3.4**	**4.3**

392

… =数据未获取，0 =数值不到所用计量单位的一半。

注：[a] 如果没有所标年份的数据，则采用最早和（或）最近年份的可用数据。

[b] 区域和次区域的总数系使用所标相应年份的现有数据累计得出，没有对缺失值进行估算。此外，为至少 2/3 的国家得到代表的次区域或区域提供了总数。

资料来源：亚洲开发银行统计数据库系统，sdbs. adb. org（2017 年 1 月 19 日访问）；联合国统计司，联合国数据库，http：//data. un. org/（2016 年 12 月 27 日访问）；世界银行世界发展指标数据库，HTTP：//data. worldbank. org（2017 年 2 月 20 日访问）；亚行估计。

393　　　　　　　　　表 A1.4b　工业增加值（占国内生产总值的百分比）[a]

本地区成员	1966 年	1976 年	1986 年	1996 年	2006 年	2015 年
发展中成员体						
中亚和西亚[b]	…	…	**23.4**	**26.9**	**32.2**	**29.3**
阿富汗	…	…	…	23.7 (2002 年)	28.8	22.9
亚美尼亚	…	…	52.0 (1990 年)	32.6	44.7	28.2
阿塞拜疆	…	…	…	39.1	68.9	50.2
格鲁吉亚	…	35.2 (1980 年)	37.0	23.7	24.9	24.5
哈萨克斯坦	…	…	44.6 (1992 年)	26.9	42.1	33.2
吉尔吉斯斯坦			35.0	18.3	20.1	26.9
巴基斯坦	20.6	24.3	23.4	24.2	20.9	19.0
塔吉克斯坦	…	…	40.1	31.6	31.1	28.0
土库曼斯坦	…	…	38.5 (1987 年)	68.8	36.3	63.0 (2014 年)
乌兹别克斯坦	…	…	38.3 (1987 年)	30.5	29.9	33.2 (2013 年)
东亚[b]	…	…	**41.5**	**41.6**	**42.1**	**39.7**
中国	37.9	45.0	43.5	47.1	47.6	40.7
中国香港	…	…	30.5	14.7	8.2	7.2 (2014 年)
韩国	22.1	29.1	37.2	37.8	36.9	38.0
蒙古国	…	25.0 (1981 年)	28.3	25.2	43.0	34.1
中国台北	39.9 (1975 年)	43.2	32.8	32.5	32.4	35.4
南亚[b]	…	…	**25.4**	**26.2**	**28.5**	**29.5**
孟加拉国	10.3	14.4	20.8	22.8	25.4	28.2
不丹	…	11.7 (1980 年)	20.1	33.8	39.0	42.9 (2014 年)
印度	20.1	23.4	25.9	26.6	28.8	29.7
马尔代夫	…	…	13.5 (1995 年)	12.8	13.5	18.5 (2014 年)

接下页

续表

本地区成员	1966 年	1976 年	1986 年	1996 年	2006 年	2015 年
尼泊尔	9.3	8.9	15.9	22.9	17.2	14.9
斯里兰卡	20.3	27.4	27.0	26.6	30.6	30.7
东南亚[b]	...	...	**33.4**	**34.3**	**41.1**	**36.2**
文莱	90.5 (1974 年)	90.5	58.8	56.3	73.2	60.2
柬埔寨	...	...	13.0 (1993 年)	15.7	27.6	29.4
印度尼西亚	11.9	34.1	33.7	43.5	46.9	41.3
老挝	...	...	13.4 (1989 年)	21.1	27.7	34.7 (2014 年)
马来西亚	29.6	37.3	39.2	43.5	46.1	39.6
缅甸	13.3 (1975 年)	33.2	34.6	32.1	33.5	30.8
菲律宾	30.9	36.2	34.6	32.1	33.5	30.8
新加坡	32.4 (1975 年)	33.2	34.4	33.6	31.7	26.4
泰国	22.5	27.6	33.1	37.3	39.3	35.7
越南	...	27.4 (1985 年)	28.9	29.7	38.6	37.0
太平洋地区[b]	...	...	**26.5**	**29.6**	**27.8**	**17.3**
库克群岛	...	8.5 (1985 年)	11.1	7.1	8.7	8.9
斐济	24.7	22.4	20.1	24.1	18.9	18.7 (2014 年)
基里巴斯	...	57.0 (1978 年)	8.8	8.6	8.0	14.6 (2014 年)
马绍尔群岛	...	...	...	...	12.1	10.6
密克罗尼西亚	...	...	7.3 (1995 年)	7.9	4.4	6.5
瑙鲁	...	...	8.8 (1987 年)	14.5 (1994 年)	2.1	66.2 (2012 年)
帕劳	...	...	12.6 (1992 年)	9.1	13.6	8.7

接下页

394

续表

本地区成员	1966 年	1976 年	1986 年	1996 年	2006 年	2015 年
巴布亚新几内亚	21.1	26.6	31.2	36.6	36.3	27.0 (2013 年)
萨摩亚	…	…	28.0 (1994 年)	27.4	29.7	24.2
所罗门群岛	…	…	5.0 (1990 年)	15.8	6.8	15.0 (2014 年)
东帝汶	…	…	…	…	84.9	72.5 (2014 年)
汤加	10.4 (1975 年)	10.6	14.6	22.3	18.2	18.2 (2014 年)
图瓦卢	…	9.8 (1981 年)	16.9	11.2	6.0	5.6 (2012 年)
瓦努阿图	…	6.0 (1979 年)	10.2	10.6	9.2	8.7 (2014 年)
发展中成员体[b]	…	…	**35.2**	**37.0**	**39.5**	**37.6**
发达成员体[b]	…	**39.3**	**37.7**	**31.4**	**27.1**	…
澳大利亚	39.1 (1972 年)	39.0	37.0	28.5	27.9	23.8
日本	43.7 (1970 年)	39.4	37.8	31.7	28.1	26.9 (2014 年)
新西兰	35.9 (1971 年)	35.8	32.7	27.1	24.9	23.0 (2012 年)
本地区成员[b]	…	…	**36.9**	**33.5**	**34.0**	…
世界	…	…	…	**29.8**	**29.4**	**26.3**

395

… = 数据未获取。

注：[a] 如果没有所标年份的数据，则采用最早和（或）最近年份的可用数据。

[b] 区域和次区域的总数系使用所标相应年份的现有数据累计得出，没有对缺失值进行估算。此外，为至少 2/3 的国家得到代表的次区域或区域提供了总数。

资料来源：亚洲开发银行统计数据库系统，sdbs. adb. org（2017 年 1 月 19 日访问）；联合国统计司，联合国数据库，http://data. un. org/（2016 年 12 月 27 日访问）；世界银行世界发展指标数据库，http://data. worldbank. org（2017 年 2 月 20 日访问）；亚行估计。

表 A1.4c　服务业增加值（占国内生产总值的百分比）[a]

本地区成员	1966 年	1976 年	1986 年	1996 年	2006 年	2015 年
发展中成员体						
中亚和西亚[b]	…	…	**49.0**	**49.3**	**50.6**	**54.4**
阿富汗	…	…	…	37.8 （2002 年）	41.9	54.2
亚美尼亚	…	…	30.7 （1990 年）	30.6	34.9	52.8
阿塞拜疆	…	…	38.1 （1990 年）	33.4	23.6	43.0
格鲁吉亚	…	40.0 （1980 年）	36.2	42.1	62.3	66.3
哈萨克斯坦	…	…	28.7 （1992 年）	60.3	52.0	61.8
吉尔吉斯斯坦	…	…	31.4 （1990 年）	32.0	47.2	57.1
巴基斯坦	42.3	44.2	49.0	50.4	56.0	55.5
塔吉克斯坦	…	25.0 （1985 年）	26.8	29.5	44.7	47.1
土库曼斯坦	…	…	34.6 （1987 年）	17.8	46.3	28.6 （2014 年）
乌兹别克斯坦	…	…	34.1 （1987 年）	43.4	42.2	47.8 （2013 年）
东亚[b]	…	…	**40.1**	**46.2**	**50.2**	**52.6**
中国	24.9	22.6	29.8	33.6	41.8	50.0
中国香港	…	…	69.1	85.2	91.8	92.7 （2014 年）
韩国	41.4	46.8	51.7	56.7	60.2	59.7
蒙古国	…	58.3 （1981 年）	53.1	33.8	37.4	51.1
中国台北	47.4 （1975 年）	45.5	48.7	64.4	66.1	62.8
南亚[b]	…	…	**44.3**	**47.0**	**53.2**	**53.8**
孟加拉国	35.7	33.6	45.0	52.7	55.6	56.4
不丹		44.6 （1980 年）	37.8	35.1	38.9	39.4 （2014 年）

接下页

续表

本地区成员	1966 年	1976 年	1986 年	1996 年	2006 年	2015 年
印度	38.1	40.8	44.4	46.3	52.9	53.2
马尔代夫			75.0 (1995 年)	76.5	80.1	78.1 (2014 年)
尼泊尔	20.2	21.9	32.7	35.6	48.2	53.3
斯里兰卡	51.0	43.3	45.6	50.9	58.0	60.6
东南亚ᵇ	…	…	**44.0**	**45.3**	**48.2**	**52.6**
文莱	8.1 (1974 年)	8.4	39.3	42.6	26.1	38.7
柬埔寨	…	…	40.5 (1993 年)	37.7	40.8	42.3
印度尼西亚	37.3	36.3	42.0	39.9	40.1	44.7
老挝	…	…	26.0 (1989 年)	25.6	37.0	40.5 (2014 年)
马来西亚	38.8	33.3	40.6	44.8	45.3	51.8
缅甸	45.2 (1970 年)	41.9	37.6	29.5	36.8	38.7
菲律宾	41.9	34.6	41.5	47.3	54.1	58.9
新加坡	65.4 (1975 年)	64.7	64.9	66.2	68.2	73.6
泰国	44.1	45.7	51.3	53.6	51.3	55.1
越南	…	32.5 (1985 年)	33.1	42.5	42.7	44.2
太平洋地区ᵇ	…	…	**43.1**	**41.5**	**52.3**	**70.6**
库克群岛	…	77.1 (1985 年)	75.0	82.6	85.8	83.0
斐济	43.3	51.8	59.0	55.9	66.6	69.9 (2014 年)
基里巴斯	…	23.4 (1978 年)	64.4	64.0	68.8	62.0 (2014 年)
马绍尔群岛	…	…	…	…	78.5	75.1
密克罗尼西亚	…	…	67.3 (1995 年)	67.5	71.2	65.8
瑙鲁	…	…	63.3 (1987 年)	78.8 (1994 年)	9.1	31.2 (2012 年)

接下页

续表

本地区成员	1966 年	1976 年	1986 年	1996 年	2006 年	2015 年
帕劳	…	…	68.9 (1992 年)	87.0	81.6	87.9
巴布亚新几内亚	35.9	39.8	33.5	30.1	42.5	52.8 (2013 年)
萨摩亚	…	…	49.5 (1994 年)	54.2	58.3	66.6
所罗门群岛	…	…	66.1 (1990 年)	43.1	57.6	57.0 (2014 年)
东帝汶	…	…	…	…	10.0	20.8 (2014 年)
汤加	39.5 (1975 年)	43.6	46.5	53.9	63.2	62.4 (2014 年)
图瓦卢	…	82.2 (1981 年)	64.7	64.0	69.9	70.0 (2012 年)
瓦努阿图	…	72.0 (1979 年)	65.8	71.8	67.0	64.5 (2014 年)
发展中成员体b	…	…	42.3	46.2	50.3	52.8
发达成员体b	…	55.9	59.6	66.6	71.5	…
澳大利亚	53.9 (1972 年)	54.7	57.9	67.8	69.1	73.9
日本	51.2 (1970 年)	56.2	59.7	66.6	70.7	72.0 (2014 年)
新西兰	52.5 (1971 年)	53.3	61.1	66.0	69.7	70.9 (2012 年)
本地区成员b	…	…	54.0	59.1	59.7	…
世界	…	…	…	66.1	67.3	…

398

… = 数据未获取。

注：a 如果没有所标年份的数据，则采用最早和（或）最近年份的可用数据。

b 区域和次区域的总数系使用所标相应年份的现有数据累计得出，没有对缺失值进行估算。此外，为至少 2/3 的国家得到代表的次区域或区域提供了总数。

资料来源：亚洲开发银行统计数据库系统，http：//sdbs. adb. org（2017 年 1 月 19 日访问）；联合国统计司，联合国数据库，http：//data. un. org/（2016 年 12 月 27 日访问）；世界银行世界发展指标数据库，http：//data. worldbank. org（2017 年 2 月 20 日访问）；亚行估计。

399 　　　　　　　　表 A1.5　商品和服务出口（占国内生产总值的百分比）[a]

本地区成员 发展中成员体	1966 年	1976 年	1986 年	1996 年	2006 年	2015 年
中亚和西亚						
阿富汗	8.6	13.2	…	…	24.9	7.0
亚美尼亚	…	…	35.0 （1990 年）	23.2	23.4	29.8
阿塞拜疆	…	…	43.9 （1990 年）	29.5	66.5	37.8
格鲁吉亚	…	…	41.5 （1987 年）	13.3	32.9	45.0
哈萨克斯坦	…	…	74.0 （1992 年）	35.3	51.0	28.5
吉尔吉斯斯坦	…	…	29.2 （1990 年）	30.7	41.7	36.2
巴基斯坦	9.2 （1967 年）	10.7	11.9	16.9	14.1	10.9
塔吉克斯坦	…	…	35.2 （1988 年）	76.6	58.2	11.3 （2014 年）
土库曼斯坦	…	…	39.0 （1991 年）	74.6	73.1	73.3 （2012 年）
乌兹别克斯坦	…	…	28.8 （1990 年）	27.7	37.0	19.3
东亚						
中国	3.5	4.6	10.5	17.6	35.7	22.4
中国香港	75.9	89.4	109.3	136.4	201.8	201.6
韩国	10.0	28.3	33.1	25.7	37.2	45.9
蒙古国		23.9 （1981 年）	30.2	35.5	59.4	44.9
中国台北	…	51.5 （1980 年）	56.5	46.8	65.8	64.6
南亚						
孟加拉国	10.3	4.7	5.2	9.7	16.4	17.3
不丹	…	13.6 （1980 年）	17.6	35.5	54.4	36.3 （2014 年）

接下页

续表

本地区成员	1966 年	1976 年	1986 年	1996 年	2006 年	2015 年
印度	4.1	6.6	5.1	10.2	21.1	19.9
马尔代夫	…	153.5 (1980 年)	68.1	91.7	53.0	…
尼泊尔	5.6	10.8	11.7	22.8	13.4	11.7
斯里兰卡	22.4	29.0	23.7	35.0	30.1	20.5
东南亚						
文莱	…	93.7	61.8 (1989 年)	59.9	71.7	52.2
柬埔寨	7.8	…	…	25.4	68.6	…
印度尼西亚	14.1	25.9	19.5	25.8	31.0	21.1
老挝	…	…	3.6	22.7	40.4	…
马来西亚	43.4	52.1	56.5	91.6	112.2	70.9
缅甸	…	…	…	…	0.2	17.4
菲律宾	20.4	19.3	26.3	40.5	46.6	28.2
新加坡	123.3	149.5	148.9	176.1	230.1	176.5
泰国	17.6	20.2	25.6	39.0	68.7	69.1
越南	…	…	6.6	40.9	67.8	89.8
太平洋地区						
库克群岛	…	…	…	…	…	…
斐济	43.4	37.7	41.7	62.8	47.2	51.8
基里巴斯	…	56.4	32.0	13.4	11.1	…
马绍尔群岛	…	…	…	…	27.6	52.6 (2014 年)
密克罗尼西亚	…	…	3.4 (1983 年)	…	…	…
瑙鲁	…	…	…	…	…	…
帕劳	…	…	20.4 (1991 年)	12.9	43.0	…
巴布亚新几内亚	16.8	41.8	43.6	59.4	72.2 (2004 年)	…
萨摩亚	…	…	…	31.5	28.9	…
所罗门群岛	…	36.9 (1981 年)	36.7	34.4	35.4	54.4 (2014 年)
东帝汶	…	…	…	…	96.9	92.7 (2014 年)

接下页

续表

本地区成员	1966 年	1976 年	1986 年	1996 年	2006 年	2015 年
汤加	…	26.9	25.7	20.4	14.4	18.5（2014 年）
图瓦卢	…	…	…	…	…	…
瓦努阿图		33.2（1980 年）	34.8	46.0	41.3	48.7（2014 年）
发展中成员体[b]	**8.4**	**16.8**	**21.6**	**35.7**	**46.3**	**32.7**
发达成员体[b]	**10.6**	**13.6**	**11.6**	**10.7**	**17.0**	**17.8**
澳大利亚	12.9	13.5	15.0	18.9	19.6	19.8
日本	10.6	13.3	11.1	9.7	16.2	17.9
新西兰	…	26.7	26.6	28.3	29.6	28.1
本地区成员[b]	**9.4**	**14.8**	**14.7**	**19.7**	**33.2**	**29.2**
世界	**11.8**	**17.9**	**17.0**	**21.5**	**29.1**	**28.9**

… = 数据未获取。

注：[a] 如果没有所标年份的数据，则采用最早和（或）最近年份的可用数据。

[b] 区域和次区域的总数系使用所标相应年份的现有数据累计得出，没有对缺失值进行估算。此外，为至少 2/3 的国家得到代表的次区域或区域提供了总数。

资料来源：亚洲开发银行统计数据库系统，http：//sdbs. adb. org（2017 年 1 月 12 日访问）；世界银行世界发展指标数据库，http：//data worldbank. org（2017 年 1 月 12 日访问）；亚行估计。

表 A1.6 商品和服务进口（占国内生产总值的百分比）[a]

本地区成员 发展中成员体	1966 年	1976 年	1986 年	1996 年	2006 年	2015 年
中亚和西亚						
阿富汗	18.6	14.9	…	…	69.6	49.3
亚美尼亚	…	…	46.3 （1990 年）	56.0	39.3	42.0
阿塞拜疆	…	…	39.2 （1990 年）	55.5	38.8	34.8
格鲁吉亚	…	…	40.8 （1987 年）	32.4	57.0	64.9
哈萨克斯坦	…	…	75.3 （1992 年）	36.0	40.5	24.7
吉尔吉斯斯坦	…	…	49.6 （1990 年）	56.6	79.0	72.2
巴基斯坦	…	19.4	22.7	21.4	21.5	17.1
塔吉克斯坦	…	…	46.2 （1988 年）	80.0	83.0	58.5 （2014 年）
土库曼斯坦	…	…	27.1 （1991 年）	75.4	34.9	44.4 （2012 年）
乌兹别克斯坦	…	…	47.8 （1990 年）	34.2	30.1	18.5
东亚						
中国	3.2	4.3	11.2	15.9	28.4	18.8
中国香港	79.4	78.8	100.2	137.8	190.6	199.3
韩国	20.1	30.2	28.4	29.0	36.4	38.9
蒙古国	…	71.0 （1981 年）	81.4	42.4	53.5	42.0
中国台北	…	52.6 （1980 年）	37.7	43.5	60.0	51.6
南亚						
孟加拉国	12.7	17.6	11.8	16.4	21.8	24.8
不丹	…	37.7 （1980 年）	52.4	45.7	59.2	57.3 （2014 年）

接下页

续表

本地区成员	1966 年	1976 年	1986 年	1996 年	2006 年	2015 年
印度	6.6	6.0	6.9	11.3	24.2	22.5
马尔代夫	...	205.1 （1980 年）	60.7	73.1	71.0	
尼泊尔	8.8	14.2	20.3	35.6	31.3	41.7
斯里兰卡	25.8	31.4	35.3	43.9	41.1	28.0
东南亚						
文莱	17.4 （1974 年）	18.3	35.2 （1989 年）	60.6	25.2	32.7
柬埔寨	12.8	...	...	43.8	76.0	66.6 （2014 年）
印度尼西亚	20.9	21.5	20.5	26.4	25.6	20.8
老挝	...	...	7.7	41.1	45.9	
马来西亚	39.2	41.5	50.4	90.2	90.4	63.3
缅甸	13.7	6.6	6.7	1.5	0.1	27.9
菲律宾	18.3	25.2	22.4	49.3	48.4	33.5
新加坡	130.6	156.4	146.2	159.9	200.3	149.6
泰国	17.9	22.7	23.6	45.3	65.4	57.7
越南	...	...	16.6	51.8	70.7	89.0
太平洋地区						
库克群岛	...	...	...	...	...	...
斐济	48.0	42.4	39.5	58.8	68.3	62.8 （2014 年）
基里巴斯	...	35.7	42.0	92.4	90.9	...
马绍尔群岛	...	...	...	...	88.9	102.8 （2013 年）
密克罗尼西亚	...	...	84.3 （1983 年）	...	...	...
瑙鲁	...	...	...	...	...	...
帕劳	...	...	...	66.9	76.5	
巴布亚新几内亚	40.1	40.8	51.4	48.4	58.9 （2004 年）	...
萨摩亚	...	...	...	50.4	52.6	...
所罗门群岛	...	79.3	74.9	55.8	55.9	66.2 （2014 年）

接下页

续表

本地区成员	1966 年	1976 年	1986 年	1996 年	2006 年	2015 年
东帝汶	…	…	…	…	26.1	57.4（2014 年）
汤加	…	56.6	69.9	58.4	51.2	56.5（2014 年）
图瓦卢	…	…	…	…	…	…
瓦努阿图	…	…	64.8	53.1	48.3	51.1（2014 年）
发展中成员体[b]	**9.6**	**16.7**	**23.0**	**36.8**	**42.0**	**29.3**
发达成员体[b]	…	**13.0**	**8.4**	**10.3**	**16.2**	**19.4**
澳大利亚	15.1	13.4	18.1	19.3	21.4	21.2
日本	9.0	12.6	7.2	9.2	14.9	18.9
新西兰	21.7（1971 年）	29.3	26.1	26.8	30.0	27.5
本地区成员[b]	…	**14.4**	**12.9**	**19.9**	**30.4**	**27.0**
世界	**11.8**	**18.1**	**17.5**	**21.1**	**28.6**	**28.1**

404

… = 数据未获取。

注:[a] 如果没有所标年份的数据，则采用最早和（或）最近年份的可用数据。

[b] 区域和次区域的总数系使用所标相应年份的现有数据累计得出，没有对缺失值进行估算。此外，为至少 2/3 的国家得到代表的次区域或区域提供了总数。

资料来源：亚洲开发银行统计数据库系统，http://sdbs.adb.org（2017 年 1 月 12 日访问）；世界银行世界发展指标数据库，http://data.worldbank.org（2017 年 1 月 12 日访问）；亚行估计。

405

表 A1.7　贫困和不平等[a]

单位：%

本地区成员	每日生活费低于 1.9 美元的人口所占比例（以 2011 年购买力平价计）		每日生活费低于 3.1 美元的人口所占比例（以 2011 年购买力平价计）		基尼系数	
	1996 年[b]	最近年份	1996 年[b]	最近年份	1996 年[b]	最近年份
发展中成员体						
中亚和西亚						
阿富汗	…	…	…	…		
亚美尼亚	17.9	2.3（2014 年）	40.4	14.6（2014 年）	0.444	0.315（2014 年）
阿塞拜疆	7.3（1995 年）	0.5（2008 年）	24.8（1995 年）	2.5（2008 年）	0.347（1995 年）	0.318（2008 年）
格鲁吉亚	6.0	9.8（2014 年）	17.2	25.3（2014 年）	0.371	0.401（2014 年）
哈萨克斯坦	6.3	0.0（2013 年）	22.9	0.3（2013 年）	0.354	0.263（2013 年）
吉尔吉斯斯坦	30.6（1998 年）	1.3（2014 年）	51.5（1998 年）	17.5（2014 年）	0.464（1998 年）	0.268（2014 年）
巴基斯坦	15.9	6.1（2013 年）	60.5	36.9（2013 年）	0.287	0.307（2013 年）
塔吉克斯坦	54.4（1999 年）	19.5（2014 年）	86.1（1999 年）	56.7（2014 年）	0.295（1999 年）	0.308（2014 年）
土库曼斯坦	42.3（1998 年）	…	69.1（1998 年）	…	0.408（2008 年）	…
乌兹别克斯坦	45.5（1998 年）	66.8（2003 年）	69.2（1998 年）	87.8（2003 年）	0.447（1998 年）	0.353（2003 年）
东亚						
中国	42.1	1.9（2013 年）	71.5	11.1（2013 年）	0.428（2008 年）	0.422（2012 年）
中国香港	…	…	…	…	…	…
韩国	…	…	…	…	0.307（2012 年）	0.302（2014 年）
蒙古国	13.9（1995 年）	0.2（2014 年）	36.9（1995 年）	2.7（2014 年）	0.332（1995 年）	0.320（2014 年）
中国台北	…	…	…	…	0.336（1995）	0.337（2015）

406

接下页

续表

本地区成员	每日生活费低于 1.9 美元的人口所占比例（以 2011 年购买力平价计）		每日生活费低于 3.1 美元的人口所占比例（以 2011 年购买力平价计）		基尼系数	
	1996 年[b]	最近年份	1996 年[b]	最近年份	1996 年[b]	最近年份
南亚						
孟加拉国	35.1（1995 年）	18.5（2010 年）	73.2（1995 年）	56.8（2010 年）	0.329（1995 年）	0.321（2010 年）
不丹	35.2（2003 年）	2.2（2012 年）	60.9（2003 年）	13.3（2012 年）	0.468（2003 年）	0.388（2012 年）
印度	45.9（1993 年）	21.2（2011 年）	79.6（1993 年）	58.0（2011 年）		0.352（2011 年）
马尔代夫	10.0（2002 年）	7.3（2009 年）	36.5（2002 年）	23.3（2009 年）	0.413（2002 年）	0.384（2009 年）
尼泊尔	61.9（1995 年）	15.0（2010 年）	85.5（1995 年）	48.4（2010 年）	0.352（1995 年）	0.382（2010 年）
斯里兰卡	8.9（1995 年）	1.9（2012 年）	38.9（1995 年）	12.6（2012 年）	0.354（1995 年）	0.392（2012 年）
东南亚						
文莱	…	…	…	…	…	…
柬埔寨	30.1（1994 年）	2.2（2012 年）	67.0（1994 年）	21.6（2012 年）	0.382（1994 年）	0.308（2012 年）
印度尼西亚	45.9	8.3（2014 年）	77.6	36.4（2014 年）		0.395（2013 年）
老挝	30.7（1997 年）	16.7（2012 年）	67.9（1997 年）	46.9（2012 年）	0.349（1997 年）	0.379（2012 年）
马来西亚	1.8（1995 年）	0.3（2009 年）	10.7（1995 年）	2.7（2009 年）	0.485（1995 年）	0.463（2009 年）
缅甸	…	…	…	…	…	…
菲律宾	17.7（1997 年）	13.1（2012 年）	41.7（1997 年）	37.6（2012 年）	0.460（1997 年）	0.430（2012 年）
新加坡	…	…	…	…	…	…
泰国	3.0	2.0（2013 年）	13.9	0.9（2013 年）	0.429	0.379（2013 年）
越南	34.8（1998 年）	3.1（2014 年）	69.1（1998 年）	12.0（2014 年）	0.354（1998 年）	0.376（2014 年）
太平洋地区						
库克群岛	…	…	…	…	…	…
斐济	5.5（2002 年）	4.1（2008 年）	21.9（2002 年）	18.5（2008 年）	0.396（2002 年）	0.482（2008 年）

接下页

续表

本地区成员	每日生活费低于 1.9 美元的人口所占比例（以 2011 年购买力平价计）		每日生活费低于 3.1 美元的人口所占比例（以 2011 年购买力平价计）		基尼系数	
	1996 年[b]	最近年份	1996 年[b]	最近年份	1996 年[b]	最近年份
基里巴斯	…	14.1 (2006 年)	…	34.7 (2006 年)	…	0.376 (2006 年)
马绍尔群岛	…	…	…	…	…	…
密克罗尼西亚	11.4 (2005 年)	17.4 (2013 年)	28.5 (2005 年)	39.4 (2013 年)	0.431 (2005 年)	0.425 (2013 年)
瑙鲁	…	…	…	…	…	…
帕劳	…	…	…	…	…	…
巴布亚新几内亚	53.2	…		64.7 (2009 年)	0.554	0.439 (2009 年)
萨摩亚	…	…		8.4 (2008 年)	…	0.427 (2008 年)
所罗门群岛	45.6 (2005 年)	…	69.3 (2005 年)	…	0.461 (2005 年)	…
东帝汶	44.2 (2001 年)	46.8 (2007 年)	72.8 (2001 年)	80.0 (2007 年)	0.376 (2001 年)	0.316 (2007 年)
汤加	2.8 (2001 年)	1.1 (2009 年)	7.6 (2001 年)	8.2 (2009 年)	0.378 (2001 年)	0.381 (2009 年)
图瓦卢	…	2.7 (2010 年)	…	16.3 (2010 年)	…	0.411 (2010 年)
瓦努阿图	…	15.4 (2010 年)	…	38.8 (2010 年)	…	0.372 (2010 年)
发达成员体						
澳大利亚	…	…	…	…	0.337 (1995 年)	0.349 (2010 年)
日本	…	…	…	…	…	0.321 (2008 年)
新西兰	…	…	…	…	0.323 (2011 年)	0.333 (2012 年)

408

… = 数据未获取，0.0 = 数值不到所用计量单位的一半。

注：[a] 贫困估计基于消费，除亚美尼亚（1996 年）和马来西亚的贫困估计是基于收入外。不平等估计也是基于消费，除亚美尼亚（1996 年）、韩国、马来西亚、新西兰和中国台北的不平等估计是基于收入外。韩国和新西兰的基尼系数是基于税后和转移支出后的可支配收入。中国台北的基尼系数是基于可支配收入。

[b] 如果没有 1996 年的数据，则使用最接近 1996 年的数据。

资料来源：亚行《2016 年亚太地区关键指标》；台湾"预算、核算与统计总局"，http://eng.dgbas.gov.tw/mp.asp? mp = 2（2016 年 11 月 8 日访问）；经合组织收入分配与贫困数据库，http://www.oecd.org/social/ inequality - and - poverty.htm（2016 年 11 月 8 日访问）；世界银行世界发展指标在线，http://databank.worldbank.org / data / reports.aspx? source = world - development - indicators（2016 年 11 月 8 日访问）。

表 A1.8　出生时预期寿命

单位：岁

本地区成员 发展中成员体	1966 年	1976 年	1986 年	1996 年	2006 年	2014 年
中亚和西亚[a]	**53**	**57**	**61**	**62**	**64**	**67**
阿富汗	35	40	46	54	57	60
亚美尼亚	68	71	69	69	74	75
阿塞拜疆	63	65	66	65	69	71
格鲁吉亚	66	69	70	70	73	75
哈萨克斯坦	61	64	69	64	66	72
吉尔吉斯斯坦	59	62	65	67	68	70
巴基斯坦	50	56	59	62	64	66
塔吉克斯坦	59	61	63	63	67	70
土库曼斯坦	57	60	62	63	65	66
乌兹别克斯坦	61	64	67	66	67	68
东亚[a]	**52**	**64**	**68**	**70**	**74**	**76**
中国	51	64	68	70	74	76
中国香港	70	73	77	80	82	84
韩国	58	64	69	74	79	82
蒙古国	53	57	59	61	66	69
中国台北	…	…	74 （1992 年）	75	78	80 （2013 年）
南亚[a]	**46**	**52**	**56**	**61**	**65**	**69**
孟加拉国	49	50	56	63	68	72
不丹	35	42	49	57	66	69
印度	45	52	56	61	65	68
马尔代夫	41	49	58	66	75	77
尼泊尔	38	44	51	59	66	70
斯里兰卡	62	67	69	69	74	75
东南亚[a]	**55**	**59**	**64**	**67**	**69**	**70**
文莱	65	69	72	74	76	79
柬埔寨	42	21	52	56	64	68
印度尼西亚	52	58	62	65	67	69
老挝	45	48	52	57	62	66
马来西亚	63	67	70	72	74	75
缅甸	48	53	57	61	64	66
菲律宾	60	62	64	66	67	68

接下页

续表

本地区成员	1966 年	1976 年	1986 年	1996 年	2006 年	2014 年
新加坡	67	71	74	77	80	83
泰国	58	63	69	70	73	74
越南	62	63	69	72	74	76
太平洋地区[a]	**46**	**50**	**56**	**59**	**63**	**65**
库克群岛	…	…	70 （1992 年）	71	74	75
斐济	58	62	65	67	69	70
基里巴斯	52	56	58	63	65	66
马绍尔群岛	…	…	63 （1998 年）	67	70	73
密克罗尼西亚	60	64	66	67	68	69
瑙鲁	…	…	58 （1992 年）	59	64	66
帕劳	…	…	67 （1990 年）	67	70	73
巴布亚新几内亚	43	50	55	58	61	63
萨摩亚	53	58	63	68	71	74
所罗门群岛	52	58	57	60	66	68
东帝汶	37	34	45	55	65	68
汤加	64	67	69	70	72	73
图瓦卢	…	…	61	62	63	66
瓦努阿图	50	56	62	66	70	72
发展中成员体[a]	**50**	**59**	**63**	**66**	**69**	**71**
发达成员体[a]	**71**	**75**	**78**	**80**	**82**	**83**
澳大利亚	71	73	76	78	81	82
日本	71	75	78	80	82	84
新西兰	71	72	74	77	80	81
本地区成员[a]	**51**	**60**	**64**	**67**	**70**	**72**
世界	**56**	**61**	**65**	**67**	**69**	**71**

411

… = 数据未获取。

注：[a] 区域总数系使用表中给出的所标相应年份的现有数据估计的人口加权平均数。为至少 2/3 的国家和 80% 的总人口得到代表的次区域或区域提供了总数。

资料来源：亚行《 2016 年亚太地区关键指标》；台湾 "预算、核算与统计总局"，http：// eng. dgbas. gov. tw/mp. asp？ mp = 2 （2016 年 11 月 8 日访问）；世界银行世界发展指标在线，http：//database. worldbank. org/data/reports. aspx？ source = world - development - indicators （2016 年 11 月 8 日访问）；亚行估计。

表 A1.9　5 岁及以下儿童死亡率

（每 1000 名新生儿）[a]

412

单位：‰

本地区成员	1966 年	1976 年	1986 年	1996 年	2006 年	2015 年
发展中成员体						
中亚和西亚	...	...	132.6	114.5	90.5	70.8
阿富汗	328.7	273.6	209.2	148.6	116.3	91.1
亚美尼亚	...	88.1	59.1	36.8	22.2	14.1
阿塞拜疆	...	108.2 （1982 年）	99.0	92.1	48.6	31.7
格鲁吉亚	68.6 （1975 年）	66.3	49.8	43.0	22.7	11.9
哈萨克斯坦	84.5 （1971 年）	76.4	57.5	51.8	30.3	14.1
吉尔吉斯斯坦	112.6 （1975 年）	110.0	75.0	58.9	37.9	21.3
巴基斯坦	209.8	169.6	148.7	123.0	99.3	81.1
塔吉克斯坦	152.8 （1972 年）	136.0	118.3	116.2	61.5	44.8
土库曼斯坦	...	138.8 （1977 年）	100.0	88.7	68.0	51.4
乌兹别克斯坦	...	126.7 （1979 年）	80.8	68.7	52.5	39.1
东亚[b]	...	...	52.6	43.8	21.5	10.6
中国	119.1 （1969 年）	79.8	53.7	45.6	21.9	10.7
中国香港	...	...	...	...	...	...
韩国	77.8	23.5	9.3	5.3	5.2	3.4
蒙古国	...	179.9 （1978 年）	130.0	80.3	40.3	22.4
中国台北	...	...	...	...	...	...
南亚[b]	...	...	143.5	104.6	69.6	46.0
孟加拉国	232.3	214.5	167.7	108.6	63.0	37.6
不丹	278.6 （1969 年）	228.4	158.8	99.8	54.8	32.9

接下页

续表

本地区成员	1966 年	1976 年	1986 年	1996 年	2006 年	2015 年
印度	226.3	188.6	141.2	105.3	71.5	47.7
马尔代夫	297.9	193.4	114.5	65.8	20.1	8.6
尼泊尔	293.1	234.2	169.5	101.8	56.6	35.8
斯里兰卡	78.9	61.4	26.9	19.5	13.2	9.8
东南亚[b]	…	…	**84.2**	**56.3**	**38.1**	**27.1**
文莱	…	16.8 （1982 年）	14.1	10.3	9.0	10.2
柬埔寨	310.0	285.6	119.6	122.6	60.4	28.7
印度尼西亚	188.2	136.5	99.5	63.6	39.6	27.2
老挝	…	208.3 （1978 年）	178.1	135.5	93.5	66.7
马来西亚	67.3	39.9	20.5	12.9	8.1	7.0
缅甸	187.5 （1968 年）	155.3	121.3	92.7	68.1	50.0
菲律宾	90.4	82.0	71.6	44.0	34.9	28.0
新加坡	33.6	16.0	10.4	5.0	2.9	2.7
泰国	118.6	73.7	46.0	27.0	17.0	12.3
越南	91.8	75.9	58.5	39.5	27.7	21.7
太平洋地区[b]	…	…	**99.1**	**78.8**	**64.6**	**51.1**
库克群岛	71.0	36.8	26.5	20.9	12.2	8.1
斐济	58.5	51.6	34.1	25.8	23.8	22.4
基里巴斯	160.7	124.8	111.9	79.4	64.8	55.9
马绍尔群岛	101.1	76.0	58.7	41.9	39.9	36.0
密克罗尼西亚	…	57.2 （1981 年）	58.6	55.9	45.9	34.7
瑙鲁	…	…	56.9 （1990 年）	46.4	39.0	35.4
帕劳	…	41.8 （1984 年）	39.9	30.4	22.1	16.4
巴布亚新几内亚	165.0	119.9	95.5	82.0	72.9	57.3
萨摩亚	…	39.0 （1984 年）	35.8	24.9	19.1	17.5
所罗门群岛	141.4	68.4	43.3	34.8	33.4	28.1

413

接下页

续表

本地区成员	1966 年	1976 年	1986 年	1996 年	2006 年	2015 年
东帝汶	…	…	210.0	134.0	78.5	52.6
汤加	66.7	35.3	24.8	18.6	16.7	16.7
图瓦卢	83.9 （1975 年）	80.3	59.3	49.7	35.6	27.1
瓦努阿图	128.1	84.8	44.6	29.9	28.0	27.5
发展中成员体[b]	**201.9**	**135.2**	**101.3**	**82.2**	**54.0**	**36.5**
发达成员体[b]	**22.5**	**13.0**	**7.9**	**5.8**	**4.1**	**3.1**
澳大利亚	22.1	16.2	11.0	6.8	5.6	3.8
日本	22.6	12.5	7.1	5.5	3.6	2.7
新西兰	22.5	17.7	13.4	8.4	6.5	5.7
本地区成员[b]	**191.9**	**131.1**	**99.2**	**80.5**	**53.0**	**35.8**
世界	**171.2**	**126.6**	**98.6**	**84.0**	**60.1**	**42.5**

414

… = 数据未获取。

注：[a] 如果没有所标年份的数据，则采用最早和（或）最近年份的可用数据。

[b] 加权平均数系使用所标相应年份的每年活产数估算。

资料来源：联合国儿童死亡率估算机构间小组，http：// WWW。childmortality. org（2016 年 12 月 28 日访问）；世界银行世界发展指标数据库，http：//data. worldbank. org（2016 年 12 月 28 日访问）；亚行估计。

表 A1.10　调整后的男女儿童小学净入学率[a]（占相关年龄组的百分比）

本地区成员 发展中成员体	1966 年	1976 年	1986 年	1996 年	2006 年	2014 年	2015 年
中亚和西亚	…	…	…	…	**71**	**74**	…
阿富汗	…	27 （1974 年）	…	29 （1993 年）	…	…	…
亚美尼亚	…	…	…	87 （2002 年）	90	…	96
阿塞拜疆	…	…	92 （1991 年）	93	84	95	94
格鲁吉亚	…	…	…	84	95	99 （2011 年）	…
哈萨克斯坦	…	…	…	94 （2000 年）	98	99	100
吉尔吉斯斯坦	…	…	…	92	96	98	…
巴基斯坦	…	…	…	59 （2002 年）	66	73	74
塔吉克斯坦	…	…	…	94 （2000 年）	97	97	98
土库曼斯坦	…	…	…	…	…	…	…
乌兹别克斯坦	…	…	…	…	97 （2007 年）	97	97
东亚	…	…	**91**	**91**	**96**	**97**	…
中国	…	…	94 （1987 年）	91	…	…	…
中国香港	…	…	…	…	…	…	…
韩国	97 （1971 年）	97	99	99	100 （2007 年）	96 （2013 年）	…
蒙古国	…	…	…	85	97	96	97
中国台北							
南亚	…	**67**	**73**	**82**	**95**	**98**	…
孟加拉国	51 （1970 年）	76	60	72 （1990 年）	96	95 （2010 年）	…

接下页

续表

本地区成员	1966 年	1976 年	1986 年	1996 年	2006 年	2014 年	2015 年
不丹	...	23 (1978 年)	...	55 (1998 年)	77	89	...
印度	61 (1971 年)	...	77 (1990 年)	84 (2000 年)	97 (2007 年)	95	...
马尔代夫	...	...	...	93 (1997 年)	98	97 (2009 年)	...
尼泊尔	...	59 (1983 年)	67 (1988 年)	66 (1999 年)	81 (2004 年)	95	97
斯里兰卡	...	78 (1977 年)	98	100 (2001 年)	97	97	...
东南亚	...	**80**	...	**93**	**93**	**92**	**95**
文莱	...	90 (1977 年)	80	99 (1995 年)	...	...	...
柬埔寨	...	...	...	83 (1997 年)	94	95	89
印度尼西亚	70 (1971 年)	76	97	93	94	93	...
老挝	...	...	65 (1988 年)	69	82	95	89
马来西亚	84 (1970 年)	85 (1972 年)	...	96 (1994 年)	98	98	...
缅甸	61 (1971 年)	65 (1978 年)	...	90 (2000 年)	89	95	93
菲律宾	...	97	94	96	87	97	98
新加坡	94 (1970 年)	·100	98 (1984 年)	89 (1995 年)	80 (2007 年)	79	...
泰国	76 (1973 年)	76 (1974 年)	...	...	94	92 (2013 年)	91
越南	...	97 (1977 年)	91 (1985 年)	99 (1998 年)	92	98 (2009 年)	...
太平洋地区	...	...	...	**74**	**59**	**89**	...
库克群岛	...	...	...	91 (1998 年)	98 (2010 年)	98	97

416

接下页

续表

本地区成员	1966 年	1976 年	1986 年	1996 年	2006 年	2014 年	2015 年
斐济	…	…	97 （1992 年）	93	99	97	98
基里巴斯	…	99 （1979 年）	97	98	…	98	97
马绍尔群岛	…	…	…	…	98 （2002 年）	100 （2011 年）	78
密克罗尼西亚	…	…	…	…	…	87	84
瑙鲁	…	…	…	…	77 （2012 年）	87	
帕劳	…	…	…	…	…	99	80 （2016 年）
巴布亚新几内亚	…	…	…	…	…	87 （2012 年）	
萨摩亚	…	…	…	93 （1994 年）	98 （2007 年）	97	97
所罗门群岛	…	…	…	…	81	…	…
东帝汶	…	…	…	…	77 （2008 年）	98	97
汤加	88 （1970 年）	97 （1975 年）	97	95 （1998 年）	99	99	…
图瓦卢	…	…	…	…	…	96	98
瓦努阿图	…	85 （1981 年）	75 （1989 年）	98 （1998 年）	99 （2005 年）	…	…
发达成员体	…	**100**	**100**	**99**	**99**	**99**	…
澳大利亚	96 （1971 年）	98	96	95	96	97	…
日本	100 （1971 年）	100	100	100 （1995 年）	100	100	…
新西兰	100 （1970 年）	100	100	99	99	98	…
世界	72 （1970 年）	**78**	**81**	**82**	**89**	**91**	…

417

… = 数据未获取。

注：ᵃ如果没有所标年份的数据，则采用最早和（或）最近年份的可用数据。次区域总数是联合国教科文组织统计研究所（UNESCO Institute of Statistics）统计的数字，仅涉及所标年份。

资料来源：联合国教科文组织统计研究所，http：//data. uis. unesco. org/Index. aspx（2017 年 2 月 17 日访问）。

2. 亚行机构、业务和财务概要

表 A2.1　本地区成员体和非本地区成员体获得成员资格的年份

（截至 2016 年 12 月 31 日）

418

本地区		本地区	
成员体	获得成员资格的年份	成员体	获得成员资格的年份
阿富汗	1966 年	缅甸	1973 年
澳大利亚	1966 年	所罗门群岛	1973 年
柬埔寨	1966 年	基里巴斯	1974 年
印度	1966 年	库克群岛	1976 年
印度尼西亚	1966 年	马尔代夫	1978 年
日本	1966 年	瓦努阿图	1981 年
韩国	1966 年	不丹	1982 年
老挝	1966 年	中国	1986 年
马来西亚	1966 年	马绍尔群岛	1990 年
尼泊尔	1966 年	密克罗尼西亚联邦	1990 年
新西兰	1966 年	蒙古国	1991 年
巴基斯坦	1966 年	瑙鲁	1991 年
菲律宾	1966 年	图瓦卢	1993 年
萨摩亚	1966 年	哈萨克斯坦	1994 年
新加坡	1966 年	吉尔吉斯斯坦	1994 年
斯里兰卡	1966 年	乌兹别克斯坦	1995 年
中国台北	1966 年	塔吉克斯坦	1998 年
泰国	1966 年	阿塞拜疆	1999 年
越南	1966 年	土库曼斯坦	2000 年
中国香港	1969 年	东帝汶	2002 年
斐济	1970 年	帕劳	2003 年
巴布亚新几内亚	1971 年	亚美尼亚	2005 年
汤加	1972 年	文莱	2006 年
孟加拉国	1973 年	格鲁吉亚	2007 年

接下页

续表

非本地区		非本地区	
成员体	获得成员资格的年份	成员体	获得成员资格的年份
奥地利	1966 年	英国	1966 年
比利时	1966 年	美国	1966 年
加拿大	1966 年	瑞士	1967 年
丹麦	1966 年	法国	1970 年
芬兰	1966 年	西班牙	1986 年
德国	1966 年	土耳其	1991 年
意大利	1966 年	葡萄牙	2002 年
荷兰	1966 年	卢森堡	2003 年
挪威	1966 年	爱尔兰	2006 年
瑞典	1966 年		

资料来源：2016 年亚行网站 "关于亚行" – "成员体"：https：//www.adb.org/about/members（2016 年 12 月 12 日访问）。

表 A2.2　认缴资本份额和投票权份额（截至 2016 年 12 月 31 日）

	获得成员资格的年份	认缴资本[a]（占总数的百分比）	投票权[b]（占总数的百分比）
本地区成员体			
阿富汗	1966 年	0.034	0.326
亚美尼亚	2005 年	0.298	0.537
澳大利亚	1966 年	5.786	4.928
阿塞拜疆	1999 年	0.445	0.654
孟加拉国	1973 年	1.021	1.115
不丹	1982 年	0.006	0.303
文莱	2006 年	0.352	0.580
柬埔寨	1966 年	0.049	0.338
中国	1986 年	6.444	5.454
库克群岛	1976 年	0.003	0.301
斐济	1970 年	0.068	0.353
格鲁吉亚	2007 年	0.341	0.572
中国香港	1969 年	0.545	0.734
印度	1966 年	6.331	5.363
印度尼西亚	1966 年	5.446	4.655
日本	1966 年	15.607	12.784
哈萨克斯坦	1994 年	0.806	0.944
基里巴斯	1974 年	0.004	0.302
韩国	1966 年	5.038	4.329
吉尔吉斯斯坦	1994 年	0.299	0.538
老挝	1966 年	0.014	0.310
马来西亚	1966 年	2.723	2.477
马尔代夫	1978 年	0.004	0.302
马绍尔群岛	1990 年	0.003	0.301
密克罗尼西亚联邦	1990 年	0.004	0.302
蒙古国	1991 年	0.015	0.311
缅甸	1973 年	0.545	0.734
瑙鲁	1991 年	0.004	0.302
尼泊尔	1966 年	0.147	0.416
新西兰	1966 年	1.536	1.527
巴基斯坦	1966 年	2.178	2.041
帕劳	2003 年	0.003	0.301
巴布亚新几内亚	1971 年	0.094	0.374
菲律宾	1966 年	2.383	2.205
萨摩亚	1966 年	0.003	0.301
新加坡	1966 年	0.340	0.571
所罗门群岛	1973 年	0.007	0.304
斯里兰卡	1966 年	0.580	0.762
中国台北	1966 年	1.089	1.170

接下页

续表

	获得成员资格的年份	认缴资本[a]（占总数的百分比）	投票权[b]（占总数的百分比）
塔吉克斯坦	1998 年	0.286	0.528
泰国	1966 年	1.362	1.388
东帝汶	2002 年	0.010	0.306
汤加	1972 年	0.004	0.302
土库曼斯坦	2000 年	0.253	0.501
图瓦卢	1993 年	0.001	0.300
乌兹别克斯坦	1995 年	0.674	0.837
瓦努阿图	1981 年	0.007	0.304
越南	1966 年	0.341	0.572
小计		**63.533**	**65.155**
非本地区成员体			
奥地利	1966 年	0.340	0.571
比利时	1966 年	0.340	0.571
加拿大	1966 年	5.231	4.483
丹麦	1966 年	0.340	0.571
芬兰	1966 年	0.340	0.571
法国	1970 年	2.328	2.161
德国	1966 年	4.326	3.759
爱尔兰	2006 年	0.340	0.571
意大利	1966 年	1.807	1.744
卢森堡	2003 年	0.340	0.571
荷兰	1966 年	1.026	1.119
挪威	1966 年	0.340	0.571
葡萄牙	2002 年	0.113	0.389
西班牙	1986 年	0.340	0.571
瑞典	1966 年	0.340	0.571
瑞士	1967 年	0.584	0.765
土耳其	1991 年	0.340	0.571
英国	1966 年	2.042	1.932
美国	1966 年	15.607	12.784
小计		**36.467**	**34.845**
总计		**100.000**	**100.000**

注：数字因凑整总和可能不精确。有关其他详细信息，请参阅《2016 年亚行年度报告》的财务报表中《股本认缴与投票权说明书》（OCR – 8）列表。

[a] 认缴资本是指成员对亚行股本份额的认缴。

[b] 每个成员的总投票权数包括基本投票权数和比例投票权数。每个成员的基本投票权数由全体成员的基本投票权数和比例投票权数总和的 20% 在全体成员中平等分配的投票权数组成。每个成员的比例投票权数等于该成员持有的亚行股本份额数。

资料来源：亚行主计局。

表 A2.3 历年董事会选区

1966 年	1971 年	1987 年	2016 年
本地区			
韩国、中国台北、越南	韩国、中国台北、越南	韩国、巴布亚新几内亚、斯里兰卡、中国台北、**瓦努阿图**	韩国、巴布亚新几内亚、斯里兰卡、中国台北、**乌兹别克斯坦**、瓦努阿图、越南
菲律宾、巴基斯坦	菲律宾、巴基斯坦	菲律宾、**马尔代夫**、巴基斯坦	菲律宾、**哈萨克斯坦**、马尔代夫、**马绍尔群岛**、**蒙古国**、**东帝汶**、巴基斯坦
澳大利亚	澳大利亚、**中国香港**、**巴布亚新几内亚**	澳大利亚、中国香港、**基里巴斯**、**所罗门群岛**	澳大利亚、**阿塞拜疆**、**柬埔寨**、**格鲁吉亚**、中国香港、基里巴斯、**密克罗尼西亚联邦**、**瑙鲁**、**帕劳**、所罗门群岛、**图瓦卢**
印度尼西亚、阿富汗、柬埔寨、斯里兰卡、老挝、尼泊尔	印度尼西亚、**斐济**、新西兰、萨摩亚	印度尼西亚、**库克群岛**、斐济、新西兰、汤加、萨摩亚	印度尼西亚、**亚美尼亚**、库克群岛、斐济、**吉尔吉斯斯坦**、新西兰、汤加、萨摩亚
新西兰、马来西亚、泰国、新加坡、萨摩亚	马来西亚、尼泊尔、新加坡、泰国	马来西亚、**缅甸**、尼泊尔、新加坡、泰国	马来西亚、**文莱**、缅甸、尼泊尔、新加坡、泰国
印度	印度	印度、**孟加拉国**、**不丹**、老挝、越南	印度、阿富汗、孟加拉国、不丹、老挝、**塔吉克斯坦**、**土库曼斯坦**
日本	日本	日本	日本
		中国	中国
	斯里兰卡、阿富汗、柬埔寨、老挝		
非本地区			
加拿大、丹麦、芬兰、挪威、瑞典、英国	加拿大、丹麦、芬兰、荷兰、挪威、瑞典	加拿大、丹麦、芬兰、荷兰、挪威、瑞典	加拿大、丹麦、芬兰、**爱尔兰**、荷兰、挪威、瑞典
美国	美国	美国	美国
德国、意大利、荷兰、奥地利、比利时	德国、奥地利、英国	德国、奥地利、英国	德国、奥地利、**卢森堡**、**土耳其**、英国
	法国、比利时、意大利、瑞士	法国、比利时、意大利、**西班牙**、瑞士	法国、比利时、意大利、**葡萄牙**、西班牙、瑞士

注：粗体字的亚行成员为新成员。柬埔寨 1975 年至 1993 年在董事会中没有自己的代表，阿富汗 1987 年至 1994 年在董事会中没有自己的代表。

资料来源：亚行秘书办公室。

表 A2.4　董事及其所代表成员（截至 2016 年 12 月 31 日）

董事	副董事	所代表成员
Won – Mok Choi（韩国）	M P D U K Mapa Pathirana（斯里兰卡）（2016 年 6 月 30 日任期结束）	韩国、巴布亚新几内亚、斯里兰卡、中国台北、乌兹别克斯坦、瓦努阿图、越南
Paul Dominguez（菲律宾）	Muhammad Sami Saeed（巴基斯坦）	哈萨克斯坦、马尔代夫、马绍尔群岛、蒙古国、巴基斯坦、菲律宾、东帝汶
Mathew Fox（澳大利亚）	Scott Dawson（澳大利亚）	澳大利亚、阿塞拜疆、柬埔寨、格鲁吉亚、中国香港、基里巴斯、密克罗尼西亚联邦、瑙鲁、帕劳、所罗门群岛、图瓦卢
Bhimantara Widyajala（印度尼西亚）	Mario Di Maio（新西兰）	亚美尼亚、库克群岛、斐济、印度尼西亚、吉尔吉斯斯坦、新西兰、萨摩亚、汤加
王忠晶（中国）	潘文星（中国）	中国
Philaslak Yukkasemwong（泰国）	Rokiah Hj Badar（文莱）	文莱、马来西亚、缅甸、尼泊尔、新加坡、泰国
Kshatrapati Shivaji（印度）	Sherafjon Sheraliev（塔吉克斯坦）	阿富汗、孟加拉国、不丹、印度、老挝、塔吉克斯坦、土库曼斯坦
Koichi Hasegawa（日本）	Masashi Tanabe（日本）	日本
David Murchison（加拿大）	Joar Strand（挪威）	加拿大、丹麦、芬兰、爱尔兰、荷兰、挪威、瑞典
Swati Dandekar（美国）	Michael Strauss（美国）	美国
Maurizio Ghirga（意大利）	Johannes Schneider（瑞士）	比利时、法国、意大利、葡萄牙、西班牙、瑞士
Mario Sander（德国）	Philip Rose（英国）	奥地利、德国、卢森堡、土耳其、英国

资料来源：亚行秘书办公室。

表 A2.5　历任行长

	姓名	任期起止时间	在任时长
1	渡边武	1966 年 11 月 24 日至 1971 年 11 月 23 日， 1971 年 11 月 24 日至 1972 年 11 月 24 日	6 年
2	井上四郎	1972 年 11 月 25 日至 1976 年 11 月 23 日	4 年
3	吉田太郎一	1976 年 11 月 24 日至 1981 年 11 月 23 日	5 年
4	藤冈真佐夫	1981 年 11 月 24 日至 1986 年 11 月 23 日， 1986 年 11 月 24 日至 1989 年 11 月 23 日	8 年
5	垂水公正	1989 年 11 月 24 日至 1991 年 11 月 23 日， 1991 年 11 月 24 日至 1993 年 11 月 23 日	4 年
6	佐藤光夫	1993 年 11 月 24 日至 1996 年 11 月 23 日， 1996 年 11 月 24 日至 1999 年 1 月 15 日	5 年零 2 个月
7	千野忠男	1999 年 1 月 16 日至 2001 年 11 月 23 日， 2001 年 11 月 24 日至 2005 年 1 月 31 日	6 年
8	黑田东彦	2005 年 2 月 1 日至 2006 年 11 月 23 日， 2006 年 11 月 24 日至 2011 年 11 月 23 日， 2011 年 11 月 24 日至 2013 年 3 月 18 日	8 年零 2 个月
9	中尾武彦	2013 年 4 月 28 日至 2016 年 11 月 23 日， 2016 年 11 月 24 日至今	

资料来源：亚行网站"关于亚行"，https：//www. adb. org/about（2016 年 10 月 10 日访问）。

425

表 A2.6　历届年会时间和地点

年份	届别	日期	地点
1966 年	成立大会	11 月 24 日至 26 日	日本东京
1968 年	第 1 届	4 月 4 日至 6 日	菲律宾马尼拉
1969 年	第 2 届	4 月 10 日 12 日	澳大利亚悉尼
1970 年	第 3 届	4 月 9 日至 11 日	韩国汉城
1971 年	第 4 届	4 月 15 日至 17 日	新加坡
1972 年	第 5 届	4 月 20 日至 22 日	奥地利维也纳
1973 年	第 6 届	4 月 26 日至 28 日	菲律宾马尼拉
1974 年	第 7 届	4 月 25 日至 27 日	马来西亚吉隆坡
1975 年	第 8 届	4 月 24 日至 26 日	菲律宾马尼拉
1976 年	第 9 届	4 月 22 日至 24 日	印度尼西亚雅加达
1977 年	第 10 届	4 月 21 日至 23 日	菲律宾马尼拉
1978 年	第 11 届	4 月 24 日至 26 日	奥地利维也纳
1979 年	第 12 届	5 月 2 日至 4 日	菲律宾马尼拉
1980 年	第 13 届	4 月 30 日至 5 月 2 日	菲律宾马尼拉
1981 年	第 14 届	4 月 30 日至 5 月 2 日	美国檀香山
1982 年	第 15 届	4 月 28 日至 30 日	菲律宾马尼拉
1983 年	第 16 届	5 月 4 日至 6 日	菲律宾马尼拉
1984 年	第 17 届	4 月 25 日至 27 日	荷兰阿姆斯特丹
1985 年	第 18 届	4 月 30 日至 5 月 2 日	泰国曼谷
1986 年	第 19 届	4 月 30 日至 5 月 2 日	菲律宾马尼拉
1987 年	第 20 届	4 月 27 日至 29 日	日本大阪
1988 年	第 21 届	4 月 28 日至 30 日	菲律宾马尼拉
1989 年	第 22 届	5 月 4 日至 6 日	中国北京
1990 年	第 23 届	5 月 2 日至 4 日	印度新德里
1991 年	第 24 届	4 月 24 日至 26 日	加拿大温哥华
1992 年	第 25 届	5 月 4 日至 6 日	中国香港
1993 年	第 26 届	5 月 4 日至 6 日	菲律宾马尼拉
1994 年	第 27 届	5 月 3 日至 5 日	法国尼斯
1995 年	第 28 届	5 月 3 日至 5 日	新西兰奥克兰
1996 年	第 29 届	4 月 30 日至 5 月 2 日	菲律宾马尼拉

426

接下页

续表

年份	届别	日期	地点
1997 年	第 30 届	5 月 11 日至 13 日	日本福冈
1998 年	第 31 届	4 月 29 日至 5 月 1 日	瑞士日内瓦
1999 年	第 32 届	4 月 30 日至 5 月 2 日	菲律宾马尼拉
2000 年	第 33 届	5 月 6 日至 8 日	泰国清迈
2001 年	第 34 届	5 月 9 日至 11 日	美国檀香山
2002 年	第 35 届	5 月 10 日至 12 日	中国上海
2003 年	第 36 届	6 月 30 日	菲律宾马尼拉
2004 年	第 37 届	5 月 15 日至 17 日	韩国济州
2005 年	第 38 届	5 月 4 日至 6 日	土耳其伊斯坦布尔
2006 年	第 39 届	5 月 4 日至 6 日	印度海德拉巴
2007 年	第 40 届	5 月 6 日至 7 日	日本京都
2008 年	第 41 届	5 月 5 日至 6 日	西班牙马德里
2009 年	第 42 届	5 月 4 日至 5 日	印度尼西亚巴厘
2010 年	第 43 届	5 月 3 日至 4 日	乌兹别克斯坦塔什干
2011 年	第 44 届	5 月 5 日至 6 日	越南河内
2012 年	第 45 届	5 月 4 日至 5 日	菲律宾马尼拉
2013 年	第 46 届	5 月 4 日至 5 日	印度德里
2014 年	第 47 届	5 月 4 日至 5 日	哈萨克斯坦阿斯塔纳
2015 年	第 48 届	5 月 4 日至 5 日	阿塞拜疆巴库
2016 年	第 49 届	5 月 3 日至 5 日	德国法兰克福
2017 年	第 50 届	5 月 4 日至 7 日	日本横滨

资料来源：亚行各届年会，https：//www.adb.org/about/all – annual – meetings（2016 年 10 月 6 日访问）。

427

表 A2.7 工作人员（截至当年年底）

	1966 年	1976 年	1986 年	1996 年	2006 年	2016 年
员工总数	**40**	**760**	**1,604**	**1,961**	**2,405**	**3,092**
类别						
管理人员	2	2	4	4	5	7
国际员工	11	288	599	669	856	1,103
国内员工与行政人员	27	470	1,001	1,288	1,544	1,982
工作地						
总部						
管理人员	2	2	4	4	5	7
国际员工	11	288	591	639	756	949
国内员工与行政人员	27	470	986	1,174	1,170	1,383
驻外办事处						
国际员工	0	0	8	30	100	154
国内员工与行政人员	0	0	15	114	374	599
性别						
女性	15	308	740	1,023	1,358	1,804
国际员工	1	5	25	100	249	375
男性	25	452	864	938	1,047	1,288
国际员工	10	283	566	539	507	574
国籍,按区域划分						
亚洲及太平洋地区	39	669	1,383	1,707	2,056	2,665
发展中成员	33	614	1,268	1,567	1,872	2,413
非区域内成员	1	91	221	254	349	427
所代表亚行成员	**6**	**33**	**37**	**43**	**54**	**60**

　　注：工作人员信息包括管理人员、国际员工及国内员工与行政人员。他们包括董事顾问和助理、享受无薪特别休假人员及借调人员。员工数据来源于预算、人事和管理系统局，可能与采用不同员工数据的亚行年报上的数字不一致。管理人员包括行长和副行长。

　　资料来源：亚行预算、人事和管理系统局。

表 A2.8　历年工作人员数量（截至当年年底）和内部行政管理费用预算[a]　428

年份	工作人员				预算
	管理人员	国际员工	国内员工与 行政人员	总计	内部行政管理费 用（千美元）
1966	2	11	27	40	
1967	2	56	132	190	3,040
1968	2	94	204	300	5,215
1969	2	143	289	434	6,484
1970	2	159	328	489	7,363
1971	2	191	358	551	8,562
1972	2	207	379	588	10,142
1973	2	222	400	624	10,664
1974	2	231	412	645	13,472
1975	2	254	437	693	17,332
1976	2	288	470	760	19,694
1977	2	304	499	805	22,628
1978	3	333	540	876	25,957
1979	3	359	647	1,009	32,604
1980	3	416	731	1,150	42,372
1981	3	467	798	1,268	58,746
1982	3	517	864	1,384	68,585
1983	3	552	941	1,496	77,524
1984	4	573	954	1,531	82,639
1985	4	586	985	1,575	87,918
1986	4	599	1,001	1,604	89,265
1987	4	601	1,025	1,630	94,242
1988	4	606	1,053	1,663	98,446
1989	4	600	1,061	1,665	109,405
1990	4	604	1,063	1,671	120,052
1991	4	613	1,106	1,723	135,280
1992	4	632	1,149	1,785	145,612
1993	4	645	1,253	1,902	161,930

接下页

续表

年份	工作人员				预算
	管理人员	国际员工	国内员工与行政人员	总计	内部行政管理费用（千美元）
1994	4	660	1,281	1,945	168,259
1995	4	656	1,278	1,938	188,266
1996	4	669	1,288	1,961	189,881
1997	4	666	1,302	1,972	199,497
1998	4	682	1,293	1,979	204,817
1999	4	681	1,288	1,973	206,969
2000	4	728	1,325	2,057	215,363
2001	4	759	1,400	2,163	226,905
2002	4	790	1,424	2,218	239,992
2003	5	831	1,475	2,311	258,740
2004	5	855	1,534	2,394	279,539
2005	4	883	1,569	2,456	296,770
2006	5	856	1,544	2,405	312,897
2007	5	847	1,591	2,443	332,864
2008	5	874	1,626	2,505	357,150
2009	5	927	1,670	2,602	388,868
2010	6	1,024	1,803	2,833	439,488
2011	6	1,055	1,897	2,958	496,352
2012	6	1,076	1,969	3,051	544,797
2013	7	1,083	1,886	2,976	576,604
2014	7	1,074	1,916	2,997	598,388
2015	7	1,104	1,994	3,105	617,701
2016	7	1,103	1,982	3,092	635,624

429

注：[a] 数值系计划内部行政管理费用，不是实际数额。

资料来源：亚行预算、人事和管理系统局。

表 A2.9　设立驻外办事处

年份	驻外办事处	年份	驻外办事处
1982 年	驻孟加拉国代表处	2000 年	菲律宾国家办公室
1984 年	南太平洋区域代表处ᵃ	2000 年	驻中华人民共和国代表处
1987 年	驻印度尼西亚代表处	2000 年	驻东帝汶特别联络处ᵇ
1989 年	驻尼泊尔代表处	2000 年	驻蒙古国代表处
1989 年	驻巴基斯坦代表处	2002 年	驻阿富汗代表处
1992 年	驻印度代表处	2002 年	驻巴布亚新几内亚代表处
1995 年	驻北美办事处	2003 年	驻阿塞拜疆代表处
1996 年	驻欧洲办事处	2003 年	驻塔吉克斯坦代表处
1996 年	驻柬埔寨代表处	2004 年	太平洋次区域办事处
1996 年	驻日本办事处	2004 年	驻泰国代表处
1996 年	驻越南代表处	2005 年	太平洋联络和协调处
1997 年	驻哈萨克斯坦代表处	2008 年	驻亚美尼亚代表处
1997 年	驻斯里兰卡代表处	2008 年	驻格鲁吉亚代表处
1997 年	驻乌兹别克斯坦代表处	2008 年	驻土库曼斯坦代表处
1999 年	驻吉尔吉斯斯坦代表处	2013 年	驻不丹代表处
2000 年	驻老挝人民民主共和国代表处	2014 年	驻缅甸代表处

注：上述设立日期为东道国协定的日期，但如果东道国协定的日期无法获取，则采用董事会散发或批准的 R 文件（R-papers）中确定的设立日期。

ᵃ南太平洋区域代表处于 2005 年关闭，时年在斐济群岛开设了南太平洋次区域办事处，同时太平洋联络和协调处（PLCO）在悉尼开始运作。

ᵇ驻东帝汶特别联络处于 2000 年 7 月在太平洋局之下设立，并在东帝汶 2002 年加入亚行时发挥区域代表处的作用。亚行和东帝汶于 2003 年 1 月 9 日签订了《东道国协定》，根据该协定，亚行有权设立一个包括驻外代表处的"办事处"。2013 年 10 月，董事会批准在东帝汶设立代表处，继而将驻东帝汶特别联络处更名为驻东帝汶代表处。

资料来源：ADB，2016，Establishment of Field Offices，*The ADB Archives Gallery*，https：//www. adb. org/sites/default/files/publication/176469/adb - archives - gallery. pdf。

431

表 A2.10 2012 – 2016 年部分财务亮点

单位：百万美元

	批准额				
	2012 年[a]	2013 年[a]	2014 年[a]	2015 年[a]	2016 年[a]
贷款、赠款及其他					
按资金来源					
普通资金	**10,136**	**10,363**	**10,438**	**13,413**	**14,389**
贷款	9,602	10,186	10,233	12,938	13,797
担保	403	35	20	341	515
股本投资	131	142	185	134	77
亚洲开发基金	**3,005**	**3,850**	**3,091**	**2,867**	**3,073**
贷款	2,312	3,008	2,686	2,514	2,556
赠款	693	843	405	353	518
特别基金[b]	**4**	**7**	**0**	**7**	**9**
赠款	4	7	0	7	9
小计	**13,145**	**14,219**	**13,529**	**16,287**	**17,471**
按业务					
主权	**11,300**	**12,611**	**11,610**	**13,655**	**14,970**
贷款	10,607	11,768	11,205	13,301	13,943
担保	—	—	—	—	500
赠款	693	843	405	353	527
非主权	**1,841**	**1,602**	**1,919**	**2,626**	**2,502**
贷款	1,307	1,425	1,714	2,150	2,410
股本投资	131	142	185	134	77
担保	403	35	20	341	15
小计	**13,141**	**14,213**	**13,529**	**16,280**	**17,471**
技术援助					
技术援助特别基金	142	148	152	139	162
特别基金[c]	9	7	7	3	7

接下页

续表

	批准额				
	2012 年[a]	**2013 年[a]**	**2014 年[a]**	**2015 年[a]**	**2016 年[a]**
小计	151	155	158	141	169
包括信托基金在内的联合融资					
主权	**2,155**	**3,714**	**4,216**	**6,142**	**8,225**
亚行管理的信托基金	206	299	147	205	402
双边	944	1,753	902	2,232	3,263
多边	939	1,655	2,733	3,492	4,250
其他[d]	65	6	434	213	311
非主权[e]	**6,117**	**2,933**	**5,006**	**4,593**	**5,836**
小计	**8,272**	**6,647**	**9,222**	**10,735**	**14,061**
总计	**21,568**	**21,021**	**22,909**	**27,163**	**31,701**

432

—＝无，0＝不到 50 万美元。

注：数字因凑整总和可能不精确。

[a] 业务批准额（贷款、赠款、股本投资和担保）基于批准总额。

[b] 亚洲开发基金以外的特别基金，如亚太灾害应对基金和气候变化基金。

[c] 技术援助特别基金以外的特别基金包括气候变化基金、金融行业发展伙伴关系特别基金和区域合作与一体化基金。

[d] "其他"包括通过基金会和企业社会责任计划的私营部门联合融资，以及不属于官方联合融资范围的任何公共来源，如国家开发银行。

[e] 非主权联合融资包括商业联合融资，如贸易融资计划联合融资、B 类贷款和平行贷款等。

表 A2.11　1967 – 2016 年按成员体和按十年段划分的业务批准

单位：百万美元

发展中成员体	1967 – 1976 年	1977 – 1986 年	1987 – 1996 年	1997 – 2006 年	2007 – 2016 年	总计	占比（%）
印度	—	250	6,338	10,478	25,032	42,097	15.8
中国	—	—	6,346	11,969	18,076	36,390	13.6
印尼	377	3,398	9,313	8,462	11,622	33,172	12.4
巴基斯坦	431	2,800	5,769	7,673	13,074	29,746	11.1
孟加拉国	190	1,737	2,999	3,468	9,998	18,392	6.9
菲律宾	464	1,964	3,695	3,430	7,959	17,512	6.6
越南	45	—	967	3,138	12,019	16,170	6.1
斯里兰卡	76	493	1,260	2,130	4,259	8,217	3.1
泰国	313	1,417	2,100	1,634	1,396	6,861	2.6
韩国	552	1,518	262	4,015		6,347	2.4
乌兹别克斯坦	—	—	50	925	5,370	6,345	2.4
哈萨克斯坦	—	—	230	555	4,560	5,344	2.0
尼泊尔	102	448	954	885	2,519	4,907	1.8
阿塞拜疆	—	—	—	119	4,241	4,360	1.6
阿富汗	59	36	—	1,026	2,873	3,995	1.5
地区	—	—	241	669	2,542	3,452	1.3
老挝	12	60	574	654	1,513	2,813	1.1
柬埔寨	2	—	246	714	1,501	2,463	0.9
巴布亚新几内亚	36	237	273	397	1,368	2,311	0.9
缅甸	113	418	—	—	1,733	2,264	0.8
格鲁吉亚	—	—	—	—	2,153	2,153	0.8
马来西亚	294	989	667	—	10	1,960	0.7
蒙古国	—	—	315	353	1,155	1,823	0.7
吉尔吉斯斯坦	—	—	160	469	1,076	1,705	0.6
塔吉克斯坦	—	—	—	308	1,112	1,420	0.5
亚美尼亚	—	—	—	—	1,186	1,186	0.4
不丹	—	25	27	125	536	713	0.3
斐济	7	54	61	129	269	519	0.2
东帝汶	—	—	—	10	303	313	0.1
萨摩亚	14	37	40	40	147	277	0.1
马尔代夫	—	3	31	98	124	255	0.1
所罗门群岛	4	25	15	36	132	212	0.1
新加坡	128	53	—	—	—	181	0.1

接下页

发展中成员体	1967 - 1976 年	1977 - 1986 年	1987 - 1996 年	1997 - 2006 年	2007 - 2016 年	总计	占比（%）
土库曼斯坦	—	—	—	—	125	125	0.0
汤加	1	10	37	10	61	118	0.0
中国香港	42	60	—	—	—	102	0.0
中国台北	100	—	—	—	—	100	0.0
瓦努阿图	—	5	24	22	48	99	0.0
马绍尔群岛	—	—	31	47	20	98	0.0
库克群岛	—	3	21	6	57	87	0.0
密克罗尼西亚联邦	—	—	17	58	9	84	0.0
帕劳	—	—	—	—	70	70	0.0
基里巴斯	2	1	2	10	37	52	0.0
图瓦卢	—	—	—	8	19	27	0.0
瑙鲁	—	—	—	5	11	16	0.0
总计	3,361	16,041	43,063	64,075	140,311	266,851	100

435

— = 无。

注：1997 年至 2016 年的数字基于贷款、赠款、股本投资和担保的批准总额。1968 年至 1996 年的数据除去终止项目（不包括董事会批准但在被视为有效前终止的业务）。

资料来源：1967 年至 1996 年的数据来自亚行贷款、技术援助、赠款和股本批准数据库，1997 年至 2016 年的数据来自亚行电子业务指示板、Cognos 数据库和亚行战略与政策局。

436   表 A2.12　1967－2016 年按资金来源和类型划分的业务批准

单位：百万美元

年份	普通资金			亚洲开发基金			总计
	主权	非主权	合计	贷款	赠款	合计	
1968	42	—	42	—	—	—	42
1969	76	—	76	22	—	22	98
1970	212	—	212	34	—	34	246
1971	203	—	203	52	—	52	254
1972	222	—	222	94	—	94	316
1973	303	—	303	118	—	118	421
1974	375	—	375	173	—	173	548
1975	494	—	494	166	—	166	660
1976	540	—	540	236	—	236	776
1977	615	—	615	272	—	272	886
1978	778	—	778	381	—	381	1,159
1979	835	—	835	416	—	416	1,252
1980	958	—	958	477	—	477	1,436
1981	1,147	—	147	531	—	531	1,678
1982	1,138	—	1,138	546	—	546	1,684
1983	1,190	3	1,193	703	—	703	1,896
1984	1,551	0	1,551	684	—	684	2,235
1985	1,171	3	1,175	637	—	637	1,811
1986	1,357	12	1,369	636	—	636	2,005
1987	1,463	46	1,509	958	—	958	2,466
1988	1,958	94	2,051	1,083	—	1,083	3,135
1989	2,171	157	2,328	1,363	—	1,363	3,691
1990	2,419	109	2,528	1,480	—	1,480	4,008
1991	3,247	177	3,424	1,347	—	1,347	4,771
1992	3,904	55	3,960	1,154	—	1,154	5,114
1993	3,730	203	3,933	1,298	—	1,298	5,230
1994	2,502	49	2,551	1,177	—	1,177	3,728
1995	3,963	167	4,130	1,455	—	1,455	5,585
1996	3,490	179	3,669	1,666	—	1,666	5,335

接下页

续表

年份	普通资金			亚洲开发基金			总计
	主权	非主权	合计	贷款	赠款	合计	
1997	7,749	169	7,919	1,620	—	1,620	9,538
1998	4,859	264	5,123	987	—	987	6,110
1999	3,762	154	3,916	1,070	—	1,070	4,986
2000	4,102	356	4,458	1,592	—	1,592	6,051
2001	3,940	68	4,008	1,362	—	1,362	5,369
2002	3,898	241	4,138	1,633	—	1,633	5,771
2003	4,539	393	4,931	1,379	—	1,379	6,310
2004	3,705	607	4,312	1,242	—	1,242	5,554
2005	3,885	822	4,707	1,376	247	1,622	6,329
2006	5,542	960	6,502	1,279	275	1,554	8,057
2007	7,347	1,321	8,669	1,893	519	2,412	11,081
2008	6,924	1,913	8,838	1,790	707	2,497	11,335
2009	10,902	1,735	12,637	2,210	911	3,122	15,758
2010	8,629	1,846	10,475	2,213	967	3,180	13,655
2011	9,201	2,106	11,306	1,955	597	2,552	13,858
2012	8,295	1,841	10,136	2,312	693	3,005	13,141
2013	8,761	1,602	10,363	3,008	843	3,850	14,213
2014	8,519	1,918	10,438	2,686	405	3,091	13,528
2015	10,788	2,626	13,413	2,514	353	2,867	16,280
2016	11,887	2,502	14,389	2,556	518	3,073	17,462
总计	**179,286**	**24,697**	**203,983**	**55,833**	**7,035**	**62,868**	**266,851**

437

— = 无。

注：1. 1997 年至 2016 年的数字基于贷款、赠款、股本投资和担保的批准总额。1968 年至 1996 年的数据除去终止项目（不包括董事会批准但在被认为有效前终止的业务）。

2. 亚洲开发基金的数据包括农业特别基金（ASF）和多用途特别基金（MPSF）的贷款批准额。亚行的这两个特别基金都是在 1968 年设立的。农业特别基金于 1973 年正式终止，其资源与多用途特别基金的资源合并。同年，亚行理事会通过了一项决议，授权设立亚洲开发基金。1975 年，理事会通过了一项决议，安排将多用途特别基金的资源转给亚洲开发基金。

资料来源：1967 年至 1996 年的数据来自亚行贷款、技术援助、赠款和股本批准数据库，1997 年至 2016 年的数据来自亚行电子业务指示板、Cognos 数据库和亚行战略与政策局业务规划和协调处。

438

表 A2.13　贷款和赠款支付与未偿还贷款额

单位：百万美元

支付	支付				未清余额		
	普通资金	亚洲开发基金		合计	普通资金	亚洲开发基金	合计
	贷款	贷款	赠款		贷款	贷款	
1968	2	—		2	1	—	1
1969	7	0	—	8	8	0	8
1970	16	2	—	17	23	2	25
1971	44	5	—	49	64	7	71
1972	50	11	—	61	118	19	137
1973	120	26	—	147	235	46	281
1974	160	27	—	188	380	72	451
1975	285	77	—	362	626	133	759
1976	263	63	—	327	881	198	1,079
1977	273	84	—	356	1,203	325	1,528
1978	295	167	—	462	1,605	554	2,159
1979	361	125	—	486	1,799	606	2,405
1980	429	150	—	579	2,099	799	2,897
1981	518	149	—	667	2,334	872	3,206
1982	620	175	—	795	2,685	986	3,670
1983	715	222	—	937	3,106	1,176	4,282
1984	702	298	—	1,001	3,287	1,366	4,653
1985	620	390	—	1,010	4,539	2,000	6,539
1986	612	413	—	1,024	5,998	2,751	8,749
1987	693	539	—	1,232	7,678	3,913	11,591
1988	957	692	—	1,649	7,524	4,476	12,000
1989	1,347	888	—	2,235	7,521	4,999	12,520
1990	1,689	1,063	—	2,752	9,391	6,371	15,762
1991	2,066	1,037	—	3,104	11,043	7,612	18,654

439 （对应1986行）

接下页

续表

支付	支付				未清余额		
	普通资金	亚洲开发基金		合计	普通资金	亚洲开发基金	合计
	贷款	贷款	赠款		贷款	贷款	
1992	1,880	888	—	2,767	12,023	8,183	20,206
1993	2,016	925	—	2,941	13,718	9,376	23,094
1994	2,501	1,186	—	3,688	16,499	11,357	27,856
1995	2,442	1,145	—	3,587	17,530	12,310	29,840
1996	2,563	1,234	—	3,797	16,109	12,468	28,577
1997	5,304	1,154	—	6,458	18,839	12,266	31,105
1998	5,623	1,144	—	6,766	24,760	14,324	39,084
1999	3,710	1,114	—	4,824	28,344	15,960	44,304
2000	2,884	1,135	—	4,019	28,231	15,532	43,762
2001	2,850	1,024	—	3,874	28,739	14,832	43,571
2002	3,067	1,136	—	4,202	29,234	17,233	46,467
2003	2,688	1,128	—	3,816	25,506	20,047	45,552
2004	2,508	1,055	—	3,563	24,309	21,627	45,936
2005	3,498	1,247	1	4,747	23,569	20,238	43,807
2006	4,420	1,338	34	5,793	26,192	21,522	47,714
2007	5,234	1,618	63	6,914	30,256	24,018	54,274
2008	6,472	2,043	177	8,692	35,851	26,427	62,278
2009	7,898	2,201	347	10,446	41,732	27,959	69,691
2010	5,944	1,571	358	7,873	45,933	28,977	74,910
2011	6,337	1,385	510	8,232	49,729	29,515	79,244
2012	6,764	1,286	532	8,583	52,814	29,165	81,979
2013	5,985	1,975	576	8,536	53,051	28,680	81,731
2014	7,368	2,203	429	10,000	55,845	27,604	83,449
2015	9,667	2,048	503	12,217	61,889	27,270	89,159
2016	9,763	2,027	463	12,253	67,547	27,367	94,914
累计	132,230	41,812	3,993	178,035	67,547	27,367	94,914

440

注：上述贷款支付包括主权业务和非主权业务。数字因凑整总和可能不精确。
资料来源：亚行主计局。

441

表 A2.14　普遍增资和资本构成（核定股本）

	首期认缴	第一次普遍增资	第二次普遍增效	第三次普遍增资	第四次普遍增资	第五次普遍增资
理事会决议日期	1966 年 8 月 22 日	1971 年 11 月 30 日	1976 年 10 月 29 日	1983 年 4 月 25 日	1994 年 5 月 22 日	2009 年 4 月 29 日
资本增加						
增加比例（%）	0	150	135	105	100	200
新股数目	110,000	165,000	414,800	754,750	1,770,497	7,092,622
资本构成（%）						
待缴	50%	80%	90%	95%	98%	96%
实缴	50%	20%	10%	5%	2%	4%
资本成分						
可自由兑换货币	50%	40%	40%	40%	40%	40%
本国货币	50%	60%	60%	60%	60%	60%
资本构成，增加						
百万 SDR	**1,100**	**1,650**	**4,148**	**7,547**	**17,705**	**70,926**
待缴	550	1,320	3,733	7,170	17,351	68,089
实缴	550	330	415	377	354	2,837
百万美元	**1,100**[a]	**1,650**[b]	**4,790**[c]	**8,163**[d]	**25,043**[e]	**106,272**[f]
待缴	550	1,320	4,311	7,755	24,542	102,021
实缴	550	330	479	408	501	4,251
资本构成，累加[g]						
百万 SDR	**1,100**	**2,750**	**7,221**	**14,768**	**34,910**	**106,389**
待缴	550	1,870	5,823	12,993	32,480	101,084
实缴	550	880	1,398	1,775	2,430	5,306
百万美元	**1,100**[a]	**2,750**[b]	**8,338**[c]	**15,974**[d]	**49,378**[e]	**159,408**[f]
待缴	550	1,870	6,724	14,054	45,941	151,459
实缴	550	880	1,614	1,920	3,437	7,950

442

接下页

SDR = 特别提款权。

注：数字因凑整总和可能不精确。

^a按照 1966 年 8 月 22 日 1SDR = 1 美元的兑换率换算。亚行刚成立时，原始核定资本为 10 亿美元，其中 5 亿美元为实缴资本，另外 5 亿美元为待缴资本。1966 年 11 月，理事会批准增加 1 亿美元的核定资本。

^b按照 1971 年 11 月 30 日 1SDR = 1 美元的兑换率换算。

^c按照 1976 年 10 月 29 日 1SDR = 1.15471 美元的兑换率换算。

^d按照 1983 年 4 月 29 日 1SDR = 1.08163 美元的兑换率换算。彭博社没有 1983 年的每日兑换率，只有月底兑换率。

^e按照 1994 年 5 月 20 日 1SDR = 1.41445 美元的兑换率换算。

^f按照 2009 年 4 月 29 日 1SDR = 1.49835 美元的兑换率换算。

^g包括新成员和现有成员的特别增资。

资料来源：亚行主计局和亚行年报。

443

表 A2.15　成员体给亚洲开发基金补充资金的捐款

单位：百万美元

	ADF I[a] 1973–1975年	ADF II 1976–1978年	ADF III 1979–1982年	ADF IV 1983–1986年	ADF V 1987–1990年	ADF VI 1992–1995年	ADF VII 1997–2000年	ADF VIII 2001–2004年	ADF IX 2005–2008年	ADF X 2009–2012年	ADF XI 2013–2016年	ADF 12[b] 2017–2020年	总计	%
本地区成员体	364	320	907	1,458	1,631	1,901	1,325	1,387	1,633	2,201	3,041	1,743	17,909	50.61
日本	320	273	792	1,212	1,321	1,583	1,019	1,061	1,178	1,612	2,035	1,125	13,532	38.24
澳大利亚	37	42	111	230	287	272	175	185	218	299	640	337	2834	8.01
韩国	—	—	—	4	5	15	54	81	122	154	168	89	692	1.96
中华人民共和国	—	—	—	—	—	—	—	—	30	35	45	100	210	0.59
新西兰	7	5	4	6	14	11	23	20	25	32	33	8	190	0.54
中国台北	—	—	—	2	—	15	15	15	18	22	23	12	122	0.34
中国香港	—	—	—	1	1	3	15	16	19	26	33	—[c]	115	0.33
印度	—	—	—	—	—	—	—	—	—	—	30	42	72	0.20
马来西亚	—	—	—	—	—	—	10	—	5	6	10	5	36	0.10
印度尼西亚	—	—	—	3	2	—	10	—	—	—	—	14	29	0.08
新加坡	—	—	—	—	—	—	—	4	4	6	9	5	27	0.08
文莱	—	—	—	—	—	—	—	—	10	6	6	1	22	0.06
泰国	—	—	—	—	—	—	4	3	3	4	5	3	21	0.06
哈萨克斯坦	—	—	—	—	—	—	—	—	—	—	6	3	9	0.02
瑞鲁	—	—	—	—	—	0.4	—	—	—	—	—	—	0.4	0.00
非本地区成员体	346	441	1,234	1,802	2,011	2,312	1,363	1,540	1,777	2,029	1,788	838	17,479	49.39
美国	150	180	445	520	584	680	400	412	461	461	360	190	4,842	13.68
加拿大	35	76	171	283	299	307	126	133	179	207	193	102	2,111	5.96
德国	53	53	141	211	236	276	177	165	195	222	194	87	2,009	5.68
英国	42	42	113	133	137	165	103	137	202	233	315	166	1,787	5.05
法国	—	—	105	188	194	216	140	126	148	160	129	57	1,463	4.13
意大利	22	31	76	135	159	186	108	111	131	138	92	48	1,238	3.50
荷兰	16	13	50	78	90	106	66	83	98	108	81	16	804	2.27
瑞典	—	11	26	44	49	84	40	39	53	63	80	24	513	1.45
西班牙	—	—	—	29	28	34	14	129	67	129	65	—[d]	495	1.40
瑞士	7	8	26	42	44	55	36	35	41	48	53	28	423	1.20
挪威	4	6	15	25	28	38	24	27	37	45	50	26	326	0.92
奥地利	—	7	18	30	31	37	23	25	29	42	43	23	309	0.87
丹麦	6	7	16	29	32	42	24	25	34	21	25	13	275	0.78

444

接下页

续表

	ADF Iª 1973－1975年	ADF II 1976－1978年	ADF III 1979－1982年	ADF IV 1983－1986年	ADF V 1987－1990年	ADF VI 1992－1995年	ADF VII 1997－2000年	ADF VIII 2001－2004年	ADF IX 2005－2008年	ADF X 2009－2012年	ADF XI 2013－2016年	ADF 12ᵇ 2017－2020年	总计	%
比利时	7	7	18	29	29	31	19	21	24	33	35	18	271	0.77
芬兰	4	—	14	26	29	11	18	14	19	33	29	13	210	0.59
土耳其	—	—	—	—	40	47	16	5	6	6	6	2	128	0.36
爱尔兰	—	—	—	—	—	—	—	—	28	45	27	15	115	0.33
葡萄牙	—	—	—	—	—	—	30	17	20	28	1	0.3	96	0.27
卢森堡	—	—	—	—	—	—	—	35	4	5	11	9	64	0.18
捐款总额	710	761	2,141	3,260	3,642	4,212	2,688	2,926	3,410	4,229	4,829	2,580	35,389	100.00

445

— = 无，0.00 = 0.001，ADF = 亚洲开发基金。

注：1. 实际捐助者捐款基于捐款书中显示的捐款，但 ADF 12 除外，它显示的数额主要是截至 2017 年 3 月 30 日的认捐额。有些补充资金捐款包括给技术援助特别项基金的捐款。

2. 美元等值捐助者捐款是采用相关的理事会决议汇率计算的。

3. 实际捐助者捐款包括各次补充资金结束后新的亚洲开发基金捐助者提供的额外捐款。

4. 数字因凑整总和可能不精确。

ª ADF I 包括转入的 2.23 亿美元等值多用途特别基金捐款。

ᵇ 这是亚行理事会批准亚洲开发基金放贷业务与普通资金合并后第一次亚洲开发基金补充资金。为与以前的补充资金相区别，后缀序号从罗马数字改为阿拉伯数字。

ᶜ 中国香港曾表示愿意或打算给 ADF 12 捐款，但需要获得香港立法机关批准，且数额待定。

ᵈ 对于 ADF 12，西班牙要在新政府组建和获得所有必要批准后才能决定承诺捐款。

资料来源：亚行。

446

表 A2.16　亚洲开发基金补充资金与资金来源

单位：百万美元

项目	ADF I[a] 1973– 1975年	ADF II 1976– 1978年	ADF III 1979– 1982年	ADF IV 1983– 1986年	ADF V 1987– 1990年	ADF VI 1992– 1995年	ADF VII 1997– 2000年	ADF VIII 2001– 2004年	ADF IX 2005– 2008年	ADF X 2009– 2012年	ADF XI 2013– 2016年	ADF 12[b] 2017– 2020年
1. 捐款（a + b）	710	761	2,141	3,260	3,642	4,212	2,688	2,926	3,410	4,229	4,829	2,580
a. ADF 捐款	710	761	2,141	3,260	3,569	4,072	2,688	2,926	3,189	3,890	4,453	2,119
b. TASF 捐款					73	140			221	339	376	461
2. ADF 内部资源[c]	3	61	141	153	462	1,101	2,231	3,695	4,821	8,355	8,594	180[d]
3. OCR 净收益转移							230	350	160	480	480	1,038[e]
4. 预留资源[f]	57											
补充金额总额（1 + 2 + 3 + 4）	770	822	2,282	3,413	4,104	5,313	5,149	6,971	8,391	13,064	13,903	3,798

ADF = 亚洲开发基金，OCR = 普通资金，SDR = 特别提款权，TASF = 技术援助特别基金。

注：1. 实际捐助者捐款基于捐款书中显示的捐款，但 ADF 12 除外，它显示的数额主要是截至 2017 年 3 月 30 日的认捐额。有些补充资金捐款包括给技术援助特别基金的捐款。

2. 美元等值捐款的捐助者的捐款是采用相关的理事会决议汇率计算的。

3. 实际捐助者捐款包括各次补充资金结束后新的亚洲开发基金捐助者提供的额外捐款。

4. 数字因凑整总和可能不精确。

[a] ADF I 包括转移入的 2.23 亿美元多用途特别基金捐款和 300 万美元贷款与投资收益。

[b] 这是亚行理事会批准亚洲开发基金放贷业务与普通资金合并后补充基金。为了与以前的补充资金相区别，后缀序号从罗马数字改为阿拉伯数字。

[c] ADF 内部资源包括向借款人收取的贷款服务费（本金和利息）、流动性投资收入和可动用的亚洲开发基金流动资金。

[d] 对于 ADF 12（仅赠款业务），1.8 亿美元仅包括流动性投资收入，因为 2017 年 1 月 1 日亚洲开发基金放款业务与普通资金合并后，贷款回流（loan reflows）是优惠普通资金业务的一部分。

[e] 须经亚行理事会批准。

[f] 表示从普通资金中划转 4,760 万 SDR（特别提款权）实缴资本。

资料来源：亚行。

表 A2.17　亚洲开发基金补充资金历程

补充资金时间段	要点
1973－1975 年	**亚洲开发基金的设立和启动资金（ADF Ⅰ）** 主要问题：技术事项，如启动基金的数量、单笔捐款的额度和设立该基金的程序 在捐助者会议上商定补充金额：5.25 亿美元，其中捐助者捐款：5.25 亿美元 实际补充金额：7.7 亿美元（包括 5,700 万美元等值普通资金预留资源），其中捐助者实际捐款：7.1 亿美元（包括划转的 2.23 亿美元等值多用途特别基金捐款） **亚洲开发基金正式设立** 启动资金捐款达到 2.6 亿美元，具备了该基金产生法律效力的条件
1976－1978 年	**第一次亚洲开发基金补充资金（ADF Ⅱ）** 主要问题：受援国获得软贷款的资格，就优惠贷款应提供给有特殊困难的国家达成共识，美国的份额从 29% 下降到 22% 在捐助者会议上商定补充金额：8.3 亿美元，其中捐助者捐款：8.3 亿美元 实际补充金额：8.22 亿美元，其中捐助者实际捐款：7.61 亿美元
1979－1982 年	**第二次亚洲开发基金补充资金（ADF Ⅲ）** 主要问题：美国对 ADF Ⅱ 的捐款滞后一年，且其不能对 ADF Ⅲ 的捐款做出无条件承诺 在捐助者会议上商定补充金额：21.5 亿美元，其中捐助者捐款：21.5 亿美元 实际补充金额：22.82 亿美元，其中捐助者实际捐款：21.41 亿美元
1983－1986 年	**第三次亚洲开发基金补充资金（ADF Ⅳ）** 主要问题：捐助者在维持以前份额方面存在的困难（发展中成员体第一次参与亚洲开发基金补充资金） 在捐助者会议上商定补充金额：32.05 亿美元，其中捐助者捐款：32.05 亿美元 实际补充金额：34.13 亿美元，其中捐助者实际捐款：32.6 亿美元
1987－1990 年	**第四次亚洲开发基金补充资金（ADF Ⅴ）** 主要问题：ADF 贷款条件可能强化，以及亚行对私营部门的援助、国别战略和政策对话、技术援助业务、项目质量和人事政策 在捐助者会议上商定补充金额：36 亿美元，其中捐助者捐款：36 亿美元 实际补充金额：41.04 亿美元，其中捐助者实际捐款：36.42 亿美元
1992－1995 年	**第五次亚洲开发基金补充资金（ADF Ⅵ）** 主要问题：贫困和社会问题（例如环境、人口和妇女参与发展）；发展中国家的政策改革；亚行的战略规划、组织结构和国别方案规划程序 在捐助者会议上商定补充金额：42 亿美元，其中捐助者捐款：42 亿美元 实际补充金额：53.13 亿美元，其中捐助者实际捐款：42.12 亿美元

接下页

续表

补充资金时间段	要点
1997－2000 年	**第六次亚洲开发基金补充资金（ADF VII）** 主要问题：为 ADF 资源制定一个新的规划框架（使其更具有自筹资金能力），并审查与 ADF 有关的财务政策和其他财务政策 在捐助者会议上商定补充金额：63 亿美元，其中捐助捐助：26.1 亿美元 实际补充金额：51.49 亿美元，其中捐助者实际捐款：26.88 亿美元 **ADF VII 中期评估** 第一次正式的 ADF 中期评估讨论了 ADF VII 承诺的实施进度、亚洲金融危机对 ADF VII 的不利影响以及 ADF VII 的计划和时段
2001－2004 年	**第七次亚洲开发基金补充资金（ADF VIII）** 主要问题：为配合亚行的减贫战略，敦促亚行为社会发展、良好治理、私营部门发展、性别、环境和区域合作提供更多支持，并为加强伙伴关系发挥更大的作用 在捐助者会议上商定补充金额：56.45 亿美元，其中捐助者捐款：29.05 亿美元 实际补充金额：69.71 亿美元，其中捐助者实际捐款：29.26 亿美元
2005－2008 年	**第八次亚洲开发基金补充资金（ADF IX）** 主要问题：发展效果和千年发展目标的进展；满足受援国的特殊需要（如从冲突中转变、债务挑战）；加强区域合作；致力于新的战略改革计划 在捐助者会议上商定补充金额：70.35 亿美元，其中捐助者捐款：33.47 亿美元 实际补充金额：83.91 亿美元，其中捐助者实际捐款：34.1 亿美元 **ADF IX 中期评估** 评估检讨了以下事项：通过变革产生的发展效果和绩效欠佳国家的发展效果，以业绩为基础政策的实施情况，新的人力资源政策，独立评估局的独立性，以及与发展伙伴的合作
2009－2012 年	**第九次亚洲开发基金补充资金（ADF X）** 主要问题：ADF 业务的效果，《巴黎宣言》在 ADF 国家的实施情况，以及亚行的改革议程。ADF X 谈判与亚行《长期战略框架》审查同时进行 在捐助者会议上商定补充金额：112.83 亿美元，其中捐助者捐款：41.91 亿美元 实际补充金额：130.64 亿美元，其中捐助者实际捐款：42.29 亿美元 **ADF X 中期评估** 评估检讨了亚行的改革议程和对 ADF 成果框架的拟议改进。在气候变化减缓和适应、脆弱和受冲突影响（FCAS）及区域合作与一体化（RCI）等背景下，审查了发展效果
2013－2016 年	**第十次亚洲开发基金补充资金（ADF XI）** 主要问题：亚行的确保粮食安全工作，脆弱和受冲突影响情况，危机防备和应对，促进气候变化适应和减缓业务 在捐助者会议上商定补充金额：123.95 亿美元，其中捐助者捐款：46.46 亿美元 实际补充金额：139.03 亿美元，其中捐助者实际捐款：48.29 亿美元 **ADF XI 中期评估** 评估检讨了以下事项：改革议程，对 ADF 成果框架的改进，ADF 促进气候变化减缓和适应业务的战略方向，亚行在脆弱和受冲突影响及区域合作与一体化方面的工作，债务减免资格的更新，等等

449

接下页

续表

补充资金时间段	要点	
2017－2020 年	**第十一次亚洲开发基金补充资金 (ADF 12ᵃ)** 这是在亚洲开发基金与普通资金合并后第一次补充资金。ADF 仅开展赠款业务。 <u>主要问题</u>：优惠援助受援国的包容性发展和可持续发展，重点是脆弱和受冲突影响情况及其他关键优先事项；将性别平等纳入业务主流；促进粮食安全；支持私营部门发展；改善治理和能力；加强对气候变化和灾害的防备和应对；促进区域公益物品。 <u>在捐助者会议上商定补充金额</u>：37. 64 亿美元 (用于 ADF 赠款业务的资源)，其中捐助者捐款：25. 46 亿美元 (数额比 ADF Ⅺ低，反映了亚洲开发基金与普通资金合并后捐助者负担减轻) <u>实际补充金额 (截至 2017 年 3 月 30 日)</u>：37. 98 亿美元，其中捐助者承诺捐款：25. 8 亿美元	450

注：1. 实际捐助者捐款基于捐款书中显示的捐款，但 ADF 12 除外，它显示的数额主要是截至 2017 年 3 月 30 日的认捐额。有些补充资金捐款包括给技术援助特别基金的捐款。

2. 美元等值捐助者捐款是采用相关的理事会决议汇率计算的。

3. 实际捐助者捐款包括各次补充资金结束后新的亚洲开发基金捐助者提供的额外捐款。

ᵃ这是亚行理事会批准亚洲开发基金放贷业务与普通资金合并后第一次亚洲开发基金补充资金。为与以前的补充资金相区别，后缀序号从罗马数字改为阿拉伯数字。

资料来源：亚行。

451

表 A2. 18a   1967－2016 年来自双边合作伙伴的官方联合融资

单位：百万美元

融资伙伴	给信托基金的捐款[a]	给特定项目联合融资的捐款		
		贷款[b]	赠款	技术援助
澳大利亚	181		621	206
奥地利	9			12
比利时	64			0.2
加拿大	115		187	32
中国	40	695		0.04
丹麦	15	200	55	10
芬兰	70		47	33
法国	31	2,788	1	8
德国	0.1	2,546	40	1
印度		59	1	
印度尼西亚	0.5			
爱尔兰	2			
意大利	3			
日本	2,831[c]	10,956	33	1
韩国	94	1,344	4	1
科威特		17	15	
卢森堡	33			1
荷兰	69		346	44
新西兰	0.5		100	13
挪威	87		218	36
葡萄牙	15			
沙特阿拉伯		20		
新加坡				5
西班牙	59			1
瑞典	108	158[d]	142	68
瑞士	37		36	22
中国台北		7		1
阿拉伯联合酋长国		60		
英国	593	94[e]	905	115

接下页

续表

融资伙伴	给信托基金的捐款[a]	给特定项目联合融资的捐款		
		贷款[b]	赠款	技术援助
美国	156		12	7
乌斯别克斯坦		340		
双边总计	**4,611**	**19,283**	**2,760**	**618**

注：数字因凑整总和可能不精确。

[a]指对单一和多伙伴信托基金和对亚行管理的特别基金（除亚洲开发基金和技术援助特别基金外）的承诺捐款。

[b]来自官方发展援助、国家开发银行和主权财富基金的优惠贷款联合融资。

[c]包括给日本特别基金提供的 11.25 亿美元捐款和给日本奖学金项目提供的 1.72 亿美元。

[d]包括一个主权投资组合的风险转移安排。

[e]此系指对非主权投资组合的股权参与。

资料来源：亚行联合融资业务办公室。

453

表 A2.18b 1967–2016 年来自多边机构的官方联合融资

单位：百万美元

融资伙伴	给信托基金的捐款ª	给特定项目联合融资的捐款			总计
		贷款	赠款	技术援助	
世界银行		10,879	174	1	11,054
伊斯兰开发银行		1,735			1,735
欧洲投资银行		1,711	7	1	1,719
欧佩克国际发展基金		1,038			1,038
清洁技术基金		804	5	14	823
欧洲联盟			606	93	699
国际农业发展基金		478	28	1	507
欧亚开发银行		435			435
战略气候基金		91	231	43	365
东盟基础设施基金		320			320
欧洲复兴开发银行		216	11	0.01	227
全球环境基金			145	78	223
全球教育伙伴关系			197	0.4	197
亚洲基础设施投资银行		160			160
北大西洋公约组织所属阿富汗国家军队信托基金	140				140
联合国开发计划署				116	116
北欧发展基金	8	11	18	36	73
全球农业和粮食安全计划			39		39
亚洲投资基金			36		36
绿色气候基金			31		31
森林信托基金			8	8	16
太平洋地区基础设施基金			12		12
邻国投资基金			8		8
联合国儿童基金会			4	0.2	4
红十字会与红新月会国际联合会			2		2
公私合营基础设施咨询基金				1	1
伊斯兰金融服务委员会				1	1
城市联盟				1	1
世界卫生组织			0.5		0.5

454

接下页

续表

融资伙伴	给信托基金的捐款^a	给特定项目联合融资的捐款			总计
		贷款	赠款	技术援助	
市场准备伙伴关系基金				0.3	0.3
全球机制				0.3	0.3
全球道路安全伙伴关系				0.2	0.2
联合国人口基金会				0.1	0.1
英联邦秘书处				0.1	0.1
多边总计	148	17,877	1,562	394	19,981

注：^a 指对单一和多伙伴信托基金的承诺捐款。

资料来源：亚行联合融资业务办公室和主计局。

455

表 A2.18c　1967 – 2016 年来自私人基金会的官方联合融资

单位：百万美元

融资伙伴	给信托基金的捐款[a]	给特定项目联合融资的捐款		总计
		赠款	技术援助	
气候中心基金会 （Climate Cent Foundation）	26			26
浦项制铁公司	20			20
比尔和梅林达·盖茨基金会	15		3	18
安奈克能源贸易公司 （Eneco Energy Trade B. V.）	15			15
富比亚矿业有限公司 （Phu Bia Mining Limited）		6		6
洛克菲勒基金会	5			5
其他			1	1
美国雪佛龙公司		1		1
瑞士信贷集团			0.1	0.1
私人基金会总计	81	7	4.1	92

注：[a] 指对单一和多伙伴信托基金的承诺捐款。

资料来源：亚行联合融资业务办公室。

表 A2.19　在用和封停的信托基金和特别基金一览

（截至 2016 年 12 月 31 日）

在用的信托基金和特别基金

456

基金名称	伙伴	累计拨付捐款（百万美元）	设立年份
单一伙伴信托基金			
日本奖学金项目	日本	172.5	1988
技术援助赠款基金（法国）	法国	25.8	1989
技术援助赠款基金（芬兰）	芬兰	12.5	1990
技术援助赠款基金（挪威）	挪威	4.2	1991
澳大利亚技术援助赠款	澳大利亚	62.4	1993
技术援助赠款基金（比利时）	比利时	2.4	1996
瑞士咨询服务合作基金	瑞士	2.3	1998
丹麦技术援助合作基金	丹麦	5.0	2000
日本扶贫基金	日本	742.0	2000
西班牙技术援助合作基金	西班牙	9.6	2000
加拿大气候变化合作基金	加拿大	3.4	2001
丹麦可再生能源和农村地区能源效率合作基金	丹麦	7.1	2001
日本信息和通信技术基金	日本	10.7	2001
大湄公河次区域和其他亚洲特定国家项目筹备合作基金	法国	5.1	2004
日本公共政策培训基金	日本	22.0	2004
中华人民共和国区域合作与扶贫基金	中国	40.0	2005
电子亚洲和知识伙伴关系基金	韩国	72.2	2006
水融资伙伴关系基金下设荷兰信托基金	荷兰	34.8	2006
清洁能源融资伙伴关系基金下设亚洲清洁能源基金	日本	55.7	2008
区域合作与一体化融资伙伴关系基金下设投资气候便利化基金	日本	31.5	2008
综合灾害风险管理基金	加拿大	9.7	2013
水融资伙伴关系基金下设卫生设施融资伙伴关系信托基金	比尔和梅琳达·盖茨基金会	15.0	2013
日本联合信贷机制基金	日本	43.8	2014
领先亚洲私营部门基础设施基金	日本	220.0	2016

457

接下页

续表

基金名称	伙伴	累计拨付捐款（百万美元）	设立年份
在用单一伙伴信托基金总计	25	1,609.7	
多伙伴信托基金			
治理合作基金	加拿大、丹麦、爱尔兰、挪威	7.2	2001
性别与发展合作基金	澳大利亚、加拿大、丹麦、爱尔兰、挪威	12.0	2003
区域贸易和金融安全倡议合作基金	澳大利亚、日本、美国	3.0	2004
支持发展成果管理合作基金	加拿大、荷兰、挪威	2.9	2004
金融行业发展伙伴关系基金	卢森堡	6.4	2006
水融资伙伴关系基金下设多捐助方信托基金	澳大利亚、奥地利、挪威，西班牙、瑞士	52.7	2006
清洁能源融资伙伴关系基金下设清洁能源基金	澳大利亚、挪威、西班牙、瑞典、英国	103.0	2007
清洁能源融资伙伴关系基金下设碳捕获和储存基金	澳大利亚、英国	73.5	2009
城市融资伙伴关系基金下设城市环境基础设施基金	瑞典	21.5	2009
阿富汗基础设施信托基金	北大西洋公约组织所属阿富汗国家军队信托基金，日本、英国、美国	694.0	2010
清洁能源融资伙伴关系基金下设加拿大亚洲私营部门气候基金	加拿大	80.7	2013
医疗卫生融资伙伴关系基金下设区域疟疾和其他传染病威胁信托基金	澳大利亚、加拿大、英国	29.6	2013
城市融资伙伴关系基金下设城市气候变化适应能力信托基金	洛克菲勒基金会、瑞士、英国、美国	150.7	2013
亚太项目筹备基金	澳大利亚、加拿大、日本	63.1	2014
太平洋商业投资信托基金	澳大利亚	7.6	2014
应对台风"海燕"多捐助方信托基金	英国、芬兰	8.5	2014
项目准备改进信托基金	北欧发展基金	7.8	2016
未来碳基金	比利时、安奈克能源贸易公司、芬兰、韩国、浦项制铁公司、瑞典	115.0	2008

458

接下页

续表

基金名称	伙伴	累计拨付捐款（百万美元）	设立年份
在用多伙伴信托基金总计	**18**	**1,439.2**	
特别基金[a]			
日本特别基金	日本	1,124.7	1988
亚行研究院	亚行、澳大利亚、印度尼西亚、日本、韩国	239.7	1996
区域合作与一体化基金	亚行、日本	59.6	2007
金融行业发展伙伴关系特别基金	亚行、卢森堡	13.5	2013
在用特别基金总计	**4**	**1,437.5**	

459

封停的信托基金和特别基金

基金名称	伙伴	累计拨付捐款（百万美元）	设立年份	封停年份
单一伙伴信托基金				
技术援助赠款基金（瑞士）	瑞士	19.4	1980	2001
技术援助赠款基金（荷兰）	荷兰	1.6	1991	2004
技术援助赠款基金（瑞典）	瑞典	1.9	1992	1998
意大利咨询服务合作基金	意大利	2.7	1999	2011
技术援助赠款基金（新西兰）	新西兰	0.5	1999	2016
荷兰促进可再生能源和能源效率合作基金	荷兰	6.0	2000	2011
技术援助赠款基金（英国）	英国	37.2	2001	2012
澳大利亚—亚行南亚发展伙伴关系基金	澳大利亚	11.3	2006	2016
封停单一伙伴信托基金总计	**8**	**80.6**		
多伙伴信托基金[b]				
水行业合作基金	荷兰、挪威	21.5	2001	2010
支持制定和实施国家扶贫战略合作基金	荷兰	6.0	2001	2009
扶贫合作基金	英国	55.8	2002	2010
贫困和环境基金	挪威、瑞典	8.7	2003	2014

460

接下页

基金名称	伙伴	累计拨付捐款 （百万美元）	设立年份	封停年份
亚太地区抗击艾滋病合作基金	瑞典	19.2	2005	2015
第四次援助效果高层论坛信托基金	9 个双边伙伴、3 个多边伙伴	1.3	2011	2015
亚太碳基金	比利时、气候中心基金会、芬兰、卢森堡、葡萄牙、西班牙、瑞典	152.8	2006	2015
封停多伙伴信托基金总计	**7**	**265.3**		
特别基金ᵃ				
亚洲海啸基金	亚行、澳大利亚、卢森堡	514.8	2005	2011
巴基斯坦地震基金	亚行、澳大利亚、比利时、芬兰、挪威	141.6	2005	2014
封停特别基金总计ᶜ	**2**	**656.4**		

注：ᵃ 特别基金（日本特别基金除外）通过从普通资金转账获得亚行捐款；不包括亚洲开发基金、技术援助特别基金、气候变化基金和亚太灾害应对基金。

ᵇ 指为接收多融资伙伴捐款而设立的信托基金。

ᶜ 不包括农业特别基金和多用途特别基金，这两个基金于 1968 年设立，在 20 世纪 70 年代终止，其几乎所有资金均转至亚洲开发基金。

资料来源：亚行联合融资业务办公室和主计局。

表 A2.20　历年新借款

单位：百万美元[a]

年份	长期	短期[b]	总计	累计
1969	16	—	16	16
1970	22	—	22	38
1971	122	—	122	160
1972	59	—	59	218
1973	31	—	31	249
1974	42	—	42	291
1975	313	—	313	604
1976	529	—	529	1,133
1977	117	—	117	1,250
1978	390	—	390	1,640
1979	348	—	348	1,987
1980	458	—	458	2,445
1981	668	—	668	3,113
1982	882	—	882	3,995
1983	979	—	979	4,975
1984	972	—	972	5,946
1985	792	—	792	6,738
1986	813	—	813	7,551
1987	537	—	537	8,088
1988	435	—	435	8,523
1989	645	—	645	9,167
1990	849	—	849	10,016
1991	1,298	—	1,298	11,314
1992	3,050	—	3,050	14,364
1993	1,720	—	1,720	16,084
1994	1,335	—	1,335	17,419
1995	1,715	—	1,715	19,134

接下页

续表

年份	长期	短期^b	总计	累计
1996	584	—	584	19,717
1997	2,263	3,325	5,588	25,305
1998	7,819	1,798	9,617	34,922
1999	4,816	370	5,186	40,108
2000	1,693	—	1,693	41,801
2001	1,207	400	1,607	43,408
2002	5,945	200	6,145	49,553
2003	4,141	—	4,141	53,694
2004	1,629	—	1,629	55,323
2005	3,966	264	4,230	59,553
2006	5,397	179	5,576	65,129
2007	8,854	—	8,854	73,984
2008	9,372	—	9,372	83,356
2009	10,359	—	10,359	93,714
2010	14,940	—	14,940	108,655
2011	14,009	438	14,446	123,101
2012	13,217	1,850	15,067	138,168
2013	11,975	750	12,725	150,892
2014	14,249	475	14,724	165,616
2015	18,948	1,317	20,265	185,881
2016	20,602	2,330	22,932	208,814
总计	**195,119**	**13,695**	**208,814**	

462

注：数字因凑整总和可能不精确。

^a截至1980年的借款按亚行在每个借款年度结束时采用的汇率换算。截至1992年的借款按董事会批准每笔借款之日生效的亚行汇率换算，但1990/2000年的7.375%瑞士法郎债券除外，后者是自1990年10月14日起按亚行汇率换算的。此后，借款按行长确定借款条件之日生效的汇率换算。自2007年1月1日起，借款按交易日的汇率换算。

^b年度未偿付的欧元商业票据。

资料来源：亚行资金局。

表 A2.21　第一个组织结构[a]（1966 年）

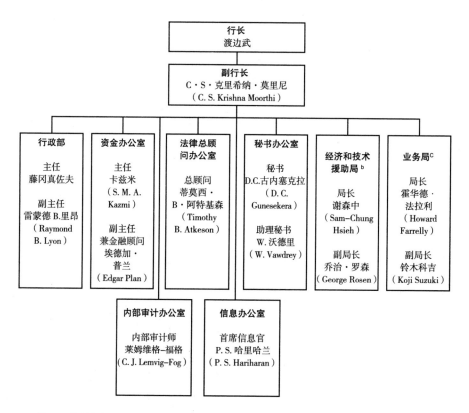

注：[a] 亚行首任行长渡边武于 1966 年 11 月 24 日设立了上述暂行组织结构，并初步任命了管理人员和工作人员，为亚行开业做准备。该组织结构在整个 1967 年保持不变。第一批部门负责人于 1966 - 1967 年加入亚行。

[b] 经济和技术援助局的职能涉及与成员体发展问题有关的技术援助和经济研究。它下设两个处：经济处和技术援助处。1969 年，经济和技术援助局解散。成立了一个新的项目局，该局合并了前经济和技术援助局技术援助处的大部分职能。项目局还承担项目技术评估工作，而项目技术评估曾是业务局的主要职责。同时，建立了一个新的经济办公室开展经济研究。

[c] 业务局的职能涉及亚行的放款业务。它下设三个处：东部处、西部处以及负责项目技术评估和监督的项目处。1969 年，项目处并入新成立的项目局改组后的业务局承担了经济和技术援助局技术援助处的部分职能，特别是与国家协调有关的职能。

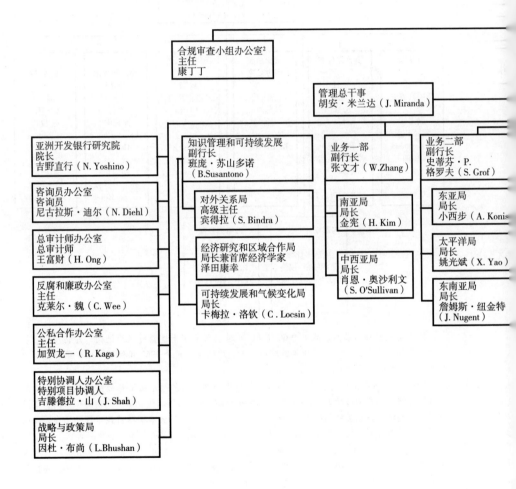

合规审查小组办公室[2]
主任
康丁丁

管理总干事
胡安·米兰达（J. Miranda）

亚洲开发银行研究院
院长
吉野直行（N. Yoshino）

咨询员办公室
咨询员
尼古拉斯·迪尔（N. Diehl）

总审计师办公室
总审计师
王富财（H. Ong）

反腐和廉政办公室
主任
克莱尔·魏（C. Wee）

公私合作办公室
主任
加贺龙一（R. Kaga）

特别协调人办公室
特别项目协调人
吉滕德拉·山（J. Shah）

战略与政策局
局长
因杜·布尚（L.Bhushan）

知识管理和可持续发展
副行长
班庞·苏山多诺
（B.Susantono）

对外关系局
高级主任
宾得拉（S. Bindra）

经济研究和区域合作局
局长兼首席经济学家
泽田康幸

可持续发展和气候变化局
局长
卡梅拉·洛钦（C . Locsin）

业务一部
副行长
张文才（W.Zhang）

南亚局
局长
金宪（H. Kim）

中西亚局
局长
肖恩·奥沙利文
（S. O'Sullivan）

业务二部
副行长
史蒂芬·P.
格罗夫（S. Grof）

东亚局
局长
小西步（A. Konis

太平洋局
局长
姚光斌（X. Yao）

东南亚局
局长
詹姆斯·纽金特
（J. Nugent）

注：
1. 要联系管理层和高级员工，请访问 http://www.adb.org/contacts/managementsenior-staff。
2. 合规审查小组对董事会负责。
3. 独立评估局通过发展效果委员会对董事会负责。

至 2016 年 12 月 31 日）

464

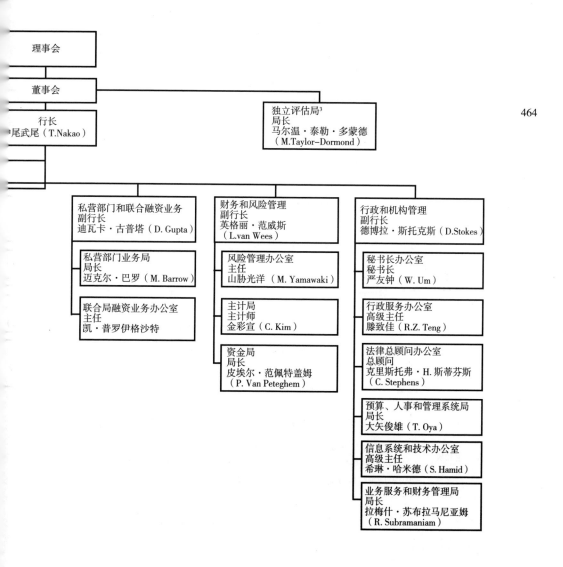

理事会

董事会

行长
尾武尾（T.Nakao）

独立评估局[3]
局长
马尔温·泰勒·多蒙德
（M.Taylor-Dormond）

私营部门和联合融资业务
副行长
迪瓦卡·古普塔（D. Gupta）

私营部门业务局
局长
迈克尔·巴罗（M. Barrow）

联合局融资业务办公室
主任
凯·普罗伊格沙特

财务和风险管理
副行长
英格丽·范威斯
（L.van Wees）

风险管理办公室
主任
山胁光洋（M. Yamawaki）

主计局
主计师
金彩宣（C. Kim）

资金局
局长
皮埃尔·范佩特盖姆
（P. Van Peteghem）

行政和机构管理
副行长
德博拉·斯托克斯（D.Stokes）

秘书长办公室
秘书长
严友钟（W. Um）

行政服务办公室
高级主任
滕致佳（R.Z. Teng）

法律总顾问办公室
总顾问
克里斯托弗·H. 斯蒂芬斯
（C. Stephens）

预算、人事和管理系统局
局长
大矢俊雄（T. Oya）

信息系统和技术办公室
高级主任
希琳·哈米德（S. Hamid）

业务服务和财务管理局
局长
拉梅什·苏布拉马尼亚姆
（R. Subramaniam）

465

表 A2.23　亚行行业小组和专题小组（截至 2016 年 12 月 31 日）

行业小组		
行业	委员会主席	技术顾问
教育	罗成燮（Sungsup Ra）（南亚局人力和社会发展处处长）	布拉杰什·潘斯（Brajesh Panth）
能源	阿肖克·巴尔加瓦（Ashok Bhargava）（东亚局能源处处长）	翟永平
金融	布鲁诺·卡拉斯科（Bruno Carrasco）（南亚局公共管理、金融部门和贸易处处长）	安娜·洛特·斯考－齐贝尔（Anna Lotte Schou–Zibell）
健康	稻垣彩子（Ayako Inagaki）（东南亚局人力和社会发展处处长）	索恩曼·库万（Soonman Kwon）
交通	杨晓红（中西亚局交通和通信处处长）	蒂勒尔·邓肯（Tyrrell Duncan）
城市	潘哲尔（Sangay Penjor）（东亚局城市和社会部门处处长）	维贾伊·帕德马纳班（Vijay Padmanabhan）
水	张庆丰（东亚局环境、自然资源和农业处处长）	金吉洪（Gil–Hong Kim）（可持续发展和气候变化局行业咨询服务部高级处长兼首席行业官）

466

专题小组		
专题	技术顾问/委员会主席[a]	联合主席[a]
气候变化和灾害风险管理	普里蒂·班达里（Preety Bhandari）（可持续发展和气候变化局气候变化和灾害风险管理处处长）	梁小萍（Amy Leung）（可持续发展和气候变化局专题咨询服务部副局长兼首席专题官）
环境	达尼埃莱·蓬齐（Daniele Ponzi）	张江峰（Jiangfeng Zhang）（东南亚局环境、自然资源和农业处处长）
性别平等	田中园美（Sonomi Tanaka）	
治理	甘比尔·巴塔（Gambhir Bhatta）	凯利·伯德（Kelly Bird）（东南亚局公共管理、金融部门和贸易处处长）
公私合作	小池武生（Takeo Koike）（公私合作办公室处长）[b]	

接下页

续表

专题小组		
专题	技术顾问/委员会主席	联合主席[a]
区域合作与一体化	阿尔琼·戈斯瓦米（Arjun Goswami）	钱鹰（东亚局公共管理、金融部门和区域合作处处长）
农村发展与粮食安全（农业）	AKM·马赫福祖丁·艾哈迈德（AKM Mahfuzuddin Ahmed）（可持续发展和气候变化局农业、农村发展和粮食安全组顾问）	阿克芒·西迪克（Akmal Siddiq）（中西亚局环境、自然资源和农业处处长）
社会发展	梁小萍（可持续发展和气候变化局专题咨询服务部副局长兼首席专题官）	

注：[a] 专题小组委员会由技术顾问担任主席。除公私合作（PPP）专题小组外，专题小组委员会主席可以选一名委员会成员担任联合主席。

[b] 公私合作（PPP）专题小组采用不同的、反映其职责和运行结构的运行准则。公私合作（PPP）专题小组由技术顾问领导，不指定主席和联合主席。

资料来源：亚行可持续发展和气候变化局。

3. 亚行"亚洲开发基金"与"普通资金"合并的影响及亚行的财务报表

467

亚洲开发基金与普通资金合并

2014 年，亚行提出了一项通过更高效和有效地管理亚行资本资源，以可持续的方式增强亚行金融能力的提议。按照该提议，亚洲开发基金放款业务要与普通资金合并，亚洲开发基金保留，但只开展赠款业务。亚行将通过普通资金窗口继续以目前向亚洲开发基金受援国提供贷款的相同条款和条件实施优惠贷款，而亚洲开发基金将继续提供赠款援助。

2015 年 4 月，理事会通过一项决议，批准终止亚洲开发基金的贷款业务，并将亚洲开发基金的贷款及其他资产转移至普通资金。该决议 2017 年 1 月 1 日起生效（2015 年决议）。这项决议于 2016 年 6 月做了进一步修订。于是，2017 年 1 月 1 日，亚行将亚洲开发基金贷款和其他资产从亚洲开发基金转移至普通资金，共计 308.12 亿美元。转移的亚洲开发基金资产由包括 270.88 亿美元应计利息的贷款和 37.24 亿美元的流动资产组成。亚洲开发基金的资金来源是捐助者捐款、普通资金净收益转移和预留资源。

这些资产的转移被视为亚洲开发基金对普通资金的贡献的预留资源从亚洲开发基金向普通资金的返还。这就使普通资金获得了 307.48 亿美元的一次性收入和 6,400 万美元的预留资源返还。普通资金的这些收入在理事会第 387 号决议通过后从 2017 年 1 月 1 日起拨入普通准备金。

附录表 A3.1 和 A3.2 显示了有关亚洲开发基金资产在 2017 年 1 月 1 日转移所产生的财务影响。

截至 2017 年 1 月 1 日亚洲开发基金捐助者在所转让资产中的比例利益——考虑到已用于业务投入的和亚行认为适用于所转让资产的已缴捐助者捐款的价值——根据《亚洲开发基金条例》第五条确定。每个捐助者实缴捐款的价值

468 根据截至 2017 年 1 月 1 日的每个捐助者捐款的 SDR（特别提款权）价值换算成美元。然后，利用这些来确定 2017 年 1 月 1 日（即亚洲开发基金贷款业务终止和向普通资金转移资产的日期）所转移资产的资金来源。根据 2015 年决议，亚洲开发基金捐助者的比例利益将在该捐助者退出亚行和亚行回购其股份以及理论上终止亚行业务和清算亚行资产的情况下得到考虑。附录表 A3.3 显示了所转移资产的资金来源。

表 A3.1　亚洲开发银行普通资金接收来自亚洲开发基金的资产转移的影响汇总

单位：百万美元

	截至 2016 年 12 月 31 日结余	2017 年 1 月 1 日来自亚洲开发基金的资产转移	截至 2017 年 1 月 1 日结余
应收银行款	661	0	661
流动性投资	26,025	3,696	29,721
在转售安排下购买的证券	102	12	114
未偿贷款－业务[a]			
主权			
常规	62,413	—	62,413
优惠	—	27,025	27,025
	62,413	27,025	89,438
非主权	5,186	—	5,186
	67,599	27,025	94,624
股本投资－业务	814	—	814
其他债务证券－业务	150	—	150
应收利息	387	79	466
衍生资产	29,143	—	29,143
其他资产	973	—	973
总资产	125,854	30,812	156,666
总负债	108,640	—	108,640
股本			
资本认缴分期到期	7,154	—	7,154
减去转移到亚洲开发基金的资本和折扣	79	(64)	15
	7,075	64	7,139
基于认缴资本的不可转让的、不计息的即期债务	(676)	—	(676)
总实缴资本	6,399	64	6,463
应收款暂定保值净额	(1,474)	—	(1,474)
普通准备金			
来自亚洲开发基金的资产转移	—	30,748	30,748
来自留存收益	12,211		12,211
小计	12,211	30,748	42,959
特别准备金	340	—	340
贷款损失准备金	172	—	172
盈余	1,065	—	1,065
累计重估调整账户	88	—	88
拨款后净收益——2016 年	(11)	—	(11)
累计其他综合损失	(1,576)	—	(1,576)

接下页

续表

	截至 2016 年 12 月 31 日 结余	2017 年 1 月 1 日 来自亚洲开发基金 的资产转移	截至 2017 年 1 月 1 日 结余
总股本	17,214	30,812	948,026
负债和股本总计	125,854	30,812	156,666

— = 无，0 = 不到 50 万美元。

注：截至 2016 年 12 月 31 日未支付的 84.44 亿美元亚洲开发基金贷款余额从 2017 年 1 月 1 日起由普通资金承担。

[a]包括未摊销贷款发放成本净额、贷款损失准备金和重债穷国债务减免以及公允价值调整。

资料来源：亚行主计局。

表 A3.2　亚洲开发银行亚洲开发基金向普通资金进行资产转移的影响汇总

单位：百万美元

	截至 2016 年 12 月 31 日结余	2017 年 1 月 1 日给普通资金的资产转移	截至 2017 年 1 月 1 日结余
应收银行款	281	(0)	281
流动性投资	5,726	(3,696)	2,030
在转售安排下购买的证券	13	(12)	1
未偿贷款－业务[a]	27,306	(27,306)	—
应收利息	87	(79)	8
其他资产	172		172
总资产	**33,585**	**(31,093)**	**2,492**
总负债	**2,637**	**—**	**2,637**
基金余额			
收到捐款			
捐助的资源－扣除未摊销折扣	32,667	—	32,667
预留资源	64	(64)	—
来自普通资金和技术援助特别基金的转账	1,703	—	1,703
	34,434	(64)	34,370
基于捐款的不可转让、不计息的即期债务	(1,633)	—	(1,633)
累积赤字			
自业务	(361)		(361)
自给普通资金的资产转移		(31,029)	(31,029)
小计	(361)	(31,029)	(31,390)
累计其他综合损失	(1,492)	—	(1,492)
总基金余额	**30,948**	**(31,093)**	**(145)**
负债和基金余额总计	**33,585**	**(31,093)**	**2,492**

— = 无，0 = 金额小于 50 万美元。

注：[a] 扣除重债穷国债务减免补贴。

资料来源：亚行主计局。

472

表 A3.3　转移到普通资金的亚洲开发基金资产的资金来源比例份额

亚洲开发基金资金来源	百万美元	%[a]	亚洲开发基金资金来源	百万美元	%[a]
捐助者捐款					
澳大利亚	2,213	7.18	马来西亚	24	0.08
奥地利	257	0.83	瑙鲁	0	0.00
比利时	231	0.75	荷兰	716	2.32
文莱	17	0.06	新西兰	157	0.51
加拿大	1,889	6.13	挪威	266	0.86
中华人民共和国	84	0.27	葡萄牙	79	0.26
丹麦	242	0.79	新加坡	18	0.06
芬兰	180	0.58	西班牙	432	1.40
法国	1,270	4.12	瑞典	436	1.42
德国	1,679	5.45	瑞士	359	1.17
中国香港	93	0.30	中国台北	90	0.29
印度	24	0.08	泰国	15	0.05
印尼	14	0.05	土耳其	114	0.37
爱尔兰	79	0.26	英国	1,440	4.67
意大利	1,099	3.57	美国	4,060	13.18
日本	11,197	36.34	**小计**	**29,309**	**95.13**
哈萨克斯坦	4	0.01	**普通资金净收益转移**	1,439	4.67
韩国	484	1.57	**预留资源**[b]	64	0.20
卢森堡	47	0.15	**总计**	**30,812**	**100.00**

0 = 30 万美元，0.00 = 0.001%。

注：[a] 根据《亚洲开发基金条例》第五条，按照理事会相关授权决议规定的汇率，从截至 2016 年 12 月 31 日收到的所有捐款的特别提款权价值中确定，不包括未付分期付款和按比例扣留（判译，原文为 pro pata exercise）的金额。

[b] 根据《亚洲开发基金设立协定》第 19.1（i）条。

资料来源：亚行资金局。

4. 20 世纪 50 年代至 2016 年亚行大事年表

473

初期和第一个十年（20 世纪 50 年代到 1976 年）	
20 世纪 50 年代 后期到 60 年代早期	·开始讨论建立一个亚洲开发银行的可能性。
1963 年	·建立亚洲开发银行的私营计划非正式发布。
	·第 1 届亚洲经济合作部长级会议在联合国亚洲和远东经济委员会（ECAFE）的支持下在马尼拉举行,决议通过了一项建立一个亚洲区域银行的提议。
1964 年	·为推动建立一个亚洲开发银行的设想落地,成立了联合国亚洲和远东经济委员会专家工作组,并于 10 月完成了报告。
1965 年	·日本（于 2 月）和美国（于 4 月）宣布支持成立亚行。
	·在日本和美国表示支持后,第 2 届联合国亚洲和远东经济委员会部长级会议（11 月至 12 月,联合亚洲和远东经济委员会第 62XXI 号决议）通过了建立亚行的协议草案。
	·成员们决定将马尼拉作为亚行的总部驻地,22 个成员体政府签署《亚行章程》（另外 9 个成员体政府在规定的最后期限 1966 年 1 月 31 日之前签署）。
1966 年	·《亚洲开发银行协定》（即章程）获得 31 个创始成员批准（8 月 22 日）,由此《亚行章程》生效。
	·亚行理事会成立大会于 11 月 24 日至 26 日在日本东京举行;渡边武被选为亚行首任行长。
	·任命 10 名董事（7 名本地区董事和 3 名非本地区董事）。
	·第一次董事会会议（12 月 17 日）举行;来自印度的 C·S·克里希纳·莫里尼被任命为副行长。
	·12 月 19 日,亚行在位于菲律宾马尼拉马卡迪的临时办公地正式开业。
1967 年	·向印度尼西亚提供的第一个关于粮食生产的技术援助项目获批。
	·亚洲农业调查第一个区域技术援助项目启动,以指导亚行在农业和农村发展方面的运作。
	·瑞士作为非本地区成员体加入亚行。
	·亚行开始处理 12 项贷款申请,主要涉及粮食生产和农村发展。
1968 年	·亚行批准第一个普通资金贷款,这是一笔向泰国工业金融公司提供的面向私营企业的贷款。
	·共批准了 7 笔普通资金贷款。
	·亚行制定采购和顾问雇佣政策。
	·亚行通过了《特别基金规则和条例》,其中规定设立农业特别基金、多用途特别基金、技术援助特别基金和其他被认为必要的基金。
	·第 1 届年会在马尼拉举行。

474

接下页

续表

1969 年	·中国香港加入亚行。
	·董事会成员从 10 名增加到 12 名（8 名本地区董事和 4 名非本地区董事）。
	·亚行批准第一笔优惠贷款——给印度尼西亚一个灌溉项目的贷款。
	·亚行批准第一笔能源行业贷款——给马来西亚一个供电项目的贷款。
	·亚行发行第一只债券——德国马克(DM)债券。在西德发行了 6,000 万元马克（1,600 万美元）债券，增加普通资金以贷款给发展中国家。
	·开展了一项东南亚区域交通调查，以研究印度尼西亚、老挝、马来西亚、菲律宾、新加坡、泰国和越南的交通发展需要。
	·委托 12 名专家开展一项关于东南亚经济的研究，研究于 1970 年完成。这项研究被纳入拉敏的对东南亚工业化政策和发展战略研究（1972 年发表）。
1970 年	·斐济和法国加入亚行。
	·第一个联合融资协议获批，与日本、美国和世界银行国际开发协会共同资助印尼一家化肥厂。
	·在亚洲（日本）发行第一只亚行债券，这是第一次由外国实体在日本向公众发售日元债券。
	·亚行批准第一笔教育行业贷款——给新加坡一个学院扩建项目的贷款。
1971 年	·巴布亚新几内亚加入亚行。
	·渡边武在新加坡举行的第 4 届年度会议上再次当选亚行行长。
	·董事会批准第一次普遍增资，把资本金从最初的 10 亿美元增加 150%。
	·《亚洲工业调查》是与联合国亚洲及太平洋经济社会委员会联合编写的思考工业化和区域合作长期前景的研究报告（1973 年完成）。
1972 年	·井上四郎成为亚行第二任行长。
	·汤加加入亚行。
	·亚行董事会通过关于从特别基金资源中以优惠条件提供贷款的政策；优惠贷款大幅增加。
	·由于几个成员体外汇价值的变化，亚行采用含金量较高的美元作为记账单位。
	·流动性政策获批，允许亚行将流动资产维持在至少 3 年预计贷款支付的三分之二。
	·位于罗哈斯大道的第一个亚行总部落成。
	·开始制订《在较不发达地区的亚行业务战略》（并于 1973 年完成）。
1973 年	·孟加拉国、缅甸和所罗门群岛加入亚行。
1974 年	·亚洲开发基金（ADF）正式设立，向亚行最穷困成员体提供优惠贷款。
	·基里巴斯和图瓦卢（前吉尔伯特和埃利斯群岛）加入亚行。
	·着手开展《在南太平洋发展中成员体的亚行业务研究》。
1975 年	·第一次亚洲开发基金补充资金（1976 年至 1978 年底）谈判开始。
	·发起第二次亚洲农业调查（1977 年完成），以重新评估亚行支持农业和农村发展的战略；1978 年出版《亚洲农村：挑战与机遇》。

475

476

接下页

续表

1976 年	·亚行开始通过开发金融机构向工业提供贷款，同时开展对向开发金融机构贷款的详细审查。 ·与多边和双边来源的合作更加突出，使亚行能够参与较大项目。 ·吉田太郎一成为亚行第三任行长。 ·库克群岛加入亚行。 ·第二次普遍增资谈判开始（1977 年生效）。 ·对亚行援助项目的经济和财务评估方法的审查完成。 ·对亚行贷款和程序的审查完成。 ·修改亚行资助项目的国内采购。
	第二个十年（1977 – 1986 年）
1977 年	·董事会批准成立审计委员会。 ·亚行对财务政策、付款和其他贷款管理事项进行全面审查；追求简化程序；发布关于聘用顾问和采购的订正准则。 ·审查亚洲开发基金放贷标准。 ·亚行探讨开展担保业务。 ·审查技术援助业务。
1978 年	·亚行年度放贷达到 10 亿美元。 ·马尔代夫加入亚行。 ·第二次亚洲开发基金补充资金谈判开始（1979 年生效）。 ·亚行获批的第一笔医疗卫生领域贷款用于中国香港。 ·亚行实施在高优先行业支持进口生产投入的规划放贷；亚行批准孟加拉国低压泵维修规划贷款。 ·《亚行南太平洋农业部门业务审查》为一揽子公共部门项目引入了多项目贷款；第一笔多项目贷款 1979 年发放给汤加。 ·发展成员体被分成三类（A、B 和 C），以确定从亚洲开发基金获得优惠贷款的机会。 ·亚行对国内采购和本地货币融资进行审查。 ·亚行评估林业部门在本地区社会经济发展中的作用。 ·发布矿产开发项目运作准则。 ·增设一个副行长职位，负责财务、行政和其他服务事项。 ·发展政策办公室设立，以加强亚行制定和审查政策的能力，并确定亚行活动的新方向和新方法。 ·后评估组从经济办公室脱离，变为一个独立的办公室，直接对行长负责。
1979 年	·亚行对一些政策和战略进行审查，包括其在农业和农村发展中的作用、渔业部门的业务、业务中的环境考虑以及其在人口活动中的作用等。
1980 年	·区域能源调查开始（于 1981 年完成），以确定国别重点和规划亚行对能源发展的放贷与技术援助。

477

接下页

续表

1981 年	·亚行发布关于简化贷款和技术援助审查的政策。
	·亚行实施行业放贷，并首次批准两笔行业贷款（印尼的供水和泰国的高速公路）。
	·藤冈真佐夫于 11 月 24 日就任亚行第四任行长。
	·瓦努阿图加入亚行。
	·开展《亚行业务重点和计划研究》（于 1982 年结束），以审查所有涉及业务方案的政策和程序，并为截至 1987 年底前的中期业务制定战略和准则。
1982 年	·不丹加入了亚行。
	·第三次亚洲开发基金补充资金谈判开始（1983 年生效）。
	·第三次普遍增资（GCI III）谈判开始（于 1983 年完成）。
	·亚行第一个驻外代表处在孟加拉国达卡设立。[a]
	·开展简化贷款管理研究。
1983 年	·第三次普遍增资获得批准。
	·董事会批准在菲律宾曼达卢永市建造新总部的建议。
	·亚行第一次对私营部门项目进行直接股本投资，投资对象是韩国一家发展投资公司；第二次这种投资是在巴基斯坦。
	·亚行对金融政策进行全面审查。
	·审查亚行在农业和农村发展方面的作用。
	·对部分发展中成员体的资本市场进行研究。
	·对亚行 20 世纪 80 年代在南太平洋发展中成员体的作用进行研究。
	·任命亚行第三位副行长。
1984 年	·亚行第一个区域办事处在太平洋地区的瓦努阿图维拉港设立。
	·董事会预算委员会成立。
1985 年	·藤冈真佐夫被一致推选连任行长，任期 5 年。
	·亚行批准《关于妇女在发展中的作用的政策》，以确保妇女在亚行放贷和技术援助业务所有相关方面的作用和需求得到具体考虑。
	·亚行审查对私营部门的援助，以提供操作方法，扩大支持和贷款。该审查促使 1986 年设立亚行私营部门处。
1986 年	·中国和西班牙加入亚行。
	·印度开始借款。
	·第四次亚洲开发基金和技术援助特别基金补充资金谈判开始（1987 年生效）。
	·亚行开始在没有政府担保情况下向私营企业和金融机构直接放贷。
	·采用一种以共同基金为基础的可变放款利率体系，以应对不断增强的全球化和干预减少。
	·亚行对 1986－1990 年电力分行业的投资需求进行审查。
	·亚行对环境政策和程序进行审查，重点是安全保障措施方面。

左侧页码标注：478（对应 1981－1983 年段）、479（对应 1986 年段）

第三个十年（1987－1996 年）	
1987 年	·亚行成立了一个由日本前外相大来佐武郎领导的外部小组，对亚行在 20 世纪 90 年代的作用进行深入研究（该研究 1989 年完成）。

接下页

续表

1988 年	·批准亚行与非政府组织的合作框架。 ·发布了一项关于规划放贷的修订政策（支持行业政策和调整方案）。 ·通过了一项重点关注太平洋国家的救灾和紧急援助政策。 ·亚行改组组织结构，成立了一个环境组。 ·驻印度尼西亚代表处在雅加达设立。 ·亚行对收入和流动性政策以及贷款收费进行审查。 ·扶贫工作组召开会议，为亚行的扶贫行动制定指导方针，并建议实施定项的和具体的扶贫项目。 ·一项着重初级教育、非正规教育和环境教育的教育政策通过。 ·亚行加强项目管理，采用创新和精简的项目管理程序，如给执行机构下放更多权力、早期采购和征聘顾问。 ·批准了一项新的担保业务政策框架，允许亚行为私营金融机构给发展中成员体的贷款做担保。 ·对私营部门业务进行全面审查。
1989 年	·发布一项关于精简技术援助的政策。 ·日本政府设立日本特别基金和日本奖学金项目。 ·垂水公正成为亚行第五任行长。 ·亚行推出《亚洲发展展望》，这是一份关于亚行发展中成员体的经济表现和发展前景的系列年度出版物。 ·关于亚行在 20 世纪 90 年代作用的小组报告发表，该报告强调把社会基础设施、贫困群体的生活水平以及保护环境作为新的优先事项。 ·在新的私营部门局内部改组私营部门活动。 ·设计了一个在自然灾害后向发展中成员体提供快速恢复援助的政策框架。 ·环境组升级为一个处。 ·给巴基斯坦的初级教育（女童）行业贷款获得批准，这是第一笔专门以妇女为受益人的贷款。
1990 年	·在巴基斯坦和尼泊尔设立代表处。 ·马绍尔群岛和密克罗尼西亚联邦加入亚行。 ·成立了一个战略规划工作组，负责审查亚行的战略规划流程和机构安排。 ·环境处升级为环境办公室
1991 年	·蒙古国、瑙鲁和土耳其加入亚行。 ·在行长办公室下设立战略规划组，负责制定和协调亚行的战略规划。 ·任命了一个高级工作组为亚行的私营部门业务活动提建议。 ·亚行迁至位于菲律宾曼达卢永市的新总部。 ·设立了一个由三名专家组成的行政仲裁机构，作为解决雇用纠纷的独立、公正的外部上诉机制。 ·第五次亚洲开发基金和技术援助特别基金补充资金谈判开始。

480

481

接下页

1992 年	· 第一个《中期战略框架（1992 – 1995 年）》获批。 · 亚行制定大湄公河次区域经济合作方案。 · 亚行恢复在柬埔寨的业务。 · 设立社会事务组，以把跨领域社会问题融入亚行业务。 · 驻印度代表处设立。 · 亚行批准第一个信息技术战略。
1993 年	· 佐藤光夫成为亚行第六任行长。 · 图瓦卢加入亚行。 · 制定《中期战略框架（1993 – 1996 年）》，以确立亚行战略规划程序，并突出国家重点。 · 采用《三年稳步推进工作计划和预算框架》。 · 在国家层面规划国别业务战略研究。 ·《把社会方面事务纳入亚行业务指导方针》发布。 · 亚行恢复在越南的放贷。 · 亚行审查重要的财务政策和货币管理方法。 ·《人力资源开发与管理业务研究》完成。
1994 年	· 哈萨克斯坦和吉尔吉斯斯坦加入亚行。 · 第四次普遍增资获得批准。 · 制定《中期战略框架（1994 – 1997 年）》，强调亚行扩大的作用和业务议程。 · 人口政策获得通过，突出人口增长与经济发展之间的关系。 · 更新关于妇女在发展中的作用的政策。 · 改善项目质量工作组的报告建议：（1）进一步加强项目筹备工作；（2）采取更侧重国家的方法；（3）对亚行进行内部改组；（4）强调发展中成员体的能力建设；（5）增加受益人参与。 · 亚行的《信息保密和披露》及《信息政策》支持及时披露信息，建成一个更开放、更易懂和更透明的组织，成为多边开发银行中第一个这样的组织。 · 亚行的组织结构根据地理（东部和西部）和职能专业化（方案和项目）进行重组，以更好地聚焦国家重点业务。 · 建立了一个新的以市场为基础的窗口。
1995 年	· 第六次亚洲开发基金补充资金开始（1997 年生效）。 · 乌兹别克斯坦加入亚行。 · 亚行成为第一个拥有理事会批准的实施健全发展管理理念的治理政策的多边组织。 · 亚行确立检查职能。 · 旨在保护受项目影响者的权利的移民安置政策得到批准。 · 林业政策获得通过，平衡生产和养护，并鼓励参与式方法。

482

接下页

续表

1996 年	· 亚行的私营部门发展援助战略获批，强调基础设施和金融领域的可持续投资。
	· 新的能源行业政策获批。
	· 新的农业和自然资源研究政策获批。
	· 联合融资策略和担保业务审查获批。
	· 亚行设立第一个办事处——北美办事处。
	· 亚行创建自己的网站（www. adb. org）。
	· 佐藤光夫开始第二个亚行行长任期。
	· 亚行对其规划放贷政策进行审查，据此行业分析成为模式的先决条件，穷困、社会、环境和缓解措施得到强调。
	· 引入了一个新的行业发展计划。
	· 亚行修订人力资源战略。
	· 亚行研究院成立。
	· 欧洲办事处和日本办事处设立。
	· 在柬埔寨和越南设立代表处。

483

第四个十年（1997 – 2006 年）

1997 年	· 亚行批准最大的单笔贷款——在亚洲金融危机之后向韩国提供 40 亿美元的紧急贷款。
	· 亚行研究院开院典礼举办。
	· 对亚洲开发基金（ADF Ⅶ）进行第一次正式中期评估。
	· 亚行制定渔业政策。
1998 年	· 在哈萨克斯坦、乌兹别克斯坦和斯里兰卡设立代表处。
	· 塔吉克斯坦加入亚行。
	· 亚行采取正式的毕业政策。
	· 采取反腐败政策。
	· 更新与非政府组织合作政策。
	· 关于妇女在发展中作用的政策被将主流化作为一项关键战略的性别与发展政策所取代。
	· 一批关于原住民的政策获得批准，以确保原住民参与亚行业务并平等从中受益。
	· 第三次亚洲农业调查启动。
	· 对亚洲开发基金贷款条款进行审查。
1999 年	· 千野忠男成为第七任亚行行长。
	· 亚行宣布减贫为首要目标，并通过了减贫战略。
	· 第七次亚洲开发基金补充资金谈判开始（2000 年生效）。
	· 阿塞拜疆加入亚行。

接下页

续表

484	·亚行通过医疗卫生政策。 ·亚行制订城市行业战略。 ·对规划放贷政策的审查引入了一项特殊的规划贷款，允许亚行向受危机影响的普通资金受援国提供大规模支持，并引入了一种集群方法，以提高流动性和延长方案实施时间。 ·亚行审查担保业务政策。 ·亚行设立亚洲货币危机支援基金。 ·战略与政策办公室下设区域经济监测组。 ·总审计师办公室内设反腐败组。 ·驻吉尔吉斯斯坦代表处设立。
2000 年	·土库曼斯坦加入亚行。 ·亚行开始制定新战略框架——《长期战略框架（2001－2015 年）》。 ·小额信贷发展战略获批。 ·1995 年能源政策审查完成。 ·制定私营部门发展战略。 ·促进良好治理的中期议程和行动计划获批。 ·驻外代表处政策获批。 ·在老挝、蒙古国和中国设立代表处。 ·菲律宾国家办公室设立。 ·发展效果委员会成立。 ·亚行和日本政府共同设立日本扶贫基金。 ·战略与政策办公室升级为战略与政策局。
2001 年	·千野忠男再次当选行长，任期 5 年。 ·亚行《长期战略框架（2001－2015 年）》启用，把可持续经济增长、包容性社会发展和治理作为核心工作领域。 ·附带的《中期战略框架（2001－2005 年）》启用，界定提高发展成效所需要的业务重点和组织变革。 ·社会保护战略获批。 ·制定水务政策。 ·亚行审查私营部门业务的战略方向。 ·制定信息和通信技术战略方法。 ·采用以绩效为基础的亚洲开发基金资源分配政策。 ·亚行推出基于伦敦银行同业拆借利率的产品。 ·业务评估办公室升级为一个局。 ·环境与社会发展办公室下设非政府组织中心。
485	

接下页

续表

2002 年	・葡萄牙和东帝汶加入亚行。
	・教育政策更新。
	・环境政策获批。
	・新的业务流程启用，分别用于项目规划，经济工作、专题工作和行业工作，以及项目处理和实施。
	・亚行恢复在阿富汗的业务（时隔 23 年后）和开始在独立的东帝汶的业务。
	・亚行批准新的流动性政策。
	・制定了一个新的以贫困为关注点的多捐助者渠道融资协议。
	・进行重大改组，以加强亚行业务的国别重点；成立了五个区域局（东亚和中亚局、湄公河局、太平洋局、南亚局和东南亚局）；成立了区域和可持续发展局。
	・经济与发展资源中心更名为经济与研究局，成为亚行的主要知识部门，直接对行长负责。
	・在阿富汗和巴布亚新几内亚设立代表处。
2003 年	・卢森堡和帕劳加入亚行。
	・亚行开始全面审查其《减贫战略》。
	・新的评估政策发布。根据该政策，业务评估局通过发展效果委员会直接对董事会负责。
	・检查职能受到审查，并被一个新的问责机制政策所取代；合规审查小组和特别项目协调人办公室设立。
	・一项关于亚行在打击洗钱和资助恐怖主义方面的作用的政策发布。
	・亚行为应对艾滋病和禽流感提供支持。
	・亚行业务手册的全面审查和修订完成。
	・对财务管理政策进行全面审查。
	・亚行起草新的人力资源战略和性别行动计划。
	・任命第四位副行长，负责监管知识管理和可持续发展。
	・亚行设立一个新的管理总干事职位，以促进高级管理工作的协调。
	・在阿塞拜疆和塔吉克斯坦设立代表处。东帝汶代表处设立，取代东帝汶特别联络处。
	・第八次亚洲开发基金补充资金谈判开始。
2004 年	・亚行改革议程通过，包括 19 项全亚行范围内的倡议，其中最主要的是发展成果管理。
	・亚行加强《减贫战略》。
	・《救灾和紧急援助政策》获批。
	・制定《知识管理框架》。
	・《2005–2009 年信息系统和技术战略（ISTS II）》获批。
	・新的人力资源战略获批。
	・引入新的行业和专题分类，将能力开发作为一个新主题添加进来。

486

接下页

续表

487	2005 年	· 精简业务流程，注重客户导向和响应，以及效率和产品质量。 · 亚行任命第一位女副行长肯萍 · 奔舍那。 · 在泰国设立代表处；在斐济的苏瓦设立一个区域办事处，取代驻瓦努阿图的南太平洋区域代表处。 · 战略与政策局下设成果管理组，并实施以成果为基础的国别战略和计划。 · 亚行在中国香港、印度、马来西亚和新加坡发行本币债券。 · 黑田东彦成为亚行第八任行长。 · 亚美尼亚加入亚行。 · 亚行支持关于援助效果的《巴黎宣言》。 · 亚洲海啸基金成立。亚行承诺向印度、印度尼西亚、马尔代夫和斯里兰卡等遭受海啸袭击的国家提供逾 8.5 亿美元的援助。 · 亚行建立巴基斯坦紧急基金，支持遭受严重地震的巴基斯坦灾后重建。 · 艾滋病战略方向文件获批。 · 亚行采用新的《公共信息交流政策》，公开亚行的业务信息。 · 亚行试点创新和效率倡议推出的一系列融资工具（包括多批次融资机制），给予发展中成员体更大的灵活性，以满足其投资需求。 · 亚行审查补充融资政策。
488	2006 年	· 新的以绩效为基础的亚洲开发基金分配政策生效。 · 亚行采用集中风险管理结构，风险管理组成立。 · 总审计师办公室下设的反腐败组升级为一个廉政处。 · 设立区域经济一体化办公室以取代区域经济监测组，为区域合作和一体化倡议提供战略重点。 · 在澳大利亚悉尼设立太平洋联络和协调处。 · 黑田东彦再次当选行长。 · 文莱和爱尔兰加入亚行。 · 亚行的第二个中期战略（MTS II）获得通过。 · 亚行委托一个知名人士小组（由联合国贸易与发展会议秘书长素帕猜 · 巴尼巴滴领导）对亚行的长期目标进行细化，并就亚行的关键趋势和发展挑战提供建议。 · 区域合作与一体化战略获批。 · 审查私营部门发展战略。 · 亚行建立水融资伙伴关系基金，以支持水务行业的投资、改革和能力发展。

接下页

续表

	·第二个治理和反腐败计划获批。
	·新的融资伙伴关系战略获批。
	·董事会设立道德委员会。
	·亚行各区域部门的国别分组重新调整。
	·亚行推出 100 亿美元的亚洲流通券计划。

第五个十年（2007－2016 年）

2008 年	·格鲁吉亚加入亚行。
	·在第 40 届亚行年会期间，对根据知名人士小组报告制订的亚行新长期战略框架开展广泛磋商。
	·亚行批准了在绩效欠佳国家实现发展效果的新方法。
	·董事会批准覆盖 2008－2020 年的新长期战略框架——《2020 战略》，重申亚行对贫困的关注。
	·亚行成为第一个采用机构成果框架的多边开发银行。
	·11 月亚行发布第一份发展效果报告。
	·第九次亚洲开发基金补充资金开始（2009 年生效）。
	·毕业政策审查完成。
	·技术援助业务审查完成。
	·业务评估局更名为独立评估局；亚行批准一项新的评估政策，以进一步加强该局的独立性。
	·亚行审查各驻外代表处的业务，以评估其目标和期望的实现情况。
	·审查人力资源战略。
	·为应对成员体不断增长的需求，亚行把多批次融资机制作为主流工具，该机制是 2005 年以来试点实施的融资工具之一。
	·重组区域和可持续发展局，组建气候变化组；农业、农村发展和粮食安全小组正式成立。
	·在亚美尼亚、格鲁吉亚和土库曼斯坦设立代表处。
2009 年	·为应对本地区的粮食、大宗商品和石油价格问题及全球金融危机提供了大约 40 亿美元的额外资源。
	·亚行批准 200% 普遍增资，这是确保实施《2020 战略》所需资金到位的关键一步。这是迄今为止规模最大的一次增资，也是 1994 年 100% 增资以来第一次增资。
	·为应对全球金融危机，亚行创建反周期支持基金，并扩大贸易融资便利化计划。
	·新能源政策获批。
	·一项新的可持续粮食安全业务计划和一项实施救灾与紧急援助政策行动计划获批。

489

接下页

	· 亚行批准《新保障政策更新》，将分别关于环境、移民安置和原住民的三项保障政策统一为一个文件。
	· 采用一个新的发展成果管理（MfDR）行动计划来指导亚行的发展成果管理流程。
	· 更新把性别平等纳入业务主流的方法。
	· 亚行针对非主权业务的新风险投资管理政策制定，为非主权风险投资设置界限。
	· 董事会的人力资源委员会成立。
	· 风险管理组升级为风险管理办公室。
	· 预算、人事和管理系统局下设机构协调组。
2010 年	· 亚行设立一个新副行长职位，负责私营部门和联合融资业务。
	· 针对气候变化、可持续交通和教育的新业务计划完成。
	· 为了改善服务交付和提高内部效率，亚行为国别伙伴关系战略和贷款交付引入新的简化业务流程。
	· 审查亚行的补充融资政策，并将其更名为"额外融资"。
	· 《我们的人员战略》——一个招聘、留住和发展亚行员工的综合人力资源计划——获批。
	· 亚行设立一个信贷担保和投资基金，为本地区债券提供担保。
	· 亚行与其他有关多边开发银行签署交叉禁止协议（cross – debarment agreement）。
	· 亚行首次发行主题债券（水和清洁能源）。
	· 引入以成果为基础的工作计划，将部门、处室和工作人员的工作计划与《2020 战略》的重点结合起来。
2011 年	· 黑田东彦第三次当选亚行行长。
	· 针对水行业和金融行业的新业务计划和行动计划（2011 – 2020 年）完成。
	· 一项新的公共信息交流政策获批，帮助扩大和加快获取亚行信息。
	· 项目设计基金（Project Design Facility）设立。
	· 亚行对政策性放款进行审查。
	· 亚行将非主权公共部门融资纳入主流。
	· 亚行通过将商业联合融资从联合融资办公室转到私营部门业务局而把有关商业的业务合并在一起。
2012 年	· 第十次亚洲开发基金补充资金开始（2013 年生效）。
	· 针对公私合作（2012 – 2020 年）、环境业务方向（2013 – 2020 年）和城市业务计划的新业务计划和行动计划完成。
	· 对亚行成果框架的审查完成。
	· 对问责机制政策进行审查和更新。

490

接下页

续表

	・亚行试用灾难应对基金。	
	・亚行引入以成果为基础的放贷。	
	・在缅甸的正常业务恢复（上一个贷款项目于1986年获批）。	
2013年	・区域和可持续发展局下设知识共享和服务中心。	491
	・中尾武彦（Takehiko Nakao）当选亚行第九任行长，4月份就职。	
	・《2020战略》中期评估启动。	
	・以下业务计划和行动计划完成：《性别平等和妇女权能业务计划（2013 – 2020年）》，《知识管理方向和行动计划（2013 – 2015年）》，《亚行融资 + +》，《社会保护业务计划（2014 – 2020年）》，《在脆弱和受冲突影响局势中加强亚行效果业务计划》，《第二个治理和反腐败行动计划实施审查》。	
	・亚行批准修订的成果框架。	
	・亚行完成采购治理审查并实施一个10点采购改革计划。	
	・在东帝汶设立代表处获批，该代表处系从特别办事处升级而成；不丹代表处设立。	
	・设立副行长职位（财务和风险管理），负责监管资金局、风险管理办公室和主计局。	
	・设立副行长职位（行政和机构管理）。	
2014年		
	・完成《2020战略》中期评估（4月），并制定中期评估行动计划（7月）。	
	・亚行就合并亚洲开发基金放款业务与普通资金（"银河项目"）的提议进行讨论。	
	・设立公私合作办公室，以强化亚行公私合作业务方法，加强《公私合作业务计划（2012 – 2020年）》的落实。	
	・《综合风险管理业务计划（2014 – 2020年）》获批。	
	・亚行在缅甸设立代表处。	
	・亚行总部第三中庭正式开放以支持亚行扩大。	
2015年		
	・亚行理事会67名成员一致批准将亚洲开发基金放款业务与普通资金资产负债表合并的提议。因此，亚行的融资能力大幅提高，达50%（2017年1月生效）。	492
	・亚行加大支持力度，帮助发展中成员体履行联合国可持续发展目标中和第21次《联合国气候变化框架公约》缔约方会议（COP21）上国际社会商定的承诺。	
	・亚行与其他多边开发银行一道参加在亚的斯亚贝巴举行的第三次发展筹资问题国际会议。	
	・开始就制定亚行新的机构战略——《2030战略》——进行磋商。	
	・亚行宣布，到2020年，把每年的气候融资增加一倍，达到60亿美元，成为第一个确定大额气候资金目标的多边开发银行。	

接下页

续表

2016	·亚行成为最先被批准设立绿色气候基金的多边开发银行之一。
	·亚行开始就第十一次亚洲开发基金和技术援助特别基金补充资金（2016 年完成，2017 年生效）进行谈判。
	·《农业和自然资源业务计划（2015 – 2020 年）》和《医疗卫生业务计划（2015 – 2020 年）》获批。
	·亚行重组区域和可持续发展局，加强其行业小组和专题小组，设立专职秘书处，更好地在亚行部门加强和分享专业技能。
	·亚行成立经济研究和区域合作局（将区域经济合作办公室和经济与研究局合并）。
	·11 月 24 日中尾武彦再次当选行长，任期 5 年。
	·为支持亚洲开发基金与普通资金合并，亚行批准了一项新的优惠政策，并审查其财务政策、资本充足框架和会计方法。
	·修订亚行的反腐败政策，将诚信纳税和行为得当列入其中。
	·亚行批准在库克群岛的第一个意外灾害风险融资，在柬埔寨的第一个私人融资太阳能项目，以及在中国的一个老年护理项目的以成果为基础的贷款。
	·ADB 成功完成土库曼斯坦—阿富汗—巴基斯坦—印度天然气管道项目的交易咨询任务。
	·亚太项目筹备基金在几个捐赠国的协助下正式启动业务。
	·亚行批准第一次与亚投行联合融资的两个项目（分别在巴基斯坦和孟加拉国）。
	·与瑞典国际开发合作署（Sida）签署了一项创新担保协议，允许亚行在未来 10 年增加 5 亿美元的融资。
	·与日本国际合作署签署了一项具有里程碑意义的协议，为私营部门基础设施项目提供 60 亿美元的融资。
	·第一个区域合作与一体化业务计划（2016 – 2020 年）获批。
	·董事会批准了一份关于组织复原力的文件，以增强亚行应对混乱、困难和变化的能力。
	·亚行在反腐和廉政办公室设立文明工作场所组 [（Respectful Workplace Unit）2017 年开始运转]。

注：ᵃ 本年表中所示的驻外代表处设立日期为东道国协定的日期。如果东道国协定的日期无法获取，则采用董事会散发或批准的 R 文件（R – papers）中确定的设立日期。

资料来源：亚行年报；ADB，2016，ADB Through the Decades，Volumes 1 – 5；亚行网站（www.adb.org）。

索 引

A

Abe, Shinzo, 15, 322

Abramowski, Helmut, 52*t*

accountability, 195, 197, 264–67, 276, 319–21

ADB. *See* Asian Development Bank

ADB Institute (ADBI), 197–99, 224–25, 310, 314

ADF. *See* Asian Development Fund

Afghanistan

   ADF grants to, 269

   CAREC and, 279*b*

   field office in, 197, 198*f*, 283

   as fragile state, 261

   HIPC debt relief for, 247*n*21, 318

   lending to, 82, 101, 201

   life expectancy in, 4

   regional cooperation and, 27

   resident mission in, 259*n*12

   technical assistance to, 101

   Turkmenistan–Afghanistan–Pakistan–India Pipeline (TAPI), 311*b*

Afghanistan Infrastructure Trust Fund (AITF), 341

AFIC (Asian Finance and Investment Corporation), 139

African Development Bank, 29

Agricultural Special Fund (ASF), 88, 96–98

agriculture

   Decade 1 (1967–1976), 53–58, 69, 75–76, 79–80, 93, 100–101

   Decade 2 (1977–1986), 113, 115, 117, 123, 126, 128–30, 133, 136, 147–48

   Decade 3 (1987–1996), 169–70, 191, 194, 201–3

   Decade 4 (1997–2006), 213, 237, 256, 258, 279*b*, 284–85

   Decade 5 (2007–2016), 309, 312, 341, 345–46

   food security and, 24–26

   infrastructure, 78–79

Ahluwalia, Isher Judge, 282

Ahluwalia, Montek K., 161

aid effectiveness, 162, 244–46, 264–67, 266*b*, 307

Aid for Trade program, 242

AIDS/HIV, 127*b*

AIF (ASEAN Infrastructure Fund), 319

AIIB (Asian Infrastructure Investment Bank), 303, 343

AITF (Afghanistan Infrastructure Trust Fund), 341

Akamatsu, Kaname, 18

Akihito (Emperor of Japan), 243

AMF (Asian Monetary Fund), 229–30

APEC (Asia-Pacific Economic Cooperation), 160, 230

Aquino, Benigno S., III, 328*b*

Aquino, Corazon, 182, *248*

ARIC (Asia Recovery Information Center), 223, 277

Armenia, lending to, 313

ASEAN. *See* Association of
  Southeast Asian Nations
ASEAN Infrastructure Fund (AIF),
  319
ASF (Agricultural Special Fund),
  88, 96–98
Asia Disaster Response Fund, 341
Asian Agricultural Survey, 6, 122
Asian Bond Markets Initiative, 224,
  239, 319
Asian Development Bank (ADB)
  first decade (1967–1976), 53–105.
  See also Decade 1
  second decade (1977–1986),
  107–55. *See also* Decade 2
  third decade (1987–1996),
  157–206. *See also* Decade 3
  fourth decade (1997–2006),
  207–87. *See also* Decade 4
  fifth decade (2007–2016),
  289–355. *See also* Decade 5
  ADF–OCR merger, 467–72
  ADF replenishments, 443–50
  annual meeting venues and dates,
  425–26
  annual new gross borrowings,
  461–62
  bilateral partners, cofinancing
  from, 451–52
  board of directors and
  constituencies, 421–23
  capital composition, 441–42
  cofinancing, 451–55
  as development organization,
  3–6, 4f
  establishment of, 31–52
  field offices, establishment of, 430
  financial highlights, 431–32
  as financing institution, 6–11, 9f
  general capital increases, 441–42

headquarters, 48–50, *68, 154, 354*
leadership succession, 11–15
as multilateral agency, 2–3
multilaterals, cofinancing from,
  453–54
operational approvals by fund
  source and type, 436–37
operational approvals by member
  and decade, 433–35
organizational structure, 463–64
outstanding portfolio loans and
  grant disbursements, 438–40
presidents, list of, 424
private foundations, cofinancing
  from, 455
regional and nonregional
  members, 418
sector groups, 465–66
share of subscribed capital,
  419–20
special funds, list of active and
  closed, 456–60
staff, 139–40, 321–22, 427–29
thematic groups, 465–66
time line of milestones, 473–93
trust funds, list of active and
  closed, 456–60
voting power, 419–20
Asian Development Fund (ADF)
  Decade 1 (1967–1976), 104
  Decade 2 (1977–1986), 124, 129,
  132, 137, 142, 146, 150–51
  Decade 3 (1987–1996), 181–82,
  199–200, 205
  Decade 4 (1997–2006), 222–23,
  256, 261, 267–70, 281, 286–87
  Decade 5 (2007–2016), 312,
  318–19, 322, 332–41, 347–49
  establishment of, 7, 69, 95–99,
  96–98b

Asian Development Review, 143, 161
Asian Economic Cooperation, 35–37
Asian Energy Survey, 6
Asian Finance and Investment Corporation (AFIC), 139
Asian financial crisis, 207–33
  ADB response, 14, 190, 213–15, 214–15t, 219–21
  AFIC and, 139
  causes of, 172, 225–28
  criticism of international rescue operations, 228–29
  currency stabilization support programs, 209, 210t
  development agenda influenced by, 253–54, 277, 307–8
  Indonesia, 211–12, 217–19, 227f
  Korea, Republic of, 209–11, 216–17, 227f
  lessons learned, 10, 232–33, 271–72
  Malaysia, 227f
  newly industrialized economies (NIEs), 222–23
  Philippines, 227f
  policy reforms, 223–25
  regional impact, 3, 212–13, 236–40
  regional initiatives, 229–32
  research programs, 223–25
  Thailand, 168, 208–9, 215–16, 227f
Asian Infrastructure Investment Bank (AIIB), 303, 343
Asian Monetary Fund (AMF), 229–30
Asian Transport Survey, 6
Asia-Pacific Economic Cooperation (APEC), 160, 230
Asia Pacific Project Preparation Facility (AP3F), 331

Asia Recovery Information Center (ARIC), 223, 277
Asia Regional Integration Center, 238
Association of Southeast Asian Nations (ASEAN)
  ADB cooperation with, 295, 319
  Asian financial crisis response, 239
  Chiang Mai Initiative and, 231–32
  expansion of, 160, 172
  Infrastructure Fund, 319
  regional cooperation model of, 60, 277, 278b, 280
  REMU and, 223–24, 277, 278b
Aung San Suu Kyi, 298, 323, 354
Australia
  aid to Pacific island countries, 171
  Asian financial crisis and, 209–10, 223
  Asia Pacific Project Preparation Facility (AP3F) and, 331
  ECAFE and, 47
  funding from, 32, 92n32, 98b, 197, 339
  health sector projects in, 127b
  Regional Malaria and Other Communicable Diseases Threats Trust Fund and, 341
  voting share of, 85
  Water Financing Partnership Facility and, 271
Austria, 271, 326b
Azerbaijan
  CAREC and, 279b
  Countercyclical Support Facility and, 313
  field office in, 197, 198f
  macroeconomic stabilization in, 237
  resident mission in, 259n12

B

Badar, Rokiah Hj, *355*

Balmaceda, Cornelio, 43, *62*, *67*, 133–34

Bambawale, A. T., 125–26

Bandaranaike, Solomon, 32

Bangladesh
  AIIB projects in, 303, 343
  economic growth in, 169, 237–38, 290, 305
  education sector projects in, 179*b*
  field office in, 197, 198*f*
  health sector projects in, 127*b*
  independence of, 23, 82
  lending to, 93–94, 100–101, 148, 203, 313, 345
  poverty in, 297
  remittances to, 294–95
  resident mission in, 139
  South Asia Subregional Economic Cooperation and, 279*b*
  technical assistance to, 101, 148
  urban sector projects in, 326*b*

Bank for International Settlements (BIS), 33

Bank Indonesia, 211, 226

basic human needs paradigm, 109–10

Belgium, 50*t*

Bengal Initiative for Multi-Sectoral Technical and Economic Cooperation (BIMSTEC), 278–79*b*

Bergsten, Fred, 110

Betham, Gustav, 81

Bhutan
  economic growth in, 170, 305
  field office in, 197, 198*f*
  life expectancy in, 4
  Rural Electricians Training

Program, *350*
  scholarship program, 196
  subregional cooperation programs, 279*b*

Bhutto, Benazir, *155*

Bill & Melinda Gates Foundation, 244

BIMP-EAGA (Brunei Darussalam–Indonesia–Malaysia– Philippines East ASEAN Growth Area), 278*b*

BIMSTEC (Bengal Initiative for Multi-Sectoral Technical and Economic Cooperation), 278–79*b*

BIS (Bank for International Settlements), 33

Black, Eugene, 41, 103

board of directors
  in 1966, 52, 52*t*
  list of, 421–23

Boret, Long, *65*

Brandt Commission, 109

Brundtland Commission, 161, 178

Brunei Darussalam
  as ADB member, 280, 284*n*51, 344
  ECAFE and, 27*n*18
  economic shocks in, 60
  subregional cooperation programs, 278*b*

Brunei Darussalam–Indonesia–Malaysia– Philippines East ASEAN Growth Area (BIMP-EAGA), 278*b*

Burki, Shahid Javed, 161

Busan Fourth High Level Forum on Aid Effectiveness, 246

Buu, Hoan, 72, 90

C

callable capital, 7, 84*n*21, 180, 183, 315, 332

Cambodia
  ASEAN and, 160
  Disaster Response Facility and,
    338
  ECAFE and, 27n18
  economic growth in, 168–69,
    185–86, 237
  field office in, 197, 198f
  health sector projects in, 127b
  instability in, 21, 114
  lending to, 201
  life expectancy in, 114
  subregional cooperation
    programs, 278b
  Tonle Sap Poverty Reduction
    and Smallholder Development
    Project, 250
Camdessus, Michel, 218
Cameron, David, 301
Canada, 32, 50t, 88, 92n, 96–98b,
  109, 331, 341
capital flight, 211, 226
capital flows
  Decade 1 (1967–1976), 59
  Decade 3 (1987–1996), 158–59, 163
  Decade 4 (1997–2006), 228,
    238–39
  Decade 5 (2007–2016), 293–94
capital markets
  ADB borrowing program in, 7
  Decade 1 (1967–1976), 69, 73,
    86–87, 99
  Decade 3 (1987–1996), 159, 172,
    184
  Decade 4 (1997–2006), 215, 225,
    231, 255
capital subscriptions, 43, 45, 48,
  83–84
CAREC. See Central Asia Regional
  Economic Cooperation
Carroll, Lewis, 66

Castro, Amada, 38
Center for Global Development
  (CGD), 334
Central Asia. See also specific
  countries
  Decade 1 (1967–1976), 100
  Decade 2 (1977–1986), 147
  Decade 3 (1987–1996), 170, 185,
    187
  Decade 4 (1997–2006), 235, 237,
    254, 259, 280
  Decade 5 (2007–2016), 290, 293,
    305
Central Asia Regional Economic
  Cooperation (CAREC), 172, 249,
  278–79b
Chadwick, John, 96, 98
Chalker, Lynda, 185
charter of ADB, 44–47, 46b
Chen, Muhua, 154
Cherat Cement Company, 138b
Chiang Mai Initiative (CMI),
  231–32, 239, 295
Chiang Mai Initiative
  Multilateralization (CMIM), 295,
  319
China, People's Republic of
  Cultural Revolution, 24
  Decade 1 (1967–1976), 53, 56–58,
    78, 81, 101, 103
  Decade 2 (1977–1986), 107, 110, 112,
    115–19, 121, 137, 144–45, 146, 149
  Decade 3 (1987–1996), 158–59,
    162–67, 169, 172, 174–76, 180,
    182–84, 186–89, 192, 197, 200–204
  Decade 4 (1997–2006), 210, 223,
    229–30, 235–39, 242, 255, 268, 277,
    282–84
  Decade 5 (2007–2016), 290–300,
    303, 305, 313, 319, 325, 327, 331,
    342, 344–45

economic growth in, 3–4, 4*f*, 17,
18–20, 22–27
establishment of ADB and, 33, 34,
47, 50
field office in, 197, 198*f*
Great Leap Forward, 24
health sector projects in, 127*b*
isolation of, 23–24
Nanpu Bridge project (PRC), *248*
resident mission in, 259*n*12
subregional cooperation
programs, 278–79*b*
China Investment Bank, 175
Chino, Tadao, *62, 250–51*
accountability mechanisms and,
320
ADF replenishments and, 318
Asian financial crisis and, 233, 235
establishment of ADB and, 43
Gender Action Plans and, 331
leadership of, 14, 253–58, 260–62,
265, 269–70, 272, 274, 285, 314
Choi, Won-Mok, *355*
civil society
accountability mechanisms and,
321
ADB collaboration with, 347, 359
development agenda and, 255
finance architecture and, 245–46
globalization and, 241
JFPR partnerships with, 342
sustainable development and,
263–66, 276
climate change, 271, 297–301, 309,
324–27, 329, 341
Clinton, Bill, 160
CMI (Chiang Mai Initiative),
231–32, 239, 295
CMIM (Chiang Mai Initiative
Multilateralization), 295, 319

cofinancing
from bilateral partners, 7, 10,
451–52
Decade 1 (1967–1976), 99–100, 105
Decade 2 (1977–1986), 124, 133,
142, 150
Decade 3 (1987–1996), 183, 192,
206
Decade 4 (1997–2006), 215, 223,
271, 287
Decade 5 (2007–2016), 312–13,
327, 339–43, 340*t*, 349
from multilaterals, 10, 453–54
from private foundations, 10, 455
Cold War, 157, 160, 162, 172, 185, 204
Colombo Plan, 28
Commission on Growth and
Development, 117
Communicable Diseases Threats
Trust Fund, 341
concessional lending, 335
Conferences of the Parties (COPs),
15, 299, 300
Cook Islands, 24, 101, 171
Copenhagen Accord, 299–300
COPs (Conferences of the Parties),
15, 299, 300
Countercyclical Support Facility
(CSF), 313, 322
Credit Guarantee and Investment
Facility (CGIF), 319
Crisis Management Committee, 182
CSF (Countercyclical Support
Facility), 313, 322
Cultural Revolution (PRC), 24, 33,
117
Cyclone Evan, 338
Cyclone Ian, 338
Cyclone Ita, 338

D

DAC (Development Assistance
  Committee), 245
Dandekar, Swati, *355*
Dawson, Scott, *355*
Decade 1 (1967–1976), 53–105
  ADB bonds, 85–87
  ADF establishment, 95–99, 96–98*b*
  agriculture, 54–56
  capital market borrowing, 99–100
  character of ADB, 69–105
  cofinancing, 99–100
  crisis-related programs, 93–95
  economic shocks, 60–61
  finance sources, 83–84
  financing operations, 78, 79*b*,
    81–83
  general capital increases, 84–85,
    95–99
  industrialization, 56–60, 57*t*
  Inoue's leadership, 91–93
  leadership transition, 89–90
  oil money recycling, 99–100
  operational summary, 100–102,
    101–2*f*, 104–5*t*
  priorities, 79–81
  research activities, 74–78
  Special Funds, 87–89
  technical assistance, 78, 79*b*
  vision for ADB, 70–73, 72*b*
Decade 2 (1977–1986), 107–55
  basic human needs paradigm,
    109–10
  China, People's Republic of,
    116–19, 117*t*, 144–46
  country strategies, 140–41
  development agenda, 123–26
  financing operations, 126–29,
    127–29*b*, 136–39, 137*f*, 138*b*,
    140–41

flexible lending arrangements,
    140–41
  Four Tigers economies, 110–12
  Fujioka's leadership, 132–34
  general capital increases, 131–32,
    141–42
  India as borrower, 145–46
  operational summary, 146–49,
    147–148*f*, 150–51*t*
  Pacific island countries, 116
  priorities, 134–36
  private sector operations, 136–39,
    138*b*
  resident missions, 139–40
  South Asia, 115–16
  Southeast Asia, 112–15
  staff, 139–40
  stagflation, 108–9
  structural adjustment, 109–10
  surveys and reviews, 130–31
  Yoshida's leadership, 121–23
Decade 3 (1987–1996), 157–206
  ADB Institute, 197–99
  capital flows, 158–59
  Central Asia, 170–71
  China, People's Republic of,
    166–67, 187–89
  development agenda, 160–62,
    177–80, 179*b*
  field offices, 197–99, 198*f*
  financing operations, 190–91, 196
  Fujioka's leadership, 174–77
  general capital increases, 182–84
  globalization, 163–65
  India, 187–89
  newly industrialized economies
    (NIEs), 165–66
  operational summary, 199–205,
    201–2*f*, 205–6*t*
  Pacific island countries, 171

policy reforms, 192–95, 193–94*b*
regional developments, 157–72
resource mobilization, 191
Sato's leadership, 189–90
scholarships, 196
South Asia, 169–70
Southeast Asia, 167–69
states and markets, 162–63
strategic planning, 184–86
structural adjustment, 162, 166, 170
Tarumizu's leadership, 180–82
trade arrangements, 159–60
transition economies, 185–87
Decade 4 (1997–2006), 207–87
accountability, 264–67
ADB operations, 253–87
ADF replenishments, 267–70
aid effectiveness, 264–67, 266*b*
Asian financial crisis, 207–33. *See also* Asian financial crisis
capital flows, 238–39
Chino's leadership, 253–55
development agenda, 242–44, 245–46*t*
finance architecture reforms, 244–47
financing operations, 280–82, 281*f*
fragile states, 260–62
globalization, 239–42
governance, 262–64
Indonesia, 211–12, 217–19, 227*f*
Korea, Republic of, 209–11, 216–17, 227*f*
Kuroda's leadership, 272–73
Millennium Development Goals, 242–44
newly industrialized economies (NIEs), 222–23
operational summary, 283–86, 284–85*f*, 286–87*t*

ordinary capital resources operations, 270–72
organizational reforms, 258–60
policy reforms, 223–25
recovery from crisis, 236–38
regional cooperation, 277–80, 278–79*b*
research programs, 223–25
strategic planning, 256–58
structural adjustment, 229
sustainable development, 262–64
Thailand, 208–9, 215–16, 227*f*
trade arrangements, 238–39
Decade 5 (2007–2016), 289–355
accountability, 319–21
ADB operations, 307–55
ADF replenishments, 318–19, 336–39
ASEAN Infrastructure Fund, 319
climate change, 298–301
cofinancing, 339–43, 340*t*
Credit Guarantee and Investment Facility (CGIF), 319
development agenda, 325–31
development finance sources, 301–3
environmental pressures, 296–98
financing operations, 332–35, 336*f*
general capital increases, 314–16, 316–17*t*
global financial crisis, 291–93, 312–14
globalization, 303–4
human resources, 321–22
inequality, 296–98
Millennium Development Goals, 301, 302*f*
multilateral development banks, 343
Nakao's leadership, 322–24
operational summary, 344–48, 345–46*f*, 348–49*t*

regional growth, 289–91
staff, 321–22
strategic framework, 307–12
Strategy 2020, 324–25
sustainable development, 293–96
Sustainable Development Goals,
301, 302f
trust funds, 339–43, 340t
Deng, Xiaoping, 166
Denmark, 50t, 97b
Desai, Morarji, 83
development agenda
Asian financial crisis and, 253–54,
277, 307–8
Decade 2 (1977–1986), 123–26
Decade 3 (1987–1996), 160–62,
177–80, 179b
Decade 4 (1997–2006), 242–44,
245–46t
Decade 5 (2007–2016), 325–31
development finance institutions
(DFIs), 79–81, 137
Dhaka Water Supply and Sewage
Association, 326
Di Maio, Mario, 355
Disaster Response Facility, 310, 318,
338–39
Djiwandono, Soedradjad, 211, 226
Doha Round (WTO), 304
Dominguez, Paul, 355
donor countries. See also specific
countries
Decade 1 (1967–1976), 88, 91–92,
95, 99
Decade 2 (1977–1986), 124, 162
Decade 3 (1987–1996), 183, 197
Decade 4 (1997–2006), 222, 247, 258
Decade 5 (2007–2016), 320,
333–34
financing from, 7–8

Dulles, John Foster, 31
Durban Platform for Enhanced
Action, 300
Durrani, Hamidullah, 251

E
Earth Summit, 161, 299
East Asia. See also specific countries
Decade 1 (1967–1976), 100, 102
Decade 2 (1977–1986), 113, 149
Decade 3 (1987–1996), 158,
164–65, 200–201
Decade 4 (1997–2006), 222,
283–84
Decade 5 (2007–2016), 296, 344–45
field offices in, 197, 198f
lending to, 100, 147
Economic Commission for Asia and
the Far East (ECAFE)
development agenda and, 254
establishment of ADB and, 31–32,
35–39, 41, 45
on food security, 24–25
on regional cooperation, 26–28
education programs
Decade 1 (1967–1976), 53, 100–101
Decade 2 (1977–1986), 113, 128,
144, 147
Decade 3 (1987–1996), 161, 178,
179b, 192, 194, 202
Decade 4 (1997–2006), 256, 264,
285
Decade 5 (2007–2016), 302,
305–6, 309, 324, 329, 346
emerging economies, 13, 225, 294,
303–4. See also specific countries
Endogenous Growth Theory, 20
energy issues
Decade 1 (1967–1976), 61, 69,
79–80, 100–101

Decade 2 (1977–1986), 109, 129–31, 133, 147–48

Decade 3 (1987–1996), 187, 196, 201–3

Decade 4 (1997–2006), 213, 237, 256, 263, 283, 285

Decade 5 (2007–2016), 302, 329, 339, 341, 345–46

subregional cooperation programs, 279b

environmental issues

Decade 1 (1967–1976), 72

Decade 2 (1977–1986), 108–9

Decade 3 (1987–1996), 161, 184, 193

Decade 4 (1997–2006), 253, 263, 268, 282

Decade 5 (2007–2016), 296, 298, 309, 321, 324, 329

subregional cooperation programs, 278–79b

equity investments, 5, 7, 138–39, 180, 200, 311b, 335

establishment of ADB, 31–52

board of directors and voting groups, 52, 52t

charter, 44–47, 46b

chronology of official meetings, 36–38t

earlier proposals, 31–33

ECAFE role in, 35–39

first president, 51–52

headquarters, 48–50, 68

Japan's role in, 41–42

preparations for, 42–44

scope of membership, 40

Tokyo Study Group and, 33–34

US role in, 41–42

Watanabe and, 33–34

Europe. See also specific countries

Decade 1 (1967–1976), 69, 86–87

Decade 2 (1977–1986), 119

Decade 3 (1987–1996), 159, 164, 185, 192, 197

Decade 4 (1997–2006), 210

Decade 5 (2007–2016), 292, 303, 305

ADB membership and, 2

capital markets in, 6, 18

establishment of ADB and, 27–28, 38, 40

European Bank for Reconstruction and Development, 185, 279b, 303, 342

European Economic Community, 124

exchange rates, 107, 164, 225, 231, 317, 323

Expert Group on Regional Cooperation, 36

Export Financing Facility, 214, 216

Export–Import Bank, 214

exports

Decade 1 (1967–1976), 58–59, 80

Decade 2 (1977–1986), 111–13, 115, 119, 122–23

Decade 3 (1987–1996), 164–65, 168, 172

Decade 4 (1997–2006), 225, 227, 236–37

Decade 5 (2007–2016), 292–93

economic growth and, 19–20

F

famine, 24–25. See also food security

Farmanfarmaian, Khodadad, 44–45, 62

FDI. See foreign direct investment

Feliciano, Florentino P., 44

field offices, establishment of, 197–99, 198f, 430
Fifth Road Improvement Project, 213
Fiji, 101, 171, 259
finance sector
　Decade 1 (1967–1976), 80
　Decade 2 (1977–1986), 118
　Decade 3 (1987–1996), 167
　Decade 4 (1997–2006), 212–13, 216–17, 221, 240, 283
　Decade 5 (2007–2016), 309
financial crises. See Asian financial crisis; global financial crisis
financial markets
　Decade 1 (1967–1976), 86–87, 89
　Decade 2 (1977–1986), 133
　Decade 4 (1997–2006), 208, 210–11, 224, 232
　Decade 5 (2007–2016), 291, 344
　ECAFE and, 38
Financial Sector Program Loan, 187, 217
Financial Supervisory Agency of Japan, 224
financing operations
　Decade 1 (1967–1976), 78, 79b, 81–83, 94, 101–2
　Decade 2 (1977–1986), 126, 127–29b, 136–39, 137, 137f, 138b, 140–41, 146–49
　Decade 3 (1987–1996), 190–91, 196, 199–202
　Decade 4 (1997–2006), 281, 283–85
　Decade 5 (2007–2016), 332–36, 336f, 345–46
Finland, 50t, 250
First World Conference on Natural Disaster Reduction (1994), 243
Fischer, Stanley, 218
flexible lending arrangements, 140–41

flying geese paradigm, 18, 20, 53, 164, 239, 305
food security
　Decade 1 (1967–1976), 54–55, 61
　Decade 2 (1977–1986), 129
　Decade 5 (2007–2016), 302, 309, 318, 329
　economic growth and, 24–26, 25t
foreign direct investment (FDI), 114, 118, 159, 165–66, 305
foreign policy, 28, 32
Four Tigers economies, 18–20, 20t. See also newly industrialized economies (NIEs)
Fox, Mathew, 355
fragile states, 260–62
France, 21, 101, 109, 139
Frank, Victor, 173, 181
Fraser, Malcolm, 152
Fujioka, Masao, 153–55
　on ADB mission, 6, 70, 173
　on Balmaceda, 43
　leadership of, 13, 132–41, 143–46, 149–50, 174–75, 177, 180
　on reform needs, 121
Fujiyama, Aiichiro, 49
Fukuda, Takeo, 51

G
Gandhi, Indira, 153
GATT (General Agreement on Tariffs and Trade), 159
GCF (Green Climate Fund), 327, 329
GCI. See general capital increases
Geithner, Timothy, 230
gender
　Decade 2 (1977–1986), 143–44
　Decade 3 (1987–1996), 160, 161, 179b, 193, 195
　Decade 4 (1997–2006), 242, 256, 260, 262, 264, 268

Decade 5 (2007–2016), 302*f*, 306, 308, 318, 321, 329, 331, 348, 358
General Agreement on Tariffs and Trade (GATT), 159
general capital increases (GCI)
  Decade 1 (1967–1976), 84–85, 95–99
  Decade 2 (1977–1986), 131–32, 141–42
  Decade 3 (1987–1996), 182–84, 190, 193, 200
  Decade 4 (1997–2006), 255, 257, 270, 273, 280
  Decade 5 (2007–2016), 312, 314–17, 316–17*t*, 321
  leadership of ADB and, 13–14
  table of, 441–42
Georgia
  field office in, 197, 198*f*
  lending to, 313, 344
  urban sector projects in, 326*b*
Germany
  financial markets in, 133
  funding from, 92*n*32
  Plaza Accord and, 109
  technical assistance from, 111
  urban sector projects funding from, 326*b*
Ghirga, Maurizio, 355
global financial crisis, 3, 14, 289–95, 305, 312–15, 322, 342
globalization
  Decade 3 (1987–1996), 159, 163–65
  Decade 4 (1997–2006), 207, 225, 235, 239–43
  Decade 5 (2007–2016), 294, 298, 303–4
  regional impact of, 12
GMS. *See* Greater Mekong Subregion

governance
  Decade 3 (1987–1996), 160, 194–95
  Decade 4 (1997–2006), 215, 226, 256–57, 262–64, 271
  Decade 5 (2007–2016), 306, 308, 318, 329, 358
  establishment of ADB and, 44
  health sector projects, 127*b*
Greater Mekong Subregion (GMS), 92, 127*b*, 186, 278*b*, 296, 337*b*, 341
Great Leap Forward (PRC), 24
Green Climate Fund (GCF), 327, 329
Green Revolution, 53–56, 61, 77, 80, 93, 115, 122, 130
Groff, Stephen, 355
Guangxi Zhuang Autonomous Region, 186, 278*b*
Gunesekera, Douglas, 43, *62*, *66*
Gupta, Diwakar, 355
Gyohten, Toyoo, 32, 33, 225

H
Hamzah, Tengku Razaleigh, 123, 124
Ha Noi Metro Rail System Project (Viet Nam), 353
Harvard University, 77
Hasegawa, Koichi, 355
HCMC (Ho Chi Minh City), 186, 326*b*
headquarters of ADB, 48–50, *68*, *154*, *354*
Health Sector Projects, 127*b*
Heavily Indebted Poor Countries (HIPC), 246, 247*nn*21–22, 318
Hennessy, John M., 177
High Level Forum on Aid Effectiveness, 244
HIPC (Heavily Indebted Poor Countries), 246, 247*nn*21–22, 318

Hirschman, Albert, 77
Hitotsubashi University, 75, 134
HIV/AIDS, 127b
Ho Chi Minh City (HCMC), 186,
  326b
Hong Kong, China
  economic growth in, 18–20, 20t
  lending to, 147
  life expectancy in, 4
  Sha Tin Hospital Polyclinic, 126,
  152
Hoontrakool, Sommai, 62
Hsieh, Sam-Chung, 77
Huang, P. W., 28n20, 34n10
human resources. See staff

I
Ichimada, Hisato, 31
IFCT (Industrial Finance
  Corporation of Thailand), 79b
IMF. See International Monetary
  Fund
import substitution
  industrialization (ISI) strategies,
  25–26
inclusive growth, 308–9, 318, 337b
India
  Decade 1 (1967–1976), 55, 59–60
  Decade 2 (1977–1986), 116, 121,
  125, 144, 145–46, 149
  Decade 3 (1987–1996), 163, 169,
  174–75, 177, 180, 182, 187–88,
  200–204
  Decade 4 (1997–2006), 235, 238,
  277, 282–83
  Decade 5 (2007–2016), 290–91,
  293–94, 296–300, 303, 305, 342,
  344–45
  development agenda in, 34–35,
  38–39

  economic growth in, 3–4, 4f, 20,
  22–23, 25, 27
  field office in, 197, 198f
  independence of, 17–18
  Innovation and Efficiency
  Initiative and, 275b
  lending to, 13, 145–46
  Rajasthan Urban Development
  Project, 154
  subregional cooperation
  programs, 279b
  Tsunami Emergency Assistance
  Project, 350
  Turkmenistan–Afghanistan–
  Pakistan–India Pipeline (TAPI),
  311b
Indonesia
  Decade 1 (1967–1976), 55, 57, 59,
  61, 74, 78–79, 81, 100–101
  Decade 2 (1977–1986), 108, 112–14,
  140–41, 148
  Decade 3 (1987–1996), 163–64, 167,
  174, 177, 201, 203
  Decade 4 (1997–2006), 207,
  210–15, 217–20, 225–27, 229–30,
  238, 283–84
  Decade 5 (2007–2016), 290, 293,
  297–300, 303, 305, 342, 344
  economic growth in, 3–4, 4f,
  20–22, 27–28
  education sector projects in, 179b
  field office in, 197, 198f
  independence, 17–18
  Innovation and Efficiency
  Initiative, 275b
  lending to, 100, 148
  Madrasah Education
  Development Project, 351
  subregional cooperation
  programs, 278–79b

Tajum Irrigation Project, 79b
  technical assistance to, 101, 148
Indonesia–Malaysia–Thailand
  Growth Triangle (IMT-GT)
  program, 278–79b
Industrial Finance Corporation of
  Thailand (IFCT), 79b
industrialization
  Decade 1 (1967–1976), 54, 56–60,
  57t, 77
  Decade 2 (1977–1986), 109
  Decade 3 (1987–1996), 164
  economic development and,
  25–27, 35
inequality, 296–98
information and communication
  technology (ICT)
  Decade 1 (1967–1976), 100–101
  Decade 2 (1977–1986), 147
  Decade 3 (1987–1996), 202–3
  Decade 4 (1997–2006), 239, 271,
  283, 285
  Decade 5 (2007–2016), 298,
  345–46
  subregional cooperation
  programs, 279b
Innovation and Efficiency Initiative,
  275b
Inoue, Shiro, 68
  Krishna Moorthi's influence on,
  74
  leadership of, 12, 89–93, 95,
  98–103, 149
  retirement of, 121–22
  on social impact of ADB, 124–25
integrated disaster risk
  management, 310
Inter-American Development Bank,
  29, 39, 51, 86
interest rates, 107–9, 192, 292, 294, 313

International Development
  Association, 100, 247n22
International Labour Organization
  World Employment Conference,
  109
International Monetary Fund
  (IMF)
  Decade 2 (1977–1986), 122, 141,
  144
  Decade 3 (1987–1996), 161–62, 187,
  189, 197
  Decade 4 (1997–2006), 208–13,
  217–20, 228–32, 241, 246–47, 272
  Decade 5 (2007–2016), 293, 313,
  318, 323
  subregional cooperation
  programs, 279b
International Rice Research
  Institute (IRRI), 27, 54–55
Iran, 27, 39, 44, 48–49, 108
Iraq, 158, 236
Ireland, 284n
Islamic Development Bank (IsDB),
  100, 142, 279b, 313, 339
Italy, 50t, 109

J
Japan
  Decade 1 (1967–1976), 53, 56,
  85–89, 96–97, 100
  Decade 2 (1977–1986), 109–11,
  113–14, 118–19, 122, 124
  Decade 3 (1987–1996), 158,
  163–64, 172–73, 181
  Decade 4 (1997–2006), 209–10,
  223–24, 229–31, 239, 241, 243, 272
  Decade 5 (2007–2016), 290, 293,
  295, 313, 316, 322, 331, 333, 339, 357
  economic growth in, 3, 4f, 18, 20t,
  27–28

establishment of ADB and, 31–32, 35, 37–39, 41–43, 48–51

funding from, 92*n*32, 197

Myanmar reengagement and, 337*b*

Japan Fund, 272, 328*b*, 341

Japan Fund for Poverty Reduction (JFPR), 272, 328*b*, 341–42

Japan International Cooperation Agency (JICA), 328*b*, 337*b*, 339, 342

Japan–PRC Treaty of Peace and Friendship (1978), 118

Japan Scholarship Program (JSP), 196, 341–42

Japan Special Fund (JSF), 151, 206, 287, 341, 349

JFPR (Japan Fund for Poverty Reduction), 272, 328*b*, 341–42

JICA. *See* Japan International Cooperation Agency

Jin, Liqun, 343

Johnson, Lyndon B., 41–42, 84, 87, 88

Johnson Sirleaf, Ellen, 301

JSF (Japan Special Fund), 151, 206, 287, 341, 349

JSP (Japan Scholarship Program), 196, 341–42

K

Kali Gandaki "A" Hydroelectric Project (Nepal), *249*

Karzai, Hamid, 261

Kashiwagi, Mikio, 332

Katz, Stanley, 125–26, 185

Kazakhstan

Decade 3 (1987–1996), 170–71, 187, 201, 204

Decade 4 (1997–2006), 237

Decade 5 (2007–2016), 313, 344

field office in, 197, 198*f*

resident mission in, 259*n*12

subregional cooperation programs, 279*b*

Kennedy, David M., 74

Khmer Rouge, 114

Kim, Dae-jung, 209

Kiribati, 101, 171*n*

Kishi, Nobusuke, 31

Kojima, Kiyoshi, 134

Korea, Republic of

Decade 1 (1967–1976), 53, 56–58, 78, 81, 100

Decade 2 (1977–1986), 110–11, 148

Decade 3 (1987–1996), 163–65

Decade 4 (1997–2006), 207–11, 213–14, 216–17, 219–20, 222–23, 227, 239, 268, 271, 283

Decade 5 (2007–2016), 290, 295, 313, 319, 342, 344

economic growth in, 18–20, 20*t*, 22, 27

education sector projects in, 179*b*

funding from, 197

lending to, 100, 148

subregional cooperation programs, 278*b*

Korea Development Investment Corporation, 138

Korea Exim Bank, 339

Korea Institute of Science and Technology, 179*b*

Korea Standard Research Institute, 179*b*

Krishna Moorthi, C. S., 43, *62*, *65–66*, 73–74, 90, 125

Krishnamurti, R., 36*t*

Kuroda, Haruhiko, *350*

ADB mission and, 253, 257, 286, 289, 307, 308

Gender Action Plans and, 331
global financial crisis and, 312
on inequality, 296–97
leadership of, 14, 262, 271–74, 276–82, 314–16, 320–22
Kuwait, 47, 99
Kyoto Protocol, 263, 299, 310
Kyrgyz Republic
    Decade 3 (1987–1996), 170, 187, 201, 204
    Decade 4 (1997–2006), 254
    Decade 5 (2007–2016), 290, 295, 344
    field office in, 197, 198f
    resident mission in, 259n12
    subregional cooperation programs, 279b

L
Lall, K. B., 35
Lao Bao International Border Gate, 248
Lao People's Democratic Republic
    Decade 3 (1987–1996), 160, 164, 168–69, 185–86
    Decade 4 (1997–2006), 237, 266
    Decade 5 (2007–2016), 296, 319
    economic growth in, 21
    establishment of ADB and, 50
    field office in, 197, 198f
    health sector projects in, 127b
    Lao Bao International Border Gate, 248
    Nam Theun 2 Hydroelectric Project, 251
    resident mission in, 259n12
    scholarship program for, 196
    subregional cooperation programs, 278b
LCL (local currency lending), 10, 275b, 343

Leading Asia's Private Sector Infrastructure Fund (LEAP), 342
Lee, Allan, 351
Lee, Bong-Suh, 220
Lee, Kuan Yew, 23, 112, 163
Leekpai, Chuan, 207, 209
Lewis, John P., 134
Liberation Tigers of Tamil Eelam (LTTE), 260
Liberia, 301
life expectancy, 4, 114–15
Lin, Justin, 282
liquidity, 219, 231, 292, 295
local currency lending (LCL), 10, 275b, 343
Loganathan, C., 32
Long-Term Strategic Framework (LTSF), 14, 257–59, 262, 286, 307–8
Louvre Accord, 109
low-income countries, 73, 98, 135, 140, 247, 297, 313, 333. See also specific countries
Low-Lift Pump Maintenance Program (Bangladesh), 128–29b
LTSF. See Long-Term Strategic Framework
LTTE (Liberation Tigers of Tamil Eelam), 260
Luxembourg, 284

M
Maastricht Treaty, 159
Macapagal, Diosdado, 48, 63
MacArthur, Douglas, II, 32
Madrasah Education Development Project (Indonesia), 351
Malaysia
    Decade 1 (1967–1976), 53, 57, 59, 61, 78, 81

Decade 2 (1977–1986), 108, 112–14, 119, 123
Decade 3 (1987–1996), 159, 163–64, 167–68
Decade 4 (1997–2006), 207, 210, 212, 227, 239, 283
Decade 5 (2007–2016), 290, 294
economic growth in, 18–21, 27
education sector projects in, 179*b*
establishment of ADB and, 48
Second Compensatory Forestry Sector Project, *155*
subregional cooperation programs, 278*b*
urban sector projects in, 326*b*
Maldives, 149, 196, 279*b*
Managing for Development Results (MfDR), 265, 320
Manila Framework, 230
manufacturing sector
Decade 1 (1967–1976), 58–59, 69
Decade 2 (1977–1986), 112–14
Decade 3 (1987–1996), 163, 164–65, 167
Decade 4 (1997–2006), 237, 239
economic growth and, 19
Marcos, Ferdinand, *67*, 90
Marshall Islands, 171*n*, 204
Marshall Plan, 28
McMahon, Billy, 83
MDGs. *See* Millennium Development Goals
medium-term strategies (MTSs), 257, 258, 281, 282
Meiji Restoration, 5, 17–18
Mekong River Commission, 278*b*
memorandum of understanding (MOU), 311*b*, 343–44
Mexico, 51, 55, 109, 228–30, 244, 265
MfDR (Managing for Development Results), 265, 320

MFF (multitranche financing facility), 275*b*, 326*b*
Micronesia, Federated States of, 171*n*, 204
middle-income countries. *See also specific countries*
ADB strategy for, 325, 347
economic growth in, 282, 290, 305–6
financing of ADB and, 244
poverty in, 297
Millennium Development Goals (MDGs), 242–47, 253, 256, 260, 289, 301–2, 302*f*, 307, 315, 318, 320
Miranda, Juan, *355*
Mishan, Ezra, 161
Miyazawa, Kiichi, 231
Miyazawa Plan, 158
Mizoguchi, Toshiyuki, 161
Modi, Narendra, 305
Mohamad, Mahathir, 113
monetary policies, 5–6, 108, 190, 228, 292
Mongolia
Decade 3 (1987–1996), 164, 204
Decade 5 (2007–2016), 323, 342, 344
education sector projects in, 179*b*
field office in, 197, 198*f*
lending to, 313
resident mission in, 259*n*12
subregional cooperation programs, 279*b*
Monterrey Consensus, 245–46
Monterrey International Conference on Financing for Development, 245
MOU (Memorandum of Understanding), 311*b*, 343–44
MPSF (Multi-Purpose Special Fund), 88, 96–98

MTSs (medium-term strategies),
257, 258, 281, 282
Mulford, David C., 146
multiproject loans, 126, 128
Multi-Purpose Special Fund
(MPSF), 88, 96–98
multitranche financing facility
(MFF), 275b, 326b
Murchison, David, 355
Myanmar
Decade 1 (1967–1976), 57, 77, 101
Decade 2 (1977–1986), 133
Decade 3 (1987–1996), 160, 169, 186
Decade 5 (2007–2016), 290, 295–
96, 298, 305, 319, 322–23, 336–38
economic growth in, 17, 27–28
field office in, 197, 198f
health sector projects in, 127b
subregional cooperation
programs, 278–79b
Myint, Hla, 77
Myrdal, Gunnar, 22–23

N
Nachmanoff, Arnold, 124
Nakao, Takehiko
on ADB headquarters location, 49
Asian financial crisis and, 230
civil society and, 265
on economic growth in region,
305–6
leadership of, 15, 307, 320, 322–36,
343–44, 347–48, 353–55
Nam Theun 2 Hydroelectric Project
(Lao PDR), 251, 266
Nanpu Bridge (PRC), 176, 248
National Development Leasing
Corporation, 10, 138b
natural resources, 58–59, 77,
170, 194, 238, 297, 341. See also
environmental issues

Nauru, 24
Naya, Seiji, 142
NDB (New Development Bank),
303, 343
Nepal
Decade 1 (1967–1976), 71, 82, 101
Decade 2 (1977–1986), 148
Decade 3 (1987–1996), 170
Decade 5 (2007–2016), 290, 295,
314, 338, 342
education sector projects in, 179b
field office in, 197, 198f
Kali Gandaki "A" Hydroelectric
Project, 249
subregional cooperation
programs, 279b
technical assistance to, 101, 148
Nergui, Burmaa, 352
Netherlands
funding from, 92n32, 97b
Southeast Asia instability and, 21
New Development Bank (NDB),
303, 343
newly industrialized economies
(NIEs). See also specific economies
Decade 1 (1967–1976), 57–59
Decade 2 (1977–1986), 107, 110–12,
115, 119
Decade 3 (1987–1996), 158, 163–67,
172
Decade 4 (1997–2006), 222–23,
239
Decade 5 (2007–2016), 290, 296,
304–5
economic growth in, 18–19
New Miyazawa Initiative, 231
New York Stock Exchange, 87
New Zealand
aid to Pacific island countries, 171
Cook Islands and, 24
funding from, 92n32

Ngee Ann Technical College, *65, 179b*
NGOs. *See* nongovernment organizations
Nguyen, Cao Hach, 62
NIEs. *See* newly industrialized economies
Nimmanahaeminda, Kraisri, *64*
Nixon, Richard, 60, 88
nongovernment organizations (NGOs), 3, 161, 174, 192, *193b*, 241, 263, *266b*, 303
nonsovereign public sector financing, *275b*
North Viet Nam, 42, 91
Norway, 271

O
OCR. *See* ordinary capital resources
OECD. *See* Organisation for Economic Co-operation and Development
Office of Public–Private Partnership (OPPP), 331
official development assistance (ODA), 28, 118, 158, 303
Ogata, Sadako, *249*
Ohashi, Kaoru, 31, 33–34
Ohkawa, Kazushi, 75
oil shocks
  Decade 1 (1967–1976), 54, 60, 80, 91–93, 98–99
  Decade 2 (1977–1986), 108, 110–11, 113, 115, 121, 124, 129, 131
  Decade 4 (1997–2006), 274
  economic growth and, 12
Okita, Saburo, 35, 39, 77, 177
Okita panel, 181–82, 184
OPEC. *See* Organization of the Petroleum Exporting Countries
OPEC Fund for International Development, 142
operational summaries
  Decade 1 (1967–1976), 100–102, 101–2*f*, 104–5*t*
  Decade 2 (1977–1986), 146–49, 147–148*f*, 150–51*t*
  Decade 3 (1987–1996), 199–205, 201–2*f*, 205–6*t*
  Decade 4 (1997–2006), 283–86, 284–85*f*, 286–87*t*
  Decade 5 (2007–2016), 344–48, 345–46*f*, 348–49*t*
OPPP (Office of Public–Private Partnership), 331
ordinary capital resources (OCR)
  Decade 1 (1967–1976), 78–79, 83, 94, 104–5
  Decade 2 (1977–1986), 137, 150–51
  Decade 3 (1987–1996), 180–81, 183, 200, 205
  Decade 4 (1997–2006), 222–23, 268, 270–72, 273, 281–83, 286–87
  Decade 5 (2007–2016), 312–13, 332, 334–36, 338, 340–41, 347–49
Organisation for Economic Co-operation and Development (OECD)
  bilateral assistance from, 118
  economic growth in, 290
  establishment of ADB and, 35
  Japan as member, 33
  Korea, Republic of, as member, 165, 209
  as model for ADB, 135
organizational structure of ADB, 463–64
Organization of the Petroleum Exporting Countries (OPEC), 61, 94, 124
Oshima, H. T., 161

P

Pacific island countries. *See also specific countries*
Decade 2 (1977–1986), 116, 119, 148
Decade 3 (1987–1996), 171, 196, 204
Decade 4 (1997–2006), 259
Decade 5 (2007–2016), 291, 295, 298, 329
economic growth in, 24
lending to, 100, 148
Pakistan
Decade 1 (1967–1976), 57, 78, 81, 94, 100
Decade 2 (1977–1986), 129, 138, 140, 148
Decade 3 (1987–1996), 169, 194, 201, 203
Decade 4 (1997–2006), 237, 243, 283–84
Decade 5 (2007–2016), 290, 297, 303, 343–45
economic growth in, 23, 25, 27
establishment of ADB and, 32, 34, 39
field office in, 197, 198*f*
Innovation and Efficiency Initiative, 275*b*
lending to, 100, 148
subregional cooperation programs, 279*b*
Sui–Karachi gas pipeline, 94
technical assistance to, 148
Turkmenistan–Afghanistan–Pakistan–India Pipeline (TAPI), 311*b*
Pakistan–India Natural Gas Pipeline, 311*b*
Palau, 24
Pan, Wenxing, *355*
Panitchpakdi, Supachai, 282

Papua New Guinea
Decade 1 (1967–1976), 101
Decade 2 (1977–1986), 116
Decade 3 (1987–1996), 171, 196
Decade 5 (2007–2016), 291
field office in, 197, 198*f*
lending to, 313
resident mission in, 259n12
Paris Declaration, 244–45
Park, Chung-hee, *66*, 111
Payne, Julian, 254
People's Bank of China, 118
Philippines
Decade 1 (1967–1976), 55, 57–60, 70, 89–90, 100–101
Decade 2 (1977–1986), 114, 129, 133, 141, 148
Decade 3 (1987–1996), 159, 168, 182, 201, 203
Decade 4 (1997–2006), 207, 212, 227, 230, 284
Decade 5 (2007–2016), 290, 293–95, 297–98, 300, 305, 327–29, 331
economic growth in, 22, 24–25, 27–28
establishment of ADB and, 38–39, 43, 48–49
field office in, 197, 198*f*
Innovation and Efficiency Initiative, 275*b*
lending to, 100, 147
subregional cooperation programs, 278*b*
technical assistance to, 101, 148
Pholsena, Khempheng, 260
Plaza Accord (1985), 108, 114, 164
Portugal, 284n
PovcalNet Database, 297
poverty and poverty reduction programs

Decade 1 (1967–1976), 61
Decade 2 (1977–1986), 109
Decade 3 (1987–1996), 157, 161, 170, 178, 182, 184, 188, 196
Decade 4 (1997–2006), 208, 212, 226, 233, 235, 238, 242–43, 247, 253, 255–57, 263, 271–73, 282
Decade 5 (2007–2016), 297, 301–2, 308–9, 314, 316, 324, 341, 347, 358
economic growth and, 14, 22–23, 25
Poverty Reduction Strategy (PRS), 14, 256–58, 262, 264, 272, 282–83
PRC. See China, People's Republic of
Preuss, Wolf, 99
Primary Education Project in Pakistan, 194
private sector
Decade 2 (1977–1986), 133, 136–39, 138b, 143
Decade 3 (1987–1996), 162, 172–73, 175, 178, 184, 192–95
Decade 4 (1997–2006), 210, 257, 259, 263, 265, 266, 276
Decade 5 (2007–2016), 305, 322–23, 329–30, 343, 344, 347, 358
economic growth and, 2, 6, 10
Private Sector Operations Department (PSOD), 259, 275b, 330, 342
PRS. See Poverty Reduction Strategy
public–private partnership (PPP), 202, 330
purchasing power parity, 297, 358

Q
Qureshi, Anwar Iqbal, 62

R
Rajasthan Urban Development Project (India), 154
Ramos, Fidel, 168
Rao, P. V. Narasimha, 169
Rao, V. K. R. V., 22
Reagan, Ronald, 109
reconstruction programs, 25, 91, 185, 261–62, 279b, 303, 338, 342
reform agenda, 132, 136–37, 139
Regional Economic Monitoring Unit (REMU), 223–24, 277
Regional Malaria and Other Communicable Diseases Threats Trust Fund, 341
regional overview. See also specific countries
in 1960s, 17–30
agriculture, 390–92
child mortality, 412–14
exports of goods and services, 399–401
GDP, 384–89
imports of goods and services, 402–4
industry, 393–95
life expectancy, 409–11
population data, 381–83
poverty and inequality, 405–8
primary education, adjusted net enrollment rate, 415–17
services, 396–98
regional resource center, 142–43, 180
REMU (Regional Economic Monitoring Unit), 223–24, 277
renewable energy projects, 263, 303
Republic of Korea. See Korea, Republic of

research activities, 74–78, 223–25
resident missions, 139–40
resource mobilization, 93, 96, 192
risk management, 216, 271, 322
Risk Management Unit, 271
Rockefeller Foundation, 54, 326b, 341
Rogers, Joe, 173
Rojas, Sixto K., 77
Rose, Philip, 355
rural areas, 56–57, 117–18, 124
rural development
    Decade 1 (1967–1976), 53–54, 56, 61, 69
    Decade 2 (1977–1986), 123, 125, 128–30, 144
    Decade 3 (1987–1996), 188, 194
    Decade 4 (1997–2006), 256
    Decade 5 (2007–2016), 309, 329
Rural Electricians Training Program, 350
Rural Enterprise Credit Program, 216
Russian Federation, 164, 303. See also Soviet Union

S
Sadli, Mohammad, 163, 177
Saeed, Muhammad Sami, 355
Sakakibara, Eisuke, 229
Samoa, 24
Samut Prakarn Wastewater Management Project, 264
Sander, Mario, 355
SARS (severe acute respiratory syndrome), 244, 262
SASEC. See South Asia Subregional Economic Cooperation
Sato, Eisaku, 41, 357
Sato, Mitsuo, 250

on ADB mission, 173
on Asian financial crisis, 215, 226n24
leadership by, 184, 189–91, 195, 197, 199, 204
leadership of, 13–14
retirement of, 253
Watanabe nominated by, 51
Saudi Arabia, 47, 99
Saudi Arabian Monetary Agency, 99
Schaefer-Preuss, Ursula, 352
Schneider, Johannes, 355
scholarships, 196, 341–42
Schultz, T. W., 75
Schulz, Günther, 126, 184, 191
Second Compensatory Forestry Sector Project (Malaysia), 155
Second Ministerial Conference on Asian Economic Cooperation, 37
Second Nam Ngum Development Fund Agreement, 92
sector groups, 465–66
sector lending, 126, 128, 140
Sen, Amartya, 25, 163, 177
Setaphanichkarn, Luang Thavil, 35
severe acute respiratory syndrome (SARS), 244, 262
Shanghai, 175–76, 188, 303
Shanghai Municipal Engineering Design Institute, 176
Sha Tin Hospital Polyclinic (Hong Kong, China), 126, 127b, 152
Sheraliev, Sharafjon, 355
Shivaji, Kshatrapati, 355
Shultz, George P., 319
Siaosi, Tofa, 82
Singapore
    Decade 1 (1967–1976), 56–58, 81, 85

Decade 2 (1977–1986), 110, 112, 139, 147
Decade 3 (1987–1996), 159, 163, 165, 192
Decade 4 (1997–2006), 210, 223–24, 268, 277
Decade 5 (2007–2016), 290, 295
economic growth in, 18–20, 20t, 23, 27
education sector projects in, 179b
establishment of ADB and, 48
lending to, 147
Singh, Manmohan, 169, 187
Sithi-Amnuai, Paul, 35
Soeharto, 212, 218
Solomon Islands, 101, 171, 331, 338
South Asia. *See also specific countries*
Decade 1 (1967–1976), 56–59, 81, 100, 102
Decade 2 (1977–1986), 107, 115–16, 119, 149
Decade 3 (1987–1996), 169–70, 201
Decade 4 (1997–2006), 237, 259, 283–84
Decade 5 (2007–2016), 290, 296, 314, 345
economic growth in, 22–24
field offices in, 197, 198f
lending to, 100, 147
stagnation in, 22–23
South Asia Subregional Economic Cooperation (SASEC), 172, 278–79b
Southeast Asia. *See also specific countries*
Decade 1 (1967–1976), 53, 56, 58–59, 75–78, 81, 100, 102
Decade 2 (1977–1986), 107, 112, 115, 119, 133, 147, 149

Decade 3 (1987–1996), 158, 160, 163, 165, 167–69, 170, 201
Decade 4 (1997–2006), 211, 235, 237, 259, 266, 280, 283–84
Decade 5 (2007–2016), 290, 294, 296, 298, 344–45
economic growth in, 20–22
establishment of ADB and, 31–32, 41–42
field offices in, 197, 198f
instability in, 21–22
lending to, 100, 147
Soviet Union, 44, 157, 164, 170, 186, 204, 261, 283. *See also* Russian Federation
Spain, 149, 271
SPD. *See* Strategy and Policy Department
special economic zones, 112, 117–18
Special Funds
Decade 1 (1967–1976), 79b, 87–89
list of active and closed, 456–60
Special Project Implementation Assistance, 141
Sri Lanka
Decade 1 (1967–1976), 55, 57, 59, 94, 100
Decade 2 (1977–1986), 116, 139–40
Decade 3 (1987–1996), 170
Decade 4 (1997–2006), 237
Decade 5 (2007–2016), 296, 305, 314, 331
economic growth in, 17, 23, 27
establishment of ADB and, 32
field office in, 197, 198f
resident mission in, 259n12
subregional cooperation programs, 279b
staff, 139–40, 321–22, 427–29
stagflation, 108–9

Stephens, Christopher, 334
Stokes, Deborah, *355*
Strand, Joar, *355*
Strategy 2020, 308–310, 312, 318,
  324–25
Strategy and Policy Department
  (SPD), 184, 280–81, 336, 345–46
Strategy and Policy Office (SPO),
  184
Strauss, Michael, *355*
Streeten, Paul, 77
structural adjustment, 109–10, 162,
  166, 170, 229
Sui–Karachi gas pipeline (Pakistan),
  94
Sukarno, 21
Sullivan, Peter, 218
Summers, Lawrence, 282
supply-side economics, 109–10
Susantono, Bambang, *355*
sustainable development
  Decade 3 (1987–1996), 160–61, 178
  Decade 4 (1997–2006), 260,
    262–64
  Decade 5 (2007–2016), 293–96,
    298, 302, 314, 329, 357
  subregional cooperation
    programs, 278*b*
Sustainable Development Goals
  (SDGs), 289, 301–2, 302f, 320, 327,
  358
Sweden, 50*t*, 98*b*
Switzerland
  as ADB member, 101
  financial markets in, 133
  funding from, 271
  Urban Climate Change Resilience
  Trust Fund and, 341
  urban sector project funding
  from, 326*b*

T
Taipei,China
  economic growth in, 18–20, 20*t*,
  110, 112, 165–66, 239
  industrialization in, 56–58, 57*t*
  lending to, 78, 81
  People's Republic of China's
  membership in ADB and, 144–45
  Yangmei freeway project, *67*
Tajikistan
  Decade 4 (1997–2006), 261, 284
  Decade 5 (2007–2016), 295, 303
  field office in, 197, 198*f*
  resident mission in, 259*n*12
  subregional cooperation
  programs, 279*b*
Tajum Irrigation Project
  (Indonesia), 79*b*
Taliban, 311*b*
Tamil Nadu, 146
Tanabe, Masashi, *355*
Tan An Integrated Agricultural
  Project (Viet Nam), 95
TAPI (Turkmenistan–
  Afghanistan–Pakistan–India
  Pipeline), 310, 311*b*
Tarumizu, Kimimasa, *155*, *248*
  on economic development in
  region, 157
  leadership of, 13, 150, 180, 181–85,
  189, 191
Task Force on Improving Project
  Quality Review, 194
technical assistance
  Decade 1 (1967–1976), 78, 79*b*,
  82–83, 91, 94, 101–5
  Decade 2 (1977–1986), 118, 137,
  140, 148–149
  Decade 3 (1987–1996), 174, 176,
  200–203, 205, 206

Decade 4 (1997–2006), 213,
214–15, 220, 223, 283–85, 286, 287
Decade 5 (2007–2016), 339–43,
348, 349
establishment of ADB and, 46
health sector projects, 127b
Myanmar reengagement and, 337b
urban sector projects, 326b
Technical Assistance Department,
77
TFP (Trade Finance Program), 314,
322, 342
Thailand
Decade 1 (1967–1976), 57–59,
78–79, 81, 91, 100
Decade 2 (1977–1986), 113–14, 128,
133, 139
Decade 3 (1987–1996), 159,
163–64, 168, 186
Decade 4 (1997–2006), 207–11,
213–15, 219–20, 227, 230, 238–39,
259, 264, 266, 283
Decade 5 (2007–2016), 290, 294
economic growth in, 18, 20, 27
education sector projects in, 179b
establishment of ADB and, 35, 38,
48
field office in, 197, 198f
Industrial Finance Corporation of
Thailand, 79b
lending to, 100
subregional cooperation
programs, 278–79b
Theppana Wind Power Project,
353
Thatcher, Margaret, 109
Theppana Wind Power Project
(Thailand), 353
Timor-Leste
independence movement in, 24

life expectancy in, 4
resident mission in, 259n12
Tokyo Imperial University, 33
Tokyo Stock Exchange, 189
Tokyo Study Group, 33–34, 39–40,
44
Tonga, 101, 126, 171n, 338
Tonle Sap Poverty Reduction and
Smallholder Development Project
(Cambodia), 250
tourism, 278–79b, 291
trade arrangements and facilitation.
See also exports
Decade 3 (1987–1996), 159–60
Decade 4 (1997–2006), 238–39
subregional cooperation
programs, 279b
Trade Finance Program (TFP), 314,
322, 342
transaction advisory services (TAS),
331
Transatlantic Trade and Investment
Partnership, 304
transition economies, 185–87
transport projects
Decade 1 (1967–1976), 55, 69, 76,
79–80, 100–101
Decade 2 (1977–1986), 128, 147–48
Decade 3 (1987–1996), 187, 196,
201–3
Decade 4 (1997–2006), 256, 283,
285
Decade 5 (2007–2016), 329, 339,
341, 345–46
subregional cooperation
programs, 279b
Trudeau, Pierre, 153
trust funds
Decade 1 (1967–1976), 105
Decade 2 (1977–1986), 151

Decade 3 (1987–1996), 206
Decade 4 (1997–2006), 287
Decade 5 (2007–2016), 339–43,
340t, 349
list of active and closed, 456–60
Tsunami Emergency Assistance
Project (India), 350
Turkey, 204
Turkmenistan
field office in, 197, 198f
subregional cooperation
programs, 279b
Turkmenistan–Afghanistan–
Pakistan–India Pipeline (TAPI),
310, 311b
Tuvalu, 171n, 204, 339
Typhoon Haiyan, 298, 327, 328b, 342
Typhoon Yolanda, 328b
Typhoon Yoling, 90

U
U Nyun, 27, 31, 35–36, 48–49, 51, 62
U Thant, 17
Um, Woochong, 355
UNDP. See United Nations
Development Programme
UNFCCC (United Nations
Framework Convention on
Climate Change), 299, 329
United Kingdom
Asian financial crisis and, 224
development agenda and, 162
establishment of ADB and, 33, 47
funding from, 92n32, 261, 339, 341
global financial crisis and, 291
health sector projects and, 127b
Plaza Accord and, 109
Southeast Asia instability and, 21
urban sector project funding
from, 326b

United Nations
ADB charter and, 46
development agenda and, 160
funding from, 2
Millennium Development Goals
(MDGs), 242–47, 253, 256, 260,
289, 301–2, 302f, 307, 315, 318, 320
on the People's Republic of China,
144
regional cooperation and, 25–27,
91
on South Asia economic
development, 115
Sustainable Development Goals
(SDGs), 289, 301–2, 302f, 320, 327,
358
United Nations Conference on
Trade and Development, 282
United Nations Development
Programme (UNDP), 160, 279b
United Nations Economic and
Social Commission for Asia, 20
United Nations Framework
Convention on Climate Change
(UNFCCC), 299, 329
United States (US)
Asian financial crisis and, 220,
224–25, 230, 232
capital markets in, 6
development agenda and, 123–24,
160–62, 173–74, 195, 243, 316–17
economic growth in, 304
establishment of ADB and, 31–32,
37, 41–42, 43, 47, 51
funding from, 84–85, 92n32, 95,
98b, 100, 158, 183
general capital increases and,
190–92
global financial crisis and, 291–92,
294–95

imports from Asian countries, 238
monetary policy in, 107–9
Plaza Accord and, 114
Southeast Asia instability and, 21
Special Funds and, 87–88
Urban Climate Change Resilience
　Trust Fund, 341
Urban Primary Health Care Project,
　127b
Utomo, Kusno, 65
Uzbekistan
　Decade 3 (1987–1996), 170, 201, 204
　Decade 5 (2007–2016), 300, 321,
　344
　education sector projects in, 179b
　field office in, 197, 198f
　resident mission in, 259n12
　subregional cooperation
　programs, 279b

V
van Wees, Ingrid, 355
Vanuatu, 149, 171, 259, 339, 344
Viet Nam
　agricultural reforms in, 114–15
　Decade 1 (1967–1976), 77, 90–92,
　95
　Decade 2 (1977–1986), 114–15
　Decade 3 (1987–1996), 160, 164,
　168, 185–86, 201
　Decade 4 (1997–2006), 237, 239,
　284
　Decade 5 (2007–2016), 290, 305,
　313–14, 319, 344–45
　economic growth in, 21, 25, 27, 33
　education sector projects in, 179b
　field office in, 197, 198f
　Ha Noi Metro Rail System
　Project, 353
　health sector projects in, 127b

instability in, 12
Lao Bao International Border
　Gate, 248
subregional cooperation
　programs, 278b
Tan An Integrated Agricultural
　Project, 95
urban sector projects in, 326b
Vinicchayakul, Serm, 51
Virata, Cesar, 55, 58, 168
vocational education, 126, 179b
Volcker, Paul, 108
voting power, 419–20

W
Waldheim, Christa, 68
Waldheim, Elisabeth, 68
Waldheim, Kurt, 68
Wang, Zhongjing, 355
Washington Consensus, 162, 172,
　240
Watanabe, Takeshi, 62, 64, 66–67
　on ADB mission, 103
　establishment of ADB and, 31,
　33–34, 36, 38, 39–40, 43, 45, 49
　Krishna Moorthi's influence on,
　74, 125
　leadership of, 11–12, 51–52, 70–76,
　83, 85, 87–91
Water Financing Partnership
　Facility, 271
Western Samoa, 24, 78, 81–82
West Java Phase II Gas Pipeline
　Project, 275b
Widodo, Joko, 305
Widyajala, Bhimantara, 355
Wolfensohn, James, 177, 250
women
　development agenda and, 143–44,
　160–61, 174, 182, 193–95, 264

health sector projects and, 127*b*
in senior and professional
positions in ADB, 14, 139, 203,
260, 321
World Bank
concessional financing support to
IDA countries, 247*n22*
Decade 1 (1967–1976), 54, 70, 74,
86–87, 91–92, 100
Decade 2 (1977–1986), 110, 117–18,
125, 132, 141, 144, 146
Decade 3 (1987–1996), 161–64, 177,
187–88, 196, 199
Decade 4 (1997–2006), 210,
212–13, 217–18, 220, 227, 232, 241,
243, 246–47, 266, 272
Decade 5 (2007–2016), 297, 303,
308, 313, 318, 327, 339
establishment of ADB and, 33–35,
40, 44, 51
Myanmar reengagement and,
337*b*
regional cooperation and, 28
subregional cooperation
programs, 279*b*

Typhoon Haiyan response, 328*b*
World Trade Organization (WTO),
157, 159, 166, 236–38, 304
World War II, 60, 157

Y
Yangmei freeway project
(Taipei,China), *67*
Yangpu Bridge, 176
Yao, Xianbin, *352*
Yeoh, Michelle, *352*
Yongchaiyudh, Chavalit, 209
Yoshida, Taroichi, *152–53*
address to annual meeting (1980),
107
Krishna Moorthi's influence on, 74
leadership of, 12, 103, 121–25, 129,
131–34, 149
Yossundara, Suparb, 77
Young Professionals Program, 139
Yukkasemwong, Philaslak, *355*

Z
Zhang, Wencai, *355*

图书在版编目（CIP）数据

打造亚太美好未来：亚洲开发银行 50 年史 /（澳）
彼得·麦考利（Peter McCawley）著；刘天佑，吴艳，
张帆译 . -- 2 版 . -- 北京：社会科学文献出版社，
2020.1

（亚洲研究丛书）

书名原文：Banking on the Future of Asia and
the Pacific：50 Years of the Asian Development
Bank（second edition）

ISBN 978 - 7 - 5201 - 3413 - 2

Ⅰ. ①打⋯　Ⅱ. ①彼⋯　②刘⋯　③吴⋯　④张⋯　Ⅲ.
①亚洲开发银行 - 概况　Ⅳ. ①F831.2

中国版本图书馆 CIP 数据核字（2018）第 205072 号

亚洲研究丛书

打造亚太美好未来：亚洲开发银行 50 年史（第二版）

著　　者／〔澳〕彼得·麦考利（Peter McCawley）
译　　者／刘天佑　吴　艳　张　帆
校　　订／姚先斌　阚　磊　荣　璇

出 版 人／谢寿光
组稿编辑／祝得彬
责任编辑／王小艳

出　　版／社会科学文献出版社·当代世界出版分社（010）59367004
　　　　　　地址：北京市北三环中路甲 29 号院华龙大厦　邮编：100029
　　　　　　网址：www.ssap.com.cn
发　　行／市场营销中心（010）59367081　59367083
印　　装／三河市东方印刷有限公司

规　　格／开本：787mm × 1092mm　1/16
　　　　　　印张：31　字数：524 千字
版　　次／2020 年 1 月第 2 版　2020 年 1 月第 1 次印刷
书　　号／ISBN 978 - 7 - 5201 - 3413 - 2
著作权合同
登 记 号　／图字 01 - 2018 - 4985 号
定　　价／168.00 元

本书如有印装质量问题，请与读者服务中心（010 - 59367028）联系